감성과 윤리

감성과 윤리 구모룡 평론집

첫판 1쇄 펴낸날 2009년 7월 27일

지은이 구모룡
펴낸이 강수걸
펴낸곳 산지니
등록 2005년 2월 7일 제14-49호
주소 부산광역시 연제구 거제1동 1493-2 효정빌딩 601호
전화 051-504-7070 | 팩스 051-507-7543
sanzini@sanzinibook.com
www.sanzinibook.com

ISBN 978-89-92235-68-6 03810

값 18,000원

* 이 도서의 국립중앙도서관 출판시도서목록(CIP)은
e-CIP 홈페이지(http://www.nl.go.kr/cip.php)에서
이용하실 수 있습니다.(CIP 제어번호 : CIP 2009002041)

산지니 평론선·3

구모룡 평론집

감성과 윤리

산지니

차례

책머리에   7

제1부 시의 지평

근대성과 미적 초극의 길   13
땅의 시학을 위한 단상   23
고통의 시학 – 시와 고통 문제에 관한 서론   37
시와 파시즘의 문제   51
주변부적 삶과 시의 길   69

제2부 감성과 윤리

자유라는 시적 원형 – 김수영과 거제 포로수용소 체험   91
고통과 사랑 – 이선관론   110
정황(情況)들 – 유병근의 시   134
자연스럽게 사는 삶의 의미 – 도종환의 시   143
마음의 동살 – 정인화의 시   154
향수와 비애 – 고영민의 시   165
풍경과 시간 – 최하림, 엄원태의 시집   176
죽음과 사랑 – 유홍준, 김소연의 시집   183

제3부 삶과 성찰

21세기에 던지는 김정한 문학의 의미 – 탄생 100주년을 맞은 요산문학   195
민중에 대한 애정과 낙관 – 유현종의 『들불』   211
식민지의 기억 – 김하기의 『식민지소년』   216
상처와 상실 – 정태규의 소설   223
종교적 삶에 대한 물음 – 박명호의 『가롯의 창세기』   234
해양소설의 경험적 지평 – 옥태권의 소설   244
위악과 폭력의 관계 양식 – 정영선의 소설   257

제4부 문학과 공동체

한국 문학공동체의 현실과 전망   275
지역과 지역의 네트워킹 – 지역이라는 곤경을 벗어나는 방법   293
세계화와 지역문학   301
장소와 공간의 지역문학   313

제5부 입장들

동아시아적 시각, 동아시아 문학론 – 최원식의 동아시아론 읽기   329
못 다한 신생 – 김양헌의 비평세계   342
문학비평의 존재의의 – 유종호, 김주연, 김종철, 황종연, 방민호의 비평   353
시의 사회적 존재론 – 홍용희와 이혜원의 비평   371
위기의 시대, 비평의 길   378
변화하는 대학사회와 문학비평의 위상   394

찾아보기   408

| 책머리에 |

문학의 새로운 지평을 생각하며

2006년 『시의 옹호』를 발간한 이후 다시 책을 엮습니다. 의도한 지향을 특별히 강조하기 위하여 시론에 한정한 『시의 옹호』와 달리 이번 책은 20세기 끝자락부터 21세기 초입에 걸친 10년간 다양한 매체를 통해 발표한 글들의 묶음입니다. 시론, 소설론, 문학제도론, 지역문학론, 메타비평론 등 문학전반에 대한 저의 입장을 드러내고 있어 고심 끝에 책의 제목을 '감성과 윤리'로 정하였습니다.

문학은 감성이기도 하고 윤리이기도 합니다. 사람에 따라 둘의 경중이 달라질 것입니다. 저는 그동안 감성의 윤리와 윤리의 감성을 동시에 생각해온 듯합니다. 가령 시와 파시즘의 관련 양상에 대한 고찰을 숙제로 삼거나 감성 없는 윤리에 대한 비판을 지속하려는 것이 그 증좌가 될 것입니다. 그렇지만 어느 경우든 감성의 자유를 있는 그대로 받아들이지 못한 것은 사실입니다. 요즘 와서 자주 윤리적 판단으로부터 완벽하게 자유로울 수 있는 감성이라는 문제를 설정하게 됩니다. 시적인 것 나아가서 미적인 것이 존재의 축복이 되는 길을 찾아보려는 것인데, 지금껏 저의 비평은 감성의 지평을 일정하게 제약하는 입장을 포기하지 못하고 있습니다.

돌이켜 보니 문학을 한다며 살아온 것이 30여 년이 되었습니다. 문득 이유 모를 허기와 그리움으로 지인들에게 편지를 써대던 아득한 젊은 날의 추억이 떠오릅니다. 시인이 될 수 없을 것이라는 예감과 문청의 감상이 싫어 일찍 평론을 선택하였습니다. 고백건대 제 청춘의 뒤안길에는 운명처럼 마주친 한 시인의 시론집이 놓여 있고, 오랫동안 사숙해온 평론가가 존재합니다. 매혹으로 저를 문학의 바다로 이끈 이들은, 마음 속 깊숙한 곳에 조각난 거울로 남아 있습니다. 20대 초반 운 좋게 등단하였지만 활동을 시작하던 80년대를 생각하면 줄곧 안정을 얻지 못하고 방황하던 모습이 부각됩니다. 오랜 세월에도 불구하고 저는 여전히 문학 앞에서 서성이고 있습니다. 마치 철없던 젊은 시절 짝사랑하는 여인을 만났을 때와 같은 심정입니다. 문학을 향해 온몸을 던지지 못한 것은 비평가라는 생리 탓만 아닐 것입니다. 충족되지 못한 책을 묶으면서 무뎌진 지각을 되살려 새로워질 것이라는 각서를 다시 씁니다.

 이 책의 1부에서 저는 근대성, 땅, 고통, 파시즘, 주변부 등의 개념으로 문학의 지평을 개진하려 했습니다. 다들 저의 오랜 탐구 과제들인데 우리의 근대성을 다각도로 따져 그것을 극복하는 길을 찾는 일이 오늘날 우리 문학이 직면한 핵심주제라는 생각이 반영되어 있습니다. 이러한 1부의 글들은 세계화, 지역화, 문학공동체, 지역문학 등을 다루고 있는 4부와 여러 선후배 비평가들의 입장을 설명하고 있는 5부와 연관됩니다. 1부와 4부와 5부를 이어서 읽을 수 있을 터인데, 이로써 저 나름의 입장과 개성을 이해할 수 있을 것입니다. 2부가 김수영, 이선관 등 시인들이 전개한 시적 국면들을 제시한다면 3부는 김정한, 유현종 등 소설가들이 서술한 삶의 정황들을 드러내고 있습니다. 어쩌면 2부와 3부의 첫머리에 놓인 김수영론과 김정한론을 통해 저의 비평적 원점들이 재검토된 듯합니다. 김수영으로 공식적인 비평 활동을 시작하였다면 김정한을 통해 그 첫걸음부터 지역의 시각을 가지게 되었기 때문입니다. 일정한 체계를 염두에 두면서 2부에 포함되어도 좋을 다수의 시인론을 남겨둔 것은 아쉬움으로 남습니다.

최근 들어 문학의 위상과 작가의 위치에 대한 논의가 빈번합니다. 문학의 시대가 퇴조하고 있다는 비판을 건너 문학의 종언을 예고하는 진단도 적지 않습니다. 여기서 이러한 논의에 대한 저의 입장을 장황하게 말할 수는 없습니다만 문학이 사적, 공적 영역에 걸친 글쓰기라는 점을 강조하고자 합니다. 문학만의 성채에서 벗어나 다양한 글쓰기를 집적하고 매개하는 역할을 지속할 때 문학(文學)이라는 말의 본디 뜻이 성취될 것이라 믿습니다. 문학은 오랜 진행형이라는 저의 낙관에도 불구하고 우리를 둘러싼 여건은 어렵습니다. 새로운 시대에 직면하면서 자신을 변화시켜야 할 일들이 더 많아지고 있습니다. 만일 저의 이번 책이 달라지고 있는 사회적 지형에 대응하는 문학적 기투의 그 어떤 실마리라도 제공할 수 있다면 저로서는 망외(望外)의 기쁨이겠습니다.

출판을 통해 문화운동을 펼친다는 회심(會心)으로 애를 쓰고 있는 산지니 출판사 강수걸 사장의 권유와 도움으로 이 책을 내게 되었습니다. 잘 팔리지 않을 것을 뻔히 알면서 그에게 신세를 집니다. 모양새 있게 책의 체재를 잡아주고 꼼꼼히 교정을 봐준 박지영 팀장의 노고가 있어 한껏 수월해졌습니다. 산지니가 용왕매진하는 기력을 더하는 데 제 책이 조금이라도 기여하기를 기원합니다. 함께 공부의 길을 걸으면서 조언과 비판을 아끼지 않는 아내 정미숙 박사는 제게 늘 힘이 됩니다. 이 책을 계기로 더 나은 글쓰기로 나아갈 것임을 저를 아는 모든 이들에게 약속합니다.

2009년 여름
구모룡

제 1 부

시의 지평

시와 시학이 새로울 수 있을까? 또한 새롭다는 것이 기왕의 형태와 다른 패션의 차이를 뜻하거나 이를 뒷받침하는 이론적 탐문에 불과하다면 과연 나날이 변화하는 현대세계를 추수하는 일과 무엇이 다를까? 만일 새롭다는 것이 '신생'을 의미한다면 신생을 위한 시와 시학은 어떻게 바뀌어야 하는 것일까?

근대성과 미적 초극의 길

근대, 시간과의 경쟁

 오랜 세월 동아시아의 역사를 통찰해온 노학자(민두기)가 근현대 동아시아사 전체를 관통하는 특징을 '시간과의 경쟁'이라는 어사로 집약하고 있음에 주목하게 된다. 비록 지난 역사를 서술하는 데 쓰인 말이지만 내겐 경쟁의 시간에 사로잡힌 근대의 종국에 대한 의문을 유발하기에 족하다.
 확실히 근대는 시간의 문제였다. 가령 구로사와 아키라의 〈가게무샤 影武者〉를 통하여 최원식이 일본의 근대가 열리는 장면을 설명할 때도 우리는 각기 다른 역사의 시간과 만나게 된다.[1] 누가 먼저 서구 근대를 받아들이느냐가 역사 주역의 관건이 된 것이다. 이러한 점은 동아시아에서 오랜 모순으로 남게 된—일본의 탈아(脫亞)를 가능하게 한—행운의 시간을 상기하게도 한다. 가토 슈이치의 지적처럼 일본인의 반응이 빨랐다는 것과 상대방이 경황이 없었다는 것, 둘 중에 어느 하나가 빠

---

1) 최원식,『제국 이후의 동아시아』(창비 2009), 290~282쪽.

졌더라도 일본은 구미의 압력에 저항할 수 없었을 것이다. 19세기 후반 프랑스는 프로이센과 보불전쟁을 치렀고 미국이 내전을 겪었는바, 이러한 와중에 일본은 근대화의 시간을 벌 수 있었고[2] 마침내 중심부 모방을 통하여 제국주의의 길을 걷게 된다. 근대에 관한 한 조선의 시간은 일본의 시간과 비교될 수 없었다.

그렇다면 오늘에 있어 우리의 시간은 어떠한가? 여전히 서구의 시간을 좇기에 급급하지 않은가? 우리가 서구를 좇는 시간에 또 다른 이들이 우리를 좇고 있을 것이다. 결국 모두 쫓겨 달아나고 있는 셈이다. 그렇다면 우리의 시간은 어디에 있는 것일까? 근대를 극복하지 않는 한, 우리의 시간을 찾을 수 없는 것인가?

내재적 발전론과 이식론

가정을 허락하지 않는 것이 역사라는 점에서 내재적 발전론은 분명한 한계를 지녔다. 이것이 추구하는 자생적 근대 찾기의 노력은 일국적 차원에서 가능한 일이나, 우선 자력으로 근대로 갈 수 있는 길이 외적 강제에 의해 차단되거나 왜곡되었다는 역사 밖의 전제가 문제이고 다음으로 외재적 기준에 의해 탐구의 대상이 판별되었다는 점에서 오리엔탈리즘과 무연하지 않다는 것이 문제이다. 즉 내재적 발전론은 실제 역사와 다른 가정과 외재적 시점을 지니고 있다. 강상중에 의하면 이것은 정체된 비서구 사회의 심상지리를 그리게 한다. 여기서 그의 다음과 같은 지적을 경청할 필요가 있을 것이다. "국민경제와 중첩되는 견고한(solid) 사회에 내재적 발전이라는 지적 틀은 발전단계의 차이를 낳

---

[2] 마루야마 마사오·가토 슈이치(임성모 역), 『번역과 일본의 근대』(이산 2000), 15~16쪽.

는 비서구 사회의 역사적인 본질에 대한 해명으로 나아가게 되는 것이다. 여기에서 근대 오리엔탈리즘은 '일종의 비교연구'가 된다."[3] 물론 이러한 한계로써 내재적 발전론의 의의를 전적으로 무시할 수는 없을 것이다. 내재적 발전론이 대상으로 삼은 역사적 시기야말로 근대의 본질을 알려주고 근대극복의 계기를 제공하는 처소라는 점에서 여전히 주목의 대상이 되기 때문이다.

리얼리티의 면에서 임화의 이식론이 재평가되는 것은 마땅한 이치이다.[4] 김철은 임화의 이식론에 대한 전통주의자(혹은 내재적 발전론자)들의 비판이 "축구 시합에 졌다고 축구 해설자를 비난하는 일"과 같다고 비꼰다. 이처럼 조선의 세계체제로의 강제 편입은 시간과의 경쟁에서 패배한 입장에서 피할 수 없는 일에 속한다. 임화의 발 빠른 적응을 기분 나빠하기에는 근대의 시간이 너무나 급박했던 것이다. 임화의 이식론은 단순한 단절론이 아니라 근대성 기획의 일환이었던 셈이다. 이광수 등과 함께 임화의 근대성은 세심하게 분석될 사안이어서 쉽게 요약될 수 없는 일에 속한다. 하지만 여기서 분명한 한 가지 사실은 조선이 내재적인 역량과 무관하게 외적 강제에 의하여 근대화될 수밖에 없었다는 것이다. 세계체제의 주변부로서 피할 수 없었던 운명을 지녔었기 때문이다.

그렇다고 세계체제가 곧바로 근대성을 강제하였다고 말할 수는 없다. 근대성을 미완의 과제로 보는 관점이 서구중심주의와 다를 바 없다는 것은 주지의 사실이다. 만일 근대성이 유럽에서 생성하여 궁극적으로 전지구적 규모에서 성취되어야 할 인류의 공동 목표라고 한다면 주변부 지역의 노예적 위치는 결코 해소될 수 없을 것이다. 이러한 점에

---

3) 강상중(이경덕 · 임성모 역), 『오리엔탈리즘을 넘어서』(이산 1997), 85쪽.
4) 김철, 『국문학을 넘어서』(국학자료원 2000), 26~29쪽; 구모룡, 『제유의 시학』(좋은날 2000), 14쪽.

서 근대성을 추구할 것인가, 아니면 그것을 부정할 것인가의 선택은 항존한다. 그렇지만 그 어느 선택도 여의치 않은 것이 사실이다. 무한 경쟁의 근대성 추구를 통하여 그 귀결을 낙관하기 어려울 뿐만 아니라 현금의 중심-주변의 체제가 용이하게 변혁될 것으로 보이지도 않기 때문이다. 그렇다고 근대성을 부정하고 새로운 삶을 추구하자는 것도 공허하다. 근대성 기획이 그 과정에서 질적 전화를 일으켜 많은 모순을 낳고 있는 것이 사실이라고 하더라도 그 본래의 취지가 지니는 긍정성과 가능성이 상존하고 있는 만큼, 이에 대한 다각적인 접근이 모색되어야 할 것이라 생각된다.

미적 근대성론의 한계

이식론이든 내재적 발전론이든 이들 이론이 주장될 때의 근대성은 하나의 텔로스라 할 수 있다. 그 어느 것이나 외재적인 목표를 향해 있다. 그렇지만 근대성의 부정적 국면과 모순과 위기가 드러나는 상황에서 마냥 근대성만을 지향하는 순진한 유토피아주의는 설 자리가 없다. 미적 근대성 이론은 이러한 사회 일반의 근대성에 부정적 측면이 대두됨에 따라 제기된다. 이것은 사회에 대한 미학적 비판의 계기를 적극 활용하여 현실 사회에 결여된 바를 미학적 차원에서 성취하려는 지향을 지닌다. 다시 말해서 이것은 소위 역사의 타락이라 할 수 있는 소외와 전쟁 등 근대사회의 불합리화 경향에 미학적으로 대응함으로써 근대성을 실현하려는 기획이다. 그런데 이러한 미적 근대성 이론은 그 이론 내용에 근대극복을 포함하고 있지 않다. 또한 근대 문제를 예술에 한정하고 있다. 이러한 두 가지 점에서 미적 근대성 이론은 한계를 지닌다. 그 진폭을 달리하여 근대성의 변증법으로 이론적 확장을 도모하는 경우조차 그 어떤 극복의 대안을 제시하지 못한다는 점에서 베버적 자장을 벗어나지 않는다. 근대성의 철폐를 위한 그 어떠한 시도에 대해서도 회의적이기 때문이다. 그런데 미적 근대성론은 근본적으로 중심부의 이론이다. 이것의 기본전제는 하버마스의 미완의 근대성론과 그리 다르지 않다. 계몽과 해방이라는 본래의 이념을 회복하려는 이것은 마치 우리의 실학처럼 자기쇄신의 논리이자 내적 혁명의 주장이다.

근대성의 이중성은 한편으로 내용의 질적 전화에 따른 것이고 다른 한편 그것이 추구와 극복의 양면성을 지녔다는 데 있다. 전자야 이미 잘 알려진 대로 본래의 계몽과 해방이라는 이념이 성장과 발전의 이념으로 변질됨을 뜻하는데 이로써 근대성은 후자의 이중성인 추구와 극복의 대상이 된 것이다. 말할 것도 없이 앞서 말한 미적 근대성 이론은 중심부에서 제기된 근대성의 이중성에 해당하며 대안 없이 진행되는 부정의 한계성을 드러낼 수밖에 없었다. 20세기 후반에 논의된 포스트모더니티란 이러한 한계를 피할 수 없는 아이러니로 수용한 담론이라 할 수 있다. 그렇다면 주변부에서 제기되는 근대성의 이중성은 어떠한가. 미적 근대성의 한계가 그대로 이월되는 것은 당연하며 자주 근대극복의 대안들이 제시되기도 한다. 전통(들)은 이러한 대안 가운데 약방의 감초와 같다. 그렇지만 근대 안에서 그와 대립하는 전통이란 근대를 넘어서는 전통은 아니다. 근대의 전통들이 대부분 미적 근대성의 또다른 양상에 불과했으며 미적 근대성과 같이 포위된 혁명의 전략에 수렴되었던 것이다. 이러한 점에서 '근대적응과 근대극복의 이중과제'의 테제는 일국적 수준에서뿐만 아니라 세계체제의 관점에서 유연하게 실천될 수 있을 것이라 생각한다. 이 테제를 줄곧 제기한 백낙청은 이중과제의 필요성을 "도저히 피할 수 없는 삶의 현실이 되어버린 근대 및 근대성을 제대로 감당할 줄 모르고서는 '근대극복'이란 기껏해야 공허한 논의가 될 것이며, 심지어는 온갖 종류의 퇴행적인 정치적 입장이나 사회적 행위를 정당화하는 유해한 논의로 떨어질 것이기 때문"[5]이라고 한다. 좀 더 쉽게 그의 주장을 극복을 위한 적응이라고 요약해도 될까? 아니면 주변부의 위치에서 서구중심주의적 근대성을 제대로 해석하면서 이를 주변부적 한계와 가능성과 교호하는 가운데 극복의 계기를 찾자는 '비판적 지역주의'로 보면 어떨까?

근대극복과 전통

미적 근대성론과 달리 근대적응과 근대극복의 이중과제는 아무래도 극복 쪽에 더 많은 무게를 둠에 틀림이 없다. 백낙청이 진과 선의 융합으로서의 도(道)라는 과제를 제시한 데 이르러 그가 동아시아적 사유의 가능성에 새로운 기대를 걸고 있음을 알게 된다.[6] 그렇다면 그도 극복을 위한 계기를 전통 쪽에서 찾고 있음에 틀림이 없다. 그동안 근대극복을 위한 전통[7] 논의는 매우 다각도로 전개되어 왔다. 이는 대략 다섯 유형으로 정리될 수 있다. 첫째, 보편의 재구성이라는 관점에서 전

---

5) 백낙청, 「한반도에서의 식민성 문제와 근대 한국의 이중과제」, 《창작과비평》 1999년 가을호, 18쪽.

6) 백낙청은 다음과 같이 말하고 있다: "진리와 선이 본질적인 개념화의 차원이 아닌 실천 속에서만 합쳐질 수 있는 한, 그 둘의 동시적 추구는 일종의 곡예 수준으로 떨어진다(또는 올라간다)는 문제가 남는다. 우리는 좀 더 대담한 발상이 필요하다. 즉 진정한 예술(및 이에 상응하는 인간적 창조성의 작업)이 더 높은 차원의 진리와 객관성을 발견—창조적으로 발견—할 수 있는 능력을 지녔으며 이에 반해 자연과학이나 사회과학의 진리는 그러한 창조성의 전문화되고 좀더 제한적인 적용에 해당한다는 발상이 필요한 것이다. (…) 이 문맥에서, 동아시아 전통 속의 도(道) 개념은 유교에서건 불교 또는 도가에서건 항상 진(the true)과 선(the good)의 '융합'에 해당하는 것이었음을 상기해봄직하다." (백낙청, 앞의 글, 24쪽)

7) 하나의 단일한 전통이 아니며 여러 복수적인 전통들을 총칭한다. 즉 사유, 상징, 담론, 생활양식 등등.

통을 부정하는 것으로 미완의 근대성이나 성찰적 근대화 이론과 상통한다. 경우에 따라 이것은 전통을 식민성의 자리에 둔다. 둘째, 제3세계 등의 특수가 보편이 될 수 있음을 내세우는 특수의 보편화론을 들 수 있다. 새로운 심상지리까지 염두에 두고 있는 이것은 대단히 전복적인 상상력을 담은 권력 담론으로 이것이 만드는 이항대립체계가 근대성 체계와 이질동형이라는 점에서 설득력이 반감된다. 셋째, 서로 다른 문화 사이에 '진정한 보편성'이 있다고 전제하고 수준 높은 보편의 만남을 통해 문화적 교류가 가능하다고 보는 보편의 상호교섭론이 있다. 그런데 이는 동일 문명권이든 서로 이질적인 문명권이든 중심-주변 간에 벌어지는 보편을 둘러싼 투쟁을 간과한다. 넷째, 보편을 해체하려는 전략이다. 해체와 탈식민성을 같은 문맥에 놓고 보편과 특수의 프랙털 구조에 주목하는 데 이르러 많은 성과를 만든다. 그렇지만 해체가 대안이 되는 것은 아니다. 다섯째 특수의 변증법을 들 수 있다. 이는 보편은 구체적인 특수의 다른 이름이므로 특수와의 만남에서 변증법을 상정할 수 있다는 것이다. '해석 지평의 융합'이나 '저항의 변증법'으로도 불릴 수 있는 이것은, 방법으로서의 전통에 내재한 복잡한 문제들을 간과하지 않는다.[8] 이러한 다섯 가지 가능성과 백낙청의 테제를 관련시킬 때 그의 것이 다섯째 방법과 상응함을 알 수 있을 것이다.

전통과 근대를 함께 가로지르는 방법은 현금의 근대성 논의에서 하나의 수준인바, 이를 달리 해석학과 실천의 결합이라 할 수 있다. 최원식이 루쉰과 괴테를 통해 제기하고 있는 문제의식도 같은 문맥이다. 그는 루쉰에게서 "식민성을 극복하고자 고투했던 자국(自國)문학의 양질의 전통에 대한 투철한 이해와 외국문학에 대한 균형적 파악을 하나의

---

8) 이진우, 「세계체제의 도전과 한국 사상의 변형」, 『한국 인문학의 서양 콤플렉스』(민음사 1999) 참조.

과제로 아울러 수행하는 경우를 목격"하고 괴테를 통해 "고전연구가 고전으로의 투항이 아니라 고전과의 가차 없는 투쟁을 통해 고전과 맺어지는 역설적 관계이듯이, 번역 작업 또한 외래의 신을 영접하는 것이 아니라 영접과 동시에 파괴를 가하는 치열한 절도(竊盜) 행위라는 점"을 지적한다.[9] 여기서 우리는 새로운 해석학적 지평과 만나게 되는데 이는 근대성 논의가 일국적 차원을 넘어 세계문학적(세계체제적) 시야를 확보하는 방향으로 진전된다는 것이다. 백낙청과 최원식의 논의에서 근대성은 중심의 숙명적 수용 혹은 그에 대한 절대적 저항이라는 단순 논리를 넘어서 중심-주변의 세계체제와 결부되어 그 상호교섭의 문제로 인식된다.

서구중심주의적 근대성의 신화를 철폐하지 않고 근대극복의 전망이 열릴 길을 제시할 수는 없을 것이다. 그런데 세계체제의 중심-주변이 문화적인 창조의 중심-주변과 상응한다고 보는 것은 잘못이다. 자본-디지털기술의 지배 아래 있는 중심에서 심오한 창조성을 기대한다는 것은 나무에서 물고기를 구하는 일과 크게 다르지 않다. 말할 것도 없이 근대의 역사 속에 중심부가 창조력의 중심이었던 시간도 많았다. 19세기의 유럽과 미국문학을 그 예로 들 수 있을 것이다. 그렇지만 20세기 자본-과학기술의 연합 시대에 이르러 중심부 내부에서 자생적으로 새로운 가능성이 열릴 공산은 희박하다.[10] 이에 반해 주변부의 가능성은 열려 있다. 그런데 창조적 활력에 있어 중심과 주변의 역전은 세계체제만의 문제는 아니다. 이는 세계체제를 닮은 일국체제의 문학에서도 그대로 전이될 수 있다. 중심과 주변의 변증법은 전지구적 규모에서도 가능할뿐더러 지역적 차원에서도 가능한 일이다. 따라서 지역주의

---

9) 최원식, 「문학의 귀환」, 《창작과 비평》 1999년 여름호, 23쪽.
10) 한기욱, 「지구화시대의 세계문학」, 《창작과 비평》 1999년 가을호, 60쪽.

에 바탕을 둔 새로운 리얼리즘에서 근대극복의 계기가 열릴 수 있다. 그렇다면 새로운 리얼리즘은 어떠한 것일까? 근대성을 깊이 숙고하면서 자신의 대지 위에서 그것을 극복하고자 하는 새로운 전체성의 획득과 무관하지 않으리라. 이를 생태학적 전체성에 한정하는 것은 어쩌면 불필요한 일일지 모른다. 보다 치열한 주변-중심의 교섭이 먼저 요구된다.

미적 초극의 길

진과 선의 융합이라는 관점에서 도(道)를 근대극복의 새로운 대안으로 제시한 백낙청의 제안은 새롭고 신선하다. 우리 근대의 출발을 진-선-미에 관한 서구적 위계의 도입으로 볼 수 있기 때문이다. 이는 지·정·의 개념과 함께 세심하게 분석되어야 할 사안이나 우선 여기서 진-선-미의 위계가 도구적 이성의 지배와 무연하지 않음을 지적할 수 있을 것 같다. 이마미치 도모노부는 진을 존재의 의미로, 선을 존재의 기능으로, 미를 존재의 축복으로 풀고 있다.[11] 다분히 칸트에 의존하고 있는 그로서 오성을 최고의 자리에 두는 것은 당연하다. 하지만 진을 중심에 두는 근대지(近代知)의 위계는 해체되어야 한다. 달리 보면 미-선-진의 위계도 가능할 것이다. 그 어원을 좇아 동아시아적 사유에서 이러한 위계를 찾을 수 있을지 모른다. 왜냐하면 진은 그 어원을 따를 때, 선인(仙人)이 성도변화(成道變化)하여 사람들의 눈으로부터 숨겨진 채 하늘에 오른다는 뜻을 품고 있어 자연의 묘리, 천성, 본질, 신기(神氣) 등을 지시하는 초월적 의미를 담고 있었기 때문이다. 즉 선과 미

---

11) 今道友信(백기수 역), 『美論』(정음사 1977), 16쪽.

와는 다른 층위에 있었던 것이다. 진과 달리 그 어원에 따라 미(美)와 선(善)은 동일한 지평에 놓여 있다. 즉 아름다움과 선함이 같았던 것[善, 美也]이다. '그 행위가 아름답다' 라는 표현이 가능하듯 윤리적 판단과 미적 판단이 함께 놓였던 것이다.

여기서 이러한 미를 근대 초극의 한 가능성으로 덧붙이고자 하는 것은 동아시아 사유 속의 미 개념이 서구 미학과 자본-과학기술 연합이 지배하는 중심부적 삶의 양식에 대한 하나의 대안이 될 수 있다는 데 연유한다. 그러나 이러한 미적 대안이 고립된 전통을 의미하거나 미적 근대성의 변종을 뜻하는 것은 아니다. 세계 인식과 삶의 행위에서 전체에 대한 새로운 감각을 회복하자는 것이다. 동아시아에서 미적 인식은 정체공능(整體功能)과 분리되지 않는다.[12] 정체공능은 더 이상 분할할 수 없는 하나의 유기적 전체를 파악하는 능력인데 이러한 능력이야말로 근대를 극복하는 데 필수적이라 할 수 있다. 그러나 아직 미적 초극의 방안은 미약하다. 많은 논의를 거듭해야 할 것이다.

---

12) 장파(유중하 외 역), 『동양과 서양, 그리고 미학』(푸른숲 1999), 51~66쪽.

땅의 시학을 위한 단상

1. 신동엽 이후

 신동엽이 차지하는 시사적 위상 가운데 하나는 그가 땅에 관한 시학적 문제의식을 제기하였다는 것이다. 그의 「시인정신론」(《자유문학》 1961년 2월호)은 대지에 뿌리내린 전경인(全耕人)의 삶, 대지와의 완전한 합일 상태인 원수성(原數性)의 세계라는 개념을 통해 시학적 지향을 드러내고 있다. 여기서 원수성의 세계는 이어 등장하는 인간중심의 문명을 의미하는 차수성(次數性)의 세계와 궁극적으로 돌아가야 할 귀수성(歸數性)의 세계와 더불어 역사철학의 원리를 구성한다. 이들 삼박자는 또한 낙원의 상실과 회복이라는 문법을 지닌 낭만주의와 무연하지 않지만 차수성 세계에 대한 강렬한 비판을 내포하고 있다는 점에서 현실주의를 의도한다.

 문명인은 대지를 이탈하였다. 그들은 고향을 버리고 차수성 세계 속의 문명수(文明樹) 나뭇가지 위에 기어올라 궁극에 가서는 아무도 아닌 그들 스스로의 육혼(肉魂)들에게 향하여 어제도 오늘도 끌질을 하고 있는 것이다. 그들을 실은 공중풍선은 날이 갈수록 기세를 올려 하늘 높이 달아날 것이다. <u>마침내 인간은 아마도 지구를 벗어날 것이며 지구의 파괴를 기억할 것이며 인조 두뇌를 만들어 자동시작(自動詩作)을 희롱할 것이다.</u> 그러나 그것이 어떻단 말인가. 나는 생각한다. 모든 생물의 물질적 능력엔 동물로서의 한계가 숙명지워져 있을 것이라고. 아무리 서구적인 무서운 노력으로 하늘 끝에 이르기 위해 벽돌을 쌓아올려 본다 하더라도 그 하늘 끝은 나타나 주지 않을 것이다. 그들의 활동은 흡사 끓는 찌개 냄비 속에 일어나고 있는 분자들의 운동현상과 비슷한 것일 것이다. 물이 끓으면 물방울들은 증기화하여 공중 높이 날아갈 것이다. 마지막에 가서 냄비 속은 텅텅 비어 버릴 게 아닌가. 그러면 찌개는 어디로 갔단 말인가. 그러나 냄비 속을 벗어난 수분은 이미 찌개가 아니다. 찌개의 역사는 냄비 속에서 종말을 고한 것이다. (밑줄은 인용자의 것. 이하 같음)

인용이 말하듯이 신동엽은 무엇보다 대지를 이탈한 문명인은 끓는 냄비 속의 찌개와 같이 종말론적인 역사를 가질 뿐이라는 준엄한 경계를 던진다. 예지적 지성으로서의 시인이라는 입장을 견지한 그는 오늘날의 관점에서도 주목할 만한 시학적 과제를 제시하고 있다. 그 하나는 지구적 시각이고 다른 하나는 '자동시작' 이라는 개념이다. 우선 지구적 시각은 지리학적인 인식의 확대, 또는 지도적 상상력의 확장이라는 근대시의 경로와 전혀 다른 맥락에서 제출된 관점이다. 근대시가 획득하려던 근대성이란 실상 자본주의 세계에 대한 지리학적인 앎을 바탕으로 한 자본주의 근대에 대한 대응이다. 이러한 대응의 주체가 인간이라는 점은 췌언(贅言)의 여지가 없다. 신동엽의 지구적 시각은 이러한 인간중심주의를 근본에서 전복한다. 그는 지구를 구성하는 한 유기체에 불과한 인간이 지구의 파괴자가 되고 있다고 지적한다. 한국시사에서 소위 생태주의는 그로부터 전면화하고 있는 셈이다. 이러한 시각을 견지한 신동엽은 시학적 차원의 비판 대상으로 '자동시작'이라는 개념을 부각시킨다. 자동시작이란 달리 인공적인 제작을 뜻하는 것으로 대지와의 맥락을 상실하고 "단자미학이나 어구나열법" 등 언어적 조작에 매달리는 근대시 현상에 다름 아니다. 말할 것도 없이 시가 지니는 언어미학적 차원을 간과하는 것은 온당하지 않다. 그럼에도 언어의 감옥에 갇혀버린 시가 시적 가능성의 지평을 줄이고 있다는 점은 분명하다. 언어적 쇄말주의에 빠진 시적 경향에 대한 비판은 오늘날에도 여전히 지속되고 있는 비평적 관심사이다.

신동엽은 시와 시인이 근대적인 분업의 한 역할을 맡으면서 근대시의 불행이 시작된 것이라 본다. 그는 이상적인 인간형인 전경인(全耕人) 개념을 통해 상실된 시적 지평을 들추어내는 한편 이러한 인간형의 출현을 대망한다. 그러나 그의 말처럼 "전경인적으로 생활을 영위하고 전경인적으로 세계를 인식하려는 전경인이란 우리 세기에서 찾아볼 수가 없다." "그들은 대지 위에서 자기대로의 목숨과 정신과 운명을 생활하다 돌아간 의젓한 전경인적인 육혼(肉魂)의 체득자, 시의, 철(哲)의 '인(人)'들이었다. 세계정신의 원초적이며 종말적인 인식 위에 개안했던 그들은 그 정신을 우주와 세계와 인생에게 발산하고 돌아간 위대한 대지의 철인이요, 시인들이었다." 그렇다면 이들의 존재는 과거 완료형으로 끝난 것인가? 신동엽은 "전경인의 출현을 세기는 다만 대기하고 있다"라고 말한다. 그가 말하는 귀수성의 세계란 이러한 전경인이 새롭게 출현하는 세계이자 원수성을 경험하는 대전환, 신생의 세계이다.

어떤 의미에서 신동엽은 그가 살던 세기에 가장 이단적인 시학을 개진함으로써 그의 세기를 넘어 21세기 우리 시론사에서 신생시학의 원조가 되었다.

시란 바로 생명의 발현인 것이다. 시란 우리 인식의 전부이며 세계 인식의 통일적 표현이며 생명적 침투며 생명의 파괴며 생명의 조직인 것이다. 하여 그것은 항시 보다 광범위한 정신의 집단과 호혜적 통로를 가지고 있어야 했다.

그래서 하나의 시가 논의될 때 무엇보다도 먼저 그것을 이야기해 놓은 그 시인의 인간정신도와 시인혼이 문제되어져야 하는 것이다. 철학, 과학, 종교, 예술, 정치, 농사 등 현대에 와서 극분업화된 이러한 인간이 가질 수 있는 모든 인식을 전체적으로 한 몸에 구현한 하나의 생명이 있어, 그의 생명으로 털어 놓은 정신어린 이야기가 있다면 그것은 가히 우리시대 최고의 시가 될 수 있을 것이다. 시인이란 인간의 원초적, 귀수성적 바로 그것이다. 나는 생각한다. 시는 궁극에 가서 종교가 될 것이라고. 철학, 종교, 시는 궁극에 가서 하나가 되어 있을 것이다. 과학적 발견―자연과학의 성과, 인문과학의 성과, 우주탐험의 실천 등은 시인에게 다만 풍성한 자양으로 섭취될 것이다.

인용은 생명과 전일성이라는 신생시학의 핵심 목록들을 담고 있다. 신동엽은 김수영에 의해서 우리 현대시가 현실과의 맥락을 얻어가려는 시기에 그러한 맥락이 일면적이라 비판하면서 하나의 큰 시학적 흐름을 만들어 내고 있다. 하지만 그의 시대에 그의 시학이 일으킨 파장은 그리 크지 않았다. 그의 선지자적인 음성은 근대화의 열기와 그에 맞서 시적 진정성을 찾으려는 열정 속에서 주목의 대상이 되지 못했던 것이다. 정작 그의 생각이 되살아난 것은 20세기 말이고 새로운 세기인 오늘날 큰 흐름이 되었다.

2. 땅의 시학, 신생의 시

신동엽의 시학적 과제가 계승되고 그가 대망한 시인의 출현이 이뤄진 것은 김지하에 와서다. 그런데 김지하의 시학적 입장 표명은 그의 시론 「풍자냐 자살이냐」(《시인》 1970년 6·7월 합병호)에서 시작된다. 여기서 김지하의 표적은 김수영이며 그의 시학에 민중이 없다는 것이 주된 내용이다.

김수영 문학의 풍자에는 시인의 비애는 바닥에 깔려 있으되, 민중적 비애가 없다. 오래도록 엉켰다 풀렸다 다시 엉켜 오면서 딴딴한 돌멩이나 예리한 비수로 굳어지고 날이 선, 민중의 가슴 속에 있는 한의 폭력적 표현을 풍자라고 한다면, 그런 풍자는 김수영 문학에선 찾아보기 힘들다. 이것은 바로 그가 민중으로서 살지 않았다는 점에 그 중요한 원인이 있다. 바로 이것이 그의 한계다.

김수영의 시적 과제는 모순된 근대를 살아가는 자의 반성적 의식이다. 이러한 자의식을 통하여 그는 자기를 넘어 새로운 세계를 발견하는 통로를 열고자 한다. 하지만 김지하는 이러한 김수영의 입장이 새로운 세계를 구성하는 대안이 될 수 없다고 본다. 그리하여 그는 민중을 전면에 내세우게 된다. 그에게 민중은 억압받는 계급임과 동시에 원초적인 생명의 담지자이다. 민중의 자발성과 생명성이 발현되는 사회에 대한 갈망은 그로 하여금 혁명적 시인이 되게 한다. 그러나 후기의 그는 세계가 안고 있는 문제를 민중에 한정하지 않고 전반적인 생명의 문제로 풀어가고자 하는데 이 지점에 이르러 신동엽의 전경인 개념의 시인이 출현한다. 후기 김지하는 "우주지(宇宙知)의 정신, 이(理)의 정신, 물성(物性)의 정신"을 드러내는 "전경인"의 모습으로 신동엽의 예언을 실현하고 있는 것이다.

<u>공공성 자체가 사회적 공공성을 넘어서 지구적 공공성의 차원으로 향해야 합니다.</u> 그래야 우리 삶의 양상이 단순히 경제·정치적 삶만이 아니라, 지구 저쪽에서 일어난 산불이 산을 저렇게 태우면 결국엔 지구 허파가 약화돼서 곧 산소부족으로 연결될 것이라는 인식으로 확장되어야 합니다. 그래서 내가 서울 거리에서 산소부족으로 숨을 헐떡댈 수밖에 없는 원인이 저 대륙 너머의 산불이라고 인식할 수 있어야 됩니다. 한 마디로 말해 전지구적 소통은 그런 것이 아닐까 싶습니다. 이때의 공공성은 단순한 사회적 공공성이 아니라 지구적 공공성이고 우주적 공공성입니다.

<u>이런 공공성을 달성할 수 있으려면 감수성 자체도 전지구적이고 우주적일 필요가 있습니다. 그런 감수성에 입각해 우주적인 작품을 써야 합니다.</u> 그를 통해 교육받고 세례를 받은 젊은이들이 나와야 합니다. 예를 들어 저 물고기와 내가 한 형제였다라든가, 우주와 내가 하나로 연결되어 있다든가 하는 것들을 교육을 통해서, 문학작품을 통해서, 신문 칼럼에서 봐온 아이들은 구정물을 개울에다 버리려고 했을 때 양심의 가책을 느낄 것이 아니겠는가? 우리가 뭔가 크게 깨우쳐서 여기에 도달하는 것이 아니라, 이와 같은 교육과 문학작품을 통해서 받았을 때 나타나도록 해야 하겠습니다. 그렇지 못할 경우 환경운동 따로 일상생활 따로 놀게 되는 것입니다. (김지하, 『사이버 시대와 시의 운명』, 북하우스, 2003, 134~135쪽)

이러한 주장에 이르면 시와 시인은 전혀 새로운 존재가 되어야 한다. 시인은 단순하게 그가 사는 사회의 공공성을 실현하는 데 그치지 않고 지구적이고 우주적인 공공성을 지각하고 이를 실천하는 사람이어야

하며 시는 지구적, 우주적 생명을 발현하는 글쓰기 행위이자 교육의 매개여야 하는 것이다. 이제 시인에게 윤리와 미학은 분리되지 않는다. 그가 느끼고 보고 생각하며 말하는 것들은 모두 지구적이고 생태적인 코스모폴리터니즘에 대한 의식을 발전시키는 것이어야 한다. 신동엽이 주창한 전경인으로서의 시인은 김지하에 와서 실질적인 면모를 드러낼 뿐 아니라 21세기 우리시의 한 흐름으로 나아가게 된다.

　　내 나이
　　몇인가 헤아려보니

　　지구에 생명 생긴 뒤 삼십오억살
　　우주가 폭발한 뒤 백오십억살
　　그전 그후 꿰뚫어 무궁살

　　아 무궁

　　나는 끝없어 죽으며
　　죽지 않는 삶

　　두려움 없어라

　　오늘
　　풀 한 포기 사랑하리라
　　나는 사랑하리.
　　　　　　　　　　　　　　　－김지하, 「새봄·8」 전문

나의 몸을 매개로 지구와 우주의 연쇄를 읽으며 거대한 생명의 그물을 인식하는 시이다. 나고 죽음이 지구적 현상이고 우주적 현상이라면 나의 몸의 역사 또한 지구의 역사와 같고 우주와 같이 "무궁"할 것이다. 또한 이 모든 삼라만상이 생명으로 연결되어 있으니 "풀 한 포기" 인들 사랑하지 않을 수 없다. 실제 우리의 몸은 땅을 구성하고 있는 화학적 혼합물로 구성되어 있다. 그리고 우리의 삶 또한 대지에 의존하고 있다. 당장 밥을 지을 쌀이 없다면 우리는 스스로 땅을 일구고 농사를 짓지 않을 수 없을 것이다. 이러한 점에서 대지 나아가서 지구는 이용과 착취의 대상이 아니라 아끼고 사랑해야 할 대상이다.

낙엽 저 순명을 다한 것들의 사뿐한 낙하!
나는 지구의 중심을 새로이 걷는다
—이시영, 「은행나무 아래서」 전문

낙엽 하나 떨어지는 것을 보면서 지구를 느끼는 시적 감각을 표현하고 있다. 이 시는 '최소한의 시'라고 할 수 있다. 모든 복잡하고 무거운 사유들을 문면 아래로 가라앉히고 단순하고 가벼운 의미를 부상시킨 것이다. 시가 감각이라고 할 때 인용시는 시적 감각의 정향을 잘 말해 준다. 많은 이들이 서로 다른 감각을 과시하거나 뽐내려 하는 반면 이 시는 가장 평범한 것으로 궁극적 주제를 말한다. "시의 궁극적 주제는 대단히 평범한 것입니다. 정말로 우수한 시란 어쩌면 보이지 않는 시, 어떤 특별한 통찰력도 과시하지 않고 어떤 놀라운 아름다움도 보여주지 않은 시일지도 모릅니다." 게리 스나이더의 말이다.

아이들과 텅 빈 천공의 세상을 간다
이곳은 말이야 얘. 우주의 한쪽 동네야 가령 강화도 보문사 마을이야 스위스 소읍 같은! 내다봐, 우리는 떠가는 찬란한 하늘이다.

　우주는 아래위 온통 파란 하늘, 작은 지구는 더 작은 달을 데리고 실수 없이 지금 멀리 가고 있다 궤도를 돌고 있다 지금 점심시간이니? 밤이지! 나는 공간 어디에선가 보고 있는데 모를 일은 나를 내가 볼 수 없다는 것이었지

　어찌되었건, 아이들이 천천히 몸을 돌리면서 재미나게 공간을 가고 있다 그러면 되는 건데!
　이제 나를 찾는 일을 하지 않기로 한다 그때 해는 비춰 석양은 산그늘을 만들고, 그 양지에 사람인 자가 무릎과 어깨와 턱을 옹송그리고 앉아, 햇살이 지구 한 켠으로 비껴 들어오는 저녁을 얼얼얼 보고 있다.

　하늘이 파란 지구 그 어디
　　　　　　　　　　　　ㅡ고형렬,「지구 자전을 느낀다」전문

　시 속의 화자의 위치는 하늘을 나는 비행기인 듯하다. 우선 첫 연에서 "떠가는 찬란한 하늘"을 지구의 어떤 장소와 같은 곳으로 인식한다. 장소와 공간에 대한 관념들을 바꾸어 놓음으로써 "강화도 보문사 마을이나 스위스 소읍 같은" 구체적인 장소와 지구 그리고 우주가 하나의 큰 공간 속에 있음을 말하고자 한다. 둘째 연에서는 이러한 공간 인식과 더불어 시간에 대한 기존의 인식을 고쳐 놓는다. 아이들에게 말 건네는 형식으로 "지금 점심시간이니? 밤이지!"라고 말함으로써 점심시간 곧 한낮이라는 등식을 해체한다. 이로써 지구가 자전하고 있음을 알게 된다. 시간과 공간에 대한 이러한 인식은 결국 인식의 주체에 대한 재구성을 동반한다. 셋째 연에서 화자는 "이제 나를 찾는 일을 하지 않

기로 한다." 모든 장소들 그리고 사람들은 지구와 우주 속에 함께 있는 것이다. "하늘이 파란 지구 그 어디"라는 마지막 넷째 연이 전하고 있는 것은 지구적 감각, 지구적 시각이라 할 수 있을 것이다. 고형렬의 이 시는 매우 구체적인 사건들을 통해 주체 중심의 세계인식을 깨뜨리고 우주적 감각을 획득하는 과정을 보인다.

> 구름은 비를 뿌리며 빠르게 동쪽으로 몰려가고
> 숲의 나무들은 비에 젖은 머리를 흔들어 털고 있다
> 처음 이 산에 들어올 땐
> 나 혼자 있다는 생각을 했다
> 그러나 내가 흔들릴 때
> 같이 흔들리며 안타까워하는 나무들을 보며
> 혼자 있다는 말 하지 않기로 했다
> 아침저녁으로 맑은 숨결을 길어올려 끼얹어주고
> 조릿대 참대소리로 마음을 정결하게
> 빗질해주는 이는 누구일까
> 숲과 나무가 내 폐의 바깥인 걸 알았다
> 더러운 내 몸과 탄식을 고스란히 받아주는 걸 보며
> 숲도 날 제 식구처럼 여기는 걸 알았다
> 나리꽃 보리수 오리나무와 같이 있는 거지
> 혼자 있는 게 아니다
> 내가 숲의 뱃속에 있고
> 숲이 내 정신의 일부가 되어 들어오고
> 그렇게 함께 숨쉬며 살아 있는 것이다.
> ―도종환, 「숲의 식구」 전문

도종환의 시에서 사물이나 풍경과 나누는 대화는 중요한 자리를 차지한다. 이 시 또한 숲이라는 사물과의 교감과 교응을 드러낸다. 그의 많은 시들이 그렇듯이 사물들을 향하는 그의 마음은 순차적이다. 마르틴 부버가 말한 "나와 너"의 문법처럼 낯선 "너"와 외로운 "나"를 극복한다. 혼자 있음이라는 고독한 주체는 사물들의 부름으로 생각을 고쳐먹는다. 나아가 이들과의 생명적인 유대는 주체와 타자의 이분법을 무너뜨린다. 생태학적 감각이란 이럴 때 형성된다. 그것은 모든 생명들이 전일적인 연관성 속에 있다고 느끼게 되는 과정이다. 이것은 인식을 넘어선다. 생각들과 앎들이 아니라 그저 그렇게 존재하는 것이다. 혼자라는 생각은 나무들이 함께 생명을 호흡하는 관계라는 사실을 앎으로써 바뀌게 된다. 하지만 이러한 앎의 단계가 생명적 유대에 대한 감각의 단계는 아니다. "그렇게 함께 숨쉬며 살아 있는 것"이라는 존재 그 자체에 이를 때 생명의 감각 단계라 할 수 있다. 여기서 화자는 "숲의 식구"가 되는 것이다.

보리밭에 앉아 밥을 먹는다
얼마 만인가 이렇게 뒹굴어도 본다
더운 바람이 풀내음을 몰고
내 폐부에 훅 끼쳐오면
시간은 아득히 역류한다

풀잎들이 팔랑팔랑 몸을 뒤집고
하늘이 출렁거리며 지구가
대양에 뜬 가랑잎처럼 흐르고
보릿대가 종아리를 간질이고
밥을 먹는다 지구의 살냄새를 맡으며

지구가 흔들리다 눈앞에서 그만
궤도를 풀고 풀잎처럼 흔들리고
구름파도를 타고 아득히 흐르다
뒹굴다가 그만 내 앉은 자리도 잊어버렸다
자리를 잊었다니, 내가 이 우주의
어느 자리를 차지하고 있었던가

지구의 살냄새가 나를 데려가는 곳
그 시간의 품속이 그저 아득할 뿐인데
내가 딛고 있는 이 땅이 그저 출렁거릴 뿐인데
출렁이는 물결 어느 자리를
차지하고 있었던가

아, 이제 날 수정할 수는 있겠다
사는 짓도 인생도 내 아직
털끝 하나 잡지 못했어도
이제 날 수정할 수는 있겠다
　　　　　　—백무산,「지구에 앉아 밥을 먹는다」전문

"보리밭에 앉아 밥을 먹는다"는 첫 행은 "지구에 앉아 밥을 먹는다"는 표제와 상응한다. 제목으로 주제를 시사하고 있는 셈이다. 따라서 이 시는 돌연한 제목을 이해하기 위하여 찬찬히 시를 읽어가는 독법을 요구한다. 시의 흐름은 앞서 인용한 도종환의 경우와 흡사하다. 하지만 도종환의 화자와 달리 백무산의 화자는 노동과 밥이라는 현실의 색인을 추가하고 있다. 첫 연이 말하듯 기억을 향한 시간의 역류가 없는 것은 아니다. 사적 시간 여행은 그러나 지구와 우주로의 이끌림에 의해 금방 무화되고 만다. 생명의 흔들림과 출렁임 속에서 화자의 존재는 작아진다. 셋째와 넷째의 연이 말하듯이 거대한 생명의 그물을 알고 느낌으로써 화자는 자신의 위상에 대한 근본적인 반성에 직면한다. 마침내 존재 "수정"이라는 귀결을 얻는다. "보리밭에 앉아 밥을 먹는" 행위가 "지구에 앉아 밥을 먹는" 행위로 의미가 비약되면서 삶과 세계에 대한 근본적인 인식의 전환이 예고되는 것이다.

3. 지체되는 시운동

김지하 이후 시운동은 생명운동이라는 테제가 하나의 흐름을 이루어 왔다. 신동엽이 예고한 전경인의 출현과 이에 따른 전경인적인 노력들이 있었기 때문이다. 하지만 최근의 우리 시단은 모처럼 형성된 신생시학, 생태시학적 계기들이 약화되고 있다는 우려를 갖게 한다. 한편으로 생태시 운동이 하나의 시적 패션에 그치고 마는 현상이 있는가 하면 다른 한편으로 언어적 쇄신에 주력하는 신감각파의 주류화 현상이 있다. 여기서 신감각파의 주류화 현상은 시단 내부의 논리에 따라 더욱 확대될 것이 아닌가 한다. 무엇보다 아쉬운 것은 일부 생명시와 생태시가 패션으로 전락하면서 시운동과 생명운동의 연계성이 급격하게 사라지고 있다는 사실이다. 몇몇 시인들의 경우를 제외하고 생태시는 시적인 장 내부의 제도의 문제가 되어버렸다.

사실 생명시 혹은 생태시는 그 자체로서의 존재가치가 없는 것은 아니지만 이보다 이것이 오늘날의 반생명, 반생태적 현실을 타개하고 개조하는 사회운동 혹은 자연의 정치로 발전할 때 의미가 있다. 자연의 글쓰기가 늘어나는 반면 생명운동, 생태환경운동에 대한 열의가 식어

가는 까닭이 무엇일까? 신동엽이 말한바 또 다른 시적 분업이 되고 만 것은 아닐까? 오늘날 시의 문제는 전적으로 시인의 문제이다. 자주 이론가와 비평가들의 잘못이 지적되기도 하나 시운동의 주체는 어디까지나 시인들이다. 자연의 글쓰기는 어떤 형태이든 실천과 결합해야 한다. 따라서 이것은 자연의 정치가 되어야 한다. 땅의 시학은 전지구적인 시각을 지닌 생태환경운동과 결합해야 한다. 신생의 시들은 지행합일의 성과물이 되어야 하고 또 다른 과정이 되어야 한다.

고통의 시학
―시와 고통 문제에 관한 서론

> 고통은 우리에게 가장 고유한 것이며 가장 낯선 것이다.
> ―폴 발레리

시와 시학이 새로울 수 있을까? 또한 새롭다는 것이 기왕의 형태와 다른 패션의 차이를 뜻하거나 이를 뒷받침하는 이론적 탐문에 불과하다면 과연 나날이 변화하는 현대세계를 추수하는 일과 무엇이 다를까? 만일 새롭다는 것이 '신생'을 의미한다면 신생을 위한 시와 시학은 어떻게 바꾸어야 하는 것일까? 그런데 신생은 이전의 삶들에 대한 통찰과 더불어 현재의 삶을 바꾸려는 실천 없이 이뤄지지 않는 것은 아닐까?

이 글을 통해 전제된 물음들에 모두 답할 수 있을 것이라 생각하지 않는다. 적어도 이것은 하나의 단초이거나 과정이다. 또한 그동안 게으르게 진행해온 시적 주체와 시적 비전에 대한 논의들을 '시인과 고통'이라는 주제로 재개하려 한다. 시인은 고통을 어떻게 받아들이는가? 자기의 고통을 표출하는 방식은 무엇인가? 그리고 타자의 고통에 대하여 어찌 인식하는가? 이러한 물음들은 시적 주체, 시인의 자기인식과 타자인식의 문제일 것이다.

그렇다면 왜 고통인가? 살과 피로 이루어진 몸을 지닌 인간이기에 고통은 우리 모두의 문제이다. 사적 고통이든 사회적 고통이든 고통은 그 누구도 피할 수 없는 상황이다. 질병을 앓거나 사고를 당하거나 값싼 노동으로 생존을 위협받으며 실직으로 거리로 내몰려 고통받는 사람들은 도처에 존재한다. 또한 지진과 해일로 삶의 터전이 붕괴되고 식량부족으로 기근을 겪으며 전쟁으로 살육의 현장에 처한 사람들을 시시각각으로 목도한다. 하지만 이 모든 고통들이 '나'와 '우리'의 고통이 되지 않는다. '타자의 고통'일 뿐이다. 사람들은 즐거움이나 쾌락은 함께 나누지만 고통은 철저하게 고통받는 이의 몫으로 남겨둔다.

고통은 더없이 중요한 인간현상이지만 그러한 고통을 직면하려 하지 않는 것이 인지상정이다. 그동안 우리는 고통을 피하거나 줄이려는데 더 큰 관심을 보였지 고통 그 자체를 탐구하는 일엔 소홀히 하였다.(손봉호, 『고통받는 인간』, 서울대출판부, 1995, 13쪽) 또한 고통을 규명하려는 경우에도 실존의 해명이나 고유한 차원에서의 자기완성의 기회로 받아들였다.[1] 그렇다면 시는 고통을 말할 수 있는가? 시인들은 고통을 어떻게 말하는가, 회피하는가, 기꺼이 함께하는가? 고통을 매개로 시적 인식은 확장될 수 있는가, 또한 시적 주체는 변화하는가? 그리고 시를 통한 고통의 연대는 가능한 일인가?

서정, 고통으로부터의 우회

서정은 고통을 회피한다? 왜 이러한 오해가 생겼을까? 그것은 서정에 대한 일반화된 정의를 너무 손쉽게 받아들인 데서 비롯한다. 먼저 서정이 회감(回感)의 형식이라는 관점을 살피자. 이는 한 인간에게서든 세

---

[1] 야스퍼스가 전자의 입장이라면 가다머는 후자의 입장이다. 한스 게오르그 가다머(공병혜 역), 『고통』(철학과 현실사 2005), 32, 65쪽.

계의 역사든 서정의 지평이 과거에 있다는 발상을 보인다. 원초적인 화해의 세계 혹은 기원의 평화를 그리는 것이 서정이라는 것이다. 가령 김춘수의 「처용단장」은 이러한 서정적 지향의 극점에서 출현한다.

현대가 폭력의 시대라고 했지만, 그 폭력은 별로 솔직하지 못했다. 늘 이데올로기의 앞잡이 노릇을 해왔기 때문이다. 이데올로기의 입장에서 보면 그것이 폭력이 아닌 것 같은 인상마저 줄 수도 있는 가장 폭력의 남성적이고 건강한 일면을 거세해버린 어둡고 축축한 것이었다. 나치즘에 물어보면 후안무치한 변명(이데올로기)이 준비되어 있었다. 내 눈에 역사=이데올로기=폭력의 삼각관계가 비치게 되면서부터 나는 도피주의자가 되어가고 있었다. 왜 나는 싸우려고 하지 않았던가? 나에게는 역사·이데올로기·폭력 등은 거역할 수 없는 숙명처럼 다가왔다. 나는 나 혼자만의 탈출을 우선 생각했다. 생각하지 않을 수 없었다. 그때 또 다른 모양을 하고 처용이 나에게로 왔다. (김춘수, 「처용, 그 끝없는 변용」, 『시의 표정』, 문학과지성사, 1979, 143쪽)

폭력의 세기를 살아온 '착한 주체'로서의 시인이 선택한 길이다. 시인은 세상을 악으로 간주하면서 오직 자기만의 선을 추구하고자 한다. 인고주의(忍苦主義)의 표상인 처용은 이러한 시인의 자아상을 대변한다. 시인은 처용의 표정으로 현실의 고통을 무화하면서 유년이라는 기원의 공간을 향해 되돌아간다. 「처용단장」은 이처럼 고통을 주는 현실에서 벗어나 고통 없는 과거로 돌아가려는 시인의 상상의 산물이자 지독한 자기보존의 소산이다. '무의미시'는 언어의 사회성을 철저히 지움으로써 자기만의 완전한 세계를 상징한다. 하지만 이처럼 온전한 자기만의 세계가 가능할까? 이 또한 실재의 자기에 대한 상상적 인식에 불과할 것이다. 모든 운명이 정치적인 것에 의해 의미화되는 시대에 비정치적이거나 반정치적인 선택이 아무에게나 가능한 일은 아닐 것이다. 그렇다면 시인은 왜 이렇게 자기만의 '선'을 추구하려 드는 것일까? 혹자는 사회에 대한 '시인'의 제한된 이해의 소산이라고 하지만 극단적인 개인주의가 완벽한 도덕주의와 만날 공산은 크다. 이럴 때 현실 속에서 시인의 선과 세계의 악이 결합할 여지가 없지 않다. 회의주의를 오직 자기 동일성으로 극복하려 한 탓이다.[2]

말할 것도 없이 유년을 향한 정서가 모두 극단의 유아주의로 치닫는 것은 아니다. 망명자의 어린 시절 고향에 대한 강한 배타적 집착이 있는가 하면 시적 지각을 통한 열림이 있다. 고향의 이러한 양면성은 동일성에 기반한 배타주의와 시인의 열림에 대하여 사물이 화답하는 유년의 지각양식으로 나타난다.(이종영, 『성적 지배와 그 양식들』, 새물결, 2001, 242~249쪽)[3] 전자의 경우 가장 부정적인 형태로 나타나는 것이 "고통은 과거로 이끈다"는 파시즘의 시간 정치학이다. 모더니티의 경험이 고통이 되는 세계에 대한 반응 중 하나인 안정성에 대한 갈망이 고향, 자연, 민족을 부르는 것이다.(마크 네오클레우스, 정준영 역, 『파시즘』, 이후, 2002, 163~168쪽) 그럼에도 식민의 고통을 경험한 우리 시인들의 경우 고향은 파시즘적 감성과 거리가 있다. 가령 윤동주의 시「또 다른 고향」은 "고향에 돌아왔는데 제 백골이 따라와 한방에 누웠다. 삶이 죽음과 함께, 존재가 무와 함께 한방에 누운 것이다. 그 아득한 타자성이 시인의 자기이다."(김상봉, 『서로주체성의 이념』, 길, 2007, 217쪽)라고 해석된다. 고향이 자기동일성의 근거가 되기엔 그 훼손됨이 크다는 것이다. 물론 윤동주가 디아스포라의 시선을 지녔고 따라서 타자성에

---

[2] 미하일 함부르거에 의하면 에이츠와 릴케와 파운드와 벤 등이 이러한 경향을 보였다. M. Hamburger, The Truth of Poetry(Penguin Books 1969), 93~94쪽.
[3] 이종영은 유년의 지각양식으로서의 노스탤지어와 이어지는 고통에 대한 인식으로 주체의 타자 인식 과정을 설명하고 있다.

대한 인식이 뚜렷한 것은 틀림없다. 그렇다고 조지훈과 박목월의 고향에서 파시즘적 감성을 만날 수 있는 것도 아니다. 이들은 소박하고 단순한 삶과 순환하는 자연의 세계를 통하여 근대에 대한 불만을 나타내는데 이는 유년의 시적 지각양식의 확대라 할 수 있을 것이다. 이리하여 자연은 배타적 동일성의 근거가 아니라 인사(人事)를 비판하는 척도가 되거나 유기적인 생명 현상을 나타내는 등가물이 된다.

자기표현과 자기인식

서정은 자기 고통만을 말한다? 자기표현의 오랜 관습에 비춰 있을 법한 오해다. 과연 그런 것이 세계를 자아화하는 순환회로에 갇힌 시적 진술들이 적지 않다. 이는 많은 시인들과 비평가들이 서정시를 개인의 감정과 체험을 표현하는 독백적 발화 내지 주관성의 소산으로 받아들인 데 기인한다. 가령 대화주의자인 바흐친조차 서정시를 독백 양식으로 간주한다.(미하일 바흐찐, 전승희 외 역, 『장편소설과 민중언어』, 창작과비평사, 1988, 94~97쪽) 그만큼 시적 진술이 주관에 치우친 탓이다. 만약 서정시가 나르시시즘적인 주체에 의한 자기 독백에 지나지 않는다면 시의 사회적 존재 의미는 무엇일까? 그저 그것은 편집중적 자기애에 빠진 사람들의 초상화에 지나지 않을까? 물론 자기 정체성을 찾아가는 여성시인들의 주관적 발화들을 주관 편향으로 몰아가는 것은 지나치다. 남근중심적 세계에서 정체성을 형성하려는 노력조차 독백으로 볼 수는 없기 때문이다. 하지만 동화와 투사 그리고 의인화에 집중된 자아중심적 환원은 여전히 문제로 남는다.

그러므로 시는 자기표현에 한정될 수 없다. 시는 세계의 자아화가 아니라 여타의 글쓰기와 마찬가지로 세계와 자아의 끊임없는 교섭과정이어야 한다. 디이터 람핑은 자기표현론의 오류가 심각하므로 서정시에 관한 '최소정의'만 하자고 제안한다. 그가 제안한바 최소정의는 '시행발화'이다.(디이터 람핑, 장영태 역, 『서정시: 이론과 역사』, 문학과지성사, 1994, 20~25쪽) 이만으로도 서정시에 대한 정의로 충분하다는 것이다. 그럴 때 자기표현, 세계의 자아화, 동일성 등 불충분한 정의들이 불러올 과오를 예방할 수 있다는 것이다. 그렇다면 우리는 자기표현이 아니라 자기인식이라는 관점을 생각해 볼 수 있다. 시행발화라는 형식을 통하여 자기를 인식하는 과정이 시라는 것이다. 달리 말해서 나르시시즘적 주체로부터 벗어나는 거듭되는 노력이 시적 과정이라는 말이다.

그렇다면 나르시시즘으로부터 벗어나게 하는 처음의 계기는 무엇인가? 이종영은 이를 유년의 지각양식에 대한 향수에서 찾는다. 유년의 지각양식은 시적 지각양식인데 우리가 이를 통해 세계에 다가서면 세계의 사물들은 언어 속에서 자신을 감추는 것과는 정반대로 오히려 자신의 내부를 열어놓는다는 것이다.(이종영 2001, 248쪽) 김춘수에게서 보았듯이 유년에의 지향은 언어 이전의―「처용단장」의 서술적 이미지와 주술적 언어들처럼―세계를 찾아가는 것임을 알 수 있다. 서정은 이러한 유년에 대한 향수를 기본적인 발상으로 한다. 자아와 세계의 유기적인 통합은 서정의 조건이다. 이러한 조건은 처음부터 단절을 예고하며 존재-상실-회복이라는 서정의 삼박자가 형성되게 한다. 서정시인의 위치는 두 번째 단계이다. 과거에 대한 향수에 머무를 것인가? 미래를 꿈꿀 것인가? 어느 경우든 현실에 대한 비극적 인식에서 희극적 결말을 상상한다. 여기서 향수는 현재의 세계에 대한 부정성을 드러내게 된다. 하지만 이러한 부정성이 감성적 수준에 머무를 때 자기인식은 충분한 것이 되지 못한다. 소위 말하는 서정성 획득이라는 수준이 이에 해당한다. '서정적 자아'란 이러한 서정성에서 형성된다. 자기표현을 넘어 서정적 자아를 구성하는 과정은 중요한 시적 성취로 평가된다. 그럼에도 이것이 시적 과정의 최종 단계인 것은 아니다.

나르시시즘의 단계
향수(노스탤지어)의 단계
고통인식의 단계

나르시시즘의 단계는 거울에 비친 자기에 대한 상상적 관계를 거듭 되묻는다. 자기연민과 자아분열 그리고 자아정체성 찾기라는 시적 과정이 자기표현의 형식으로 반복되는 것이다. 향수의 단계는 시적 독백에서 벗어나는 단계이다. 물론 나르시시즘의 단계와 향수의 단계가 순차적인 것은 아니다. 이들은 자주 서로 다른 시관으로 나누어진다. 따라서 엄밀하게 말하여 향수의 단계가 나르시시즘의 단계를 극복하게 하는 것은 아니다. 둘은 섞이기도 하고 상호 연관되기도 한다. 향수의 단계는 세계에 대한 비극적 감성이 내면 혹은 세계내존재의 화해에 머무르는 '행복의 시학'을 형성한다.

오늘은 울타리 밑을 헤집던 박새가
느닷없이 불두화 쪽으로
두어 걸음 가다가는 조용히 걸음을 멈추었습니다.
아무도 오지 않았는데 자귀나무 허리가
한동안 훤해지고
잔디밭에서는 조약돌 하나가
키를 낮추고 솟았습니다
낯선 사람 몇몇이 집 앞에 멈추더니

지붕 밑에서 반짝이는 흰 벽을
우두커니 서서 보고 갔습니다

―오규원, 「집과 소식」 전문

　마치 현실을 소거하고 의식에 비친 그대로의 세계를 기술하려는 현상학을 연상하게 한다. 시인의 전기를 들추어 보면 이 시를 쓸 당시 시인은 세계를 완벽하게 차단할 정도의 육체적 고통에 처해 있다. 사적 고통의 경험을 들어 세계를 전적인 폭력 상태로 치환하면서 유년의 환상 공간을 탐문한 김춘수의 경우와 상이한 수준이다. 세계 상실을 의식의 직접성으로 대체하는 것이 아니라 자기의 고통을 견뎌내는 방식으로 물자체에 이르려 한다. 이처럼 시적 지각이 가지는 의의는 단순하지 않다. 무엇보다 그것은 자기의 고통과 더불어 심화되고 확장된다. 인용 시는 그 문면에 드러나지 않는 '자기에 대한 배려'를 통하여 평정의 마음으로 사물과 대화하려 한다. 따라서 고통인식의 단계도 향수의 단계와 순차적 과정이라고 단순화할 수는 없다. 그럼에도 향수 단계의 행복에 의문을 제기하는 것은 고통이다. 향수 단계의 한정된 부정성은 고통에 대한 성찰을 요구한다. 만약에 유년의 지각양식에 대한 향수만으로 아무런 고통도 느끼지 못하는 삶이 있을까? 서정 시인은 시시각각 자기가 획득한 서정적 지평이 거짓 위안, 가짜 행복이 아닌가 염려하지 않을 수 없을 것이다. 삶을 구성하는 가장 근본적인 문제인 고통을 간과하고 있다는 자기인식은 필연적이 아닐까?

무통시학과 고통시학

　나르시시즘 단계에서 시인의 '착한' 감성은 타자와 세계에 대한 몰각이 될 수 있다. 자주 자신의 괴로움에 대해 망각하거나 이웃의 아픔을 회피하기도 한다. 나아가 극단의 유아주의(solipsism)는 행위에 대한 무책임을 낳기도 한다. 이럴 때 서정시인의 착한 주체는 세상의 악이 될 수도 있다. '아우슈비츠'나 가까운 '광주'의 역사적 교훈이 그렇다. 세계의 고통에 등 돌리고 자기의 고통마저 회피하려 한 시인들의 역사는 세계의 부정성과 맞섰던 시인들의 역사 못지않다. 따라서 고통을 통한 자기인식은, 위선을 거부하고 시적 허위를 탈각하려는 시인에게 필연적인 과정이다.

고통인식의 단계에서 시인은 먼저 자기의 고통을 기억하게 된다. 이러한 기억은 향수의 변용 형식에 가깝다. 달리 고통에 대한 향수라고 할 수 있을 것인데 이는 감수성의 확대와 인간학적인 성찰로 이어진다.

어리고, 배고픈 자식이 고향을 떴다

—아가, 애비 말 잊지 마라
가서 배불리 먹고 사는 곳
그곳이 고향이란다
　　　　　　　　　—서정춘, 「30년 전—1959년 겨울」 전문

고통에 대한 향수는 모든 사람 사는 곳을 고향으로 생각하게 하는 의식형태로 감수성의 확장을 이끈다. 이러한 감수성은 타자의 고통에 감응하고 그와 연대하는 시발이 된다. 고통인식 단계의 바람직한 지향이다. "햇볕이 질화로처럼 따뜻한 봄날이다//(…)//낡은 집 돌각담에 등을 대고 오들오들 앉아서 실성한 듯 투덜거리는 저 홀할머니의 아들 하나는 빨치산이었음을 나는 알고 있다."(서정춘, 「和音」) 이처럼 시인에게 '화음'은 자기 고통은 물론 타자의 고통을 이해하는 데서 찾아진다. 하지만 모든 시인들이 자기의 고통을 타자의 고통과 상통하는 것은 아니다. 자기부정과 무통의 행복을 염원하는 이도 적지 않다. 더군다나 무통시학(無痛詩學)[4]이 가해자의 위치를 대변하는 역사적 경험을 다시 상기하지 않을 수 없다. 무통시학은 고통에 대한 나르시시즘과 무관하지 않다. 이는 자기의 고통은 물론 타자의 고통을 회피한다.

  여기서 고통의 유형을 생각해보자. 먼저, 육체적 고통을 들 수 있다. 질병과 노동과 폭력이 신체에 가하는 고통이다. 둘째, 고통에 대한 심리적 내면적 경험이 있다. 셋째, 세계의 부정성에 대한 경험으로 사회적 폭력과 억압의 경험, 지배이데올로기가 의식에 가하는 폭력, 전체가 소수에게 가하는 폭력, 보편이 특수에게 가하는 폭력, 차이를 증오하는 태도, 개인성의 상실 등을 의미한다. 마지막으로 고통으로서의 역사라는 개념을 들 수 있다. 역사가 알려지지 않는 억압, 죽음, 고통, 부정성으로 가득 차 있다는 역사철학적 통찰이다.(이종하, 『아도르노─고통의 해석학』, 살림, 2007, 14~15쪽) 어떠한 고통이든 그 극단은 존재와 세계를 완벽하게 차단한다. 한 개인을 완전하게 파괴하는 것으로 죽음에 상응하는 고통이다. 이러한 고통을 제외한다면 고통에 대한 태도는 타자의 고통으로부터 등을 돌리게 하는 고통과 타자의 고통에 눈을 뜨게 하는 고통으로 대별된다.(이종영 2001, 255쪽) 고통시학은 후자에서 시작된다.

  고통의 경험은 타자의 고통 속에서 자기 자신의 과거의 고통을 보게 하고 그리하여 자신을 타자 속에 묶어두는 것이다. 그렇지만 이때 타

---

4) 모리오카 마사히로의 "무통문명"이라는 개념을 염두에 두고 이를 시학에 가져다 썼다. 모리오카 마사히로(이창익·조성윤 역), 『무통문명』(모멘토 2005)

자의 고통 속에서 자기 자신의 고통을 보는 것은 결코 타자의 자기화에 그치는 것이 아니다. 그것은 오히려 타자의 고통의 이유를 인식하려는 열망으로 이어진다. 타자 속에서 자기 자신의 과거를 발견한다는 것은 그 타자에 대해 애정을 갖게 된다는 것을 말한다. 이것으로 이미 자기 자신은 타자의 입장에 설 준비를 갖춘다. 진정으로 애정을 갖는다는 것은 그의 입장에 설 준비를 갖춘다는 것이기 때문이다. 그리고 타자의 고통의 이유에 대한 인식은 자기 자신으로 하여금 타자의 입장에 서서 세계를 바라볼 수 있도록 해준다. (이종영 2001, 266~267쪽)

고통시학이 나르시시즘과 향수를 어떻게 변용해야 하는가를 명쾌하게 지적하고 있다. 또한 고통시학은 타자시학이자 사랑의 시학임을 시사한다. 그동안 시학사는 동일화 욕망에 사로잡혀 타자를 제거하는 경향을 보여 왔다. 이는 시적 주체 확립과 근대적 주체 확립이 동궤로 인식된 과정이기도 하다. 시적 근대성을 획득하기 위한 피할 수 없는 과정이라고 할 수도 있지만 동일성에 포박된 시학에 자유를 부여하는 작업은 이제 필연적 요청이다. 자기 동일성을 해체하지 않은 채 실행되는, 세계에 대한 미적 저항이 무슨 의미가 있을까? 그것은 단지 저항의 수사학만 남기는 것이 아닐까? 세계가 주체에 의한 동화와 투사의 대상이 되고 모든 차이들이 동일성으로 병치되고 치환된다면 남는 것은 무엇일까? 그것은 고통을 모르는 시적 주체의 무한 욕망이 아닐까? 고통 속에서 스스로를 바꾸어나갈 때 생명의 기쁨이 온다. 그러나 욕망은 이러한 생명의 기쁨을 빼앗는다. 이를 두고 모리오카 마사히로는 "자기 가축화"(모리오카 마사히로 2005, 23쪽)라 규정한 바 있다. 주체의 동일성 욕망이 시의 자기가축화를 이끈 측면은 없는가? 고통시학이 우리에게 던지는 의문이다.

뱃속에
닭의 모래주머니는 없지만
모래를 소화시킬 위장은 없지만
돌 조각도 물고기인 것처럼 삼키는 사람이 있다
모래도 魚卵인 것처럼 씹는 사람이 있다
뱃속이 허공으로 되어 있는 것처럼
삼킨 돌 조각 물고기를 소화시키기 위해서가 아니라
그 돌의 물고기를 몸속에서 소중히 기르기 위한 것처럼
위산의 바다에서도 죽지 않는, 부패되지 않는
돌의 생명체가 비늘을 달고, 부드러운 지느러미로 흐르는
화엄 같은, 그런 세계를 만들기 위한 것처럼
돌과 모래의 식탁 앞에 앉는 사람이 있다
돌의 지느러미가 식도를 찢어도
모래의 알에서 무수한 통증들이 부화되어도
출혈이, 물고기가 숨 쉴 수 있는 숨결인 것처럼
고통이, 그 물고기가 헤엄칠 수 있는 길인 것처럼
오늘도 돌과 모래의 식사를 하는 사람이 있다
머리에 닭의 붉은 볏도 없으면서
뾰족한 부리의 입, 퇴화된 날개도 없으면서
마치 모래주머니 같은 위를 가진 것처럼
끝내 제 몸을 녹일 쇄석기 같은 위산의 바다를 출렁이며—

— 김신용, 「사랑에게」 전문 [5]

---

5) 나는 김신용의 시세계를 해석하면서 이 시를 글의 말미를 장식하는 데 사용하였다. 해석을 열어두는 듯한 포즈이기도 하지만 미완의 표시이기도 하다. 구모룡(2005), 「고통에 들린 삶-김신용의 시세계」, 김신용(2005)의 해설.

고통을 경험하는 것이 왜 사랑이 될까? 사랑에는 왜 고통이 수반되는 것일까? 기독교가 아니더라도 일찌감치 많은 종교는 사랑의 마조히즘을 말한 바 있다. 그러나 이것이 지닌 형이상학은 실제 세상의 고통에 무관심한 경향으로 흐르고 있다. 도르테 죌레는 "고난을 오직 인내라는 관점 하에서만 생각하는 일, 또 거기서 비롯된 것으로 다른 사람의 고난에 대해 무감각해지는 일"(도르테 죌레, 채수일·채미영 공역,『고난』, 한국신학연구소, 1993, 27쪽)을 비판한 바 있다. 이처럼 고통은 종교적 복종이나 개인적 인내의 차원에서만 이해되지 않아야 한다. 고통이 내포한 역사적 맥락과 사회적 연관이 간과될 때 고통은 자연스러운 현상이 되고 삶의 무기력으로 전화될 가능성을 안게 된다. 물론 김신용의 인용시가 그렇다는 것은 아니다. 고통을 통하여 생명의 '화엄'에 도달하는 과정이야말로 고통시학의 궁극적인 지향이다. 고통을 체험한다는 것은 제 몸에서 죽음을 겪는 일에 다를 바 없다. 인용시가 말하듯 고통을 통하여 거듭 신생에 이르게 되는 것이다. 이러한 신생은 사랑이 만드는 즉각적인 괴로움을 감내하면서 기꺼이 자기희생을 받아들이는 데서 이뤄진다.

우리는 지금 모리오카 마사히로가 말한 '무통문명'의 시대에 살고 있다. 이는 고통을 줄이려는 문명적 노력을 비판하는 의미가 아니며 고통으로부터 눈감게 하는 사회 시스템을 의미한다.[6] 실제 우리의 시학도 고통을 말하기보다 쾌락을 추구하는 경향이 크다. 많은 시인들이 쾌락은 나눌 수 있어도 고통은 나눌 수 없다는 수용미학을 견지하고 있는

---

[6] 모리오카 마사히로는 "내가 '무통화'라는 이름으로 비판하는 것은 '예방적 무통화'와 '눈가림 구조' 등의 장치를 교묘하게 이용하여 쾌락을 추구하고, 지금의 쾌적함을 유지하기 위해 귀찮은 문제를 먼저 없애고, 괴로운 일을 다른 사람에게 떠넘기고, 자신의 모순에서 눈을 돌려 견딜 수 없는 아픔과 고통에서 계속 도망가려는 것과 그것을 뒷받침하는 사회 속에 넓게 뿌리내린 시스템이다"라고 말한다. 모리오카 마사히로(2005), 42쪽.

것으로도 보인다. 고통을 멀리하려는 인지상정은 이처럼 고통과 고통받는 사람들을 고립시키고 이들을 시적 자원에서 분리시키고 있다. 우리가 무통시학을 추구한 연유이다. 그러나 이러한 무통시학에 신생은 없다. 무관심(A-pathie)이란 글자 그대로 고통받지 않는 것, 고통이 없는 것, 어떤 존재가 고통받을 능력이 없는 것을 뜻한다.(도르테 죌레 1993, 42쪽) 무관심, 무목적성! 그동안 무통시학의 불감증을 대변하는 개념들이 아닐까? '무관심'은 타자를 고려하지 않고 구원을 세계 저편에서 구하려는 나르시시즘의 기획이다. 과연 리까르두의 주장처럼 "문학은 그것이 있다는 것만으로 인간의 굶주림을 추문으로 만드는 것"인가? 고통에 대한 인식 없이 진정한 시적 자유는 주어지지 않을 것이다.

시와 파시즘의 문제

파시즘을 어떻게 볼 것인가?

　시와 파시즘의 관계를 규명하는 일의 어려움은 무엇보다 파시즘 자체의 개념적 혼란에서 비롯된다. 이탈리아 파시즘에서 출발한 이것은 대체로 히틀러의 나치즘과 스페인의 팔랑헤 등 전체주의를 포괄하는 개념으로 쓰인다. 파시즘 개념의 혼란은 공산주의자들에 의해 심화된다. 코민테른 5차 회의가 이를 "프롤레타리아에 대항하는 대(對)부르주아지의 투쟁도구"라고 규정함으로써 모든 반혁명적, 반동적 경향을 '파시스트적'이라 부르게 된 데서 오늘날 폭압적 정치와 권력을 비난할 때 이처럼 폭넓은 개념이 사용되는 것이다.
　파시즘을 대중의 아래로부터의 자발적이고 열광적인 동의에 기초한 열정과 광기의 정치혁명으로 보는 입장에서는 위로부터 전개되는 전체주의와 개발독재 그리고 군사독재를 파시즘과 구별할 것을 주문한다. 가령 파시즘의 경계를 명확히 하는 것이 파시즘 이해의 선결조건으로 받아들이는 로버트 O. 팩스턴은 고전적인 폭압정치와 파시즘을 구분하는 기준으로 대중의 열정을 든다. 그는 "파시즘은 민주주의의 실패에서 나타나는 현상이며, 고전적 폭정이 시민들을 단순히 억압하여 침묵시킨 것과는 달리, 대중의 열정을 끌어모아 내적 정화와 외적 팽창이라는 목표를 향해 국민적 단결을 강조하는 데로 돌리는 기술을 찾아냈다는 점에서 아주 새로운 현상"이라고 보는 한편, "민주주의 성립 이전의 독재에는 '파시즘'이라는 용어를 사용하면 안 된다. 아무리 잔인하다 해도 이 독재에는 파시즘에서 찾아볼 수 있는 조장된 대중적 열광이나 격렬한 에너지, 나아가 국민의 단결과 순수성 및 힘이라는 목표를 위해 '자유주의 제도를 포기해야' 한다는 사명감이 없기 때문이다."라고 개념의 엄밀성을 강조한다. 이러한 그의 입장에 따르면 프랑코 정권이나 일본 군국주의도 파시즘에 미달 상태로 비친다. 전자의 경우 "경제 분야에는 거의 개입하지 않았으며 국민들이 수동적으로 따라오기만 한다면 일상생활을 통제하려는 노력도 거의 하지 않았다"는 점에서 파시즘적이라기보다 권위주의적 독재체제로 보는 것이 타당하며 후자의 경우 민주주의를 경험하지 않았을 뿐 아니라 "혁명의 위협에 직면하지도 않았고 대외적 패배나 대내적 분열을 극복할 필요성도 없었으며 파시즘 특유의 대중 동원 기술을 사용했지만, 지도자들과 경쟁을 벌이는 공식 정당이나 자생적 대중운동은 존재하지 않았다"는 점에서 "파시즘 체제라기보다는 국가가 지원하는 상당 수준의 대중 동원을 가미한 팽창주의적 군부 독재로 보는 것이 더 정확하다"는 것이다.

확실히 팩스턴의 지적은 그동안 매우 광범하게 적용되어온 파시즘 개념에 대하여 학적인 엄밀성을 더한 것으로 보인다. 역사적 파시즘에 대한 실증적인 고찰에 바탕을 둔 그는 "파시즘의 정체를 다 밝힐 수 없다"는 것을 전제하면서 다음처럼 정의한다: "공동체의 쇠퇴와 굴욕, 희생에 대한 강박적인 두려움과 이를 상쇄하려는 일체감, 에너지, 순수성의 숭배를 두드러진 특징으로 하는 정치적 행동의 한 형태이자, 그 안에서 대중의 지지를 등에 업은 결연한 민족주의 과격파 정당이 전통적 엘리트층과 불편하지만 효과적인 협력관계를 맺고 민주주의적 자유를 포기하며 윤리적·법적인 제약 없이 폭력을 행사하여 내부 정화와 외부적 팽창이라는 목표를 추구하는 정치적 행동의 한 형태."(로버트 O. 팩스턴, 손명희·최희영 역, 『파시즘』, 교양인, 2005, 487쪽) 팩스턴의 정의에서 우리는 파시즘이 대중의 자발적인 동의에 바탕한 열광적인 정치운동이라는 데 주목한다. 그는 파시즘의 정치운동에서 대중의 자발성을 가장 중요한 요건으로 보았다. 이러한 관점에서 그는 위로부터의 파시즘으로 규정되는 군부독재, 개발독재, 권위주의 등을 파시즘과 다른 정체(政體)로 본다.

그런데 파시즘과 전체주의, 군부독재, 개발독재, 권위주의 등이 만드는 차이는 논자에 따라 다르다. 먼저 마르크스주의적 파시즘 이론은 자본과 파시즘의 유착관계에 중점을 둠으로써 파시즘의 기반인 대중의 자발성을 간과한다. 다음으로 전체주의적 파시즘 이론은 역사적 파시즘과 더불어 볼셰비즘을, 자유를 제한할 뿐만 아니라 완전히 말살하기 때문에 권위주의적 독재와 본질적으로 구분되는 것이라고 함께 비판한다. 이러한 비판이 가지는 의의는 파시즘보다 더 넓은 개념인 전체주의라는 입장에서 근대세계를 해부한 데 있고 그 한계는 파시즘과 전체주의의 차이 혹은 파시즘과 볼셰비즘의 차이들을 일정 부분 약화시킴으로써 상대적으로 더 큰 죄상을 지닌 파시즘이 볼셰비즘과 유사한 역사적 평가를 받게 되는 데 있다. 군부독재나 개발독재 등 권위주의 체제와 파시즘의 관계론에 있어 체제형성의 동인이나 이를 추동하는 대중 문제가 가장 중요한 쟁점이 된다. 이들 권위주의 체제가 역사적 파시즘과 다른 상황에서 형성된 것이 사실이고 대중 동원과 전쟁에 이르는 과정에서 변별되는 것도 사실이다. 하지만 이탈리아 파시즘과 독일 나치즘에 대해서도 평가가 다르듯이 파시즘 개념의 유연한 진폭은 인정되는 것이 좋을 듯하다. 가령 마루야마 마사오가 지적하고 있듯이 일본 군국주의의 형성과정이 아래로부터의 동인을 좌절시키고 마침내 위로부터의 전체주의로 나아가 전시 동원체제로 간 것은 유럽과 다른 동아시아 파시즘의 한 양상으로 볼 수 있는 것이다. 아울러 한국의 군부 주도 개발 독재에도 일정 부분 파시즘적 경향은 있다고 볼 수 있다. 위로부터의 파시즘에 동의하는 대중의 존재를 전혀 무시할 수 없을 뿐더러 이데올로기와 폭력에 의한 지배에서도 상응하는 부분이 있기 때문이다. 하지만 팩스턴의 지적처럼 이를 두고 파시즘이라고 규정하는 것은 무리가 있다고 하겠다.

그 개념적 진폭을 허용하더라도 파시즘은 어디까지나 정치 경제적 문제에서 형성되고 심리적 요인들은 이러한 정치 경제적 요인으로부터 발생하는 것으로 이해하는 것이 옳다. 무엇보다 파시즘이 현실적인 정치운동이기 때문이다. 따라서 심리적인 요인 자체를 파시즘이라 할 수는 없는 것이다. 이러한 관점에서 소위 '우리 안의 파시즘' 론이 가지는 한계는 분명하다. 그것은 권위에 대한 맹종과 이데올로기적 편향 등을 파시즘으로 규정하거나 역사적 파시즘이 형성한 담론 유형과 유사한 담론들을 파시즘 담론으로 규정할 수 없기 때문이다. 가령 다음과 같은 파시즘론은 파시즘 개념을 지나치게 확대하거나 남용하고 있는 대표적 사례로 손꼽힌다.

(가) 정작 큰 문제는 대안 세력으로 자처하는 이들의 사고와 운동 방식조차 밑으로부터 파시즘을 떠받치고 있는 한국 사회 고유의 결에서 크게 자유롭지 못하다는 점이다. 자신만이 절대적 정의를 독점하고 있다고 착각하는 일부 좌파들의 도덕적 폭력은 극우 반공주의 매카시즘적 폭력과 결을 같이 한다. 상대방에게 이러저러한 딱지를 붙임으로써 자신의 헤게모니를 확보하려는 권력 지향적 글쓰기가 여전히 지배적이며, 좌파들의 논쟁 또한 권력 지향적 문화에서 자유롭지 못하다. 심

지어는 공공적 논의를 아예 사유화하려는 조짐까지 엿보인다. "현실 정치 공간으로부터 해방된 공간"이라는 사이버 공간의 의사소통 역시 쌍방향적 민주적 의사소통의 방식보다는 언어와 논리의 폭력이 상승 작용을 일으키며, 현실 정치 공간의 논리를 그대로 재현한다. 파시즘적 현상을 비판하는 논리 자체가 파시즘의 인식 지평 속에 갇혀 있는 것이다. 그런가 하면 가장 자유롭고 재기 넘치며 신선해야 할 학생 운동조차 행동 양식과 의식 구조는 파시즘의 결에서 크게 벗어나지 못한 것은 아닌가 하는 우려를 자아낸다. 일상적 파시즘이 우리 사회 저변에 얼마나 깊이 뿌리 내리고 있는지를 잘 보여주는 예들이다. (임지현, 김철 외, 『우리 안의 파시즘』, 삼인, 2000, 10쪽)

(나) 김지하는 '1만1천 년 전의 마고(麻姑)를' 찾는 한편 '5만 년 후의 미래를 보고 있다'고 말한다. 아득한 과거와 미래를 향한 이 시선에서 실종되는 것은 물론 현재이다. 미래를 향한 끊임없는 혁신의 충동과 아득한 신화의 실재화라는 이 기묘한 이중주가 실제로 드러내는 것은 '현재'의 '끊임없는 지연'이라는 파시즘의 독특한 시간관이다. 타락의 정점으로서의 '현재'는 '위대했던 과거'의 빛에 견주어 부정되고, '언제가 올 미래'의 빛에 견주어 희생된다. 이 시간관에서 현재(present)는 결코 재현(re-present)되지 않는다. 위대했던 민족의 과거가 현실에서 쉽게 실현될 리는 없다. 그것은 메시아적 숭고의 형태로, 종말론의 형태로 끊임없이 연기되면서 새로운 인간, 새로운 지도자에 대한 갈망을 낳는다. 결국 아득한 과거를 상고하고 아직 도착하지 않은 미래를 전망하는 이 시간관에서 현재의 구체적 갈등이나 모순은 당연히 시야에서 사라진다. 그리하여 '역사'를 말하면서 '역사'를 부정하고, 역사의 바깥에서 역사를 전망하는 파시즘적 역사관은 이러한 시간관을 바탕으로 하면서, 현실의 고통을 과거의 영광된 기억이나 곧이

어 다가올 찬란한 미래에의 기약으로 위무한다. 그럼으로써 '대중의 눈을 사회기구의 근본적 모순으로부터 돌리게 하고, 현실의 기구적 변혁 대신에 인간의 머릿속에서의 변혁, 즉 사고 방식의 변혁으로 메우려 하는' 파시즘의 '반혁명적 본질'이 실현되는 것이다.(김철, 「민족-민중문학과 파시즘: 김지하의 경우」, 『현대한국문학 100년』, 민음사, 1999, 514~515쪽)

(가)는 한국사회에 파시즘이 살아 있다는, '일상적 파시즘' 혹은 '우리 안의 파시즘'론의 입장에서 우리 사회의 광범한 파시즘적 현상을 진단하고 비판하고 있다. 이러한 입장의 문제점은 먼저 파시즘의 개념을 지나치게 넓게 잡고 있다는 데서 찾아진다. 앞에서 이미 말했듯이 파시즘의 개념을 반혁명적, 반동적 경향과 일치시킨 것은 공산주의자들이다. 그런데 (가)의 입장은 이러한 좌파적 파시즘 정의와 무관하다. 그럼에도 파시즘 개념을 매우 광범하게 적용하고 있어 파시즘 개념을 혼란스럽게 한다는 점에서 일치한다. 과연 한국 사회에 파시즘의 결이 좌파와 우파, 지배층과 민중 가릴 것 없이 광범하게 형성되어 있는가? 이를 해명하기 위해서는 먼저 군부 중심의 개발 독재가 파시즘인가의 여부가 가려져야 할 것이다. 다음으로 그러한 독재에 대한 민중적 기반이 파시즘의 대중 동원과 일치하는지 규명되어야 한다. 이러한 문제들에 대한 엄밀한 천착이야말로 한국사회가 파시즘을 통과한 사회인지 그래서 그것이 여전히 내면화되어 있는 사회인지를 밝히는 첩경이라 할 수 있다. 그러나 유감스럽게도 (가)의 논자는 이러한 문제의식보다 논자가 설정한 민주적 의사소통의 이상에 적합하지 못한 모든 주장과 논리를 파시즘으로 규정하는 견해를 보인다. 논자의 주장대로 민주적 의사소통은 우리가 모든 과정에서 수행해야 할 과제이다. 하지만 이러한 과정은 힘겨운 인내와 연습 그리고 많은 시행착오를 필요로 한다.

우리 사회는 이러한 과정에 있는 셈인데 그 이상에 도달하지 못한 상태를 파시즘으로 규정하는 것은 엘리티즘에 바탕한 대중에 대한 편견의 소산이 아닌가 한다. 논자의 주장대로 폭력적 행동양식과 의식구조는 그 누구도 극복하지 않으면 안 되는 과제이다. 그러나 폭력을 수반하는 모든 의식과 행위들이 파시즘으로 귀결되는 것은 아니다. 논자의 관점대로라면 4월 혁명과 10월 항쟁 그리고 5월 항쟁과 6월 항쟁 등도 파시즘의 한 양상으로 간주되고 말 것이다. 어떻게 보면 논자야말로 우리 사회의 구체적 전체성을 보지 못하고 그 일면적 현상을 들어 우리 사회를 파시즘에 기반한 사회라고 매도함으로써 담론의 권력을 획득하려는 폭력적 욕망에 사로잡힌 것은 아닌가 의심되는 바 없지 않다. (가)의 논자와 같은 파시즘에 대한 오해는 (나)의 논자에게서도 반복된다. (나)는 김지하의 담론이 보이는 시간관을 들어 파시즘의 시간관과 일치함(?)을 증거로 삼아 김지하 담론을 파시즘으로 규정한다. 이는 정치 운동의 맥락에서 파시즘을 뒷받침하던 시간관을 전혀 다른 맥락에 놓여 있는 시간관과의 일치 여부로써 파시즘이라 판명하는 논리적 오류를 범한다. 논자가 언급한 김지하의 담론이 생산된 것은 어떤 의미에서 파시즘에 가까운 전두환 정권의 상황에서다. 논자의 논급대로라면 김지하가 전두환 정권이라는 현재를 몰각하고 과거와 미래만을 말함으로써 파시즘의 '반혁명적 본질'에 도달하였다는 것이다. 그렇다면 김지하가 전두환 정권을 찬양했다는 것인가? 아니면 김지하도 전두환 못지않은 파시스트란 말인가? 도대체 논자의 주장하는 바가 무엇인가? 논자는 김지하의 시간관을 "대중의 눈을 사회기구의 근본적 모순으로부터 돌리게 하고, 현실의 기구적 변혁 대신에 인간의 머릿속에서의 변혁, 즉 사고 방식의 변혁으로 메우려 하는" 파시즘의 "반혁명적 본질"에 대위시킨다. 논자가 들고 있는 이러한 대위는 마루야마 마사오가 일본 파시즘의 사상과 운동을 설명하는 과정에서 "파시즘이 일반적으로 지니고 있는 특질"로 들고 있는 구절의 일부인데, 그 전후 맥락을 이해하기 위해 여기에 마루야마 마사오의 본문을 가져오면 다음과 같다: "대체적으로 '오오카와 슈메이'는 이와 같은 비판을 하고 있습니다. 이런 비판의 방식, 즉 자본주의도 사회주의도 모두 물질주의라는 동일한 지반 위에 서 있으므로 사회주의는 현대문명의 폐단을 진실로 구제할 수 없다는 것, 사회주의나 마르크스주의는 자본주의와 한통속이라는 것—이런 비판 방식은 나치나 이탈리아 파시즘의 이데올로기가 거의 대부분 이구동성으로 말하고 있는 것과 너무나 흡사합니다. 그리하여 파시즘 이데올로기가 물질주의에 대하여 높이 내세우는 '이상주의' '정신주의'야말로 실상은 대중의 눈을 사회기구의 근본적 모순으로부터 돌리게 하고, 현실의 기구적 변혁 대신에 인간의 머릿속에서의 변혁, 즉 사고방식의 변혁으로 메우려고 한다는 의미를 지니고 있는 것입니다. 파시즘이 애초에 약간의 반자본주의적 색채를 띠고 나타나면서도 결국 독점자본에 봉사하는 역할을 수행한 이데올로기적 근거는 이런 곳에 숨어 있는 것인데, 그런 점은 아무래도 일본 파시즘에 특징적인 것이라고 할 수는 없으므로 이 이상 더 들어가는 것은 피하기로 하겠습니다. 그리고 여기서는 파시즘이 일반적으로 지니고 있는 특질은 제외시키고, 일본의 파시즘 이데올로기에서 특히 강조되고 있는 점은 어떤 것인가를 두세 가지 살펴보고자 합니다."(마루야마 마사오, 김석근 역, 『현대정치의 사상과 행동』, 한길사, 1997, 78쪽) 이처럼 마루야마 마사오는 일본 파시즘 형성과정에서 오오카와 슈메이가 제기한 담론을 검토하는 과정에서 논자가 인용한 진술을 하고 있는 것이다. 따라서 논자는 마루야마 마사오를 전혀 다른 문맥에서 가져다 쓰고 있을 뿐만 아니라 파시즘 형성의 구체적 과정에 주목하라는 마루야마 마사오의 의도 또한 바르게 읽고 있지 못하다. 나아가 마루야마 마사오가 "반혁명적 본질"이라는 말을 쓰고 있는 것처럼 인용하고 있는 데 이르러 마루야마 마사오의 담론에 기대어 김지하를 매도하려는 논자의 과장된 제스처까지 느껴지게 된다. 만일 김지하의 담론이 전두환 정권을 뒷받침하는 이데올로기를 제공하였다면 마루야마 마사오가 논의의 대상으로 삼은 오오카와 슈메이처럼 김지하도 파시즘적 지식인으로 규정될 수 있을 것이다. 이러한 점에서 "김지하를 파시스트로 '고발' 하는 것이 아니라, 민족-민중문학과 파시즘의 결합 지점을 밝히고 그 결합의 방식을 탐구하는 것"(김철 1999, 503쪽)이라는 (나)의 논자의 입장은 '파시즘에 저항하는 사상도 파시즘' 이라는 전제에서 (가)의 논자와 마찬가지로 오류와 혼란을 낳고 있을 뿐이다.

파시즘의 시대, 문인의 오명

우리는 명성이 드높은 시인들이 그들 시대에 가장 폭력적이고 억압적인 정치와 정치가들을 찬미한 사실을 알게 되면서 놀라게 된다. 가령 다음의 인용문이 그렇다.

> 어딘가 다른 데서 군인이 된다는 것이 나로서는 힘들었을 것입니다. 하지만 이런 어떤 나라들에서는, 만약에 내가 거기서 태어났더라면, 신념과 열정을 가지고 그렇게 될 수 있었을 것입니다. 말하자면 이탈리아 군인이나 프랑스 군인 말입니다. 나는 그렇게 될 수 있었을 것입니다. 동포애를 가지고 극도로 희생하면서까지 말입니다. 이들 두 나라의 국민성이 아무리 우리에게 제스처, 행동, 겉치레 모범과 결부되어 있는 듯이 보일지라도 말입니다. 프랑스보다 훨씬 더 당신들 가운데서는 피는 진실로 하나이며, 많은 순간들에는 이념 역시 이러한 피에 감동되어서 하나일 수가 있는 것입니다. (미하일 함부르거, 이승욱

역, 『현대시의 변증법』, 지식산업사, 1993, 131쪽 재인용)

인용문은 만년의 릴케(1875~1927)가 이탈리아의 여공작 갈라라티 스코티에게 보낸 편지의 일절이다. 그의 사후 30년이 지난 1956년 『밀라노의 편지들: 1921~1926』이 출간되면서 알려진 이 글은 릴케가 무솔리니의 파시즘을 변호한 일과 연관된다. 미하일 함부르거에 의하면 릴케의 무솔리니 찬양은 릴케의 변덕스런 시적 자아와 결부된다. 릴케의 작품 전반에서 끊임없이 귀족의 탈과 천민의 탈이 이리저리 엇바뀌고 있음을 볼 수 있는데 이러한 불안정한 릴케의 인격이 가지는 가면과 양식의 공간작용은 어떤 실용적이고 논리적인 관점에서 고찰하는 즉시 서로 배척되고 모순되는 동정들과 태도들을 낳는다는 것이다.(미하일 함부르거 1993, 103~131쪽) 릴케처럼 낭만주의적 상징주의 시인들이 그들 시대의 폭력적인 정치가들을 찬양하는 경우는 많다. 이는 사물들에 자아를 의탁하는 감정이입과 사물들을 통해 자아를 찾으려는 과정에서 자기를 상실하는 데서 유발된다. 그만큼 시인의 주관은 내적 자율성을 상실할 때 허약한 것이다. 릴케의 편지를 들어 릴케를 파시스트라 규정하는 것은 성급하다. 릴케의 경우 개방적인 주관성이 문제적인 셈이다. 릴케가 시사하듯 시인에게 파시즘은 예술의 자율성과 예술가의 자율성을 혼동하는 순간 유혹처럼 다가온다. 사후의 편지에서 밝혀진 것처럼 일차대전 이후의 회의적 세계에서 릴케는 이탈리아의 파시즘의 등장을 새로운 세계로 동정한 것이다.

국가를 대도시로부터 시골로 다시 가져가는 것, 즉 토지에 대한 새로운 감정을 교육시키는 것, 아마도 이것이 그들의 새로운 마음이 될 것이다. 선한 민족이란 것은 바로 고향의 감정을 갖는다는 것을 뜻한다. 새로운 국가의 옛 종교 가문이 교양, 문화, 천부적인 소질 등의 정신적 제국을 창조해 내고 유산으로 남겨 준 후에 이제 그들의 젊은 아들들은 바로 고통받는 민족에게 대지의 축복을 새롭게 해주어야 하는 소명을 띠고 있는 것이다. (최문규, 「파시즘 문학의 담론과 정치적 기능」, 『인문과학』 제78집, 연세대, 1997, 331쪽 재인용)

인용은 고트프리트 벤(1886~1956)의 말이다. 이러한 벤의 진술은 민족과 대지의 축복을 하나의 맥락으로 잇는다. 피와 대지 신화의 뿌리를 내세우는 파시즘의 주장과 다를 바 없는 것이다. 자넷 빌과 피터 스타우든마이어에 의하면 독일에서 민족과 대지의 신화는 에른스트 모리츠 아른트와 빌헬름 하인리히 릴에 의해 "낭만주의적 전통의 반계몽주의와 비합리주의 영향하에서 주조된, 자연주의와 민족주의의 특수한 종합"이 이뤄지는 19세기 여명에서 시작된다. 대지에 대한 사랑과 호전적인 인종주의적 민족주의의 치명적인 연계는 아른트 이래 그의 제자들에 의해 더욱 발전적으로 계승되며 1867년 에른스트 헥켈이 '생태학'이라는 용어를 창안하고 그의 제자들이 생태학과 권위주의적 사회관의 결혼이라는 특별한 형세를 발전시킴으로써 생태학으로 진전된 피와 대지의 신화는 내재적으로 반동적인 정치적 틀과 엮이게 된다. 이러한 전통은 그 뒤 한 역사가에 의해 '순수 독일주의 광신자'로 지칭되는 루드비히 클라제스에게 계승되어 나치즘의 이념으로 발전하는데(자넷 빌·피터 스타우든마이어, 김상영 역, 『에코파시즘』, 책으로 만나는 세상, 2003, 18~34쪽) 고트프리트 벤 또한 이러한 지적, 정치적 맥락 위에서 인용과 같이 진술하고 있는 것이다. 벤의 진술에서 신비화된 민족 개념은 모든 가치 위에 절대적으로 군림한다. 그는 민족과 문학 간의 내밀한 관계를 옹호하는 파시즘 이데올로기를 매우 선명하게 드러내면서 실제 당시의 독일 체제에 불만을 품고 망명하는 시인들을 '민족'의 이름으로 경고하기도 한다.(최문규 1997, 330쪽) 이처럼 그는 대지와 민족의 순수성을 파시즘과 결합하는 '정치의 심미화' 과정을 보인다. 벤의 이러한 행보는 하이데거의 나치즘 협력에서도 확인되는 바로 20세기 전반 독일 사회에서 생태학적 전망이 파시즘과 결합하는 에코파시즘의 경향을 대변한다. 현실의 사회적 관계를 소거한 신비주의적 자연주의는 자연질서, 유기적 전체, 그리고 인간의 부정이라는 형태로 파시즘의 이념으로 전화한다. 히틀러의 나치는 유기체론과 전체론을 강조함으로써 전체주의적 사회 질서에 대한 공민의 복속을 이끈다. 1930년 리하르트 발터 다레의 악명 높은 구호—"피와 대지의 통일은 재건되어야 한다"—와 독일 시인 고트프리트 벤의 진술 사이엔 아무런 거리가 없는 것이다.

무솔리니의 파시스트 정권을 최고로 좋은 정부라고 격찬한 시인은 에즈라 파운드(1885~1972)다. 그는 1930년대 이르러 파시즘을 서구문명의 타락을 극복한 정치체제로 극찬하고 2차 세계대전 중엔 파시즘을 옹호하는 라디오 방송에 출연하기도 한다. 이탈리아로 오기 전에 이미 지즘 운동을 한 그는 시대에 대한 회의주의와 언어 회의를 등가로 인식하였다. 타락한 시대를 타락한 언어에 등치시킨 그는 시대적 혼란을 언어적 질서로 대신하는 미학을 선택한다. 그의 이미지즘은 표현대상과 언어의 일치라는 문제의식의 산물이다. 그런데 "파운드의 미적 전문화는 예술을 넘어서 사회·경제 영역으로 확장되자마자 그의 파멸의 원인이 되었다. 왜냐하면 그는 서정시에 헌신했던 자신의 상황으로부터 시작해 일반화하고, 시인으로서 자신의 불만을 바탕으로 이념적인 구조를 세우는 일을 결코 포기하지 못했기 때문이다. 이러한 불만들이 이기적이거나 비소한 것은 아니다. 관료정치와 상업주의와 고리대금업은 실제적인 해악이었으며, 파운드는 정당하게 그것들에 저항했던 것이다. 그러나 그의 저항의 근거들은 항상 개인적이었으며, 정치·윤리·경제생활의 실제에 요청되는 미세한 변별을 불가능하게 할 정도로 정서적이었다."(미하일 함부르거 1993, 155쪽) 이러한 지적처럼 파운드는 파시즘을 '정서적으로' 공감한 것이다. 그는 개인주의적인 탐미주의를 무매개적으로 윤리적이고 사회적이며 정치적인 데 연결함으로써 파시즘에 대한 오해 속에서 파시즘을 찬양하는 오류를 낳는다. 파시즘의 폭압적 실체를 보지 못한 그는 유기적 질서가 분열된 문명을 극복할 것이라는 전체주의에 매달린 것이다. 서구문명의 혼란에 대한 파운드의 대안으로 유교가 수용된 것은 미학과 파시즘의 결합에 있어 시사하는 바 크다. 그에게 유교철학은 전체주의로 오독됨으로써 새로운 질서관을 정립하는 데 원용된다. 유교의 유기적 자연관은 연속성의 원리를 바탕으로 하는 전체론이다. 하지만 파운드의 전체주의는 심미적이자 정치적인 기하학적 질서관을 반영할 따름이다.

시와 파시즘의 관계는 릴케와 벤과 파운드에게서 보듯이 서구 근대에 대한 회의주의를 미학적으로 대응하는 과정에서 나타난다. 실제 1차 세계대전 이후 문명에 대한 반란은 대단히 광범한 것이었다. 미첼 폴라니가 지적하듯이 이러한 회의주의는 두 가지 양상으로 나타났다. 그 하나는 극도의 개인주의이고 다른 하나는 이와 정반대의 전체주의이다. 그런데 서로 대극적인 두 양상은 극단에서 만난다. 윤리적 완벽성에 대한 믿음과 윤리적 동기에 대한 완전한 부정이 동시에 수행되는 가운데 도덕적 전도가 일어나며 회의주의와 완전주의가 만나는 지점에서 전체주의를 낳는다.(미하일 함부르거 1993, 113~114쪽) 그런데 이러한 전체주의에의 선택은 미래지향적인 모더니티의 진정한 속성을 왜곡한다. 소위 '반동적 모더니즘'이 탄생하는 것이다. 파시즘은 근대성에 대한 헌신과 신화화된 과거에 대한 헌신을 동시에 표현하므로 근대적인 동시에 반동적이고, 보수혁명 전통의 절정으로서 반동적 모더니즘의 형태를 취한다. 이러한 반동적 모더니즘은 마크 네오클레우스에 의하면 두 가지 점에서 근대적이다.(마크 네오클레우스, 정준영 역,

『파시즘』, 이후, 2002, 141쪽) 그 하나는 기술적 근대화이고 다른 하나는 주제 면에서 근대적이다. 반동적 모더니즘의 기술에 대한 애착은 마리네티의 미래파가 말하듯 매우 크다. 기술은 기계로 표현되며 공격성과 폭력 그리고 필연적인 전쟁에서 최종적인 의미를 획득한다. 주제적인 면에서 반동적 모더니즘은 창의적 정신의 해방, 이성에 대한 의지의 승리, 제한적이며 지루한 부르주아 세계의 초월, 공포와 폭력에 대한 매혹, 진정한 자아를 찾는 데 참여하고 헌신하는 행위를 찬양하는 것 등이다. 이러한 반동적 모더니즘은 발터 벤야민이 말한 '정치의 심미화'로 연결된다.

  현대인의 점진적인 프롤레타리아트화와 대중의 점진적인 형성은 동일한 사건의 양면이다. 파시즘은 새로이 생겨난 프롤레타리아트화한 대중을 조직하려 하고 있다. 그러면서도 대중이 폐지하고자 하는 소유관계는 조금도 건드리지 않고 있다. 파시즘은 대중으로 하여금 그들의 권리를 찾게 함으로써가 아니라 그들의 의사를 표시하게 함으로써 구원책을 찾고자 한다. 대중은 소유관계의 변화를 요구할 권리가 있지만 파시즘은 소유관계를 그대로 보존함으로써 그들에게 그럴 듯한 하나의 명목을 제시하고 있다. 파시즘이 정치의 예술화로 치닫게 되는 것은 당연한 역사적 귀결이다. 지도자의 숭배라는 명목으로 모욕과 수모를 강요당하는 대중의 강간은, 종교의식적 가치를 만들어내기 위해 봉사를 강요당하는 강간과 쌍벽을 이룬다. (발터 벤야민, 반성완 역, 『발터 벤야민의 문예이론』, 민음사, 1983, 229쪽)

  파시즘이 반동적인 것은 대중의 혁명적 욕구를 전환시켜 사회의 소유관계를 그대로 보존하는 정치적 우익의 운동이기 때문이다. 반동적 모더니즘은 민족주의 안에서 마르크스주의와 자본주의를 넘어서는 사회 형태를 상정한다. 그리고 이러한 사회 형태는 대중적 수준에서 정서적 동원의 토대가 된다. 기술은 파시즘적 근대성의 주된 내용을 형성한다. 파시즘의 대중 동원은 바로 이러한 기술에서 가능하다. 그런데 여기서 파시즘이 추구한 모더니티의 양면성이 제기된다. 파시즘은 한편으로 근대적 기술의 발전을 추구하면서 다른 한편으로 반근대적 신화를 찬양한다. 그러나 기술과 신화는 모두 미래에 대한 염원으로 결합한다.

예술과 파시즘이 만나는 것은 마리네티의 미래파와 이탈리아 파시즘의 만남에서 보듯이 결코 우연적인 것은 아니다. 이들은 모두 새로운 모더니티에 대한 대응방식이다. 이들은 한편으로 산업화되고 기계화된 모더니티라는 새로운 정치적 사회적 현상에 대한 대응이고 다른 한편으로 그러한 모더니티의 결과 등장하게 된 대중들을 적극적으로 동원하려고 했다는 점에서 태생적 공통성을 갖는다.(신혜경, 「미래주의와 파시즘의 관계」, 『미학』 33집, 2002, 150쪽) 미래파와 파시즘은 기술적 근대화를 추구하면서 기술의 발전과 기계를 예찬한다. 그러나 이들은 기존 모더니티가 지향한 합리주의, 자유주의, 개인주의 등을 거부한다. 파시즘은 부르주아의 개인주의적이고 합리주의적인 가치들이 물질주의 등 당시의 문제의 원천으로 본 것이다. 미래파가 반동적 모더니즘인 것은 벤야민이 말하듯 계급 투쟁이라는 역사적 유물론을 방기하고 기술과 기계의 형상을 예찬한 데 있다. 여기서 기계의 형상이 파시즘의 전체주의적 원리임은 주지하는 바다. 이러한 미래파의 반동적 모더니즘은 마리네티의 미래파 선언문에서 보이는 전쟁미학으로 귀착된다. 발터 벤야민에 의하면 전쟁미학의 원리는 "생산력의 자연스러운 이용이 소유질서에 의해 저지당할 때는 기술적 수단과 속도 및 에너지 자원의 증대는 불가피하게 생산력의 부자연스러운 이용으로 치달는 수밖에 없을 것이고, 또 이러한 필연성의 마지막 출구가 전쟁"(발터 벤야민 1983, 230쪽)이라는 데 비롯한다.

사회 정치적 경험이 부족한 시인에게 파시즘과의 만남은 기회주의적인 현상으로도 나타났을 것이다. 그렇지만 시적 모더니티를 추구하는 과정에서 파시즘은 매혹적인 운동으로 비쳤을 가능성은 크다. 무엇보다 1차 대전 이후의 회의주의적인 상황에서 모더니티의 새로운 돌파구를 열어갈 필요성이 높았기 때문이다. 문제는 이러한 모더니티 추구의 왜곡에서 나타난다. 왜곡된 모더니티는 낭만주의적 탐미주의에서 가장 잘 드러난다. 미적인 완전주의, 원시주의, 자연주의 등은 미적인 것과 현실적인 질서를 등치시킨다. 이들은 미적인 완벽함을 기반하거나 신화적 과거의 전망에 기대거나 자연의 유기체적 질서에 근거하여 현존 사회의 급진적인 변화를 요구하거나 그 흐름과 일체화한다. 이럴 때 시인들의 미학적 요구는 파시즘이 필요로 하는 모더니티의 동학이 되어 대중을 반동적 기치 아래 결집시키는 데 활용된다. 많은 시인들이 이러한 파시즘의 모더니티, 가짜 진보의 논리에 편승한 것이다.

파시즘과 미학이 만나는 방식은 다양하다. 이는 파시즘과 근대성의 모호한 관계와 파시즘이 이념의 진정성을 전제하지 않은 정치운동이라는 데 기인한다. 파시즘은 친화력이 강하고 어떠한 사조와도 결합할 수 있는 '문어발 이념'이다. 군국주의, 기술관료제, 전원 예찬주의, 제국주의, 신고전주의, 아방가르드 예술, 생디칼리슴, 국가사회주의, 신낭만주의, 정치화된 기독교, 이교주의, 신비주의, 생태주의, 반유대주의, 사회진화론 등은 파시즘이 결탁했던 사상과 운동들의 목록들이다.(조효제 2005, 13쪽, 팩스턴, 머리말) 따라서 특별히 파시즘 미학이라고 정해진 것 또한 없다. 김진석의 지적처럼 파시즘적 권력에 협력하면서 삼투하는 미학은 꼭 유일하게 근대적인 모습을 띠는 것은 아니고 여러 모습을 띤다. 모더니즘의 모습을 띠기도 하고, 근대에 대한 비판의 모습을 띠기도 하고, 낭만주의의 형태를 가지기도 하고, 미래파의 형태를 띠기도 한다. 고전주의로 나타나기도 하고, 복고주의로 나타나기도 한다.(김진석, 「초월적 서정주의에 스민 파시즘적 탐미주의」, 『주례사비평을 넘어서』, 한국출판마케팅연구소, 2002, 254쪽)

서구 제국의 문화가 그 권원에 있어서는 조금씩이라도 모두 희랍 로마문화의 혜택에서 출발하는 것처럼, 동양의 정신문화라는 것은 그 전부가 근저에 있어서 한자를 중심으로 하는 일환의 문화를 운위하는 것임은 두 말할 필요도 없다. 동아공영권이란 또 좋은 술어가 생긴 것이라고 나는 내심 감복하고 있다. 동양에 살면서도 근세에 들어 문학자의 대부분은 눈을 동양에 두지 않았다. 몇몇 동양학자들이 따로 있어 자기들이 일상 사용하는 한자의 낡은 문헌들을 자의적으로 해석해 내는 정도에 그쳤었다. 시인은 모름지기 이 기회에 부족한 실력대로도 좋으니 먼저 중국의 고전에서 비롯하여 황국의 전적들과 반도 옛것들을 고루 섭렵하는 총명을 가져야 할 것이다.(김재용, 「전도된 오리엔탈리즘으로서의 친일문학」, 『실천문학』 66집, 2002, 재인용)

인용에서 서정주는 동양주의와 일제의 동아공영권 이념을 등치시킨다. 여기서 동양주의는 서구 근대의 초극이라는 명제와 맞물리는 이념이다. 이 지점에서 그는 근대화와 근대 초극의 갈등을 접고 서양 문명에 대한 일본중심의 대응에 동참하게 되는 것이다. 이 또한 서정주의 탐미적 서정주의가 파시즘의 반동적 모더니즘의 한 양상으로 나타나는 과정이다. 마침내 1944년 「마쓰이 오장 송가」를 발표함으로써 전사(戰死)를 미화하는 파시즘적 미의식에 도달하는 것이다. "우리의 동포들이 밤과 낮으로/정성껏 만들어 보낸 비행기 한 채에/그대, 몸을 실어 날았다간 내리는 곳/소리 있이 벌이는 고혼 꽃처럼/오히려 기쁜 몸짓하며 내리는 곳/쪼각쪼각 부서지는 산더미 같은 미국 군함!" 일제는 사쿠라꽃의 시각적인 미적 가치를 야마토 다마시이(大和魂)라는 개념에 이입시키는데, 서정주 또한 이 시의 한 구절이 말하듯 이러한 사쿠라꽃의 미의식을 적극적으로 체득하고 전파하고 있다. 오오누키 에미코는 사쿠라꽃의 미적 가치를 특공대 작전에 이용한 과정을 실증적으로 분석한 바 있다. 그에 의하면 사쿠라꽃의 상징은 "천황 즉 일본을 위해 져라"는 의미로 '자연화' 되는 과정을 보인다.(오오누키 에미코, 이향철 역, 『사쿠라가 지다 젊음도 지다』, 모멘토, 2004, 37쪽) 서정주의 시에서의 '고혼 꽃' 또한 이러한 사쿠라꽃에 다름없을 것이다.

주변부적 삶과 시의 길

주변에서 시쓰기

중심과 주변의 경계는 모호하다. 서로 뒤섞여 있는 현실에서 중심과 주변을 나누는 일은 자칫 이분법의 함정에 빠질 가능성이 많다. 이분법은 편한 인식을 가져다주는 대신 사실의 왜곡을 고착화한다. 중심과 주변의 위계를 기정사실화하기 때문이다. 따라서 주변과 중심의 복잡한 관계에 주목할 필요가 있다. 또한 중심의 시각이 아니라 주변부적 시각을 견지하는 것이 무엇보다 중요하다. 그럴 때 중심부에 의해 야기되는 많은 문제들을 볼 수 있게 된다.

가령 주변부 지역에 살면서 시를 쓰는 시인들을 통하여 주변부적 시각이 가지는 의의와 만날 수 있을 것이다. 이들은 중심부의 가치나 흐름을 비판하면서 주변부적 가치를 드러낸다. 실제 중심부의 강제가 심각하다는 점에서 이들의 태도는 성실하고 매우 결연하며 경우에 따라 근본적인 양상을 보인다. 말할 것도 없이 모든 시쓰기는 중심부의 주류적 흐름과 일정한 거리가 있다. 무엇보다 자본과 기술의 이데올로기와 거리가 먼 것이 시라는 문화적 장치이다. 하지만 시쓰기에도 중심부적 유인이 없는 것은 아니다. 새로운 감각의 언어를 시적 쇄신으로 받아들이는 시관에 자본이나 기술이 강조하는 새로움의 이데올로기가 개입하고 있지는 않은가 의심해 볼 수 있다. 경쟁하는 개성들이 가져오는 미적 효과는 뚜렷하다. 그러나 끊임없는 전통 부정으로 미학적 성공을 이끌긴 힘들다. 잔해를 딛고서 스스로 잔해의 일부가 되는 운명에 처한다면 이는 시적 쇄신이라기보다 시적 하락이다. 소위 '미래파'로 불리는 일군의 시인들의 시 작업에서 목격되는 현실도 이와 다를 바 없다.

주변부적 시각으로 시를 쓰는 시인들의 태도는 새로운 개성을 추구하기보다 구체적인 삶의 진실을 찾고 있다는 특징을 보인다. 자신이 발 딛고 있는 터전에서 생성하는 의미들을 찾고 있는 것이다. 중심부를 지배하는 가장 큰 힘은 자본이다. 전반적인 삶이 자본의 논리에 휩쓸리면서 이에 따라 가치의 위계가 형성된다. 자본의 신화는 시인들의 시쓰기에도 틈입한다. 오래된 시적 지향들이 줄어드는 한편 단기적인 효과에 기울어지는 경향들이 많아진다. 말할 것도 없이 이러한 경향들이 가지는 의의가 없다는 것은 아니다. 지나치게 고답적이거나 비현실적인 시관에서 벗어나 시가 일상의 문화 속으로 나아가는 것이다. 그러나 대중문화와 시가 몸을 섞으면서 시적 지향들이 모호해지고 있는 현실은 문제적이라 할 수 있다. 현재 중심부의 역장은 시의 형질 변경을 주도하고 있다. 시든 소설이든 그 어떤 텍스트든 문화콘텐츠의 한 양상으로 변신이 가능하다는 생각들이 확산되고 있는 것이다. 디지털 기술 문법에 따라 자신의 시법을 변화시키고 있는 시인들이 갈수록 늘고 있다. 하지만 전통적인 시적 지향들이 사라지고 이들로 시적 장의 주류가 채워졌다는 것은 아니다. 오히려 새로운 경향들과 본래의 시적 지향 간의 경합관계가 형성되고 있는 것이다.

문화의 주류적인 흐름에 편승하려는 시적 욕망은 일견 새로움의 차원에서 주목된다. 신기(新奇)를 통하여 세간의 이목을 이끌어내는 일은 쉽다. 그런데 이러한 일들이 지속성을 갖긴 어렵다. 결국 새로움들은 고갈되고 말 것이기 때문이다. 아무래도 시의 길은 주변에서 시작되어야 할 것 같다. 삶과 자연, 노동과 사랑, 생명과 우주를 찾고 느끼며 사람과 사람, 사람과 자연이 서로 소통하고 교류하는 길. 주변부적 시각으로 시를 쓴다는 것은 이와 같은 주제들이 세간의 관심에서 밀려나고 때론 억압받는 현실을 말하는 것이기도 하다. 달리 생각하면 주변이야말로 시의 토대이다. 이는 단순하게 시의 소외를 말하는 것이 아니다. 아무리 과학과 기술이 발달하고 세상이 바뀐다 하여도 변하는 것과 변하지 않는 것이 있는 법인데 시의 근본 또한 변하는 세상 속에서 변하지 않는 가치로 존재하는 것이다.

  여기 모인 하종오, 정일근, 이중기, 양문규, 박규리, 유승도, 배한봉, 권선희는 한결같이 주변에서 시를 쓰고 있는 시인들이다. 이들은 무엇보다 살아 있는 것들의 구체적인 관계에 주목한다. 따지고 보면 서정시학은 관계학이라 해도 과언이 아닐 것이다. 이는 지난 삶의 기억과 화해하고 타자와 사물들과 주체를 연결한다. 많은 서정시인들의 시적 과정은 이러한 관계 맺기의 양상과 연관된다. 대다수 자기중심적인 추억에 사로잡히거나 타자와 사물을 동일화하는 방식에서 출발하여 타자와 교감하고 사물과 교섭하는 단계로 나아간다. 주체를 중심으로 동심원을 그려나가는 관심의 확장이 아니라 주체와 타자의 진정한 관계들을 형성하는 것이다. 시인은 언어와 욕망 사이에 존재하며 이들을 제어함으로써 타자와의 진정한 소통에 이르려는 이들이다. 적어도 시인이라는 이름이 그렇다. 따라서 소통을 거부하는 주체, 자기만의 내면성, 난해한 언어들은 시의 정도가 아니다. 역설의 효과를 통하여 시적인 것을 환기하는 이들의 한계는 시를 언어공학의 차원에 머물게 한다는 것이다. 이러한 점에서 주변의 시각 혹은 경계영역에서 진정한 관계를 형성하려는 시적 노력들이 중요하게 인식된다.

노동과 사랑과 희망

농사를 짓는 이중기는 "다시 격문을 쓴다"라는 최근 발간한 시집의 표제가 시사하듯 이 땅의 농업과 농민이 처한 상황을 사실적으로 진술하고 있다. 수출주도형 근대화가 진행된 70년대 이래 전지구적 자본주의 세계화가 진행되는 현재에 이르기까지 농업은 해체와 구조조정의 대상이 되지 않는 때가 없었다. 산업화 단계에서는 값싼 노동력을 확보하기 위하여 농산품의 상품가치를 묶어두었다. 세계화 이후 농민들조차 자신이 먹는 식품의 원료가 만들어지고 가공되는 출처를 알 수 없는 상황이 되어버렸다. 시골에서 사 먹는 두부나 참기름의 원료가 우리 콩, 우리 깨라는 보장이 없다. 더군다나 우루과이 라운드 농업 협상과 FTA 체결 등으로 취약한 농업 사회는 합법적인 괴멸 과정으로 가고 있다. 소위 '초국적 농식품 복합체(transnational agrifood complex)'의 세계적 규모의 농업 지배가 전개되고 있는 것이다. 가령 밀의 수입이라는 문제를 예를 들 수 있다. 식생활 전반에 밀의 소비가 많아지고 있는바, 이는 맥도날드화로 대변되는 생활 시스템 전반의 변화와 맞물린다. 컨베이어 벨트를 연상하게 하는 사회 시스템 속에서 패스트푸드 산업이 번창하게 되는데, 시간과 공간을 합리적으로 사용하기 위해 만들어지는 먹거리 대부분의 원료는 밀이라 할 수 있다. 밀의 식민지가 되어버린 상황에서 자립 농업의 가능성은 멀어질 수밖에 없다.

> 쌀값 폭락했다고 데모하러 온 농사꾼들이 먼저
> 밥이나 먹고 보자며 자장면 집으로 몰려가자
> 그걸 지켜보던 밥집 주인 젊은 대머리가
> 저런, 저런, 쌀값 아직 한참은 더 떨어져야 돼

> 쌀 농사 지키자고 데모하는 작자들이
> 밥은 안 먹고 뭐! 수입밀가루를 처먹어?
> 에라 이 화상들아
> 똥폼이나 잡지 말든지
>
> 나는 그 말 듣고 내 마음 일주문을 부숴 버렸다
> ―「그 말이 가슴을 쳤다」 전문

말할 것도 없이 인용시의 "자장면"은 햄버거나 피자와 다른 음식이다. 화교들에 의해 창안된 음식인 이것의 원료는 밀이다. 그렇다면 자장면을 만들기 위해 사용되는 밀은 어디에서 생산되어 누구에 의해 가공되어 중국집에 이르게 되었는가? 쉽게 알 수 없는 일이다. 이러한 상황에서 농민들조차 출처를 모르는 농산품의 소비자가 되어버린다. 인용시의 전언처럼 쌀을 지키자고 데모를 하면서 쌀을 밀어내는 주범인 밀을 소비하는 우를 범하게 되는 것이다. 농민들이 전지구적 규모에서 진행되는 농업 지배 구조를 이해하긴 쉽지 않다. 하지만 시인은, 우리의 농업을 살리기 위한 길이 이와 같은 구조에서 벗어나는 데 있다는 것을 시사한다. 이중기는 또 다른 시 「씁쓸한 누추함이여」에서 중국산 참깨 콩 고추를 우리 것과 섞어 파는 한 할머니 이야기를 하고 있다. 이 할머니의 이러한 행위를 탓하기 이전에 그는 "실직한 아들 둘"을 둔 할머니의 현실을 전제한다. 이윤을 좇지 않으면 안 되는 생존의 조건이지만 이 할머니의 태도는 결국 더 큰 이윤을 추구하는 사람들을 연상하게 만든다. 이 대목에서 시인의 시선은 복합적이며 구체적이다. 할머니의 삶에 연민하면서도 현실의 씁쓸함을 지울 수 없는 것이다. 이처럼 이중기의 시는 무너지는 농업 현실을 구조와 근본을 통해 말하고 있다. 농업 자본주의에 대한 그의 비판이 지역화와 지속가능한 농업에 대한 대안 모색으로 이어져 있을 것이라 짐작하게 하는 대목이다.

  오래도록 농사를 지으며 시를 써온 이중기 시인과 달리 하종오 시인은 귀농한 시인이라는 문제의식을 보인다. 일찍이 농민시를 써온 그이기에 농촌에서의 삶이 큰 무리가 없을 것이라 생각할 수 있다. 근작을 통해 그는 농업을 배우고 농민을 이해하려는 진지한 태도를 드러낸다. 귀농의 의미는 여러 가지 차원에서 얘기될 수 있을 것이다. 가장 먼저 기업적 농업을 생각하는 경우이다. 다음으로 전원으로의 회귀라는 측면이다. 전자는 새로운 이윤 창출을 농업을 통해 이루려 한다는 점에서 엄밀한 의미의 귀농과 거리가 있다. 적어도 돌아감이라는 행위에 일정한 세계인식과 철학이 있어야 하기 때문이다. 후자의 경우 또한 부르주아 유토피아로서의 전원이라는 의미를 내포한다. 농촌으로 돌아가지만 농사와 무관하게 안락한 삶을 영위하려는 것이다. 이들과 달리 농사를 배우면서 노동과 생명의 의미를 재인식하고 삶을 새롭게 디자인하는 귀농이 있을 수 있다. 이때 귀농은 농업을 포함한 근대적 삶 전반에 대한 반성과 연결된다. 말할 것도 없이 하종오 시인의 선택이 이와 같은 귀농을 지향하고 있을 것이라 생각한다. 하지만 그의 시는 이러한 지향을 표나게 드러내지는 않는다. 매우 담담하고 차분한 어조로 농촌에서의 삶을 진술하고 있을 따름이다.

    처음 심어본 고추모종이 시들하여서
    뒤처리하는 법 물으러 뒷집 찾아가니
    애벌레가 원가지 똑똑 부러뜨린다며
    삯을 주면 농약 쳐주겠다고 했다
    못물 제때 대지 못하여서
    웃논 부쳐먹는 앞집에게 부탁하니
    구거 준설 민원서 써 주면 들어주겠다고 했다

부락 모퉁이에 붙어 살아보려고
그들이 원하는 대로 내가 해주었더니
내가 원하는 대로 그들이 해주어서
한 해 내내 나는 그들을 따라 다녔다
논물 드나드는 소리 자꾸 들으니
논이 목말라 하는 소리도 알아들어서 제때 물꼬 트고 막고
고추 익어 가는 모양 자꾸 보니
밭이 힘들어하는 모양도 알아보아서 제때 만물 땄다
그쯤 되어서야 나는
밭뙈기 적을수록 품 덜 든다는 그들의 말
일 못하는 나를 빈정거리는 걸로 알아듣고
삽질 못해도 논뙈기 갈 수 있다는 그들의 말
농구 다룰 줄 모르는 나를 이죽거리는 걸로 알아들었다
　　　　　　　　　─「눈동냥 귀동냥」 전문

이처럼 그는 같은 마을에 사는 농민들을 이해하는 과정을 말한다. 모든 이해의 과정에 동반되는 것은 자기 분석이다. 또한 타자에 대한 겸손이다. 이 시는 이해의 전 과정을 말하고 있는 것은 아니다. 무엇보다 자기 존재에 자족하는 단계에서 나타나는 타자에 대한 몰각을 말하고 있다. 한 사이클의 농사를 끝내고서야 시 속의 주인공은 농민의 말을 이해하기 시작한다. 그만큼 그들을 이해하기에 "나"의 자기 동일성이 견고했던 것이다. 스스로 그들을 이해하고 돕고 있다는 생각조차도 자기만의 감성에 불과하였다는 것이 인식된다. 이러한 인식이 농사일이라는 노동의 경험과 함께한다. 노동의 경험을 공유하는 가운데 이해의 폭이 확장되고 있는 것이다. 그러나 이 시 속의 주인공은 "그들의 말"을 여전히 완벽하게 해독하지 못한다. 아마 그들의 노동이 "나"의 노동

이 되는 경험의 단계에 이르지 않고서 불가능한 일이 아닌가 한다. 이 시가 말하듯 하종오 시인은 노동과 사랑의 의미를 귀농을 통하여 새롭게 탐구하고 있다. 일방의 관심이나 이해가 아니라 자기 자신에게 되묻는 과정을 통하여 자기를 형성하고 있는 위선의 구조를 해체하고 있는 것이다. 지금 그는 결코 요란스럽지 않게 시적 감수성을 생활 속에서 실현하고 있다.

"은현리"라는 아름다운 이름을 가진 마을에 살고 있는 정일근 시인은 "자연 받아쓰기"라는 한 시제가 시사하듯 자연을 학습하고 있다. 서정을 통해 관계의 유토피아를 꿈꿔온 시인에게 자연이 가장 절실한 텍스트로 다가온 것이다. 이러한 시적 과정에 일정한 인식의 전환이 개입하고 있다. 먼저 「마당으로 출근하는 시인」이 말하듯 그의 일상은 자연사물과 함께하는 데서 시작된다. 그에겐 "산골 마당이 새 직장이고/시가 유일한 직업이다." 자연사물과 만나 대화하고 시를 생각하는 것이 그의 업이 된 것이다. 시인은 "풀꽃과 바람과/구름"이 그의 "동료들"이라고 한다. 그는 관계의 지평에 사람보다 자연을 부각시킨다. 앞서 말한 일정한 인식의 전환이란 이러한 데서 암시된다. 인간과 인간의 관계를 넘어 인간과 자연의 관계로 관심이 이동하고 있다는 것이다. 나-남-자연에서 나-자연-남의 관계로 바뀌고 있는 것이다. 이마미치 도모노부의 생권 윤리학이나 제레미 리프킨의 생명권 정치학은 모두 인간중심주의적 윤리와 행복 추구가 불안정으로 귀결될 수밖에 없는 사정을 말하고 있다. 자연과 인간을 이분법적으로 인식하고 자연을 공동체 밖으로 내몰 때 인간의 안정은 보장될 수 없다는 것이다. 정일근 시인 또한 이러한 생각들을 하고 있는 듯하다.

당신은 예닐곱 평 땅이 얼마나 넓은지 모를 것이다
그 땅에 꽃씨 뿌리고 꽃을 심기 위해

나는 꽃도둑이 되었으니
솥발산에서 설유화 훔쳐와 심고
은현리 들판에서 자운영 훔쳐와 심고
덕산마을 회관 앞에서 접시꽃 훔쳐와 심고
박씨 아저씨 화단에서 흰초롱꽃 훔쳐와 심고
벌써 쉰 가지 넘는 꽃을 훔쳐와 심었다
그렇다고 당신은 나를 탓하지 마시라
훔쳐오며 남부럽게 잘 키우겠다고 약속했으니
해마다 나의 정원은 향기롭고 빛날 것이다.
은현리 살며 나는 배웠다.
사람은 사랑하는 만큼 상처를 되돌려 주는 꽃이지만
꽃은 사랑하는 만큼 사랑을 되돌려 준다는 꽃이어서
나는 꽃보다 아름답지 않는 사람을 사랑하는 대신
나는 꽃도둑, 은현리 꽃도둑이 되었으니
(…)
내가 가진 108가지 번뇌를 꽃으로 피우고
108명 도둑이 사는 양산박의 주인이 되어
예닐곱 평 나만의 벌, 나비 나는 무릉도원에서
꽃들과 묵언하며 살고 싶은 것이니
당신은 이미 있을 것이다 다 알고 있을 것이다
　　　　　　　　　　　　　　―「꽃도둑」에서

　그는 "예닐곱 평 땅"에 꽃밭을 만들어 꽃을 심으면서 스스로 "꽃도둑"을 자처한다. 그대로 두고 보지 않고 옮겨다 심은 데 대한 시인의 자의식이 "도둑"이라는 생각을 만든다. 그는 108가지 인간의 번뇌를 꽃으로 피우고 양산박의 108명 도둑처럼 자율적인 공동체를 꿈꾸고 있다. 나아가 그만의 "무릉도원"을 희구하고 있으니 기실 소유라기보다 소유함으로써 무소유의 의미를 터득하려는 의도가 깔려 있음을 짐작하게 된다. 이로써 그의 꽃밭은 마음공부의 장소이자 도량이 된다. 그런데 시인은 "사람은 사랑하는 만큼 상처를 되돌려 주는 꽃이지만/꽃은 사랑하는 만큼 사랑을 되돌려 준다는 꽃이어서/나는 꽃보다 아름답지 않은 사람을 사랑하는 대신/나는 꽃도둑"이 되었다고 진술하고 있다. 인간이 가진 소유의 욕망이 안정을 파괴하고 있다면 인간과 자연의 공생으로 파괴된 안정이 회복될 수 있다는 생각을 암시한다. 이처럼 시인은 새로운 사랑법을 자연과 더불어 배우고 있다. "꽃들과 묵언하며" 상호소통하고 생명의 본성으로 공감하는 삶을 희구하고 있는 것이다.

감성과 감수성의 차이는 감성이 자신과 일체화되는 타자를 사랑하는 것이라면 감수성은 서로 느끼고 받아들이는 과정을 사랑하는 것이라는 데 있다. 시인은 감성에서 벗어나 감수성으로 사물을 인식하면서 거듭난다. 이러한 변화에 개입하는 것이 고통이다. 시인은 타자의 고통을 보면서 자기의 고통을 이해하고 사랑을 인식한다. 양문규의 시적 인식은 이러한 고통에 집중되고 있다. "우리는 왜 별들을 헤아려/사랑이라 노래하지 못하고 사는 걸까/오늘 밤도 그 핏기 없는 살덩이를/별빛 속에 사르지 못하고/죄인처럼 고개만 떨구고 사는 걸까."(「개망초」에서) 그는 말한다, 고통 때문이라고. 그는 여전히 타자의 고통을 탐문하면서 꽃들과 별들을 헤아려 사랑이라고 노래하지 못한다. 그는 타자의 고통 속에서 자기를 보고 그들에 대한 진정한 사랑을 찾고 있다. 사랑을 말하고 쉽게 그것을 노래하지 않는 것은 양문규 시인의 미덕이다. 말할 것도 없이 그가 전개하고 있는 고통의 고고학이 지향하는 바는 사랑이고 평화다. 하지만 그는 타자의 고통을 통하여 자신을 심문한다. 그가 고통의 지평에 계속 머물러 있는 까닭이 여기에 있다. 그는 고통의 마조히즘을 통하여 자신의 위선을 벗고 타자와 연대하는 꿈을 버리지 않는다.

    화골 사람들 보리 고개 때에는 피죽 한 대접
    제대로 먹지 못하고
    죽어 나자빠져 장사 지냈다던 골짜기
    눈물바다 십리가 꽃길 십리다

    포원진 쌀, 쌀밥 맘껏 드세요
    조팝나무꽃 잔치 연다
    전도 부치고 돼지머리도 올리고
    막걸리도 돌린다, 산동네 꽃동네
    쌀꽃이라 노래 부른다

    할아버지 그 할아버지 모판
    보리 이랑 가득 하얀꽃,
    이장 면장 군수도 잔을 올린다
    둠벙 개구리들도 개굴개굴 축문을 읽는다

    쌀농사 잘 되었습니다
    내년에는 아랫마을 길곡 새뱅 동곡리 지나
    우리 마을에도 조팝나무꽃 무성할거다
                         ─「화골 사람들」에서

이 시가 말하듯 그는 세월의 지층 아래 묻혀 있는 고통을 본다. 조팝나무 "꽃길 십리"에서 "눈물바다 십리"를 보고 있다. 고통의 지속성을 말하고 있는 것이다. 잔을 올리고 축문을 읽어 해원해야 할 고통의 기억들이 시인을 떠나지 않는다. "화골 마을" "길곡 새뱅 동곡리" 그리고 "우리 마을"에도 고통은 "조팝나무꽃"으로 피어나지 않으면 안 된다. 고통에 대한 기억은 그것으로부터 벗어나고 싶다는 희망에 의해 망각된다. 그러나 이러한 희망은 다시 또 고통을 불러올 수도 있다는 점에서 진정한 희망일 수 없다. 고통을 기억하는 희망, 양문규 시인이 성급하게 별을 노래하고 꽃을 노래하지 않는 까닭이다. 고통의 기억들이 별처럼 흩어지고 지천으로 꽃핀다면 얼마나 좋을까. 시인 또한 이러한 꿈에 사로잡혀 있다. 그러나 시인은 아직은 아니다, 라고 말한다. 블로흐가 말했듯 "아직은 아니다"는 의식에 오히려 유토피아가 있다. 양문규가 노래하는 것은 이러한 유토피아의 흔적들이다.

세계관은 일정한 플롯을 지닌다. 유기적 관계를 강조하는 시인들의 이야기는 대체로 상승하는 해피엔딩을 보인다. 이들은 겨울을 말할 때조차 봄을 잊지 않는다. 사계의 신화로 말한다면 이들의 시는 겨울에서 봄으로 가는 이야기이다. 정일근의 "꽃밭"이나 양문규의 "조팝나무꽃"도 겨울을 지나 봄을 맞는 이야기에 다름없다. 이들 이야기들은 개인적이든 집단적이든 고난 속에서 희망을 찾고 있다. 유승도의 시 또한 이들과 같이 희극 구성을 내포한다. 하지만 그에게 겨울은 친숙한 시간으로 그려진다. 가령 「가득하다」는 눈 내리는 풍경에서 지우며 가득해지는 텅 빈 충만의 세계를 보게 한다. 어쩌면 겨울이야말로 존재의 본성에 가까울 수 있다. 겨울이 암시하는 죽음은 존재의 이면이다. 거울의 뒷면처럼 이것이 있기에 삶이 빛난다.

골짜기는 얼음으로 덮였다 얼음이 내려다보이는 산등성이엔 생강나무꽃 망울이 터질 참이다
저 길고도 허옇고 우둘투둘 힘도 좋게 생긴 겨울 짐승이야 어찌 되

든, 꽃망울은 아침햇살처럼 몸을 열어젖힐 준비로 뜨겁다

그러지 말아라 그대로, 눈을 뜨지 말아라
바람 따라 하늘하늘 자신의 몸 위로 오가는 꽃봉오리 바라보며 녹아
흐르는 얼음의 울음소리 낮게 들린다

나는 해가 되고 말거야, 봉오리의 터질 듯한 미소는 차갑다
—「차가운 웃음」 전문

이 시에서 의미가 집중되는 지점은 말할 것도 없이 마지막 연이다. 망울 터지는 생강나무꽃의 "차가운 미소"의 함의가 무엇일까? 봄을 가로막는 얼음에 대한 냉소일까. 아니면 물러가는 겨울에 대한 연민일까. 이도 아니면 봄의 의지일까. 그 어느 것으로 해석해도 무방할 것이다. 시인은 얼음이 녹고 꽃망울이 열리는 한 순간을 통해 자연 사물의 유기적인 조화를 읽는다. 그런데 얼음의 울음소리와 생강나무꽃의 차가운 웃음을 "조화"라고 할 수 있는가, 라고 반문할 수도 있을 것이다. 생강나무꽃은 얼음이라는 환경과 투쟁하고 있는가? 그렇지 않다. 생강나무꽃을 피우는 것은 바람과 햇볕과 흐르는 물의 협동이다. 생물은 경쟁하기보다 협동한다. 따라서 얼음의 울음소리/봉오리의 미소를 시인 또한 대립시키고 있는 것이 아니다. 시인의 지향은 무엇보다 존재의 양면성이다. 웃음과 울음, 삶과 죽음, 빛과 어둠이 겹쳐져 있는 것이 사물의 이치이다. 인용시에서 시인이 말하고자 하는 것도 이러한 존재의 겹침, 주름, 그늘이다. 꽃봉오리는 녹아 흐르는 얼음의 울음소리로 빛을 발산한다. 이것이 지우면서 채우고 녹으면서 꽃피우는 유기적 자연의 모습이다.

유승도의 시에서 물과 식물의 이미지는 우주의 본성과 인간의 본성

에 대한 비유로도 읽힌다. 물은 온갖 형태로 변화한다. 얼음으로 굳어 있다 녹아 흐르기도 하고 수증기가 되어 하늘로 날아오르다 다시 비로 내린다. 이에 비해 식물은 싹이 돋아 꽃이 피고 시든다. 이러한 점에서 물은 식물보다 더 오랜 근본은유로 남아 있다. 배한봉 시인의 시적 바탕을 이루는 것은 물이다. 그는 「잠을 두드리는 물의 노래」가 말하듯 흐르는 물의 세계를 지향한다. 이러한 지향으로 그는 자연이 내포한 낙관을 익힌다. 그리고 이러한 낙관을 가장 잘 표상하는 것은 그에게도 역시 봄이다.

  가장 먼저 봄소식 전하는 것은
  진달래도 목련꽃도 아니다
  풀이다, 겨우내 굳은 땅
  뚫고 나오느라 온몸이 푸른 멍이다
  애송이 농부는 일찌감치
  풀과 싸울 태세를 갖추지만,
  풀은 그 무엇으로도 무장하지 않으며
  스스로 그러한 몸으로 거침없이 자란다
  풀이 없었다면 대지는
  불모가 되었을 것이다, 그러니 풀은
  농부보다 더 땅을 사랑하는 종족
  풀이 있으므로 대지는 아름답다
  그러니, 풀과의 전쟁이라는 말은 말자
  풀 잘 자랄수록 땅심 좋고
  부지런한 농부일수록 풀과 친하다는 것을
  거름 듬뿍 먹은 과수원이
  내게 가르쳐 주었다

풀은 젖꼭지, 대지의 주린 입에
젖을 흘려 넣으며 의연하게
내 생각의 박토에다가도 뿌리를 내린다

―「착근」 전문

　황대권 선생은 잡초라는 말을 야생초라고 고쳐 써야 한다고 말한다. 그냥 들에서 자라는 풀이라는 뜻이다. 논밭의 풀들이 콩이나 보리와 달리 잡초로 받아들여지는 것은 피할 수 없는 일이다. 하지만 그렇다 하여 모든 풀들을 잡초라 부르는 것은 매우 부당한 명명법이다. 대지를 덮고 있는 풀들이 없다면 시인의 말처럼 세상은 "불모"로 바뀔 것이다. 또한 이러한 "풀은 농부보다 더 땅을 사랑하는 종족"이다. 이쯤에 이르면 앞서 정일근 시인의 전언처럼 새로운 차원의 윤리가 전개된다. "풀과의 전쟁"이 아니라 "풀과의 공생 공존"이 제기된다. 시인은 한 걸음 더 나아가 "풀은 젖꼭지"라고 진술한다. 땅을 모성에 비유하는 공식을 전도시키고 있는 것이다. 그만큼 인식의 전환을 충격하려는 의도가 엿보이는 대목이다. 그리고 "내 생각의 박토에다가도 뿌리를 내린다"라는 결구에 이르러 통섭하는 생명력을 읽게 한다. 시인은 시의 뿌리를 생명에다 두고 시적 사유를 "착근"시킨다. 이로써 불모의 삶이 아니라 활기를 나누는 생명의 삶이 열리는 것이다.

　박규리 시인은 마음의 문제를 탐구한다. 말할 것도 없이 그녀가 몸과 마음의 이분법을 좇고 있다는 것은 아니다. 그녀에게 마음은 곧 몸이다. "한 줌 사랑이든 향기 잃은 증오든 한 가지만 오래도록 품고 가슴 썩은 것들은, 남의 손 빌리지 않고도 속에 맺힌 서러움 제 몸으로 걸러서, 세상에 거름 되는 법"(「변소간의 비밀」에서)이라는 시적 진술이 전하는 것처럼 그녀는 고통을 "거름"으로 바꾸는 마음의 수련과정을 드러낸다. 고통은 처음 주체의 내면을 찢어 놓고 타자를 증오하게 한다. 이럴 때 가장 확실한 것은 자기애다. 자기애의 순수성은 타자를 구속하거나 공격하지 않는 데서 찾아진다. 그것은 고독 속에서 진정한 자유를 갈구한다. 하지만 박규리는 이러한 과정에서 한 걸음 더 나아가고 있다. 그것은 그녀가 "거듭 되는 법"이라는 이타행을 터득하고 있기 때문이다. 안으로 삭아 밖으로 열리는 의식의 개안을 그녀의 시는 읽게 한다. 과거의 자기에 대한 순수한 동경에서 벗어나고 현재의 질곡에서도 놓여나 선뜻 타자들의 세계로 나아가는 열린 마음을 갖게 된 것이다.

> 긴긴 동짓밤은 홀로 보내도
> 밤꽃내 터지는 오월은 차마 못 견뎌
> 향기에 취해 섬진강 따라 나섰다
> 지리산 피아골 웬 떠꺼머리 총각들
> 달빛 들이치는 문짝도 없는 방에서
> 반가이 맞아준다 아아 이쯤에서 그만,
> 허리 와락 풀고 싶었지만,
> 고창 가는 길이 어디에요 물으니
> 왔던 길 되돌아 가면 되지라
>
> ―「밤꽃」 전문

이러한 시에서 시인의 시적 표정이 여실하다. 안으로부터 열리는 마음이란 이처럼 되돌아가기를 거듭하는 과정에 다를 바 없다. 차이 나는 반복을 통하여 시인은 자유롭게 마음을 여닫는다. 이는 어쩌면 하나의 경지이다. 그래서 인용시가 말하고자 하는 것은 단순한 욕망의 문제가 아니다. 그것은 자발적인 생의 모습이며 가장 원초적인 생의 의지이다. 이러한 의지를 구속하는 것은 세상의 법도다. 말할 것도 없이 이 시의 주인공이 세상의 법도를 두려워하는 것이 아니다. 이보다 힘들여 찾은 자유를 잃지 않으려는 자기에의 배려를 강조한다.

박규리 시인이 인고행의 보살을 연상하게 하는 시적 표정을 보인다면 권선희 시인은 건강한 생명력을 지닌 여성상을 그린다. 바다-생명-여성이라는 표상의 결합으로 그녀의 시는 여성성과 생명의 원천이 다르지 않다고 말한다. 「빵게」에서 잡혀온 "빵게"를 여성적인 것이 처한 현실로 읽는다면 과잉해석일까? 그렇지 않을 것이다. 사랑과 생식과 삶이 자유로운 공간인 바다는 이 시에서 여성적 이상공간으로 해석되기에 족하다. 그렇다면 여성적인 것은 무엇일까? 어떤 페미니스트의 말처럼 이에 대한 남성의 물음은 관음증을 벗어나지 못할지도 모른다. 대다수의 영토가 남성에 의해 지배되고 있는 현실에서 여성적인 것은 억압된 것이라 할 수 있다. 이처럼 억압된 것으로서의 여성적인 것은 소외된 가치, 무의식 또는 광기의 형태를 지닌다. 경우에 따라서 여성을 원초적인 생명으로 그리는 일도 남성중심적인 세계와 분리된 가치로 환원될 공산이 없지 않다. 하지만 이러한 우려에도 불구하고 권선희 시인은 "암컷의 꿈"을 포기하지 않는다.

> 고요히 바다로 가 미친 듯 살고 싶었다
> 수초 사이로 슬깃슬깃 헤엄치다
> 가끔은 수면으로 올라 금빛 들숨을 쉬고
> 바위틈으로 들어가 농익은 교미도 하고
> 새까맣게 새끼를 까서는
> 떼 지어 우르르 몰고 다니고도 싶었다
>
> 밤이면 뜬눈으로 지느러미 접었다가
> 샛푸르게 열리는 아침이면

앞니 드러내고 커웅커웅 사냥 나가는
용맹한 물고기고 싶었다

때로는 싸움에 패하고 돌아오는 저녁도 있겠지
비늘 떼어진 자리 꿰매며 보복을 다짐하기도 하는,
간혹 일행을 이끌고 돌아오는 승리의 날도 있을거야
거나하게 취하여
호기 부리며 숫컷을 탐하기도 하는,
그렇게 등지느러미 날카롭게 세운 한 마리
암컷을 꿈꾸는 날
부쩍 잦아지고 있었다

―「암컷의 꿈」 전문

이처럼 여성적인 것은 억압되어 있다. 시인은 억압된 것을 "꿈"의 형식으로 불러오고자 한다. 실제 여성적인 것은 주체와 인식과 언어에서 남성적인 것과 다르다. 여성적인 것에 대한 탐구 또한 다양하다. 남성과 다른 생물학적 특성을 드는가 하면 사회적 문화적 차이를 뜻하기도 한다. 그리고 모성과 여성이 지니는 같음과 다름을 따지기도 한다. 권선희는 어찌 보면 여성이라는 힘에의 의지를 보인다. 이러한 의지의 정당성은 분명하다. 남성은 늘 우월한 존재로 인식되고, 여성의 희생의 대가로 번성해 왔기 때문이다. 하지만 남성의 세계는 여성에 대한 불안을 극복하기 위하여 많은 폭력적 장치들을 가지고 있다. 권선희가 제시한 여성적 꿈 또한 남성적 시각의 쾌락 안으로 포섭될 가능성이 없지 않은 것이다.

주변부적 시각의 진실

 주변부에 살고 있기에 보다 진실에 가까울 수 있고 더욱 성실하게 시의 길을 갈 수 있다는 것을 여기서 읽은 시인들의 시가 증명하고 있다. 그렇다고 문제가 없는 것은 아니다. 무엇보다 자신이 발 딛고 사는 대지를 구체적으로 느끼면서 세상에 대한 폭넓은 인식을 하는 일이 요구된다. 그렇지 못할 때 주변에서의 시쓰기는 한갓 복고와 퇴행으로 기울어질 수도 있다. 다행히 여기에 모인 여덟 시인들의 시에서 이러한 부정적 징후를 읽을 수 없었다. 다음으로 주변부적 가치를 흡수하고 유인하는 중심부의 논리에 대한 경계이다. 자본이 집중되고 소비에 의해 운행되는 중심부에서 시적 쇄신이 일어나기 힘들다. 이러한 사정으로 중심부가 주변부의 시적 가치들을 패션으로 바꾸어 놓을 가능성이 없지 않다. 예를 들어 모두가 비슷비슷한 생태시를 쓴다고 한다면 그것이 가지는 의의는 크게 감소하고 말 것이다. 시는 무엇보다도 시인의 구체적인 의식과 감수성의 산물이어야 한다.

 주변부적 삶이 그렇듯 시적 소외는 시적 축복이다. 시인은 파울 클레의 "내일의 천사"처럼 불어오는 문명의 불길한 폭풍을 맞서면서 눈앞의 잔해를 딛고서 미래로 뒷걸음쳐 가는 존재이다. 결코 그들은 한 시대의 문화의 중심이 될 수 없다. 오히려 영원한 망명자의 눈으로 세상을 근심하여야 한다. 향수와 고통과 자유와 사랑은 이들 시인들의 내면을 형성하는 의미들이다. 그리고 무엇보다 중요한 것은 과거로부터의 진정한 탈주이고 사랑이다. 하지만 성급하게 이러한 지평을 말할 수 없는 것도 시인이다. 시의 길은 말로 표현할 수 없는 도(道)에 이르려는 과정이다. 하루하루가 난감한 경계에서 시적 차원들은 성숙한다. 우리 시대의 변경에서 우리 시대를 염려하며 시를 쓰는 시인들에게 축복이!

제 2 부

감성과 윤리

넉넉한 마음은 역설적이게도 쓸쓸하고 슬픈 마음이다. 자기와 사물을 사랑으로 감싸는 이의 마음은 무엇보다 존재의 본성을 바로 안다. 그렇다면 존재의 본성은 무엇인가? 그것은 한 마디로 죽음이다. 또한 생명이다.

자유라는 시적 원형
— 김수영과 거제 포로수용소 체험

해방 전후의 김수영

시인 김수영(1921~1968)에 대한 긍정적 평가의 대부분은 그의 60년대 시가 가지는 의미망에 놓여 있다. 4·19가 그의 문학적 진전에 중요한 계기가 되었다는 것이다. 이를 통해 현대사회에 대응하는 그의 시적 발화들이 더욱 구체화되고 있기 때문이다. 하지만 김수영 문학을 통어하는 가장 중요한 체험을 들라면 그것은 단연 6·25라는 전장의 기억이 될 것이다. 특히 인공치하 서울에서 의용군으로 동원되었다 포로가 되고 석방되는 과정은 그의 세계관을 형성하는 데 결정적이었다고 할 수 있다. 이는 8·15 전후 그가 뚜렷한 세계인식을 견지하고 있지 않은 사실과도 결부된다.

  8·15 이전 10대와 20대 전반의 김수영의 삶은 비록 식민지하이지만 그리 큰 어려움 없이 순탄하였다. 서울 중상(中商)계급 출신의 그는 선린상고를 졸업하고 1941년 일본유학을 떠나게 된다. 당시 가세는 기울고 세계정세 또한 어지러웠다. 그럼에도 유학의 동기조차 뚜렷하지 않은

가운데 도일한 것을 볼 때 그의 선택이 사적 동기에서 유발되었음을 알 수 있다. 그는 세계전쟁하의 동경에서 정치의식이 소거된 근대의 부박한 도시문화를 경험하고 있었던 것이다. 동경에서 그는 미즈시나 연극연구소에서 연극공부를 하는 한편 모더니즘 계열의 시를 주로 읽었다. 전향 이후의 미즈시나 연극연구소의 경향이나 모더니즘 문화가 시대 상황과 무연한 방향성을 지니고 있었음은 두루 아는 사실이다. 1944년 동경에서 서울로 돌아온 김수영은 징병을 피하면서 연극 활동을 전개한다. 이 당시 연극은 주로 선전극이었으며, 일제가 이를 위해 드라마에 있어 조선어 사용을 허락할 정도였다. 연극 활동의 일정 영역이 확보되고 있는 상황이나 연극 활동으로 징병을 피할 수 있는 소이연도 여기에 없지 않았다. 김수영의 연극에 대한 집착은 1944년 후반 가족을 따라 길림으로 이주한 이후에도 지속된다. 1966년 이 당시를 회고하면서 "해방과 함께 만주에서 연극운동을 하다 돌아온 나는 연극에는 진절머리가 나던 때"라고 진술하여 해방 전의 연극 활동에 대한 모종의 암시를 던진다. 아직 김수영의 연극 활동의 성격에 대한 학적 검증은 이뤄지고 있지 않다. 하지만 그를 이끈 안영일 등이 본시 좌파이나 이 당시 일제에 협력하고 있었다는 점이 주목된다.[1]

해방과 더불어 김수영이 발표한 첫 작품은 「廟廷의 노래」와 「孔子의 生活難」이다. 두 작품 모두 최하림에 의하면[2] 일본어로 씌어졌다 다시 우리말로 번역되어 발표된 것이다. 김수영 세대는 이중언어 세대이다. 이러한 점에서 초기시의 한자어투는 어린 시절 서당을 수학한 데 연유하기보다 그가 일본어 세대라는 데 기인하는 것으로 판단하는 것이 옳을 것이다. 사실 김수영에게 해방은 '도적같이 온 해방'이다. 「孔子의

---

1) 양승국, 「국민연극론의 현실」, 『해방전(1940~1945) 공연희곡과 상영 시나리오의 이해』 (평민사 2005) 참조.
2) 최하림, 『김수영평전』(실천문학사 2001), 114쪽.

生活難」엔 해방이라는 새로운 상황에 처한 시인의 의식이 잘 드러나 있다.

꽃이 열매의 上部에 피었을 때
너는 줄넘기 作亂을 한다

나는 發散한 形象을 求하였으나
그것은 作戰같은 것이기에 어려웁다

국수―伊太利語로 마카로니라고
먹기 쉬운 것은 나의 叛亂性일까

동무여 이제 나는 바로 보마
事物과 事物의 生理와
事物의 數量과 限度와
事物의 愚昧와 事物의 明晳性을

그리고 나는 죽을 것이다

난해한 이 시에 대한 해석은 그동안 『논어』의 "아침에 도를 들으면 저녁에 죽어도 좋다(朝聞道夕死可矣)"에 대한 시적 재현으로 모아졌다. 어떤 이는 이를 들어 김수영의 유교적 교양을 말하기도 한다. 이 시에서 가장 중요한 의미는 무엇보다 "동무여 이제 나는 바로 보마"에 놓여 있다. 반성적 자아의 표출이라고 할 수 있는바, 해방을 맞은 시점에서 그 나름의 반성과 각오를 말하고 있는 셈이다. 특히 "이제"라는 단어는 역사적 계기를 사적 계기와 일치시키려는 의지를 엿보게 한다. 최하림의 지적처럼 청소년기의 김수영은 '현실에는 어두운 사람'이었다. 다시 말해서 30년대 후반과 40년대 전반의 시대 상황에 대한 구체적인 인식이 결여되어 있었다는 것이다. 이러한 그에게 해방이 자각의 시점을 제공하고 있는 것이다. 하지만 이러한 자각이 그로 하여금 전면적인 정치 지향으로 나아가게 하지 않는다. 해방공간의 김수영은 시인으로서 〈신시론〉 동인이 되어 활동한다. 박인환, 양병식, 김병욱, 임호권, 김경희 등 〈신시론〉 동인들은 모두 모더니즘을 지향하는 시인들로 구성된다. 이들 가운데 김병욱과 김경희는 사회의식을 강조한 편이다. 김수영이 임화를 만난 것은 해방 직후이다. 연극하는 박상진과 안영일의 소개로 그를 만나게 되는데, 임화의 영향권 내에 있었던 김병욱과 김경희처럼 그도 일정 부분 그의 자력에 이끌린다. 이러한 사실은 김수영의 자전적 미완소설「의용군」에 등장하는 '임동은'이 임화라는 추정과 연관된다. 이 소설에서 주인물 '순오'(김수영의 소설적 형상)는 '윤'(안영일의 소설적 형상)에 의해 '임동은'을 알게 되고 그에 의해 문학가동맹을 소개받고 몇 가지 일을 맡는 한편 정치적 회합 등에 참여한다. 그만큼 임화의 인물과 사상에 이끌린 일면이 있다.

 소설 속의 서술이 실제와 얼마나 같고 다른지는 여전히 검증대상으로 남아 있다. 해방공간에서 김수영이 지닌 입장을 분명하게 규정하긴 힘들다. 문인들과의 교류를 염두에 둘 때 우측에 말리서사의 주인 박인환이 있고 좌측에 김병욱이 있었다. 모더니스트 김병욱은 임화와 그리 멀지 않은 거리에서 그를 따랐다고 보아진다. 그러나 김병욱이 임화와 함께 월북한 것이 아니라는 점에서 김병욱의 좌편향이 그의 생활세계 전반을 바꿀 수준은 아니었던 것으로 보인다. 박인환과 김병욱에 대한 김수영의 태도는 분명하게 변별된다. 그는 박인환에 대하여는 경멸을 김병욱에 대하여는 존경을 보낸다. "나는 인환을 가장 경멸한 사람의 한 사람이었다. 그처럼 재주가 없고 그처럼 시인으로서의 소양이 없고 그처럼 경박하고 그처럼 값싼 유행의 숭배자가 없었기 때문이다."(「박인환」에서) 말할 것도 없이 박인환 사후의 이러한 진술에 김수영이 그를 경멸하였다는 내용이 있다고 하여 박인환과 김수영 사이에 우의가 없었다고 할 수는 없다. 여기서 김수영이 사용한 경멸이라는 말의 뜻은 경쟁의식에 기반한 차이 의식이라 할 수 있을 것이다.[3] 여하튼 김수영이 박인환과 같은 탈정치적 혹은 유행적 모더니즘을 따라가지 않은 것은 확실하다. 이는 1949년 문학가동맹 주최의 남산 행사 참여 여부를 둘러싼 〈신시론〉 동인 분화과정에서도 잘 드러난다. 임화의 영향을 크게 받은 바 있는 김병욱과 김경희가 김경린, 박인환 등의 행사 불참 주장을 기화로 〈신시론〉 동인에서 탈퇴하자 김수영 또한 이에 동조하는 입장을 보이다 임호권의 중재로 잔류하게 되는데 이 사건에서 김수영은 어느 정도 자신의 입장을 표출하게 된다. 김병욱에 대한 김수영의 존경은 「거대한 뿌리」(1964)에서 "八·一五 후에 김병욱이란 詩人은 두 발을 뒤로 꼬고/언제나 일본여자처럼 앉아서 변론을 일삼았지만/그는 일본대학에 다니면서 四年동안을 제철회사에서/노동을 한 強者다"라는 표현에서 드러나고 「시우 김병욱 형에게」(1961)라는 편지글에서 이미 명료하게 표명된 바 있다. 김재용의 조사에 따를 때 김병욱은 대구 출신으로 일본에서 대학을 졸업하고 그곳에서 문단활동을 하다 해방 후에 김수영의 가까운 시우가 되었던 사람이다. 그는 나중에 문학가동맹에 가담했으며 이 일로 인하여 국민보도연맹에도 가입했고, 전쟁 중에 월북했다. 월북한 뒤에는 시작활동을 하지 않고 번역일을 한 것으로 알려져 있다.[4] 김병욱에 대한 검증은 아직 미완이다. 현재 그가 캐나

---

3) 김수영과 박인환을 짝패 관계로 보고 둘을 분석한 한기, 「박인환과 김수영, 혹은 문학사적 짝패의 초기 동행여정」, 『살아있는 김수영』(김영인·임홍배 엮음, 창비 2005) 참조.

4) 김재용, 「냉전적 반공주의와 남한 문학인의 고뇌」, 《역사비평》 1996년 겨울호, 282쪽. 김재용, 「김수영 문학과 분단극복의 현재성」, 『살아있는 김수영』, 167쪽.

다에 살고 있다는 김용직의 주장이⁵⁾ 사실이라면 한국전쟁 중에 그의 입장이 변화한 것을 짐작할 수 있기 때문이다. 하지만 김수영의 편지글은 그가 월북하여 북한에 있는 것으로 진술한다.

해방공간에서 사물을 바로 보려는 김수영의 의지는 상당한 모색과 성찰, 번민과 고뇌를 동반했을 것이다. 이는 박인환의 삶을 경멸하면서도 김병욱의 길을 따르지 않는 데서 잘 드러난다. 이러한 그의 입장을 후에 "당시의 나의 자세는 좌익도 아니고 우익도 아닌 그야말로 완전 중립이었지만, 우정관계가 주로 작용해서, 그리고 그보다도 줏대가 약한 탓으로 본의 아닌 우경 좌경을 하게 되었다 생각한다"(「演劇하다가 詩로 전향」)고 밝히고 있다. 1965년의 회상이어서 가볍게 처리하고 있긴 하나 해방공간의 이데올로기에 그가 많이 흔들렸음을 시사하고 있다. 그가 말하듯 '그야말로 완전중립'이란 있을 수 없는 선택이다. 이데올로기가 대립의 산물이며 나아가 그 대립을 추동한다고 할 때 해방공간과 같은 상황에서 일정한 경사는 피할 수 없는 일이다. 김수영이 가능한 사려 깊음을 잃지 않으려 한 것은 사실이다. 사물을 정확히 보겠다는 그의 의지가 섣부른 행동을 유보하게 한 것이다. 이러한 그의 태도는 여러 가지로 분석될 수 있다. 첫째, 일제시대에 보인바 그의 탈정치적 개인주의적 경향을 들 수 있다. 해방공간이라는 달라진 정치지형에서 이러한 그의 경향을 그대로 유지하긴 힘들었을 것이다. 둘째, 그가 서울 중산층 출신이라는 점을 들 수 있다. 이는 섣불리 위험을 감수하는 일을 택하지 않는 현실감각과 연관된다. 이러한 현실감각에서 그는 김병욱 등에 이끌리면서도 그들을 따라가지 않는다. 마지막으로 김수영이 접할 수 있었던 정보의 내용이다. 영어에 능통한 그는 미군정 하의 남한에서 남다르게 세계정세에 관한 정보를 접할 수 있었다고 보

---

5) 박수연, 『김수영 시연구』(충남대 대학원 1999), 35쪽.

아진다. 또한 그가 일본을 거쳐 만주(길림) 등으로 활동의 무대를 확대해 왔다는 점도 주목할 수 있다. 냉전체제로 재편되는 세계에 대한 그의 인식이 증대하고 있었다고 할 수 있다. 하지만 김수영이 세계 전체를 보는 시선을 지녔다고는 판단되지 않는다. 다만 그가 구체적인 현실에 터하는 가운데 변화하는 세계를 전망했다고 할 수 있을 것이다.

김수영의 거제 포로수용소 체험

김수영의 생애에 가장 큰 시련으로 다가온 것은 6·25 한국전쟁이다. 인공치하에서 그는 문학가동맹에 나가면서 의용군에 참여하게 된다. 여기서 사람들은 먼저 전쟁발발과 더불어 김수영이 왜 피난을 가지 않았느냐고 물을 수 있을 것이다. 인공치하 9개월과 수복 후 계속 서울대 교수로 있으면서 일기를 남긴 김성칠 교수에 의하면 6·25 당시 대다수(그의 일기엔 99%) 서울 시민들이 정부의 말을 믿고 그대로 서울에 잔류하였다고 한다. 먼저 당시의 상황에서 대다수 시민들이 전쟁발발 자체를 국지전으로 파악하거나 일시적인 분쟁으로 받아들였다는 것이다. 또한 정부의 성명이나 선전 방송들이 연일 서울 사수를 다짐하고 이를 당부하였기 때문이라는 것이다. 따라서 '남하' 한 이들은 정부와 그 정부의 정보를 공유한 사람들, 그리고 포탄 소리만 들어도 겁을 먹은 계열들이다. 이러한 점에서 수복 이후 또는 종전 이후 도강파니 잔류파니 하는 분류가 처음부터 잘못된 것임을 알 수 있다.[6] 여하튼 김수영은 부지불식간에 인공치하의 사람이 되고 말았다. 아마 그가 겪은 이틀은 김성칠 교수의 다음과 같은 6월 28일 일기와 크게 다르지 않을 것

---

6) 김성칠, 『역사 앞에서』(창작과비평사 1993), 59,251쪽 참조.

이라 본다.

이윽고 날이 밝아오자 포성이 뜸해지기에 밖을 내다보니 낙산 위에 늘어섰던 포좌(砲座)가 간 곳이 없고 멀리 미아리고개로 자동차보다도 크고 육중해 보이는 것이 이곳을 향하여 천천히 내려오고 있는 것으로 보아 저것이 대포알을 맞아도 움쩍하지 않는다는 이북의 탱크가 아닌가 싶다. 앞으로 내려다보이는 돈암동 거리엔 이미 사람의 나다니는 양이 보이고 전찻길엔 이상한 군복을 입은 군인들이 떼지어 행진하고 있다.

그 지긋지긋하던 포성이 그치어 사람들의 얼굴엔 이제야 겨우 살아났다는 안도감이 역력히 나타나 보이나 밤사이 세상은 아주 뒤집히고야 만 것이다. 우리는 싫든 좋든 하룻밤 사이에 대한민국 아닌 딴 나라 백성이 되고 만 것이다.

낮때쯤 하여 아이들을 앞세우고 돈암동을 떠나 집으로 향하였다. 거리에는 이미 붉은 기를 흔들며 만세를 부르는 사람이 있고, 학교 깃대엔 말로만 듣던 인공국기(人共國旗)가 바람에 나부끼고 있다. 되넘이고개를 넘어서 동소문을 향하여 탱크며 자동차며 마차며 또 보병들이 수없이 많이 쏟아져나오고 있다. 그들은 비록 억센 서북 사투리를 쓰긴 하나 우리와 언어·풍속·혈통을 같이하는 동족이고 보매 어쩐지 적병이란 생각이 나지 않는다. 어디 멀리 집 나갔던 형제가 오랜만에 고향을 찾아오는 것만 같이 느껴진다. 그들이 상냥하게 웃고 이야기하는 걸 보면 아무래도 적개심이 우러나지 않는다.

이건 내가 유독 대한민국에 대한 충성심이 적기 때문만이 아닐 것이다. 어제 본 국군과 이들과 무엇이 다르단 말이냐. 다르다면 그들의 복장이 약간 이색질 뿐, 왜 그 하나만이 우리 편이고 그 하나는 적으로 돌려야 한단 말이냐. 언제부터 그들의 사이에 그렇듯 풀지 못할 원수가 맺히어 총검을 들고 죽음의 마당에서 서로 대하여야 하는 것이냐. 서로 얼싸안고 형이야 아우야 해야 할 처지에 있는 그들이 오늘날 누굴 위하여 무엇 때문에 싸우는 것이냐. 나는 길바닥에 털퍽 주저앉아서 땅을 치고 통곡하고 싶은 심정이었다. 그러나 나는 울래야 울 수 없는 인민공화국 백성이 되어 있는 게 아니냐.

아리랑고개엔 국군이 버리고 간 대포가 미아리고개를 향하여 정신나간 사람처럼 멍하니 서 있고, 집에 돌아오니 비루가 내달아서 반겨 맞이할 뿐 별다른 이상(異狀)이 없었다. 길거리엔 더러 벽이 뚫어지고 유리창이 부서진 집들도 보였으나 밤새 볶아친 셈치곤 인명에나 가옥에나 그리 큰 피해 없음이 다행한 일이었다. 피란 갔던 마을 사람들도 한창 돌아오는 중이었다. 모두들 서로 죽었다 새로이 살아난 사람들처럼 무척 반가워하였으나 시국이라든가 정치에 대해선 입을 봉하고 말하는 사람이 없었다. 그러나 저녁 무렵엔 이미 붉은 완장을 차고 거리를 왔다갔다 하는 청년들이 있었다. 그중에는 어제까지 대한청년단(大韓靑年團)의 감찰부 완장을 차고 자전거를 달리던 청년도 섞여 있었다.[7]

김수영이 맞은 인공치하의 첫 모습도 이와 다르지 않았을 것이다. 그는 이해 4월부터 김현경과 돈암동에서 동거생활을 하고 있었다. 이 시기 잘 나가던 명동에도 가지 않고 직장을 구하러 다니는 한편 신접살림에 충실하고 있었다. 이런 가운데 그의 가족들은 인공치하에 처하게 된다. 인민위원회가 구성되고 청년동맹, 여성동맹이 구성되면서 그 또한 인민위원회의 요구에 따라 문학가동맹에 나가게 된다. 여기서 그는 안회남, 김오성, 임화, 김남천, 이태준, 김사량, 김병욱 들을 만난다. 김수

---

7) 같은 글, 69쪽.

영이 의용군에 가담한 것은 이들의 설득 때문만은 아니라고 본다. 전선이 낙동강에 다다르고 의용군 등의 형식으로 인민을 강제 통합하려는 인공체제에서 그가 피할 수 없었던 선택이 아니었던가 한다.[8] 최하림 작성의 연보에 따르면 1950년 8월 조선문학가동맹 사무실에서 김수영은 박계주, 박영준, 김용호 등과 함께 의용군에 강제 입대되고 평남 개천 야영훈련소(북원훈련소)에서 1개월 동안 강훈련을 받은 뒤, 순천군 중서면 부근에 배치되었다가 유엔군의 진주로 자유인이 된다. 유엔군의 평양입성이 10월 19일이니 그가 자유인이 된 것은 10월경일 것이다. 이후 그는 민간인 옷으로 갈아입고 남하하였으나 집이 지척인 충무로 입구에서 경찰에 체포되어 포로 신분으로 인천에서 LST에 실려 거제포로수용소에 수용된다. 수강과 수경 두 동생도 의용군에 입대하였으니 그의 형제 셋이 의용군에 간 셈이다.[9] 김수영의 의용군 입대는 전시하 강압적 설득에 의한 것으로 보아야 한다. 그 누가 전장에 자발적으로 나아가길 원하겠는가? 김성칠 교수의 1950년 7월 11일 일기에 의하면 김수영이 의용군에 입대하기 이전 이미 서울시내에서 가장 큰 문제는 먹을 것이 없는 것과 의용군을 강제로 모집하는 것과 전출 문제 세 가지였다. 의용군 문제를 그는 다음처럼 기록하고 있다. "당국은 그 조직적인 모든 기관을 동원하여 애국적인 청년 남녀는 모두 의용군의 대열에 나서라고 외치고 있다. 마을에선 동민을 모아 보내고, 학교에선 학생들을 끌어 보내고, 직장에선 종업원을 채찍질해 보내고, 그래도 부족함인지 가두에서 젊은 사람을 붙들어 보낸다 하여 큰 공황(恐慌)들을 일으키고 있다. 이즈음 며칠은 그 때문에 그런지 거리에 젊은 사람의 내왕이 부척 줄었다." 학교나 농민, 부녀 모임 등 회합이 궐기대회로 변

---

8) 최하림(2001), 133~147쪽.
9) 최하림 작성 연보. 같은 책, 429쪽 참조.

하여 의용군을 뽑아 보내게 되는 사태가 빈번하였던 것이다. 급기야 7월 29일 서울대 문리대 교수의 전원 의용군 지원 표명이라는 양상으로 발전하기도 한다.[10] 이러한 상황에서 김수영이 의용군을 회피하는 길은 없었을 것이라 판단된다. 김수영의 의용군 행은 그의 자전 소설 「의용군」에 잘 나타나 있다.

> 순오가 ○○○(문학가-인용자)동맹에서 하고 싶었던 초지는 남으로 가는 문화공작대이다. 싸움지로 나가는, 그리하여 직접 전투에 참가하는 의용군은 아니었다. 순오는 자기가 억센 전투에 목숨을 걸고 싸울 만한 강한 체질을 가지고 있지 못하니까 자기는 문화공작대에 참가하여 후방 계몽사업 같은 것에 착수하는 것이 제일 타당하고 자기의 역량을 발휘할 수도 있을 것이라고 믿었기 때문이다. 「나도 임동은이 같이 되어야 한다.」 이것이 그때도 그의 머릿속에 굳게 뿌리박고 있었기 때문에.
> 그리고 ○○○동맹 사무국에서 동원관계를 취급하는 책임자로 있던 이정규(李政奎)가 하는 말이, 지원자는 어디든지 마음먹은 고장으로 문화공작사업을 하기 위하여 보내줄 것이라고 하였기 때문에 순오는 지원용지의 목적지라고 기입된 난에 안성이라고 써넣었던 것이다.
> 그래서 문화사업을 하러 안성으로 가게 될줄만 알았던 것이 이렇게 뜻하지 않게 북으로 오게 된 것이다. 순오는 할 수 없는 일이라 생각하면서 그래도 반드시 무슨 특별대우가 있을 것이라는 믿음을 가지고 있었다. 이왕 문화공작대가 아니고 의용군이 된 바에야 전선에 나가 싸움을 시킬 것인데 그러지 않고 전선과는 달리 북으로 데리고 오는 것이 의아한 마음도 들었지만 오히려 믿음직한 마음이 훨씬 많았던 것은

---

10) 김성칠, 105, 140쪽 참조.

사실이다.[11]

　이와 같은 주인물의 심사와 김수영의 심사가 그리 달랐을 것이라 보진 않는다. 그러나 그의 처지는 결코 개선되지 않는다. 임화와 같은 인물이 되고자 하는 그의 욕망은 전혀 실현될 수 없으며 임화를 매개로 어렴풋이 가졌던 사회주의에 대한 환영도 서서히 환멸이 되기 시작한다. 문화공작대로 참여할 수 있을 것이란 안이한 생각도 문제였지만 더욱 문제인 것은 그러한 술책으로 강제하는 억압적인 인공체제인 것이다. 그렇다면 의용군이란 무엇인가? 국가에 의한 폭력 독점의 마지막 형태일 것이다. 국가에 의한 폭력 독점은 먼저 국민군의 형태로 나타난다. 앤서니 기든스에 의하면 이러한 국민군이 대외적으로 군사력을 전개하는 과정에서 국내적으로는 폭력적인 군사적 질서가 감시와 규율에 기초한 경찰적 질서로 전환되는데, 의용군은 후자의 목적에 의한 동원과 연관된다고 하겠다. 여기서 동원은 또한 두 가지 형태로 나타난다. 그 하나는 전쟁 동원이고 다른 하나는 전장 동원이다. 전자가 정규군에게 부여된다고 한다면 의용군에 부여되는 것은 후자이다. 동원이란 의식이나 정체성의 문제를 이미 넘어서 있다. 이것은 무엇보다도 신체적 실천이다.[12] 김수영이 혼동하였거나 혹은 김수영 소설의 주인물이 혼동한 것은 의식과 신체적 실천의 차이이다. 김수영이 이러한 차이를 인식하는 때에 의용군으로부터의 탈출이라는 목표가 뚜렷해진다. 자유주의자 김수영이 의용군 체험을 통하여 얻은 경험은 이데올로기에 대한 환멸이 아니라 특정 이데올로기를 내세우는 체제의 폭력성에 대한 것이다. 일제시대 징병을 피해 다닐 수 있었던 그가 일제시대가

---

11) 김수영, 『김수영전집2』(민음사 1981), 417~418쪽.
12) 도미야로 이치로, 『전장의 기억』(이산 2002), 29~40쪽.

아닌 해방된 조국에서 총동원체제의 진면목과 만나게 된 것이다.

    내가 六·二五 후에 价川野營訓練所에서 받은 말할 수 없는 虐待를 생각한다.
    北阮訓練所를 脫出하여 順川邑內까지도 가지 못하고
    惡鬼의 눈동자보다도 더 어둡고 무서운 밤에 中西面內務省 軍隊에게 逮捕된 일을 생각한다.
    그리하여 달아나오던 날 새벽에 파묻었던 銃과 러시아軍服을 사흘을 걸려서 찾아내고 겨우 銃殺을 免하던 꿈같은 일을 생각한다.
    그리고 나는 平壤을 넘어서 南으로 오다가 捕虜가 되었지만
    내가 만일 捕虜가 아니되고 그대로 거기서 죽어버렸어도
    아마 나의 靈魂은 부지런히 일어나서 苦生하고 돌아오는
    大韓民國 傷病捕虜와 UN傷病捕虜들에게 한마디 말을 하였을 것이다.
    「수고하였습니다.」

    인용은 1953년 5월 5일 작으로 생전에 발표하지 않은 「祖國에 돌아오신 傷病捕虜 同志들에게」의 한 구절이다. 여기서 의용군 강제 동원에 대한 김수영의 체험과 시각을 읽을 수 있는데, 인민공화국에 대한 일말의 이상과 기대도 남아 있지 않음을 알게 된다. 전시의 김수영 생애의 기구함은 이러한 의용군을 탈출하여 서울에 와서 다시 대한민국의 경찰에 체포되어 포로가 된다는 데 있다. 1950년 10월 말경의 일이다. 이러한 김수영이 중부서 유치장을 거쳐 인천 교외에 수용되다 거제도 포로수용소에 수감된 것은 최하림의 추정에 의하면 1951년 1월경이다. 최하림은 김수영과 포로들이 LST에 실려 거제도를 향했는데 그가 제주도를 경유한 배에 있었는지 곧장 거제도로 가는 배에 있었는지 확

실하지 않다고 말한다.[13] 그런데 1951년 1월경은 아직 거제포로수용소가 개소되기 이전이라 할 수 있다.[14] 아울러 제주도에 포로수용소를 설립하려던 계획이 확정된 것이 1951년 1월 11일이고 부지선정 단계에서 이를 다시 취소하고 거제포로수용소를 결정하였기에 제주도 경유설은 신빙성이 떨어진다. 그렇다면 김수영이 1월경에 거제포로수용소에 수용되었다는 설도 어느 정도 수정되어야 할 것으로 보인다. 왜냐하면 포로수용소 공사가 시작된 시점이 2월 초이고 그 완공 시점이 2월 말이기 때문이다. 이러한 점을 감안할 때 김수영이 거제포로수용소에 온 것은 2월 말경 또는 3월 초순으로 보는 것이 타당할 듯하다. 앞서 인용한 시의 진술을 따를 때 그가 포로수용소에 있었던 것이 확실한 시기는 3월이다.

「그것은 본 사람만이 아는 일이지요.
누가 巨濟島 第六十一收容所에서 檀紀四二八四年三月十六日 午前五時에 바로 鐵網 하나 둘 셋 네 겹을 隔하고 불 일어나듯이 솟아나는 第六十二赤色收容所로 돌을 던지고 돌을 받으며 뛰어들어갔는가.」

1951년 3월 16일 새벽 반공포로와 친공포로가 대결하는 현장에서 그것을 지켜보았다는 진술이다. 이 사건에 대한 구체적 사실이나 구술에 의한 증언을 달리 찾지는 못했다. 거제포로수용소사에 의하면 친공포로들의 조직적 활동이 시작된 것은 1951년 포로수용소가 제자리를 잡은 4월부터이며 그 본부는 제77수용소에 있었다. 그렇다면 김수영이 목격한 사건은 거제포로수용소 초기에 발생한 일이다. 그런데 제62수

---

13) 최하림, 169쪽.
14) 이하 거제포로수용소에 관한 역사적 전거는 http://pow.goojc.go.kr/sub3 참조.

용소는 휴전회담 시기 포로심사를 실시하지 못한 구역 중 하나다. 이에는 대부분 서울 출신의 의용군들이 있었으며 그중 절반이 대학 재학생으로서 사상적으로는 완전한 적색 친공수용소로 알려져 있다. 이러한 사실을 감안할 때 김수영이 이러한 의용군으로부터 자신의 자유를 구하기 위해 일정한 생존의 방편을 사용했을 가능성은 크다. 그러나 이에 대한 자세한 경과는 알려져 있는 것이 없다. 다만 「祖國에 돌아오신 傷病捕虜 同志들에게」의 한 구절과 같이 "정말 내가 捕虜收容所를 脫出하여 나오려고/無數한 動物的 企圖를 한 것은/이것이 거짓말이라면 용서하여 주시오,/捕虜收容所가 너무나 자유의 天堂이었기 때문이다."라고 역설적 표현을 제시하고 있을 뿐이다. 김수영이 거제포로수용소에 수용된 기간은 여전히 정확하지 않고 막연히 추정되고 있다. 최하림은 그가 거제포로수용소 사무실에 근무하다 얼마 뒤 부산시 거제동에 있는 야전 병원으로 옮겨왔다고 본다. 김수영의 아내 김현경의 진술에 바탕을 두고 있는데 이러한 과정에 김수영의 영어 실력이 관여하였음을 덧붙인다. 이러한 최하림에 기대어 김명인은 김수영의 거제포로 수용소 생활은 1951년 1월부터 3~4월경까지였다고 추정한다.[15] 여하튼 그 누구도 김수영이 제61수용소에 계속 수용되어 있었을 것이라고 보고 있지는 않다. 하지만 인용시의 정황으로 볼 때 그가 수용된 곳은 제61수용소이고 제62수용소와의 대립과정에서 그가 미군들에게 자신을 설명할 기회를 얻게 되고 이후 수용소 사무소 통역요원으로 근무하다 부산 거제리 야전병원 통역원으로 가게 된 것이 아닌가 한다. 인용시 속의 사건은 어쩌면 거제포로수용소에서 일정 규모를 지닌 친공포로와 반공포로의 최초 대립이 아닌가 한다. 이 과정에서 김수영의 영어가 미군들에게 통했을 가능성이 크다. 애초 영어가 문제였다면 이는

---

15) 김명인, 68쪽.

이미 LST전후에서도 가능했을 법한 일이 아닌가. 따라서 3월 16일 새벽 사건을 기화로 김수영의 존재가 미군 당국에 인식되었다고 하는 편이 옳을 것이다. 그렇다면 김수영의 수용소 생활은 기껏 보름 남짓에 지나지 않았을 가능성이 크다. 최하림은 수용소에서 나온 김수영이 사무실에서 근무하였다고 하고 김명인은 수용소병원 외과 과장의 통역이 되었다고 한다. 비슷한 이야기이나 최하림에 근거한 김명인이기에 거제와 부산 거제리에 대한 약간의 혼동이 있는 듯하다. 여하튼 3월 16일 유혈 사건으로 김수영이 미군 군의관과 접촉했을 가능성은 높다. 또한 이 시기 만난 군의관의 호의가 이어져 그 군의관(외과 과장)과 함께 부산으로 갔을 가능성도 없지 않다. 최하림은 김수영이 거제포로수용소에서 미군야전병원근무를 명받아 그의 처지가 달라졌다고 한다. 그런데 그의 말대로 일개 포로에게 미군야전병원 근무라는 명을 내릴 까닭이 있을까? 아무래도 명을 받은 군의관을 따라 부산으로 전출하였을 것이다. 그런데 거제에서 부산으로의 전출 시기는 아직 분명하게 밝혀지고 있지 않다. 다만 3월 16일 사건으로부터 그리 오래지 않은 때가 아닌가 한다. 미군과의 의사소통이 되었다고 한다면 김수영의 신분에 변화가 가능한 빨리 왔을 것이기 때문이다. 예의 인용시에서 김수영은 말하고 있다: "내가 捕虜收容所에서 나온 것은/捕虜로서 나온 것이 아니라,/民間抑留人으로서 나라에 忠誠을 다하기 위해서 나온 것이라고." 이러한 진술은 그가 거제포로수용소에서 미군에게 항변한 내용과 다르지 않았을 것이라 보인다.

자유 : 살아 있는 김수영의 의미

포로수용소를 거쳐 김수영이 풀려난 것은 1952년 12월 어느 날이었다. 그의 시가 말하듯 그는 반공포로 신분이 아니라 민간억류인 신분으로 풀려난다. 일종의 비공식적인 석방인 셈이다. 「달나라 장난」은 자유인이 되고 난 뒤 그가 처음 쓴 시이다. 그야말로 기구한 인생유전을 경험하면서 현실이 도무지 실감이 나지 않는다는 태도를 말하고 있다. 삶에 대한 짙은 회의주의와 더불어 지향을 상실한 의식을 드러낸다. 이러한 그가 박인환, 김경린, 이봉래 등이 〈후반기〉 동인 가입을 권유할 때 이를 거부한 것은 당연한 일이다. 그에게 남은 것은 오직 불확실하나 유일한 〈나〉뿐이다. 그리고 그의 문학과 삶은 이러한 〈나〉의 확인을 위한 자유를 최고의 위상에 두게 된다. 이는 그가 거제포로수용소를 거치면서 확인한 자유이다.

그것은 自由를 찾기 위해서의 旅程이었다.
家族과 愛人과 그리고 또하나 不實한 妻를 버리고
捕虜收容所로 오려고 집을 버리고 나온 것이 아니라
捕虜收容所보다 더 어두운 곳이라 할지라도
自由가 살고 있는 永遠한 길을 찾아
나와 나의 벗이 安心하고 살 수 있는
現代의 天堂을 찾아 나온 것이다.

나는 원래가 약게 살 줄 모르는 사람이다.
眞實을 찾기 위하여 眞實을 잊어버려야 하는
來日의 逆說모양으로
나는 自由를 찾아서 捕虜收容所에 온 것이고
自由를 찾기 위하여 有刺鐵網을 脫出하려는 어리석은 動物이 되고 말았다.
「여보세요 내 가슴을 헤치고 보세요. 여기 짱빨장이 숨기고 있던 낙

인 格印보다 더 크고 검은
呼訴가 있지요.
길을 잊어버린 呼訴예요.」

앞서 인용한「祖國에 돌아오신 傷病捕虜 同志들에게」의 첫 대목이다. 그는 그의 불우한 역정을 자유를 찾기 위한 것이라고 말한다. 여기서 자유는 이데올로기가 아니다. 인간의 절대적 조건이다. 김수영은 최선의 가치가 자유이고 최상의 지향이 자유임을 확신한다. 거제포로수용소는 그로 하여금 이러한 확신에 도달하게 한 가장 혹독한 교실이었던 것이다. 김성칠 교수는 1950년 11월 2일 일기에서 "이때까지의 경향으로 보아 이북의 양심적인 분자들은 많이 대한민국을 그리워해서 남하하였고 이남의 이상주의자들은 인민공화국에 절대의 기대를 가지고 많이들 월북하였는데 이들이 다 같이 커다란 실망을 품고 있지나 않을까 합니다. 그러나 이미 다시 어디로 갈 곳은 없고 해서, 말하자면 정신적인 진퇴유곡에 빠져 있지나 않을까요. 이들에게 무슨 길을 열어줄 방책이라도 있다면 나는 목숨을 내어놓고서라도 일해보겠습니다마는……"[16]이라고 하소연하고 있다. 그렇다. 남북한 모두 불완전한 이데올로기의 마수에 사로잡히고 만 것이다. 이러한 가운데 김수영은 가장 직접적인 체험을 통하여 모든 이데올로기의 거물을 벗어난 자유를 본다. 그래서 그는 거제포로수용소의 3월 16일 사건에서 "그들(자유를 갈구하는 포로들—인용자)의 싸워온 독특한 위치와 세계사적 가치"를 찾는다. 여기서 김수영이 말하고 있는 세계사적 가치란 어떤 의미일까? 성급한 해석일지 모르나 좌도 우도 아닌 절대적 자유의 세계가 아닐까? 이후 김수영의 문학은 이러한 자유에 대한 헌신이 아닐까? 그러므로

---

16) 김성칠, 268쪽.

'전지구적 자본주의' 시대 혹은 '자유주의 이후'에도 그의 자유는 여전히 시적 광휘를 발하고 있는 것이 아닐까?

　우리가 기억하지 않을 때 우리는 그 기억의 상태로 되돌아 갈 수 있다는 사실을 알아야 한다. 전장의 기억 또한 마찬가지다. 그것을 우리와 동떨어진 과거로 내버리지 않아야 한다. 따라서 과거는 기념되기보다 기억되어야 한다. 김수영의 거제 포로수용소 체험을 추적하려는 의도 또한 이와 같다. 그의 무엇이 우리에게 여전한 문제로 남아 있을까? 그의 포로수용소 감금상황은 그리 오래지 않다. 이 점은 그가 어떤 특권을 부여받은 이라기보다 더욱 문제적 개인이었음을 말해준다. 만일 그가 끝까지 반공포로로 투쟁하다 석방되었다면 그의 당연한 투쟁에도 불구하고 그의 위상은 고정되고 말았을 것이다. 그의 유동적인 위치가 그의 자유를 가능하게 한 만큼 그의 문학 또한 현재적이자 미래적일 수 있는 것이다. 그래서 많은 이들이 그는 "아직 살아 있다"고 한다.

고통과 사랑
— 이선관론

나 /오늘 이웃들의 아픔을 / 변함없이 노래하다가 / 내일을 맞이하리라
—이선관, 「나 오늘 살아간다 해도」에서

발화로서의 시쓰기

아드리안 미첼은 "대부분의 시가 대다수 사람들을 무시하기 때문에 대다수 사람들이 대부분의 시를 무시한다"라고 현대시의 상황을 비난한 바 있다. 실제 현대시의 시적 경향은 자기표현이라는 언어의 감옥과 나르시시즘의 성채에 갇힌 느낌을 줄 때가 많다. 그러므로 시가 사람들을 무시한다는 미첼의 비난을 웃고 넘길 일은 아닌 듯하다. 디이터 람핑이 시에 관한 '최소정의'로 '시행발화'를 내세운 것도 현대시의 부정적인 시적 경향에 대한 반성과 결부된다. 그는 이와 같은 정의로 시에 대한 불충분하거나 편향된 정의―자기표현, 세계의 자아화, 동일성 등―가 초래할 과오를 불식할 수 있다는 생각을 드러낸 것이다.

나는 자기표현이 아니라 자기인식이라는 관점에서 시쓰기의 의미를 찾고자 한다. 시는 시행발화라는 형식을 통하여 자기를 인식하는 과정이라는 입장이다. 달리 말해서 시적 지평은 나르시시즘적 주체로부터 벗어나는 거듭되는 노력에서 열린다는 생각이다. 그리고 이러한 과정

에 중요한 계기가 되는 것이 "고통"이라고 본다.[1] 물론 극단의 고통은 외부에 대한 전면적인 차단으로 귀결된다. 이와 같은 극단의 경우를 포함하여 고통은 삶의 일반적인 조건이라 할 수 있다. 그럼에도 사람들은 고통에 대한 망각을 일반화하려 한다. 시를 자기만의 행복의 공간으로 인식하는 경향 또한 이러한 고통 망각의 흐름에 속할 것이다. 그렇지만 정직한 시인이 견지하는 '자기에 대한 배려'는 고통받는 자기에 대한 인식을 통하여 위선과 기만으로부터 탈출하게 한다.

이선관 시인의 시인-되기는 고통에 대한 인식에서 비롯한다.[2] 그야말로 '고통의 시학'의 한 전형을 이룬다. 그는 자기의 고통에 대한 인식을 통하여 자기와 타자와 세계를 이해하는 눈을 갖게 되며 고통받는 모든 생명에 대한 사랑을 실천한다. 그의 시쓰기는 고통받는 인간과 생명체에 대한 사랑의 확인이자 세상의 악에 대한 노여움의 발화이다. 그는 초기시에서 후천적 뇌성마비를 겪고 있는 자기의 초상을 드러내는 한편, 중기의 시에서 이러한 자기인식을 보편적인 인간학으로 발전시키려 노력한다. 그의 이러한 노력은 성공적이어서 고통받는 모든 생명에 대한 사랑은 그의 후기시에 이르기까지 일관된 지향이 된다.

고통과 자기인식

---

[1] 이 책의 1부 「고통의 시학」 참조.
[2] 텍스트는 이선관의 시집 13권이다. 1.『기형의 노래』(계명대학보사 1969), 2.『인간 선언』(한성출판사 1973), 3.『毒水帶』(문성출판사 1977), 4.『보통시민』(청운출판사 1983), 5.『나는 시인인가』(풀빛 1985), 6.『살과 살이 닿는다는 것은』(시대문학사 1989), 7.『창동허새비의 꿈』(시와사회사 1994), 8.『지구촌에 주인은 없다』(살림터 1997), 9.『우리는 오늘 그대 곁으로 간다』(실천문학사 2000), 10.『배추 흰나비를 보았습니다』(답게 2002), 11.『지금 우리들의 손에는』(스타 2003), 12.『어머니』(선 2004), 13.『나무들은 말한다』(바보새출판사 2006). 앞으로 시를 인용할 때 발행 연도로 해당 시집을 표기한다.

이선관의 시적 단초는 고통받는 신체이다. 그는 "나의 시는 불완전한 육체를 부축하면서 좌절 소외 눈물 고독을 감내하면서 잉태된 미완성"(1969, 머리말)이라고 말하고 있다. 많은 시인들이 고통보다 먼저 자기연민이나 향수를 시적 출발로 삼고 고통을 나중에 인식하거나 망각하는 것과 달리 그는 일찌감치 고통이라는 인간현상을 탐문한다.

스무 번 하고도 일곱 번이나
죽고도 싶었지만
그토록 살고도 싶었어요

自我의 强烈한 意識에
아무리 가슴이 타들어간다 해도
絶對者의 祭壇앞에
촛불을 피우기 위해
여태까지 살아 있었는지 모릅니다.

바람이 불면 꺼지기 쉬운 生命이지만
아니 한번은 꺼져버릴 生命이기에
이렇게 경건되게 고개 숙으려 집니다.

어디서 어디로 갈 것인지
또 언제 갈는지 모르는
平凡한 人間입니다.

봄이 오면 즐거워 할 줄 알고
진눈깨비가 나리면 공허함에 그 어디인가

한없이 걷고만 싶지만

그러나 한 줌의 塵土가 되어질
傷한 肉體를 부축하면서
現實을 떠나서는 벅찬 두려움에
슬퍼할 時間도 없이
나의 발걸음은 멈추게 합니다.

―1969,「辨明」전문

  자기연민이 가시지 않고 시를 통하여 위안을 얻으려는 창작 심리가 투영되지 않은 것은 아니지만 고통과 자기인식이라는 시적 발상의 기저가 잘 드러나 있다. "촛불"의 메타포가 말하듯이 자기를 태우는 고통이 존재의 증명이 된다는 고통의 가치 인식을 보인다. 이 시를 통해 시인은 자기의 고통을 희생적 행위로 받아들임으로써 종교적 위안을 구하려 한다. 하지만 이러한 태도는 "평범한 인간"을 지향하는 가운데 지속되지 않는다. 종교적 위안이 가지는 허위를 자각하고 있는 것이다. 무엇보다 이 시에서 주목되는 것은 "상한 육체"라는 조건과 자기인식이다. 이로써 시인은 고통받는 신체를 희생 제물의 내적 기쁨으로 격상하기보다 보편적인 생명현상 혹은 인간현상으로 받아들이려 한다. 말할 것도 없이 이러한 경향이 시작 처음부터 형성되는 것은 아니다. "고통으로" "자아를 잊으려 애쓰는"(1969,「창동의 판타지」에서) 모습은 거듭 반복되는 시인의 초상이다. "자화상이 걸린 침실로"(1969,「창동 네거리 I」에서) 회귀하거나 "창동 거리의 쇼-윈도에/내 몸을 비춰 보"(1969,「창동 네거리 II」에서)며 자기를 "내가 네가 될 수 없고 네가 내가 될 수 없는/나는 하나의 고독한 원자"(1969,「창동 네거리 III」에서)로 인식한다. 많은 시인들은 유년에 대한 향수를 통하여 현재의 고독과 소외를 극복한다. 하지만 이선관 시인에게 그러한 노스텔지어를 형성할 유년은 부재한다. 다시 말해서 그의 시적 지평에서 향수는 삭제되어 있다.

>
> 그날
> 어머니의 고통스러운 숨소리가
> 무겁게 흐느낌으로 하여
> 내가 태어났나 보다
>
> 사람들에게
> 너무나 어처구니없는
> 과잉된 친절을 받고 보니
> 내가 내 육체를 알았나 보다
>
> 하루도 빠짐없이
> 귀 담아 듣지 않으면 잠이 오지 않는
> 어머니의 참회의 기도 소리가
> 밤하늘에 수놓아 질 때
> 내 젊음은 저물어 가나 보다.
>
> 이다만 먼 산의 메아리가
> 긴―餘韻으로 하여
> 내 짧지 않은 生命은 흘러갈려나 보다.
>
> ―1969,「無題」전문

이처럼 그의 유년은 고통, 흐느낌, 참회를 내용으로 한다. 유년이 고통의 진원지이므로 현재의 고통을 우회할 향수의 대상은 부재하는 것이다. 따라서 시인은 가중되는 고통의 현실에서 내성의 방식으로 자아를 탐문할 수밖에 없다. 이러한 내성의 방식은 어느 정도 윤동주의 그것과 친연성을 지닌다. "그대로 흘러 보낼 수 없는 미련이 있어/파아란 연륜이 다 할 때까지/내 삶의 많을 수 없는/역사를 소중히 다듬어 가리라."(1969, 「체념」에서) 내성의 터널을 통과한 시인의 심경이 잘 드러나 있는 구절이다. 이처럼 시인은 유년이 아니라 앞으로의 "파아란 연륜"의 자기 긍정의 "역사"를 쓰고자 하는 것이다. 다시 말해서 "영원한 문제의 역사"인 "인생"(1969, 「기형의 노래」에서)을 노래하려 한다.

첫 시집 『기형의 노래』(1969)가 보인 내성의 세계는 둘째 시집 『인간선언』(1973)에 이르러 현실의 문제로 변전한다. 고통받는 신체에 대한 인식이 고통받는 세계에 대한 이해로 나아가고 있는 것이다. 이처럼 내성에서 현실로 바뀌는 제2시집의 시적 전회는 이선관의 시세계에서 매우 중요한 의미를 지닌다. 그것은 상한 신체에 대한 종교적 마조히즘에서 벗어나 고통의 보편성에 눈을 뜨게 되었다는 것을 뜻하기 때문이다.

그동안 나의 앞에는 전에도 마찬가지였지만 壁, 壁, 壁투성이었다. 그러나 나는 굴하지 않는 자세로 첫 번째 시집에서는 나는 나를 노래(긍정)했고 당신들이 생각하는 내가 아니라는 否定을 했었다. 그것은 이번 두 번째 시집을 출간하기 위한 떳떳함에서였다.

난 이렇게 주장하고 싶다. 이 시대는 예술적으로 승화된 작품이 요구되는 시대라기 보담 더 근본적인 무엇이 절실히 요구되는 시대란 것을.

그렇다 人間에게 중요한 것은, 창조주의 섭리이기에 태어난 과거가 아니라, 생명체를 가진 모두의 숙명이기에 미래(죽음)가 아니라, 살아가는 과정(현재) 그 자체가 아닐까, 살아가는 방법은 저마다 틀리지만 말이다.

전자에도 말한 것처럼 나는 시인이 아니다. 다만 非人間化를 촉진시키는 일체의 것에 대해 단호히 반격하려는 작은 몸부림의 소산이라 하면 된다.

—1973, 「후기」에서

이선관의 시적 변전을 잘 요약하고 있는 대목이다. 첫 시집에서 이룬 자기인식을 바탕으로 그는 보다 근본적인 현실의 문제에 직면하고자 한다. 특히 인간에게 중요한 것은 "살아가는 과정 그 자체"라는 생철학은 이후 이선관 문학을 관류하는 원리가 된다. 그러므로 그는 언어를 세공하는 장인으로서의 시인이기를 원치 않는다. 살아 있는 언어를 박제화하는 시야말로 비인간화의 한 형식이기 때문이다. 그는 모든 비인간화에 저항하는 "몸부림"으로서의 시적 발화를 선택한다. 따라서 인간, 자유, 민주주의, 이웃, 진리 등이 중요한 시적 주제가 된다. 그리고 이러한 주제가 매우 강한 어조로 발화되는 것은 제3시집 『독수대』(1977)이다.

보느냐!
들느냐!
죽은 송장도 소생한다는
이 경이롭고 절대적인
진리 앞에
모든 것은
기지개를 켠다. 말을 한다.
다시금 봄이 왔기 때문이다.

숨을 거둔 듯 체념의 계곡 사이의

얼음 밑으로 흐르는
저 아가의 첫 울음소리같은
생명의 호흡을
보느냐!
듣느냐!
다시금 봄이 왔기 때문일까

가파른 능선에선가
이름 없는 오솔길의 가장자리에선가
짓밟히어 짓밟히어 수천 번
짓밟혀 버린 잡초마저도
돋아난다!
일어선다!
다시금 봄이 왔기 때문일까

나는 확신한다
저 아가의 생명만큼
높이 높이 일어서는 분수인 것을
진통으로 응어리진 活火山인 것을

그리하여
다시 봄이 오는
이 절대적인 진리 앞에
내 忍苦의 고뇌는
사라져 간다, 어둡고 긴 겨울과 함께.

—1977, 「봄의 言語」 전문

이처럼 시인은 시 속의 목소리의 주인으로 발화한다. 시집의 첫머리에 "진리가 너희를 자유케 하리라"(『요한복음』 8장 32절)는 구절을 인용하고 있듯이 시인은 거침없이 진리의 언어를 토하려 한다. 그리고 이러한 진리는 이 시에서 생명의 원칙에 다를 바 아니다. "다시 봄이 오는/이 절대적인 진리 앞에/내 忍苦의 고뇌는/사라져 간다, 어둡고 긴 겨울과 함께"라는 이 시의 결구는 희망의 거처를 자연의 이념에서 찾고 있다. 이처럼 시인은 자연과 현실의 대비를 통하여 "겨울"과 같은 정치 상황을 비판한다.

타자의 고통에 이르는 감수성

생명권 정치학(biosphere politics)[3]은 이선관의 중기시에서 중요한 위상을 점한다. 비단 이것은 『독수대』(1977)가 시사하는 생태환경시의 맹아적 위상만을 의미하진 않는다. 그의 시에서 생명권 정치학은 근대적 세계관에 대한 근본적인 비판을 전제한다. 이는 정치적인 민주주의와 자유 그리고 인간해방으로부터 한 걸음 더 나아간 형국이다. 자연과 인간의 분리가 자연에 대한 인간의 지배, 인간에 대한 인간의 지배를 가속화하면서 지구 생태계가 종말로 치닫고 있다는 인식을 그 누구보다 먼저 이선관은 하고 있다. 그는 모든 생명의 상호의존성이나 지구 유기체에 대한 인식을 시적 진리로 인식한다. 따라서 비인간화에 대한 저항이라는 제2시집 『인간선언』(1973)의 문제의식에서 더 근본으로 나아가고 있는 양상을 『독수대』(1977)가 암시하고 있다. "아아!/바다의

---

3) 여기서 제레미 리프킨의 용어를 빌려다 쓴다. 제레미 리프킨(이정배 역), 『생명권 정치학』(대화출판사 1996) 참조.

遺言/이따이 이따이."(1977, 「毒水帶」에서) 하지만 그의 본격적인 생명권 정치학은 제6시집 『살과 살이 닿는다는 것은』(1989) 이후에 전개된다. 여전히 그의 관심사의 중심에는 인간이 놓여 있다.

> 나는 自然的이다
> 푸른 옷을 입고
> 짬뽕 都市로 걸어가다가
> 맨홀에 빠진 存在
> 나는 그림자다
> 그림자뿐인 鄉愁다
> 맨홀에서 나오는 악령의 신음처럼
> '이따이' '이따이' 는
> 빌딩벽에 잿빛으로 번져 나간다
>
> ―1983, 「毒水帶 3」 전문

이처럼 제4시집 『보통시민』(1983)에서도 시인은 인간에 의한 악행을 고발하고 있다. 독수대가 도시적 삶의 저변에 펼쳐져 있다는 인용시의 전언은 근대적 삶 전반이 공해에 다를 바 없음을 말한다. 이러한 인식에서 시인의 시각은 "그 옛날의 에덴동산은 지구라고/알고 있습니다/하나밖에 없는 지구라니"(1983, 「毒水帶 5」에서)라는 구절처럼 "지구"라는 개념으로 확장된다. 인용시에서 "그림자뿐인 향수"라는 표현이 주목되는 것은 향수가 오염된 현실로부터의 도피이자 자기기만에 지나지 않을 것임을 시사하기 때문이다. 그만큼 시인은 구체적인 현실에 착목하고 있다.

> 스산한 오후

이사한 지 6년만인데
오늘도 옛날 철길을 따라
市內로 향하는 내 발걸음은
뜬 구름을 딛고 가는 것처럼 불안하다

문득 문득
세계를 걱정하고
민족을 생각하고
가정을 고민하고
이웃을 사랑하고
그렇게 하다가 하다가 하다가

사치다 방탕이다 위선이다 허무다
사기다 기만이다 육백이다 허구다
주택복권이 될 수 없음을 알고 알다가
바보다 천치다 뻐꾸기다

어느새 市內로 나온 나는
창동 십자로에 서서
처용가를 부른다
처용춤을 춘다

—1983,「보통市民」전문

이처럼 그는 구체적인 생활을 전제한다. 구체성이 매개되지 않는 허위의식을 경계하고 있음이다. 이럴 때 고통을 견디는 "처용"의 영상이 겹쳐지게 되는 것이다. 시인은 "욥"과 "처용"이라는 두 가지 초상을 들어 고통의 인간학을 개진한다. 모두 인고(忍苦)의 초상이며 "앞으로도 더 한층 참음이 있을 것"(1977, 「욥記」)이라는 입장과 상응한다. 이선관의 고통에 대한 인식은 철저하게 위선을 거부한다. 그는 한편으로 자기의 고통을 견뎌내는 의지를 보이고 다른 한편으로 타자의 고통을 느끼고 받아들인다. 고통에 대한 인식과 감수성이 그의 삶과 문학에 함께하는 것이다.

우리나라 한 조그마한 시골(지방)에서 여태까지 살면서 살아온 이야기, 살아가는 이야기를 내 나름대로의 노래로 불러 보았습니다. 아주 작은 노래라고 해도 후회하지 않겠습니다. 왜냐하면 이것이 나의 노래(아픔)이기도 하지만 이 땅에 사는 당신들의 노래(아픔)이니까요.
—1985, 「후기」에서

제5시집 『나는 시인인가』는 사실상 시선집이다. 그동안 나온 네 권의 시집을 결산하고 있는 셈인데 그 후기를 통해 시인은 자기의 시를 "고통(아픔)의 노래"로 규정한다. 그의 말처럼 그는 육체적 고통과 사회적 고통에 대한 관심을 지속해왔다. 사실 고통을 겪지 않은 사람이 타자의 고통을 이해하긴 힘들다. 또한 모두의 고통을 극복하기 위한 노력을 기울이지 않을 것이 분명하다. 이선관은 자기의 고통과 타자의 고통을 동일한 지평에서 느끼고 받아들인다.

뒤틀리지 말자
몸은 비록 뒤틀릴지라도
마음은 뒤틀리지 않는다

우리 마음은 분수처럼 치솟아

하늘에 닿으리니
뒤틀린 몸은 때로
크나큰 아픔이겠지만
아픔 딛고 스스로 우뚝 서서
내일로 열린 큰 길
달려가야 한다

달려서 닿는 아름의 기슭
그 어두운 기슭에도 해는 돋으리니
돋는 해 바라보면
가슴 절로 뛴다

가슴 또한 뛰면
몸도 같이 뛴다

아아 산다는 것은
참으로 거룩한 것,
아아 참으로 참으로
아름다운 것,
아아 산다는 것은
참으로 참으로 참으로
신앙인 것이다
　　　　　－1989, 「삶은 신앙입니다-홍익 재활원에 다녀와서」 전문

　　이처럼 시인은 고통에 대한 자기인식으로 형성된 고통의 감수성을 보인다. 고통받는 신체를 지니고 있지만 고통받는 사람들의 연대는 삶

에 희망을 준다. 이러한 희망이 있기에 "산다는 것은" "신앙인 것이다." 그러므로 시인의 고통의 노래는 타자에 대한 사랑의 노래이다.

생명에 대한 사랑

이선관의 「어머니」 연작 일곱 편은(1989)은, 제7시집 『창동허새비의 꿈』(1994)에서 열아홉 편으로 확대되고 후일 제12시집 『어머니』(2004)에서 다시 게재되게 되는데, 자전적인 이야기들이 담겨 있어 그의 문학을 해석하는 데 소중한 실마리들을 제공하고 있다. 갓난아이 적에 "백일해에 먹일 탕약을" 먹고 사경을 헤매다 "기적 같은 생명의 힘으로" 살아났으나 "지체부자유"라는 신체를 갖게 된 사연과 청소년 시절 "상한 신체"로 인한 방황 그리고 4.19가 그에게 끼친 영향 등을 알 수 있다. 또한 결혼을 하고 두 아이를 기르면서 "아비가 되어 가난하게 살면서도/부끄러움 아닌 자신감으로/어느 자리에서든 당당하게/글을 쓸 수 있다는" "마음"을 지니게 되었음도 간과할 수 없는 대목이다. 고통받는 신체, 고통받는 세계, 그리고 생명의 연대 등 이선관 문학의 근간이 이 「어머니」 연작을 통해 드러나고 있는 것이다.

> 어머님
> 그러다가 시간은 또 가고
> 저는 고등학교를 졸업하고
> 술도 마시게 되었으며
> 담배도 피우게 되었으며
> 여전히 열등감은 더 심화되었으며
> 3.15와 4.19와 5.16이 일어났고

이때부터 차츰 자신의 변화가
일어나는 것을 느끼곤 하였습니다.
닥치는 대로 책을 보게 되었고
들쑥날쑥 제 감정은 왔다갔다 했으며
그래도 저는
한 가닥의 일관된 감정을 가지게 되었습니다.
포기는 하지 말 것이며
어느 정도의 체념을 하는 것이
살아가는 데 필요한 것이구나 하고
저의 개똥철학이랄까
정립하려고 노력하였습니다.

—1989, 「어머니5」 전문

    이 시를 통해 3.15와 4.19가 이선관의 삶과 세계인식에 하나의 전기가 되었음을 알 수 있다. "상한 신체"를 지닌 그가 3.15와 4.19에 참여하였다는 것은 잘 알려진 사실이다. 그는 역사적인 열광과 연대의 경험을 통하여 어둑한 영화관에 칩거하던 자아를 탈피하게 되는 것이다. 여기서 그가 「어머니6」을 통해 마르틴 부버의 영향을 이야기하고 있는 사실을 의미 깊게 읽을 필요가 있다. "영원히 낯선 너"를 극복하고 사물화된 "나-그것" 관계 또한 넘어 "나-너"의 만남을 강조하고 있는 부버의 『나와 너』로부터 이선관이 얻은 교훈은 컸을 것이다. 적어도 고독한 단자로서의 삶이 가지는 한계를 각인받았을 것이라 짐작할 수 있다. 또 다른 삶의 전기는 결혼을 하고 아내가 가출함으로써 두 아이를 보살피게 되는 데서 비롯한다. 육아와 양육, 가사노동을 도맡아 하면서 "보살핌"은 그에게 가장 중요한 명제가 된다. 이처럼 이선관의 삶은 고통과 생명에 대한 보살핌이라는 두 가지 의미망 안에서 지속되면서 타자에 대한 인식과 세계에 대한 관심이 커지고 깊어진다.

척박한 이 땅에 땅심을
북돋아 주기 전에
먼저
자랑스러운
이 고장의 땅심을 북돋아 줘야 해요
그러려면
겨자씨보다 작은 씨앗을
뿌려 놓으세요
조금만 참으면
아주 거대한 뿌리가 놀랍게도
튼튼하게 자랄 거예요
거대한 뿌리는
남으로는 남해의 대륙붕을 지나
한라까지 뻗어나겠고
동으로는 동해의 파도 밑으로 하여 울릉도로
서쪽으로는 지리를 지나 무등까지
그리고 북으로는
태백을 지나
무엇 가지고도 깨어지지 않을 듯한
분단 45년의 저 휴전선의 단단한
지층을 단번에 뚫고
거대한 뿌리는
압록과 두만과
그 사이 백두에서

자리를 잡겠지요
        그러면
        오오 그러면
        삼천리 금수강산
        삼천리 금수강산
            —1989, 「척박한 이 땅에 땅심을 북돋아 주기 전에」 전문

  자기 땅으로부터 소외된 사람들의 관념은 허황되다. 무엇보다 딛고 선 땅으로부터 구원과 희망의 메시지를 찾아야 한다. 이러한 점에서 이선관은 철저한 지역주의자이다. 하지만 그는 지역의 가치를 배타적으로 적용하는 향토주의자가 아니다. 자기가 살고 있는 터전을 살리는 행위로부터 모든 것이 출발한다는 관념을 견지하고 있는 것이다. "겨자씨의 믿음"처럼 그는 지역에서 출발하여 한 세계를 통일할 생명의 가능성을 열고자 한다. 이리하여 그의 인식 지평은 "지구는/참으로/거대한 신전이다"(1989, 「지구」)라는 데 이른다. 어찌 보면 "전지구적 시각, 지역적 실천"이라는 명제에 적합한 인식이 아닌가 한다. 그런데 이러한 인식은 생명의 상호연관성을 세계를 이해하는 관점으로 받아들이는 데서 가능하다.

        상수도가 고장이 나면
        물을 길어다 쓴다든지
        돈 있는 자들의 특수 외제 정수기를
        사서 쓰면 된다더라
        그러나 그러나
        하수도가 고장이 나고 망가지면
        그 동네 그 마을 그 도시 그 국가

아니 전세계가 온통 썩어 간다는데
하나뿐인 지구
우주선에서 내려다본 아름답다는 지구
신이 주신 보석
아아 울고 싶다

—1994,「상수도와 하수도」전문

이처럼 이선관은 유기체로서의 지구라는 의식을 지니고 있다. 지구의 모든 유기체는 상호의존적으로 존재하며 따라서 육지와 바다는 구획되는 세계가 아니라 하나의 신체와 같은 것이다. 이러한 점에서 상수도와 하수도의 구분이나 이들의 오염을 대체하는 기술이 의미를 갖긴 힘들다. 앞서 말한 "생명권" 의식이 이 시에 잘 나타나 있는데 이선관에게 이러한 의식은 실제 강한 정치적 함의를 담고 있다. 그의 후기시는 근대 문명에 대한 비판은 물론 이러한 문명을 이끌고 있는 국가권력에 대한 비판의식을 표출한다. 제8시집 『지구촌에 주인은 없다』(1997)에서 이선관은 생명권 의식 혹은 생명권 정치학을 본격적으로 펼치고 있다.

여기 이 지구촌에는
사람만이 그 소중한 생명을 지닌 것이 아니랍니다
산천초목도
산천초목 속에 사는 아주 조그마한
미물도 생명을 지니고
신비롭게 살아간답니다
그런데 사람의 생명과
하찮은 미물의 생명은 다르지 않고

똑같은 하나의 생명입니다
그런데도 만물의 영장이라고 하는
사람이 산천초목에 손만 대었다 하면
산천초목도 그 속에 사는 생명도
죽여놓으니
하기야 사람이 사람의 생명도
파리 목숨처럼 죽이는 세상이 되었습니다
—1997, 「생명은 하나입니다」 전문

　이 시에 이르면 이선관의 시세계가 큰 변전을 이루고 있음을 알게 된다. 그의 초기시는 인간적인 것에 대한 탐구라 할 수 있다. 인간다움이나 인간 해방에 가치가 주어졌다면 중기시는 인간의 고통과 인간에 의한 자연지배의 한계 인식을 주로 드러낸다. 그리고 인용시와 같은 후기시는 심층 생태주의(deep ecology)의 입장에 가깝다. 인간 또한 지구를 구성하는 생명체의 하나에 불과할 뿐이라는 생각을 견지하고 있는 것이다. 그래서 "사람이 사람이라면/지구촌에 우리들은 주인이기를/포기해야만 돼"(1997, 「주인의식을 버려야만 돼」에서)라고 말한다. 상호의존적인 생명체들의 관계만 있을 뿐이어서 그 누구도 지구의 주인이 될 수 없다는 것이다. 그러나 "지금 이 땅의 사람들 모두/환경공해 불감증에/걸렸다."(1997, 「불감증」에서) 불감증은 무관심과 다를 바 없다. 어원적으로 무관심(A-pathie)은 고통을 받지 않는 것, 고통이 없는 것, 고통을 받을 능력이 없는 것을 뜻한다. 이러한 무관심은 자본주의적 욕망충족의 체계에 사로잡혀 고통을 회피하거나 망각하는 데서 비롯한다. "이 땅에서 이렇게 자본주의라는/열차가 정지하지 못하고 계속/질주한다면/이 땅에 사는 사람과 자연은/어떻게 될 것인가."(1997, 「또 한 세기가 오는 길목에서」에서)

A) 평생 동안 우리는
지구촌의 손님이라 생각해야 합니다
지구촌은 우리를 길러주고 품어주다가
죽음의 품속으로 우리를 거두어갑니다.
그래서, 그러나, 그리하여
다시 문제는 지구촌입니다.
　　　　　　－2000,「다시 문제는 지구촌입니다」 전문

B) 이천년 팔월달 실천문학사에서 나온
재생지로 만든 시집
『우리는 오늘 그대 곁으로 간다』에서
나는 다시 문제는 지구촌이라 했는데
사람이다
사람이다
아무리 생각해도 사람이다
이십 세기라는 터널에서
이십일 세기라는 또 다른 바깥 세상으로 나오는데
일 초도 걸리지 않았는데
다시 문제는 지구촌이라 했지만
사람이다
사람이다
아무리 생각해도 사람이다
　　　　　　－2002,「고쳐 생각해야겠다」 전문

A)와 B)의 문제의식이 다른 것은 아니다. 그럼에도 시인은 지구와 인

간 가운데 강조점을 고쳐 놓는다. 다시 문제는 인간이라는 것이다. 인간의 인간관과 자연관에 근본적인 변화가 있지 않으면 지구촌을 변화시킬 "거대한 전환"은 오지 않는다는 생각이다.

장소의 창조

이선관 시인은 자기를 일러 "창동허새비"라고 한 바 있다. 그는 거의 평생 마산의 창동을 떠나지 않은 시인이다. 또한 그는 제7시집 『창동허새비의 꿈』(1994)처럼 여러 시집에서 "창동"을 노래하고 있다. "창동"의 시인 이선관은 "창동"이라는 장소를 창조하였다.

> 너와 내가 공존하는
> 생존의 거리 창동을 걸어가면
>
> 사랑하는 이웃, 미워하는 이웃도
> 모두 사랑하고픈 열정을 갖는다
>
> 그러나 왠지 열정은 식어
> 가로수의 낙엽처럼
> 눈 먼 걸인의 동냥 그릇에 떨어지고
>
> 몸둘 바를 모르던 나는 슬며시 창동 거리를 빠져나간다
> ―1969,「창동 네거리 II」전문

"창동"은 이선관의 생활공간이다. 그의 시는 그 처음부터 "창동"이

라는 공간에서 이뤄지는 만남과 사랑, 열정과 허무의 산물이다. 구심적으로 "창동"에 있는 그의 집은 고립과 자폐를 의미한다. 그는 늘 집에서 나와 "창동"을 거쳐 자기 긍정에 이르려 한다. 원심적으로 "창동"은 그의 세계에 대한 의식 확대의 근거지가 된다.

> 의미 있는 도시
> 이 고장의 자랑스러운
> 창동 십자로에 서서
> 북쪽으로 고개 돌리면
> 일제 때 공락관이었던 시민극장
> 그 위로 조금 올라가면
> 전국체전 덕으로 생긴 중앙광로
> 다시 올라가면 북마산이 나오고
> 북마산 위의 봉화산, 가부좌한 봉화산,
> 그 앉아 있는 모습은
> 그제나 어제나 오늘이나 변함이 없고
> 서둘러서 다시 올라가면
> 대구, 대전, 그리고 서울
> 축지법을 써서 단번에
> 휴전선을 뒤어넘어 개성, 평양, 신의주
> 그리고 압록강을 거슬러 백두산, 백두산을 단숨에
> 올랐다 내려가면 두만강,
> 그 한많은 두만강을 건너면
> 북간도가 아닌 우리들의 옛땅
> 저 요동벌을 힘 모으고 밝아 보는데,
> 그러나 그러나……

오늘도 나는 의미 있는 도시
창동 십자로에 서서
북쪽으로 다시 고개를 돌려 본다.
-1994, 「마산」 전문

이처럼 그에게 "창동"은 세계인식의 진원지이다. "창동"은 "마산"의 제유이자 한반도와 세계의 제유이다. 그렇다면 "창동"은 단순히 그가 살고 있는 공간이기에 중요한 것일까? 아니다. 인용시에서 "의미 있는 도시"라는 구절에 주목할 필요가 있다. 여기서 의미는 무엇일까? 다른 시 「역시 마산은 이땅의 변방이 아니라는……」(1994)이 이에 대한 답을 하고 있다. "아직도 두 눈을 부릅뜨고 누워 있는/아 1960년 3월 15일 그날/죽어도 살아 있음이여."(1994, 「역시 마산은 이땅의 변방이 아니라는……」에서) 3.15라는 기억의 공간이 "창동"이자 "마산"이라는 것이다. 시인은 "여기서 태어났는데/여기서 노래하다가/여기서 죽겠다는 다짐"(1994, 「마산 그 창동의 허새비」에서)을 한다.

아니다 아니다
당신은 분명
창동 허새비다

봄에 되살아나
겨울 논두렁에 활활
불태워지는 활활 부활이다
마산, 그 창동의 숨쉬는 허새비다.
-1994, 「마산 그 창동의 허새비」 부분

이처럼 시인은 다시 부활하는 "창동"의 "허새비"이고자 한다. 시인으로서 자기 정체성을 분명하게 밝히고 있는 셈인데 이는 그의 의식이 "아직은-아니다"라는 문법을 일관되게 유지하는 사실과 무관하지 않다. "아직은-아니다"의 문법은 에른스트 블로흐에 의하면 희망의 원리, 유토피아 의식을 담고 있다. 그렇다면 시인은 평생 희망의 시를 써왔다고 할 수 있다.

 아직은
 웃지 마십시오
 해방의 웃음을
 웃을 때가 아닙니다
 아직은

 우리 나라 주인 여러분
 　　　　　　　　　　　　　　　－1989,「아직은」전문

 이선관 시인은 이 시가 말하듯 부정의 정신을 견지하면서 크나큰 긍정의 세계를 열고자 하였다. 그는 "창동"이라는 장소를 창조하는 한편 그곳으로부터 퍼져나가는 원심적 공간을 확장하였다. "마산"이라는 지역사에 각인된 희망의 흔적들을 그의 시는 끊임없이 끄집어내면서 모든 생명의 상호의존적인 연대가 이뤄지는 근본적인 세계를 꿈꾸었다.

정황(情況)들
―유병근의 시

　유병근의 시를 읽으면 묘한 긴장감을 느끼게 된다. 이러한 긴장감은 절제된 그의 시적 조사(措辭)가 아니라 성급하게 의미를 찾으려는 읽는 이의 욕망에서 비롯하는 경우가 많다. 그의 시는 순조로운 이해를 차단하는 의미의 단층들을 지닌다. 병치와 반복, 비약을 통해 중첩과 단층을 만드는 것은 그의 시가 보이는 지배적인 수사이다. 그렇다고 그가 초현실주의적 이미지 조합을 시도하고 있는 것도 아니며 이로써 비롯하는 난해의 장벽을 만들고 있는 것은 더욱 아니다. 그의 이미지들은 자연스러운 상상력의 흐름이 아니라 지적인 구축으로 보인다. 매우 구체적인 이미지 다발(이미저리)로 구성되었음에도 불구하고 그의 시는 쉽사리 해독을 허락하지 않는다. 그 원인이 어디에 있을까? 그것은 그의 시가 삶의 구체적인 정황들을 그려내려 한다는 데서 찾아진다. 다시 말해서 특정 의미로 환원되지 않는 분위기나 울림을 의도하고 있다는 것이다.

　이 닭발과 저 닭발은 짝이 다르다 손으로 들고 뜯는 살이 오돌오돌

하다 비도 오지 않고 바람도 불지 않고 닭이 퍼덕이면서 휘저은 날갯짓이 닭발에 걸려 있다 깃털이 흔적이다 구름은 구름의 깃털을 하늘에 남기고 그것이 흔적이다 발코니 끝에서 낮달이 기우는 일요일 오후, 맨드라미꽃이 늦도록 피어 있다

―「말복」 전문

이처럼 그는 하나의 정황을 연출한다. 그가 본문에서 그려낸 정황들은 대체로 제목과 상응하게 된다. "말복"이라는 제목이 나열된 이미지들을 몽타주한다. 닭고기를 먹으면서 일으킨 닭에 대한 상념은 "구름의 깃털"을 연상하다 하늘의 "낮달"을 거쳐 지상의 "맨드라미꽃"으로 되돌아온다. 이러한 시선의 이동이나 연상은 결국 "말복"이라는 제목과 겹쳐져 하나의 시적 풍경이 된다. 「말복」의 예와 같은 정황의 시는 유병근의 주된 경향이다. 그의 시는 포착한 삶의 정황들을 서술하려 한다. 그는 시간과 공간, 기억과 소멸, 에로스와 타나토스가 중첩되는 지점들을 절제된 언어로 찬찬히 그려내고 있다. 따라서 주관적 의도나 의미를 부각하기보다 구체적인 정경을 기술하려 한다. 그의 시에서 의식의 지향이 쉽게 찾아 읽히지 않는 까닭이 여기에 있다. 가능한 개성을 배제하려는 지적 태도 때문에 그의 시는 자주 "해독되지 않는 주련(柱聯)"(「그를 기다리며」에서)처럼 느껴지게 되는 것이다. 하지만 그가 그려내는 삶의 정황들 속에서 몇 가지 의식의 지향성들을 만나게 된다. 1) 그의 많은 시들은 시간의 강박을 표출하고 있다. 2) 그의 시간 의식은 대체로 소멸 혹은 죽음이라는 주제를 내포하며, 3) 소멸 혹은 죽음에 맞서는 생성의 에너지와 기원의 시간들에 대한 향수 또한 뚜렷하다.

상자 옆구리에서 미처 눈도 뜨지 못한 시간이 태어난다 시간을 시험관 속에 넣고 시간아 잠깨라 위 아래로 흔든다 시간의 눈 시간의 코 시

간의 입 시간의 귀, 차츰 익은 시간이 옹알이를 한다 낯선 바람이 불어
온다고 쭉쭉 기지개를 켠다 나는 그 기지개에 배내옷을 입힌다 상자
속으로 도로 밀어넣는다 상자 속에서 옹알이를 한다 이 상자의 시간이
저 상자의 시간에게 옹알이를 한다 날마다 움츠러드는 옹알이도 있다
—「자화상」전문

그 의미를 분명하게 요약할 수 없지만 이 시는 "자화상"을 시간과의 관계에서 그리고 있다. 한 인간의 역사는 생에서 사로 가는 것일 터인데 죽음으로 가는 시간이라는 인식에서 존재가 깨어나는 것은 틀림이 없다. 시인은 이 시를 통하여 그 탄생에서부터 시간의 지배를 받는 인간 존재에 대한 인식을 보인다. 이러한 인식은 가령 「지퍼」에서 "잠가도 잠기지 않는 시간"을 생각하면서 "지금 나 염습(殮襲) 중이야"라고 진술하기에 이른다. 터진 지퍼처럼 삶은 죽음을 향해 끊임없이 비어져 나오고 있는데, 이러한 죽음을 수습하는 과정에 그 진정성이 있다는 것이다. 그러나 일상은 죽음에 대한 망각으로 점철되며 시는 이러한 망각에 대한 저항이 된다. "어제 그 시간과 오늘 이 시간의 틈새"(「환승역」에서)를 자각하고 "어제와 오늘의 경계, 그 아득한 깊이와 틈새를" 불러내어 "기억의 그물질"(「밤중에도」에서)을 되풀이하는 것이 유병근의 시쓰기라 할 수 있다.

어제 왔던 갈등 어제 왔던 길동무 어제 왔던 불안초조 어제 왔던 욕망 어제 왔던 일망무애는 한 또래 뜨내기였다 모래물결에 흘러가는 사하砂河라, 시속 무제한의 바람받이였다 귀가 떨어진 대추야자 몇 알 어제 왔던 어제 속으로 떨어져 갔다 낙타 울음소리와 피리 부는 소리에 쏠려갔다 꿈틀거리는 모래물결을 타고 낙타 발자국 몇 어제 왔던 어제를 껴안고 갔다

—「Sahara」 전문

이처럼 소멸을 향한 시간은 숭고하다. 모든 것이 과거로 떨어져 쓸려가는 "사하라"의 풍경은 살과 피로 이루어진 인간의 경배를 받기에 족하다. 모든 존재를 무화시키는 소멸은 곧 "사하라"의 역사이다. "시간의 관 속에"(「한 떠돌이에게」에서) 사는 인간에게 "사하라"는 불멸의 표상이다. 오직 소멸만 있는 곳에서 소멸은 소멸이 아니라 불멸이다. 그러나 이러한 불멸에 대한 꿈은 허위의식에 가깝다. 유한한 존재로서의 비애야말로 인간에게 불변의 진실인 것이다. "먼지바람 속에서 길이 눈 뜨는지/길 너머로 먼지바람이 눈 뜨는지/낯선 아지랑이었습니다/아무도 손짓하지 않았습니다/먼지는 이따금 입술을 물고 날아가고/막무가내 그냥 슬펐습니다."(「매화꽃 무렵」에서) 이처럼 슬픔은 "먼지"의 감성과 유관하다.

유병근의 시는 죽음의 "호명"에 민감하다. 이는 "어둠이 무겁게 세상을 덮고 있다"(「데드마스크」에서)는 그의 세계상과 무관하지 않을 것이다. 하지만 그가 죽음을 주된 시적 주제로 삼는 것은 아니다. 오히려 그의 시세계에서 주목되는 것은 "소멸 혹은 죽음에 맞서는 생성의 에너지와 기원의 시간들에 대한 향수"이다.

조금 전의 달무리는 눈알 짓무른 안개였다 밤마다

달거리는 축축하게 아랫도리를 적셨다 각질이 뭉그러진 알쏭달쏭한 손톱으로 긁어 보낸 문자메시지도 흐지부지 사라졌다 되는 일이 전혀 없는 어수룩한 달거리는 수채 밑구멍으로 빠져나갔다 미처 손쓰지 못한 추깃물도 십중팔구 달그림자에 잠겨 들었다 목이 근질거렸다 알 수 없는 댓글을 거푸 단 찜찜한 아랫도리,

『문학치료』를 다시 집어 들었다

—「찜찜하다」 전문

이 시에서 훼손되는 생명력에 대한 치유의 의지가 시사되고 있다. 시인은 "생성과 소멸"(「단막극」에서) 사이에서 생성 쪽에 "달거리 같은/빨간 밑줄을 친다."(「로댕에게」에서) 또한 "빨랫줄의 개짐"(「복사기」에서)에 대한 여전한 관심을 나타낸다. 나아가 사진작가 스펜서 투닉을 기리는 시 「Spencer Tunick에게」에서 "잘 젖은 알몸에 봄이 오고/비로소 꽃눈 트는 소리/하늘을 밀고 오는 까마득한/우레를 받아 우레가 되었다"라고 진술하면서 리비도를 예찬한다. 아무래도 시인은 소멸의 "사하라"를 동경하기보다 성배(聖杯)를 찾는 힘든 고행을 더 소중하게 생각하는 듯하다.

사타구니 사이를 긁어 부스럼을 남기고
곪아터진 부스럼이 게워내는 진물을 남기고
진물을 핥는 꿀벌을 불러들이고
내 몸이 꿀벌이 되어 너에게로 붕붕 날아간다면
이 봄날 굽은 허리 꼿꼿하게 힘을 쓰겠다
비린내 자욱한 탯줄을 자른
아기울음 같은 꽃눈의 울음을 자른
아무도 눈치 채지 못하는 이 큰 호사덩어리
햇무리 설핏한 담장 끝 바람결 본다
궁금한 이쪽을 자꾸 넘보고 있는,

—「매화나무 봄」 전문

죽음으로 만연한 「데드마스크」의 세계상과 매우 대조적이다. 이 시에서 성배전설을 떠올리는 것은 지나친 비약일까? "부스럼"과 "진물"의 신체를 정화하는 "꽃눈"은 폐허를 생명의 세계로 바꾸는 성배에 다를 바 없다. 시인은 소멸에의 경사(傾斜)를 지양하고 생성의 문법을 견지하면서 존재의 균형감을 유지한다. 사하라와 성배, 소멸과 생성의 드라마가 시인의 의식 속에서 진행되고 있는 것이다.

기원에 대한 갈망이나 향수 또한 소멸에 대한 저항과 관련된다. 그것은 기원이 지닌 완전성과 향수의 공간이 지닌 조화가 현재의 세계와 반립(反立)한다는 것만을 의미하지 않는다. 이보다 이를 통한 자기인식이 중요한 의미를 갖는다.

> 저녁놀이 뜨면 가고 싶었다
> 아무도 기다리지 않아도 무방한
> 이미 퇴물이 된 폐가
> 주련을 파먹는 바람에 등 기댄
> 반쪽 입춘대길立春大吉을 보고 싶었다
> ―「입춘대길」 부분

이처럼 소멸의 시간은 그 기원조차 "폐가"로 만든다. 하지만 시인의 지향은 소멸의 시간을 거슬러 "입춘대길"을 보고자 한다. 향수는 기원의 흔적들을 찾아가는 의식이다. 또한 그것들로 인하여 무너지는 세계를 견뎌내고 새로운 생성을 갈망하게 된다.

> 그림자를 발치에 깔아놓고
> 의자는 방금 곤한 잠을 잔다
> 멀리 간 구름은 멀리 있고
> 그림자를 타고 앉은 의자의 꿈은

방금 또 골목길을 헤매고 있다
어긋난 시간을 돌리고 있다
앞서가다가 삐걱거리는 시간
바람과 낮달이 삐걱거리고
멀리 간 구름이 삐걱거리고
힘겨운 시간을 쓰다듬는다
흐트러진 머리칼을 쓸어 넘긴다
손가락과 손가락 사이
바람이 오다가 귀동냥한다
초등학교 시절의 나무의자 하나
어느새 슬그머니 망가지는,

─「의자가 있는 풍경」 전문

  앞으로만 돌진하는 시간의 가속 페달을 멈추거나 되돌려 고향이나 유년의 세계를 그리는 행위가 가지는 현실수행적 의미는 그리 크지 않다. 이것은 단지 현실에 대한 차이의 인식이자 현재의 세계에 대한 부정의 태도 표명에 불과하다. 또한 이것이 희망의 메시지가 되지도 못한다. 그렇지만 "어느새 슬그머니 망가지는," "초등학교 시절의 나무의자 하나"가 내면에 존재하고 있다는 사실은 매우 중요하다. 이것은 일상과 생활의 허위나 자신의 위선에 대한 경계가 되어 "강물처럼 흘러가는 세월이란 말/틀에 박혔다 틀게 박힌 시간/틀에 박힌 어제 오늘, 틀에 박힌 시"(「거기까지는」에서)에 대한 거부를 이끈다.

  시간 속에는 말[言]의 나무가 거푸 자랐다 당연한 일처럼 가지를 치고 잎을 달았다 꽃과 열매를 귀처럼 매달고 천지사방 바람처럼 싸돌아다녔다 바람이 불고 비가 퍼부어도 막무가내였다 귀하고 천한 것을 가리지 않았다 말은 말[馬]처럼 갈기를 세웠다 발굽 아래 폴폴 먼지가 날았다 경마장을 휩쓸었다 너무 웃자란 멍청한 가지는 우듬지를 쳤다 벌레 먹은 열매 몇 알 지상으로 퍼석 떨어지곤 했다 임금님의 귀는 당나귀 귀, 수차례 우려먹은 식상한 말꼬리를 생각도 없이 거들먹거렸다
―「우화」 전문

이처럼 시원에 대한 향수는 언어관 혹은 글쓰기에 영향을 미친다. 사물과 의식의 합일을 이루는 시적 언어에 대한 갈망과 기원의 온전성에 대한 그리움은 서로 다른 길이 아니다. "사라진 느낌과 떠오른 느낌 사이/바람이 스쳐간 길이 보인다."(「행간 어디서」에서) 이처럼 시인은 오염되고 타락한 말의 세계에서 가장 직접적인 의식을 그려내는 느낌의 언어를, "한낮의 고요를 껴입은 옛날을 찾아"(「탑」에서) 가고자 한다.

유병근이 쓴 정황들의 시는 다양하다. 일상의 사건이나 풍경, 사물과 상황에 이르기까지 그는 정황으로 그려내고자 한다. 그의 이러한 시적 의도는 무엇보다 삶의 진실에 구체적으로 가닿으려는 노력과 연관된다. 그는 시쓰기를 정황으로 받아들임으로써 일찌감치 자아도취를 멀리하고 시적 대상만을 좇는 편향을 극복하였다. 그는 시적 주체와 사물의 지속적인 교섭과정에 충실하다. 그리고 이러한 과정들은 각각의 정황들로 표출된다. 가령 「사건A」가 일상 속에서 일어난 한 사건 다루고 있다면 「남창역」은 풍경의 이면을 그린다. 「우묵한 세밑」이나 「입추 한낮에」는 특정 시간대의 정황을 말한다. 사물들의 정황은 「모과에게」나 「강아지풀」 등을 통해 읽을 수 있다.

수천수만 번의
비와 진눈깨비의 번제燔祭와
적멸의 꼬리에 매달린

격자문살과
우물 정井자 웅숭깊은
웅덩이를 길어 올리는
두레박의 무게와
옛날 적멸로 되돌아가는
연꽃무늬 바람과

내소사 대웅전
기왓골 타고 넘는
철 거른
우레와,

―「이명」 전문

    이 시를 통해 우리는 유병근의 시작법의 일면을 엿볼 수 있다. 그는 모든 감각을 열어놓고 사물들을 받아들인다. 이는 마치 "이명"과 같이 존재와 사물이 만나 울리는 현상과 다를 바 없다. 정황의 시는 가능한 느낌들의 결합을 꿈꾼다. 어쩌면 이로써 그는 하나의 시적 세계를 형성하였다. 다만 한 가지, 구체적인 느낌들의 종합이라는 시작법이 "칼날 같은 초승달"(「초승달 뜨고 지고」에서)의 감각을 무디게 할 수 있다는 염려이다. 정황이 지니는 서술시적 유인으로 감수성의 확장이라는 측면과 더불어 상상력의 제약과 지성으로의 편중을 초래하는 것은 아닐까? 그의 시적 열정과 시작의 계속성은 이러한 우려를 기우로 만들 것이라 믿는다.

자연스럽게 사는 삶의 의미
— 도종환의 시

시의 뿌리 : 애린과 존재에 대한 연민

　도종환의 시에서 가장 처음 읽히는 것은 깊고 넉넉한 마음이다. 그의 시는 자기와 이웃과 사물들을 향한 마음을 표현하고 있다. 우선 자기를 향한 마음은 반성적이다. 살아온 날들을 떠올리거나 살아갈 날들을 생각하면서 그는 자신에게 매우 엄격하다. 이는 젊은 시절부터 품었던 이상과 희망 그리고 순수한 열정을 잃지 않으려는 그의 의지와 연관된다. 그가 만나는 많은 사물과 풍경들은 이러한 의지의 마음을 일깨우거나 확인하게 한다. 이래서 사물이나 풍경과 나누는 대화는 그의 시에서 중요한 자리를 차지한다. 그의 시에서 사물들이 삶을 표상하거나 은유가 되는 것은 당연하다. 그렇지만 주체가 타자인 사물을 억압하는 경우는 드물다. 오히려 사물들을 바르게 인식함으로써 주체의 삶을 되새긴다. 이러한 점에서 사물들을 향한 그의 마음은 열려 있다. 그는 풍경 속의 길을 따라 삶의 길을 찾는다. 사물들과 대화하는 그의 마음은 또한 이웃들을 향해 있다. 애린(愛隣)은 그의 한결같은 마음이다.

시인의 넉넉한 마음의 연원은 어딜까? 이는 단순하게 천성 탓으로 돌릴 일은 아니다. 무엇보다 생의 과정에 대하여 그가 보인 입장과 태도에서 연유한다. 도종환의 시는 항상 마음을 갈고 닦는 일과 함께한다. 그의 시야말로 마음이 가는 바를 표현하고 있다. 이때 마음은 감성 그대로가 아니다. 또한 넘치는 감정도 아니다. 그것은 자기를 낮추고 타자를 바르게 이해하려는 노력의 과정에서 발현된다. 이러한 과정에서 그의 마음은 깊고 넉넉하다. 타자를 넓게 껴안는다. 그의 시는 타자를 두려워하지 않는다. 또한 주체에 얽매이지도 않는다. 시가 마음의 진실된 표현이기 때문이다. 이러한 그의 시에서 사물을 뒤틀거나 주체를 재료 삼아 해부해야 할 까닭이 없다. 그에게 언어와 이미지는 모두 진정성의 산물이다.

시인은 사물과의 대화를 사랑이라고 한다. 시인의 희망은 진정한 사랑이 있는 세계를 향해 있다. 하지만 시인은 이 세상에 사랑이 없어 환멸스럽다고 말하지 않는다. 그는 "희망의 바깥은 없다"고 말한다. 이러한 그의 입장은 정서와 언어의 층위에서 그의 시에 구체성을 부여한다. 그는 고통과 모순의 현실이라 하더라도 이러한 현실 안에서 새로운 세계를 꿈꾸어야 한다고 생각한다. 사랑의 시학은 그의 이러한 현실주의에서 형성된다. 그의 시는 사랑으로 세계를 이해하면서 그 속에서 희망의 징표를 찾으려는 노력의 산물이다. 말할 것도 없이 이러한 노력은 힘겹다. 의지의 피로가 나타날 수도 있다. 또한 희망을 품은 자의 고독은 피할 수 없는 일이다.

넉넉한 마음은 역설적이게도 쓸쓸하고 슬픈 마음이다. 자기와 사물을 사랑으로 감싸는 이의 마음은 무엇보다 존재의 본성을 바로 안다. 그렇다면 존재의 본성은 무엇인가? 그것은 한 마디로 죽음이다. 또한 생명이다. 도종환의 시는 존재의 본성을 말하고자 한다. 그것은 제 안에 죽음을 간직한 생명에 대한 인식에 상응한다. 그의 시가 보이는 삶의 쓸쓸함은 존재의 본질적인 한계의 인식에서 비롯한다. 따라서 고립주의적인 감정양식으로 규정하는 것은 잘못이다. 슬픔 또한 이와 같아서 생명의 본성을 규정하는 의미로 받아들여진다. 모든 살아 있는 것의 슬픔은 죽음 때문이다. 이처럼 죽음에 이르는 존재에게 사랑은 가장 고귀한 가치가 된다.

도종환의 시는 마음과 행위의 변함없는 일치를 보여준다. 사물들을 넉넉하게 껴안는 마음은 세상에 대한 폭넓은 사랑의 행위로 나타난다. 그의 시에서 연민은 자기 연민을 넘어서며 표현은 자기표현을 뛰어넘는다. 항상 주체와 타자를 동등한 관계에서 이해하면서 사물들과 삶을 진실되게 그려내려 한다. 그래서 그의 시는 진정성의 언어로 채워져 있다. 맑고 깨끗한 마음에 비친 사물들의 언어인 까닭이다. 시집 『슬픔의 뿌리』의 표제가 말하듯 그의 시는 이러한 마음의 근원을 헤집는다. 이것은 마치 공부의 오랜 전통인 도(道)의 탐색과 같은 것이어서 그에게 여전한 과제가 되고 있다. 그는 존재의 뿌리를 찾아가면서 사물과 삶이 제자리를 찾는 이치를 터득하고 이를 추구한다. 그의 시는 이러한 도정의 언어들로 채워져 있다.

자연이라는 신(神)

도종환의 최근작 「미하일 고르바초프의 신」을 읽기 위하여 이 시의 원텍스트인 「자연이 나의 신(神)이다」(《녹색평론》 68호)를 찾았다. 이 글은 네덜란드의 환경저널리스트 프레드 매처와 미하일 고르바초프가 나눈 대화록이다. 공산주의 체제를 해체한 고르바초프는 이 대화록을 통해 생애 전체에 걸쳐 내린 가치들을 말하고 있다. 그는 공산주의라는 특수한 모델을 사회에 강제적으로 도입하는 과정에서 사용된 폭력에 대해 비판하면서 전체 생애를 뒤로 하고 형성한 상식의 철학을 제시한다. 그것은 연대, 사회 지향적 경제, 인간과 자연의 조화 등은 동등하게 중요한 가치들이라는 생각이다. 그는 이러한 가치들을 "영원의 가치들"이라 부르면서 "우리의 장래는 생태적, 사회적, 자유주의적 가치의 융합을 찾아낼 수 있는 우리의 능력에 달려" 있다고 진술한다. 이러한 가운데 그는 특히 자연의 내재적 가치를 강조하고 있다. 자연을 존중하지 않으면 종국엔 우리 인간도 사라질 것이라고 경고하면서 그는 "우리가 새로운 종류의 문예부흥으로 돌아가야 한다"고 주장한다. "새 르네상스는 인간이 좀 더 자연스럽게 살아가야 한다는 생각"에 기초한다. 이를 위해 그는 그 어떠한 폭력도 포기하고 모든 극단주의를 배격할 것을 제안한다. 그리하여 "인간의 존엄성과 생태적 지속가능성"을 회복하는 변화를 이끌어낼 수 있기를 희망한다.

청년시절 나는 공산사회의 이상에 빠졌습니다 젊은 나에게 정의와 평등은 거역할 수 없는 가치였습니다 그러나 어떤 모형을 사회에 강제로 도입하기 위해 인간적 가치들을 버려야 한다면 그것 또한 폭력이라는 결론을 내리는 데 내 생애 전체가 걸렸습니다 내가 자유의 복구를 시작하였지만 이 이데올로기 공백을 자본의 물결로 덮어버리는 걸 찬성하진 않습니다 자유도 사람과 자연과 사회의 원리와 통합하면서 착실하게 길 밟아나가야 합니다 지금 우리 민중은 영감을 잃고 지도자를 잃고 변화에 참여할 마당도 잃었습니다 어려운 시대에 나는 농부였던 우리 부모가 내게 물려준 상식을 잊지 않았습니다 상식은 균형과 절제에 대한 감각이기도 합니다 흙에 대한 애정은 내게 굴하지 않는 정신과 지혜를 주었습니다 그리고 소박함과 겸손함 함께 노동하는 마을공동체를 통해 연대하는 마음과 관용을 잊어버린 적 없습니다 그들이 애정을 갖고 있는 땅 그들이 종종 고개 들어 바라보는 하늘과 별들은 나

의 신입니다 자연이 나의 신이요 나무들은 나의 신전이고 숲은 대성당
입니다 나는 저녁 밀밭에서 메추라기 협주곡을 들으며 자연의 교향곡
속에 녹아들게 할 것입니다 내 남은 생애를
—「미하일 고르바초프의 신」 전문

도종환은 고르바초프의 대화록을 바탕으로 이와 같은 한 편의 메타 시를 쓰고 있다. 이를 통해 그는 고르바초프를 말하면서 자기를 포갠다. 고르바초프가 구하고자 한 것은 자유이지 자본주의가 아니다. 그럼에도 공산주의가 몰락한 이후 러시아 사회를 휩쓴 것은 자본의 물결이다. "자유도 사람과 자연과 사회의 원리와 통합하면서" 나아가야 하는데 이러한 통합을 이루지 못하면서 "자유 시장"만 비대해지고 있는 것이다. "인간의 존엄성과 생태적 지속가능성"을 지키지 못하는 자유 시장은 이로 인한 사회적 비용과 환경적 비용으로 희망이 없다. 따라서 "균형과 절제에 대한 감각"인 "상식"에 기초한 정치와 사회구성을 위한 전환이 요구되는 것이다. 실제 현실 사회주의는 자본주의의 또 다른 형태라는 점에서 진정한 의미의 사회주의는 여전한 이상형이다. 그리고 이러한 이상형태가 있으므로 자본주의에 대한 비판이 가능한 것이다. 자본주의와 현실 사회주의는 둘 다 생산력의 확대를 추구하면서 자연을 이용하고 파괴하였다. 다만 사회적 관계를 형성하는 과정이 달랐으나 그 귀결에서 사회주의의 이상은 실현되지 않았다. 그렇다면 자본주의가 초래하고 있는 생태환경의 위기는 어떻게 극복될 수 있을까? 고르바초프는 "연대, 사회 지향적 경제, 인간과 자연의 조화", "생태적, 사회적, 자유주의적 가치의 융합"에서 찾고 있다. 사회주의적 이상을 내포하면서 인간의 자유를 존중하고 자연과 인간의 조화를 이루는 신생(新生), "새 르네상스"의 길이다. 경험적 인식의 귀결이라는 점에서 고르바초프의 제안이 가지는 진실이 있다. 녹색과 적색이 만나는 과정

은 다양하다. 폴 먹가 같은 근본주의자는 아직 "녹색은 적색"이라고 주장한다. 현 자본주의의 지배층을 교체하지 않고 지금 인류가 겪고 있는 환경위기를 극복할 수 없다는 것이다. 반면 어떤 이들은 생태파괴적인 자본주의적 관계에서 탈출하여 자족적인 공동체를 만들고 있다. 고르바초프가 어린 시절의 "상식"으로 든 시골 공동체가 지닌 "관용과 연대"의 삶이 이와 같다. 그렇다면 도시화된 자본주의 사회에서 녹색 혁명은 불가능한 것인가? 자본주의적 도시에 적응하면서 이를 변화시키려는 노력 또한 중요한 가치 지향이라 할 수 있을 것이다.

도종환에게 고르바초프는 젊은 날의 사회적 이상과 실천, 세계 전망 등이 회고되는 계기이자 현재의 문제를 풀어가는 대안의 거처로 읽힌다. 하지만 인용시가 명시적으로 그의 입장을 드러내고 있는 것은 아니다. 그의 입장은 원텍스트를 요약하는 과정에서 암시된다. 특히 대화록의 후반이 말하고 있는 고르바초프의 사유의 기저인 "마을공동체"의 삶과 자연에 대한 강조가 엿보인다. 고르바초프의 유년에 대한 회상, 그 속에 담겨 있는 지속적인 가치들은 일종의 시적 비전에 가깝다. 이것은 사라져서 아름다운 것들이 아니라 "견고한 토대"로 존재한다. 다시 말해서 단순한 노스텔지어가 아니라는 것이다. 자연 또한 이와 같아서 인간의 삶을 변화시키는 항구적인 가치의 원형이 된다.

공생의 삶

고르바초프의 신이 자연이라면 도종환의 신도 자연일 것이다. 고르바초프의 자연처럼 도종환 또한 자연으로서의 삶에 대한 인식과 자연스런 삶에 대한 갈망이 있다. 주지하듯이 본래 장르로서의 자연시는 근대에 대한 불만의 계보에 속한다. 자연이 근대 부정과 근대 비판의 계기가 되고 있는 것이다. 이러한 자연시에서 자연은 문명의 타자이자 소외된 주체의 피난처가 된다. 또한 문명세계에 대한 거리의 산물이라는 점에서 미적 차원을 얻는다. 자연미는 인공미와 대척에 있는 듯하지만 일상세계에 대한 소격이라는 방식에서 상동적인 미적 지향을 지닌다. 소위 미적 근대성에 자연시도 포섭되는 것이다. 하지만 도종환이 말하는 자연은 자연시라는 장르를 위해 존재하는 것이 아니다. 인간중심의 근대가 내포한 폭력, 지배, 파괴, 오염, 훼손을 극복하고 자연으로서의 인간이 지녀야 할 겸손과 섬김을 말하고자 하는 것이다. 이럴 때 자연을 말하고 자연을 쓰는 행위는 대상화된 미가 아니라 몸으로 체득되고 수행되는 선(善)에 속한다.

　　참나무장작이 다 타고 사방이 점점 어두워지면서 은빛으로 빛나는 별 오만한 생각의 불을 거둘 때 별들이 더 많이 숲의 어깨 위로 몰려오는 걸 보았다 너무 많은 걸 구하지 말고 지금의 온기만으로도 만족할 줄 알 때 별빛이 눈동자에 내려오는 걸 보았다 간소하게 더 간소하게 살아야지만 별들이 가까이 내려와 축복처럼 빛나고 쟁강쟁강 아름다운 소리를 들려주는 것이다 저 혼자는 다 외롭지만 외롭고 작고 맑아서 아름다운 별 간결하고 단순하여 맑은 얼굴들 가을 하늘에 가득하다
　　　　　　　　　　　　　　　　　－「별 있는 가을 밤」 부분

산방(山房) 생활의 한 단면을 말하고 있는 이 시에서 눈여겨 볼 대목은 시 속의 주인공의 태도이다. 욕심을 줄이고 소박하고 간소한 삶을 살고자 하는 것이다. 이는 곧 자연스럽게 사는 삶과 다르지 않다. 고르바초프도 앞에서 인류의 희망이 보다 더 자연스럽게 사는 데 있다고 했다. 그렇지만 이러한 희망을 실천하고 사는 이들이 얼마나 되겠는가? 만일 인용시 속의 주인공을 시인으로 간주한다면 도종환은 변화를 위

한 삶을 살고 있는 셈이다. 여기서 자발적 가난이나 청빈의 사상을 생각하는 것은 어떨까? 크게 지나친 일은 아닐 것이라 생각한다. 그렇다면 버리고 줄이면서 간결하고 단순하게 사는 삶이 어떤 의미를 가지는 것일까? 이에 대한 답은 "간소하게 더 간소하게 살아야지만 별들이 가까이 내려와 축복처럼 빛나고 쟁강쟁강 아름다운 소리를 들려주는 것이다"는 구절에 담겨 있다. 달리 말해서 자연에 대한 지배의지를 버리고 그에 온전하게 다가가 그것을 내적으로 알게 되는 데 의미가 있다는 것이다.

 자연에 대한 우리의 관계는 그동안 이용과 약탈, 파괴와 훼손으로 점철되었다고 해도 과언이 아니다. 근대인으로 살아온 우리가 자연과의 산 관계를 회복한다는 것은 존재론적이자 사회적인 전환을 추구하는 일과 무관하지 않다. 하지만 기존의 관계를 탈피하고 새로운 관계로 가려는 시도가 쉽게 성취될 수는 없는 일이다. 근대적 행위 규범의 인력을 벗어나기가 결코 쉬운 일이 아니기 때문이다. 따라서 끊임없는 자기 조정이 있어야 하고 자아의 확장이 뒤따라야 한다.

  오늘도 막차처럼 돌아온다
  희미한 불빛으로 발등을 밝히며 돌아온다
  내 안에도 기울어진 등받이에 몸 기댄 채
  지친 속도에 몸 맡긴 이와
  달아올랐던 얼굴 차창에 식히며
  가만히 호흡을 가다듬는 이 하나
  내 안에도 눈꺼풀은 한없이 허물어지는데
  가끔씩 눈 들어 어두운 창밖을 응시하는
  승객 몇이 함께 실려 돌아온다
  오늘도 많이 덜컹거렸다

급제동을 걸어 충돌을 피한 골목도 있었고
아슬아슬하게 넘어온 시간도 있었다
그 하루치의 아슬아슬함 위로
초가을 바람이 분다

—「막차」전문

　이처럼 근대를 살아가면서 두 개의 자아는 갈등할 수밖에 없다. 어쩔 수 없이 근대의 인위적인 시간에 몸을 맞추어야 하고 현기증 나는 속도를 받아들여야 한다. 느림을 추구하고 자연의 시간에 몸을 적응시키려 하여도 구체적인 삶은 이를 흔들어 놓는다. 속도에 지치고 아슬아슬하게 넘어온 시간을 지나면서 하루의 일상이 흘러가게 되는 것이다. 이 압도적인 일상으로부터 급격한 절연이 불가능한 것은 아니다. 아예 세속도시로부터 등을 돌리고 자연 속에 몸을 맡기면 그만이다. 하지만 이렇게 한다면 개별 존재의 평안은 얻을 수 있을지 모르나 세상은 변하지 않는다. 또한 순혈은 위험하다. 가능하지도 않을 뿐더러 적응도 어렵다. 그러므로 「수혈」이 말하듯 피의 농도를 조절하면서 공생의 길을 찾아가는 것이 좋은 방법일 것이다. 「한파」에서 "농사를 몸으로 짓지 않고 입으로 짓던 사람들은/여전히 겸손하지 않았고/평가는 냉혹하였다"는 시인의 경험담이 시사하듯 시인은 노동과 사랑과 자연이 하나의 문맥에서 이해되고 이러한 문맥에서 의미와 가치들이 유발되는 삶을 지향한다. "몸으로 짓는 농사"가 그런 것이다.

자연스럽게 사는 삶의 의미

　굳이 산방 생활을 염두에 두지 않더라도 도종환의 근작들은 자연스럽게 사는 삶의 의미를 되새기게 한다. 가령 창조라는 개념을 생각해 보자. 아리스토텔레스가 "자연의 모방"을 말할 때부터 창조는 인위적이라는 내용을 담고 있었다. 물론 생성하는 자연의 모습으로부터 그에 유추된 인간의 창작 행위를 이끌어내었다는 점에서 자연을 몰각한 처사는 아니다. 하지만 근대 이후의 인간의 역사는 인간 중심의 생산 행위에 집중되었다. 예술 또한 이와 같아서 스스로 천재를 다투는 일에 열중한 셈이다. 본래 창조의 의미는 자연에 있다. 도르테 죌레는 "오늘날 새로운 삶에 대한 희망의 근거는 창조에 대한 새로운 이해에서 찾아야 할 것 같다"고 말한 바 있다. 우리의 생명과 지상의 모든 생명의 원천에 대한 바른 인식을 가질 때 삶이 변화할 것이라는 뜻이다. 고르바초프가 말하고 도종환이 강조하고 있는 바와도 다르지 않다.

내 안에 단풍들고 낙엽 지는 것들이 있다.

「지병」의 한 구절이다. 그는 말한다: "병들고 상한 것들도 사랑하여라", "근심과 괴로움도 내치려고만 하지 말고", "가을 산도 단풍과 함께 나이 들어가지 않는가." 우리의 몸도 자연이라는 것이다. 그럼에도 근대를 사는 우리들은 청춘과 건강과 불멸을 꿈꾼다. 근대문명은 죽음에 대한 인식이 부족할 뿐만 아니라 아예 그것을 망각하려 한다. 이로써 자연의 일부인 자기를 과신하고 자연을 파괴한다. 앞서 고르바초프도 "죽음이 두렵지 않다"고 말한 바 있다. 그 또한 자연을 구성하는 생명체의 하나이므로 죽음은 자연스런 현상이라는 것이다. 자연에 대한 경외감은 이러한 생사관에서 나온다. 그리고 이로부터 다른 사람들과 함께 자연을 나누는 삶이 가능한 것이다.

오늘도 시는 쓰지 못하고
손님들과 산야초차만 마셨다
봄에 마시기 좋은 꽃차 이야기
과수농사 이야기를 하다가
한나절이 지나갔다
시는 쓰지 못하였지만
좋은 사람과 보낸 시간은 그것대로
향이 있다
나무들도 저무는 하늘에 시를 쓰지만
매일 쓰는 건 아니다
새들이 눈 위에 상형의 글자를
찍으며 지나가는 날
시를 꼭 나만 써야하는 건 아니리라
늦게 딴 차 한 잔의 명선茗禪이
시보다 고요하고 맑은 날이 있다

—「명선茗禪」 전문

  그냥 그렇게 시선일미(詩禪一味)를 말하려는 것은 아닐 것이다. 자연스럽게 사는 삶 속에서 우러나는 것이 시라는 것이다. 그러므로 시인은 쓴다는 행위가 가지는 의미에서도 어느 정도 욕망, 작위, 가식, 편견 등을 발견하고 있는 것이다. 이제 자연은 추억을 반추하는 매개거나 자아를 투영하는 거울이 아니다. 그보다 시인이 되고자 하는 과정이자 결과다. 자연-되기 속에 시가 있다. 시를 쓰는 노동과 이웃에 대한 사랑과 자연은 내적으로 분리되지 않는다.

마음의 동살
― 정인화의 시

정인화 시인은 사회적 약자의 관점에서 세상을 읽고 시를 쓴다. 그 역시 젊은 날 노동하는 삶을 살았고 노동해방을 위해 투쟁하다 해고되는 고통을 겪기도 했다. 노동자의 입장은 여전하다. 또한 대동(大同) 세상에 대한 희망을 결코 버리지 않는다. 하지만 지금의 그는 노동자가 아니다. 시골집에 딸린 텃밭에 채소를 심고 가꾸거나 이웃사람들과 어울리면서 소일을 하고 있다. 그런데 그의 이러한 생활이 오히려 그의 시를 풍요롭게 만들고 있다. 노동자에 대한 관심뿐만 아니라 우리 사회의 약소자인 농민 그리고 소수자인 외국인노동자에 대한 생각으로 확장된다. 나아가 인간중심적인 지배 논리의 희생물이 되고 있는 자연 사물에 대한 사랑으로 이어진다. 노동의 현장에서 멀어진 대신 그의 사색은 넓어지고 깊어지고 있는 것이다. 말할 것도 없이 고통받는 이들과 함께하지 못한다는 자의식은 그를 괴롭힌다. 그만큼 그는 타자의 고통을 자기의 것으로 인식한다.

시인이 자기표현에서 벗어나는 것은 타자의 고통을 인식하는 데서 비롯한다. 정인화는 고통받는 이들, 소외된 이들, 가난한 이들의 연대를 갈망한다. 그의 시는 이들의 삶을 조건지우는 현실에 대한 분노와 이들에 대한 사랑과 새로운 세계에 대한 희망을 말한다. 그래서 가장 구체적인 사실에서부터 추상적인 세계적 규모의 착취구조에 이르기까지 다양한 시적 스펙트럼을 보인다.

> 제3세계 민중들의
> 고혈을 빨아먹는 흡혈귀
> 그 흡혈귀, 제국주의가 키워놓은
> 막되먹은 후레자식놈들이
> 전 세계 구석구석을 활보한다
> 그 후레자식놈들은
> 우리 누이를 겁탈하기도 하고
> 우리 형제를 두들겨 패기도 한다
> 아예 장갑차로 밀어버리기도 한다
> 뿐만 아니라 그의 하수인
> 권력을 내세워
> 민중들의 모가지를 조르기도 하고
> 대대로 이어 온
> 농민들의 논밭을 마구 파헤치기도 한다
> ―「후레자식놈들」에서

이처럼 그는 세계적 규모의 착취 구조에 주목한다. 전 세계가 제국의 의도대로 자본주의 단일 시장으로 바뀌는 과정에서 가장 직접적인 고통을 입는 이는 민중이다. 과거 제3세계가 식민주의로부터 벗어났다고 하나 정치적, 경제적, 문화적 종속의 그림자는 여전히 지워지지 않고 있는 것이 현실이다. 전지구적 경찰이라는 명분으로 제국의 군대는 세게 곳곳을 지배하고 자유무역의 강요로 제국의 상품들이 범람하고 있다. 이러한 가운데 의식주의 패턴조차 변화하고 있으니 논밭에 도로를 놓고 아파트를 지으며 골프장을 만들려는 획책이 늘어가고 있다. 우리 농산물은 남아돌고 출처를 알 수 없는 원료로 가공된 햄버거며 피자는 날로 인기를 더한다. 또 다른 시 「아메리카」가 말하고 있듯이 정치인, 학자, 일반 서민 할 것 없이 아메리카의 환상에 들린 이들은 나날이 늘어만 간다. 하지만 시인이 말하듯 우리가 사는 곳은 "전쟁을 먹고 사는 미국식 폭력문화가 분탕치며/그 전쟁의 위협이 일상이 된/이 반도의 땅"(「열망·1」에서)이다. 실제 미국의 권위는 군사력에서 나온다. 이러한 군사력은 그들 경제를 지탱하기 위한 필요악의 조건이 되고 있다.

> 학살과 파괴를 먹고 사는
> 제국주의 전쟁살인문화가
> 핵구름처럼 피어나
> 저들의 피묻은 성조기와 함께 불타는
> 이 지구상에서
> 지금도 아프가니스탄에서, 이라크에서, 팔레스타인에서
> 세계 도처에서 그 전쟁과 살인의
> 망나니춤을 멈추지 않고
> 맥도날드와 코카콜라가
> 최신형 전투기와 미사일이 뒤섞여 날아다니는
> 피로 물든 이 기막힌 땅에서
> 나는 또 묻는다
> 수많은 애비와 에미와 또 부모형제의 돌이킬 수 없는
> 이별, 피울음이 배인 그 오랜 생이별을
> 잊었는가, 정녕 잊어버렸는가

아무리 그래도 나는 열망한다
절절하게 우리는 열망한다
꿈에도 생시에도 열망한다
꽃과 나비 춤추고 풀벌레조차 노래하는
가슴 벅찬 상생의 통일
비온 후 갓맑은 푸른 하늘같은
그런 통일
평. 화. 통. 일

―「열망·2」전문

　　시인의 "열망"은 이 시가 말하듯 평화이고 통일이다. 그런데 이러한 평화와 통일을 "제국주의 전쟁살인문화"가 가로막고 있다. 하지만 사람들의 일상은 "맥도날드와 코카콜라"로 대변되는 소비문화에 침윤되어 과거에 겪은 비참의 경험들을 기억하지 못한다. 무엇보다 무서운 현실은 문화적 지배일 것이다. 감각을 변화시키고 의식을 변화시키고 마침내 생각을 바꾸어놓을 것이기 때문이다. 이러한 현실에서 시인은 희망을 버리지 말자고 옛일을 잊지 말자고 외친다. "친구야, 희망을 버리지 말자/친구야, 꿈을 버리지 말자고/다짐하는"(「유행가」에서) 것이다. 말할 것도 없이 세상은 이러한 시인의 다짐과 각오를 외면한다. 시인의 비애는 타락한 세계에 대한 분노와 이러한 세계를 변혁할 수 없는 현실에서 비롯한다. 분노와 슬픔의 엉김 속에서 희망을 품고 사는 시인의 마음은 늘 아플 수밖에 없다.

　　선생님도 선생님이시지만
　　막막한 생활고의 사모님을 생각하면

서글픔은 분노를 불러내고
분노는 증오의 주먹을 떨게 합니다

최 선생님
이 아픈 현실 추억처럼
되돌아 볼 그런 날은
언제일런지요
동살이 창문에 어립니다
오늘은 어디로 고단한 발길
옮기시려는지요

―「최현오 선생님께」에서

    시인의 설명에 의하면 최현오 선생은 선거법 위반, 범민련 관련 사건으로 수배 중 다시 수배를 당한 분으로 내년이 회갑이다. 최현오 선생이 그렇듯이 이 땅에서 다른 미래를 위해 희망을 갖는 이들은 자주 범법자로 내몰린다. 나아가서 "김주익 열사"처럼 129일이라는 기나긴 시간을 고공 크레인에서 투쟁하다 죽음에 이르는 극단으로 자기를 증거할 수밖에 없는 것이다. 시인은 그를 두고 "아직 노동자의 꿈은 이루어지지 않았는데/그렇게 목을 떨구고/이승을 하직하고 말았는가"(「김주익, 당신에게」에서)라고 탄식한다. "그 날"에 대한 시인의 믿음은 여전하다. 하지만 세상은 악화일로일 뿐이다. 세상의 법이며 제도는 노동자, 농민 그리고 도시빈민의 편이 아니다. 「면회·2」가 말하듯 노동자의 권리, 농민의 권리를 위해 투쟁하다 감옥에 갇히거나 「우리는 쓰레기더미가 아니라네―월드컵의 하늘 아래」가 진술하듯 도시환경미화에 밀려 노점상들은 끊임없이 쫓겨 다녀야 한다. 그럼에도 국가는 이들 모두를 국민이라 호명하면서 갈등을 치유하고 화해할 것을 권유한다. 가령 "광주"에 대한 화해가 그렇다. 시인은 이를 일러 "가증스런 화해의 거짓 미소"라고 단언한다. 그리하여 시인은 말한다: "아! 진정 우리는 결심한다/너희들의 꼭두각시 법정이 아니라/엄정하고도 깨끗한 우리들의 법정에/너희들을 피고석에 세울 그날까지."(「아무래도 당신들은」에서) 시인은 국가의 이름으로 자행된 폭력과 국가의 이름으로 전개되는 화해 모두를 비판한다. 진정한 화해는 가해자의 위치, 권력자의 위치에서 가능한 것이 아니라 민중의 위치에서 이뤄질 수 있다는 것이다. 물론 그렇다고 시인이 민중지상주의자인 것은 아니다. 민중의 구성 또한 다양하며 그 내용 또한 맥락에 따라 서로 다른 차이를 가질 수 있음을 인정한다. 다만 역사의 필연으로 그는 민중의 승리를 믿고자 하는 것이다.

그런데 희망을 품고 사는 이는 또한 비극적 세계관을 지닌 사람이다. 궁극적 파국이 희망의 실현에 상응하기 때문이다. 가령 시인의 이러한 세계관은 "아 그 비극이, 그 절망이/어떻게 원한의 굿판을 벌이고/켜켜이 쌓인 가슴 속 시퍼런 칼날들이/어떤 살풀이 춤판을 대판 벌일지…/아, 그 날이여"(「그 날이여」에서)라는 진술로 표출된다. 또한 시인은 자본에 예속된 노동과 과감히 단절할 것을 요구한다. 그리하여 "우리가 만든 그 모든 것/저렇게 칼이 되어 돌아온다/이렇게 총이 되어 돌아온다/내려오라, 철탑에서/손을 떼라, 미싱에서/부수고 나오라, 탱크에서/아, 제발 이제/내려오라! 손을 떼라! 부수고 나오라!"(「우린 무얼 만드는가」에서)고 외친다. 이처럼 도저한 근본주의가 현실의 흐름이 되긴 쉽지 않다. 노동의 형질이 변하고 사회적 관계가 다변화되고 보다 중층적이 되면서 민중의 정체성을 본질적으로 규정하는 것은 바른 입장이 되지 못한다. 시인 또한 이를 모르는 바 아니다. 그렇다면 시를 통한 시인의 근본주의적 담론은 세상을 향한 발화의 한 양식으로 읽힐 수 있다. 달리 분노의 화법이라 할 수 있는 이것은 혁명의 가능성을 말하

는 것이 아니라 혁명조차도 상품으로 만들어버리는 더 악화된 세상을
향해 있다.

> 선남아, 건설일용직 선남아
> 가로 막고 선 흐릿한 유리벽을 타고 넘어
> 너의 눈빛이
> 나의 마른 가슴에 젖어오는구나
> 민주화가 됐다고
> 할 일 다 했다고
> 모두 떠나버렸는데
> 아직도 우리는 이렇게
> 울고 또 울고 있구나
>
> ―「면회·1」에서

소위 민주화 이후 민주주의는 진전되었는가? 그렇지 않다. 신자유주의 세계화의 광풍으로 사람들의 이상이 민주주의가 아니라 이윤이 된지 오래다. 세계화를 매개하는 초국적 자본들은 오로지 이윤을 위하여 사람들을 길거리로 내모는 일을 서슴지 않는다. 그야말로 현실세계는 이윤에 들린 자들의 각축장이 되었다. 인용시의 등장인물은 감옥에 갇힌 비정규직 노동자다. 노동자를 짓누르는 노동악법은 민주화 이후 폐기된 바 없다. 자본 측의 노동 착취는 내국인에 그치지 않는다. 전지구적인 노동시장의 재편에 따라 "이주 노동자"라는 우리 사회의 새로운 약소자들이 등장하고 있는데 시인의 관심은 이들을 향한다.

> 일렬종대 줄줄이 늘어서서
> 겁먹은 사슴눈망울 되어

사방을 휘둥거리며
이국 먼 땅에서
돈 벌러 왔다는
청춘 남녀들이여

산업기술연수생이란
가짜 명분으로
이 땅 부자들의 돈갈퀴에 끼어
손, 발 잘리고
목숨마저 노리는
산업재해 아랑곳없이
고향으로 돌아 갈 부푼 꿈에
헐값 품삯에 팔려 온
이주 노동자들이여

여기는 코리아란다
도토리 키재기
노동자들, 밑바닥 노동자들
한숨 서린 코리아란다
가슴에 일련번호 달고
김포공항 나와 어디로 가느냐
부모공양, 처자부양
목구멍 풀칠 위해 온
당신들을 탓하랴만
돈에 미친 부자들의 머슴살이
얼마나 고달프겠느냐

무어라고 위로마저 할 수 없구나

— 「김포공항」 전문

"산업기술연수생이란 가짜 명분으로" 극도의 노동 착취를 당하는 이주 노동자의 존재는 우리 사회의 노동 현실을 단적으로 말해준다. 이주 노동자라서 그들의 노동이 유린되는 현실이 외면당하는 것은 우리 사회가 타자를 대하는 방식이라 할 수 있다. 이러한 타자 인식은 부메랑으로 되돌아온다. 또 다른 타자인 우리 사회 내의 약소자들에 대한 이해 부족으로 나타나는 것이다. 중심부 서울과 지방의 위계가 생기는 한편 도시와 농촌의 위계도 형성되며 노동자, 농민, 빈민 그리고 장애인 등 서열이 만들어지는 것이다. 이러한 서열은 또한 인간과 자연의 관계에서도 반복된다. 타자에 대한 위계적 인식은 우리 사회의 약소자들의 처지를 더욱 어렵게 만든다. 편견과 배제가 일반화되기 때문이다. 외국인 노동자의 존재가 이들보다 조금 더 나은 노동자의 모순된 현실을 억압하는 장치가 될 수 없다. 그가 외국인이든 내국인이든 노동의 차이가 있는 것은 아니다. 그러나 중심과 주변을 계서화하여 중심으로 모든 이윤을 빨아들이는 세계화처럼 우리 사회 또한 자본의 중심으로부터 서열화된 계급 구성을 만들어가고 있는 것이다. 그리고 더욱 심각한 것은 이러한 중심-주변의 관계를 마치 자연스러운 것처럼 보이게 하고 있는 것이다. 중심과 주변의 중층성은 이접적(移接的)인 관계 양상의 다른 말이라 할 수 있다. 가령 「나를 사 가세요」라는 시가 말하듯 농촌에 처녀가 없으니 "몽골, 베트남, 필리핀의 소녀들"을 데려다 결혼을 시킨다. 그런데 이러한 양상은 재벌 3세와 인기 탤런트의 결혼과 비교될 수 있다. 전자가 사다리의 밑바닥이라면 후자는 꼭대기일 것이다. 그 중간에 다양한 사랑과 결혼의 양상들이 있을 수 있다. 하지만 시인의 관심은 성적 착취의 대상이 되고 있는 외국 여성들에게 있다. 다

같은 민중이라는 그의 입장이 표출되어 있는 것이다.

더러는
절망했던 쓰린 추억도 어루만지며
보이지 않는 먼 먼 길 지칠지라도
어찌 쓰리고
쓰린
우리 가슴뿐이겠는가

돌아 갈 길도
비껴 갈 길도 없는
우리의 길일지라도
어둠 깔린 저 들녘
가로질러 빛살져오는
무리무리진 햇새벽의 속삭임인들 없을까
잿빛하늘 딛고 치솟는
우리의 빛나는 희망인들 없을까

－「희망」 전문

이 시가 말하듯 정인화 시인은 "희망"을 잃지 않고 있다. 그에게 희망은 "어둠 깔린 저 들녘/가로질러 빛살져오는/무리무리진 햇새벽의 속삭임"과 같은 것이다. 아침 창가에 어른거리는 동살이야말로 그의 희망을 설명하기에 적합한 말이 아닌가 한다. 매양 반복되는 생활 속에서 아침 햇살, 동살은 그의 희망을 표상하면서 그의 마음을 비춘다. 때론 상처가 되기도 한다. 눈부신 햇살 앞에 세월의 더께와 함께 의지의 피로를 느끼는 자신이 있기 때문이다. "내 나이 오십고개를 넘어/

육십을 바라보니/나 자신이 우습고 가소롭구나/땅을 일구는 농민이 되었나/망치를 든 노동자가 되었나/추운 겨울 노점에서/시린 손 호호 불며 돈을 버는/착한 가장이라도 되었나/아니면 그도 아니면/민중의 삶에 터럭만큼이라도 도움 되는/삼류시인이라도 되었나/오늘 밤도 하릴없이 술 마시고/잘난 체 혼자 떠들다가 잠이 들고/내일 아침이면 어이없는 절망감에/황당해 하는 어쩔 수 없는 좀팽이가 아니냐」(「나이 육십을 바라보니」에서)고 시인은 자조하기도 한다. 하지만 이러한 자조를 가능하게 하는 것도 마음의 동살이다. 그를 아프게 하는 마음의 동살이 있기에 그가 스스로 싫어할 다음과 같은 시를 쓰기도 하는 것은 아닐까.

> 밤이 깊다
> 바람소리도 깊다
> 깊은 산 속에서 울다, 흐느끼다
> 산골짜기 타고 내려와
> 잠든 숲 토닥여 주고
> 잠을 깬 계곡을 보듬고 나서야
> 흔든다. 나의 창문을
> 흔든다, 나의 마음을
> 그리움마저 흔들어 버린다
> 또 다른 그리움 하나
> 툭 아픈 가슴 깊숙이 떨궈놓고
> 홀연히 사라진다
> 아득한 그리움이 되어…
>
> ―「바람」 전문

향수와 비애
― 고영민의 시

첫 시집의 표제시인 「악어」는 고영민의 주된 시적 경향을 반영하지 않는다. 그의 시가 보이는 의식지향은 유년에 대한 향수이거나 가족을 기본 구성으로 하는 유기적인 삶과 연관된다. 그럼에도 그는 그의 시세계를 대표하지 않는 이 시를 첫 시집의 표제시로 내세웠다. 「악어」는 도시에서의 삶을 악어가 득실거리는 강을 건너야 하는 누떼의 생존을 위한 고투에 비유한다. 특히 도시를 표상하는 지하철을 누를 물어가는 악어에 견준 것은 단순한 기지를 넘어선다. "이 乾期의 땅, 유유히 강은 흐른다"는 결구의 그로테스크 이미지가 시사하듯 시인의 비전이 표출된 것으로 보아도 무방하다. 시인의 시적 지향은 이러한 환멸의 도시 저편에 있다.

그렇다면 도시적 삶에 대한 환멸이 시인을 만든 것일까? 아니면 농촌에서의 유년의 삶이 시인이 되게 한 것일까? 환멸과 향수는 서로가 서로에게 원인이며 상호 길항한다. 이 둘은 고영민의 의식세계가 만들어내는 진자운동의 양 끝 지점이다. 진자의 양 끝 사이에 무수한 운동이 있듯이 고영민의 시는 환멸과 향수 사이에서 생산된다. 하지만 그는 환멸의 서정을 선호하지 않는다. 선뜻 위악의 세계로 발을 들여놓지 못한다.

「악어」라는 예외를 통해 강조하려는 시인의 시세계는 둘째 시집에서도 여전하다. 그의 시는 많은 경우 구체적인 향수의식을 보인다. 고향과 부모에 대한 추억은 고영민의 시를 구성하는 중심 얼개이다. 그는 혈연으로 맺어진 유대와 자연스럽게 형성된 사물과의 관계에 익숙한데 이는 유년의 농촌 경험에서 비롯한 것이라 할 수 있다. 유년의 경험은 그의 시에서 크게 두 가지 양상으로 나타난다. 그 하나는 가족에 관한 이야기이고 다른 하나는 사물에 대한 열린 감수성이다.

지난 주말 시골집에 갔는데 우리집에 참, 이상한 새 한 마리가 산다. 배 쪽은 짙은 밤색, 등 쪽은 검은색, 깃에는 흰색 점이 박힌 참새 크기의 새인데 이 새는 하루종일 마루에 걸어놓은 거울에 와서 논다. 파르륵, 날갯짓을 하며 거울을 오르락내리락 대는데 어머니 말씀대로, 살면서 세상에 별놈의 새를 다 본다. 거울 속 제 모습을 두고 짝이라고 생각하는 듯싶다. 저녁 무렵, 아버지가 이런 말씀을 하신다. 여름에 안방으로 새 한 마리 들어왔길래 들고 있던 파리채로 그만 후려갈겼다. 그게 짝인갑다. 아버지도 참…… 그래서 내가 팔순의 아버지께 왜, 그 새를 죽였냐고 난생처음 버릇없이 화를 내었다. 그리고 내 얼굴이 비치는 그 마루의 거울 속을 오랫동안 들여다보았다.

—「거울」 전문

하나의 삽화에 불과하지만 이 시에서 보이는 화자의 태도는 결코 단순하지 않다. 시에 등장하는 사물과 화자를 등치시키는 수법은 고영민의 시에서 빈번한데 이 시에서도 화자는 "새"에 대한 연민을 넘어 공감에 이를 뿐 아니라 마침내 자기의 분신으로 간주한다. 아울러 짝을 잃은 "새"의 행위를 자기인식으로 끌고 가는 화자의 태도는 고향에 대한 시인의 입장을 이해하게 한다. 시인에게 고향은 거울 속의 허상이 아니라 하나의 근원으로 내면에 존재한다. 그 고향에 집이 있고 아버지와 어머니가 있다. 하지만 세월의 풍상 속에서 고향도 변화하고 부모 또한 떠나기 마련이다. 귀향을 통하여 행복의 기억을 반추하는 한편 상실의 슬픔을 감내하는 것은 피할 수 없는 일이다. 이 대목에서 고향이야기는 존재론과 관계론으로 번져난다.

유년에 대한 향수가 사물에 대한 열린 감수성으로 발전하는 것은 유년의 경험이 지닌 유기적 성격에 기인한다. 가족 공동체에서 체득한 사랑의 인간관계와 모든 사물들이 연관되어 자연을 구성하고 있다는 유기적 세계관은 시인의 일관된 아비튀스이다. 열린 감수성은 이러한 아비튀스가 형성한, 사물과 의식의 끊임없는 교섭 과정이라 할 수 있다.

　　어머니가 개밥을 들고 나오면
　　마당의 개들이 일제히 꼬리를 치기 시작했다
　　살랑살랑살랑

　　고개를 처박고
　　텁텁텁, 다투어 밥을 먹는 짐승의 소리가 마른 뿌리 쪽에서 들렸다
　　빈 그릇을 핥는 소리도
　　들려왔다

　　이 마른 들판 한가운데 서서
　　얼마나 허기졌다는 것인가, 나는

　　저 한가득 피어 있는 흰 꼬리들은

뚝뚝, 침을 흘리며
무에 반가워
아무 든 것 없는 나에게 꼬리를 흔드는가
앞가슴을 떠밀며, 펄쩍
달려드는가

─「갈대」전문

이와 같이 멋진 병치를 가능하게 하는 것은 유년에 대한 향수가 만든 감수성이다. 어머니와 강아지/ '나' 와 "갈대"의 병치는 어머니와 나의 관계에서 유발된다. 어머니에 대한 그리움, 존재의 허기는 '나' 로 하여금 "마당의 개들"을 떠올리게 하고 그들을 공감하게 하며 '나' 와 "갈대"의 관계로 전이된다. 이러한 과정에서 주목할 대목은 향수가 이끌어내는 자기인식이다. 시인은 "아무 든 것 없는 나"라는 인식을 통하여 타자의 고통을 이해하고 사물에 대한 사랑과 배려를 확장한다. 특히 '나-너' 의 관계론은 첫 시집 이래 지속된 문법이다. "가진 것 없이 매달린 내가/너에게 오래오래 가 닿는 길은/축축하고 무른 땅에 떨어져 박히는 것/네 입속에 혀를 밀어넣듯"(「네 입속에 혀를 밀어넣듯」) '나' 는 '너' 를 만나고자 한다. 이는 자기만의 감성으로 타자를 일방으로 구속하는 것이 아니라 상호교감하고 서로 스며드는 관계를 염원하며 더 나아가 모든 생명을 가진 것에 대한 존중과 공경으로 이어진다. 가령 새끼를 낳으려 아궁이로 든 고양이를 위해 불을 지필 수 없어 냉골에 누워 잠든 식구들 이야기(「아랫목」)는 시인의 감수성 형성 배후를 시사한다. 실제 시인의 가족사에서 "아궁이"의 전설은 두텁다. "내 아버지가/저 아궁이 속에 숨어/목숨을/목숨을/연명했다는/슬픈 전설"(「아직도 어둡고 찬」)이 있기 때문이다. 시인은 타자의 생명을 위해 감수되어야 하는 고통을 이해한다. 이래서 시인의 향수의식이 고향에 대한 배타적 집착과 가족주의로 귀결되지 않는다. "아궁이"가 지닌 양면성을 이해하듯이 삶에 대한 시인의 인식 지평이 깊다. 시원의 유혹을 이겨낼 만큼 생활에 대한 긍정, 삶에 대한 사랑을 체득하고 있는 것이다.

> 가끔 나는 등 뒤에서 누가 부르기라도 한 듯
> 걸어온 길을 돌아다봤다
> 소실점처럼 어떤 것으로부터 나무도, 너와 나도
> 점점 멀어져가고
> 너도 나처럼 그 길의 후미를 몇번이고 돌아다봤다
> 그곳엔 몇백년을 한곳에 서서
> 눈을 맞고, 말없이 얹힌 눈을 털어내고 있는
> 정오의 사이프러스가 있었고
> 그 사이로 난 눈길이 있었다
> ─「사이프러스 사이로 난 눈길을 따라」 부분

시원의 세계는 "누가 부르기라도 한 듯" 시인을 유인한다. 순백의 아름다움, 의연한 지속, 화해와 행복은 시인이 결코 포기할 수 없는 가치들이다. 말할 것도 없이 현실은 이러한 가치들을 훼손하거나 휘발시킨다. 시인이 이러한 가치를 추구하는 것은 세속과 초월의 대립이 아니며 위악적인 현실 속에서 위선을 걷어내고 진정성을 지키려는 자기에 대한 배려에 해당한다. 시인은 시원의 기억, 유년의 추억을 통하여 현실과 거리를 만드는 한편 그 현실과 타협하려는 자신을 경계한다. 그러므로 시인에게 되돌아보는 행위인 향수는 심리적 퇴행과 다르다. 향수가 만드는 현실과의 차이는 일종의 부정성이다. 물론 이것이 현실을 전복하는 힘을 갖진 못한다. 어디까지나 이것은 한 시인의 내면의 문제이다. 그러나 이러한 시인의 의식은 적어도 환멸의 세계를 견뎌내는 희망의 단초가 된다.

고영민에게 시원은 궁극적으로 도달해야 하는 지점이 아니다. 모든 것을 무로 돌리는 세계상실을 의미하는 것도 아니다. 그것은 하나의 출발이며 근거이다. 따라서 시원의 감성으로 세계에 대한 비극의 담을 쌓지 않는다. 오히려 그는 존재와 사물과 교응하면서 생명적 연대를 갈망한다. 가령 첫 시집의 「볍씨 말리는 길」에서 말한 "누런 볍씨 속에 들어 있는 흰쌀, 영혼들. 나는 문득 저 길의 끝, 일 년 내내 못물에 발목을 적시며 준비한 정갈한 저녁 밥상을 떠올립니다"라는 구절을 상기할 수 있다. 그 기원에 대한 지향을 지니되 순백의 서정에 탐닉하지 않고 삶 속으로 귀환하는 시인의 표정이 담겨 있다.

여섯 살 된 딸이 생선을 먹다가 목에 가시가 걸렸다 밥 한 숟가락을 떠 씹지 말고 삼키라 했다 딸아이는 울며 입속의 밥을 연신 우물거린다 씹지 말고 삼켜라 그냥 씹지 말고!
어릴 적 나도 호되게 생선가시 하나가 목에 걸린 적이 있다 밥이 삼켜지지 않았다 아버지는 직접 밥 한 숟가락을 떠 꿀꺽, 씹지도 않고 삼켜 보였다 그리고 아, 입을 벌려 당신의 입속을 나에게 보여주었다
― 「당신의 입속」 전문

이처럼 시인은 지속의 가치를 견지한다. 이 시가 시사하듯 유년의 경험은 추억으로 그려지는 것만 아니라 현재의 삶과 연속성을 지닌다. 그만큼 아버지와 어머니에 대한 기억이 시인의 삶에 차지하는 비중이 크다. 하지만 시인의 어머니와 아버지도 육체를 지닌 인간의 한계를 피하진 못한다. 첫 시집의 「어머니 괴담」이 세상을 떠난 어머니에 대한 그리움을 말하고 있듯이 「치약」은 "어느덧 나도 그 당시 아버지의 나이,/ 치약처럼 짜인 아버지는 영영 이 세상에 없고/이 한밤중 나는 무슨 이

유로 빈 부엌에 나가 꿀꺽꿀꺽 세 바가지의 물을 혼자 마시고 있나"라고 아버지에 대한 갈망을 표출한다.「과수원」,「효자」등의 시가 말하고 있듯이 시인은 오랜 동안 유년의 감수성을 유지해온 것으로 보인다. 이러한 시인에게 어머니와 아버지 상실이 던지는 의미는 매우 클 것이다. 다시 말해서 죽음에 대한 인식, 생의 유한성에 대한 자각이라는 문제의식이 그의 향수의식에 포개지게 된다.

    설풋한 모과 하나를 주워다가
    책상 위에 올려놓았다
    저 흉중에도 들고 나는 것이 있어
    색이 돋고 향기가 난다
    둥근 테두리에 들어 있는
    한켠 공중(空中)
    가끔 코를 대고
    흠, 들이마시다 보면
    어릴 적 맡은 어머니 겨드랑이 냄새가 났다

    모과의 얼굴 한쪽이 조금씩 썩기 시작했다
    모과 속에 들어 있던 긴 시간
    한 여름의
    그늘 냄새, 매미소리

    내 방(房) 허공중에
    매일 하루치의 제 것을 조금씩 꺼내 피워두던
    모과 하나가
    말끔히 한 몸을 태워

검은 등신불로 앉아 있다

　　　　　　　　　　―「모과불(佛)」전문

　이 시를 통해 향수와 현실의 거리를 읽는 것은 지나친 일이 될지 모른다. 그럼에도 이 시가 향수의 공간보다 생활공간에 착목하고 있는 것은 틀림이 없다. 적어도 이 시에서 향수는 "어릴 적 맡은 어머니 겨드랑이 냄새" 정도로 스쳐 지나간다. 여기서 중요한 것은 부패와 고갈의 시간을 수용하는 태도이다. 까맣게 말라버린 모과에 "검은 등신불"의 지위를 부여하는 과장을 통해 시인은 삶에 대한 메시지를 숨긴다. 그렇다면 시인은 어떤 의미를 숨기려 하였을까? 그것은 "울음"(「매미」), "슬픔"(「모과라고 부를 수 없는 것」), "곡절"(「숨의 기원」) 등이 아닐까? 이에 대한 보다 분명한 답은 개화의 시기가 아니라 낙화의 감각을 뚜렷하게 드러내고 있는 「목련에 대하여」에서 찾아진다. "목련꽃은 먼 징검다리 같은 그 꽃잎을 지나,/적막의 환한 문턱을 지나/어디로 가고/말라버린 그림자만 후두둑,/검게 져 내리는가." 시인이 지닌 생의 감각이 도드라져 있는 대목이다.

　향수의식을 드러내지 않는 고영민의 또 다른 시적 경향은 이처럼 두 가지 양상을 지닌다. "등신불"이나 "무위(無爲)"(「평상」)에 대한 지향과 울음과 슬픔을 내용으로 하는 생의 감각. 말할 것도 없이 이러한 두 경향이 서로 대립하는 것은 아니다. 그럼에도 후자에 방점을 더하고 싶은 것이 사실인데 시인 또한 이에 대한 경사를 보인다. "이유 없이 또 눈물이 나왔다"라는 「민박」의 결구처럼 생에 대한 근원적 비애를 품은 탓이다.

　　사내는 세상에서 가장 아름다운 음(音)이 울음이라는 것을 그제서야
　　알아차렸다 그러자 울음을 멈출 수가 없었다 소리를 따라 온몸이 함께

울고, 서럽고 서러운 생각들이 울림통이 되어 몸을 진동시켰다 울음 속으로 죽은 아버지와 어머니가 다녀가고, 살던 초가집이 들고, 앵두 꽃이 피고, 들것에 실려나간 누이들이 왔다갔다
—「우륵」 부분

어쩌면 시인은 이 시가 말하듯 "세상에서 가장 아름다운 음이 울음이라는 것"을 알아차린 듯하다. "죽은 아버지와 어머니"가 의미하듯 살과 피와 뼈로 된 인간의 유한성에 대한 자각이 아닐까? "아버지가 돌아가시고/울음소리가 큰 여식을 하나 더 얻었다./고향집은 빈집이 되었다"는 「시인의 말」에서 답을 얻는다면 의도의 오류가 될까? 그럼에도 나는 "울음소리가 큰 여식"을 중의(重意)로 읽으려 한다. 유난히 빈번한 "저녁"의 이미지가 주목되기 때문이다.

이 저녁엔 사랑도 사물(事物)이다.
나는 비로소 울 준비가 되어 있다 천천히 어둠속으로 들어가는 늙은 나무를 보았느냐,
서 있는 그대로 온전히 한 그루의 저녁이다.
—「저녁에 이야기하는 것들」 부분

마치 "저녁"과 "울음"에 집중하겠다는 선언과 같다. 「우륵」에서 시인은 "저녁이 오고 있는가, 사내가 운다"라고 한 바 있다. 인용시의 결구는 "나무속에서 참았던 울음소리가 비어져 나온다"라고 진술한다. 모두 내부로부터 터져 나오는 속울음에 대해 말하고 있다. 역시 「검은 발자국」은 이러한 속울음의 원인이 "아버지"의 죽음이라고 말한다. "아—/저물어간다는 건/이렇게 노을을 입고 시간이 사람처럼 늙어간다는 것/내 신고 있는 검은 발자국 속/늙은 아이처럼,/아랫논배미의

뜸부기가/드문드문/울었다가 그치는 소리." 그러므로 시인은 향수가 아니라 비애를 노래하고 있는 것이다.

노을이 붉다. 무엇에 대한 간곡한 답례인가. 둑방에 매어 있는 염소 울음소리가 하늘 끝까지 들렸다. 배롱나무가지엔 꽃이 얼마 남아 있지 않다. 백일 동안 붉게 핀다는 이 꽃은 언제 처음 이 가지 끝에 달렸을까. 문간에 앉아 담배 하나를 피워 물고 가늘게 눈을 찌부리며 꽃의 처음을 생각했다. 저 꽃은 자신의 진분홍이 내내 설렜을까. 하루하루 지워나가는 백일의 생은 무엇이었을까. 아마도 잠들지 못한 날들이었을 것이다. 끝물의 꽃은 처연하면서 아름답다. 하지만 그 기억도 이젠 곧 희미해질 테지. 파밭 사이로 그때나 지금이나 지루한 몇 채의 함석집이 놓여 있고 미루나무가 서 있고 둑방 너머의 갯벌 한쪽 염전에는 삐그덕, 수차를 돌리는 검은 썰루엣이 보일 뿐이다. 더 어두워지면 그도 저 둥근 쳇바퀴를 내려와야 할 것이다. 하지만 나에게도 그에게도 오늘 이 하루 등 뒤에 고스란히 남는 것은 흰 소금꽃뿐. 또 백일을 고스란히 살아버린 꽃이 저녁바람 속에 한 숭어리로 진다. 그리고 풍경의 어떤 것도 그 떨어진 꽃을 다시 줍지는 않는다. 울음소리로 보아 멀리 논에서 놀던 오리들이 이젠 제 집으로 가고 있다
ㅡ「꽃과 저녁에 관한 기록」 전문

생명을 가진 것에 대한 연민은 유한한 존재의 속성이다. 그러나 이 시가 말하고자 하는 것은 이러한 연민이 아니다. 저무는 하루와 지는 꽃잎, 빈 집과 인적 없음, 제 집으로 가는 오리들의 울음소리. 이 풍경은 극도로 자제된 슬픔을 깔고 있다. 과연 붉은 노을은 "무엇에 대한 간곡한 답례"일까? 이에 대한 답은 없고 그저 하늘 끝까지 들리는 "염소울음소리"로 암시되고 있을 뿐이다. 이어지는 백일홍의 일생에 대한

문답에서 한 생애에 대한 기억이 유추되기도 한다. 이는 "그때나 지금이나"라는 구절에 의해 뒷받침되고 있다. 하지만 이 또한 분명한 것은 아니다. 추억이든 존재든 저녁 뒤엔 모두 어둠에 덮이고 마는 것이다. 그렇다면 시인은 왜 비가를 품은 풍경을 서술하고 있는 것일까? 환멸의 도시를 멀리 하고 향수의 한 고비, 낙화와 적막의 풍경 속에서 저녁의 슬픔을 영탄하고 있는 것인가? 참 어려운 지경이다. 지금 고영민의 시 세계에는 서로 다른 지향들이 교차하고 있다. 이러한 시적 정황은 그에 대한 손쉬운 접근을 방해하는 요인이지만 달리 그의 가능성으로 받아들여도 무리가 없을 것이라 믿는다.

풍경과 시간
— 최하림, 엄원태의 시집

풍경의 시간들 : 최하림의 『때로는 네가 보이지 않는다』

「시인의 말」에 의하면 『때로는 네가 보이지 않는다』는 "북한강 가로 이사온 뒤에 쓴 시들"로 엮어진 시집이다. 3, 4부를 구성하고 있는, 외몽고와 시베리아 그리고 남도를 대상으로 한 몇몇 기행시들을 제외한 대다수의 시편들은 풍경과 더불어 살면서 풍경과 만난 경험들을 서술하고 있다. 최하림 시인에게 풍경은 일상이다. 일상으로서의 풍경이라는 문제의식에서 그의 시가 주목된다. 다른 많은 시인들에게 풍경은 비루한 일상을 소격하는 기능으로 수용된다. 하지만 그의 경우 풍경들은 나날의 일상을 구성하는 내용이다. 그의 시는 풍경을 느끼고 받아들이는[感受] 시적 자아의 이야기들이다.

최하림의 시가 보이는 개성적인 국면들은 여럿이다. 먼저 풍경과 만나는 자아의 입장이다. 여기서 선경후정(先景後情)의 전통적이고 일반화된 방법을 말하고자 하는 것은 아니다. 그의 시는 풍경과 자아의 선후 문제가 아니라 풍경과 자아의 관계를 주목하게 한다. 풍경을 대하면서 그는 자족적인 감성에 빠지지 않는다. 각각의 사물들을 있는 그대로 서술한다. 그의 시에서 시적 자아는 풍경의 주체가 아니다. 풍경의 일부일 뿐이다.

나는 금강천을 건너 무주로 간다//별들이 호두나무 가지 새에 하나 둘 걸리고 반딧불이들이//가지 아래로 흘러간다 물 먹은 새들이 흘러간다//오오 나는 언제 마른 늑골을 앙상하게 드러내면서//별처럼 떠오를 수 있나? 달은 언제 강을 비추나?
―「나는 금강천을 건너」에서

이처럼 사물들은 시적 자아의 동화 대상이 아니다. 별들과 호두나무와 반딧불이와 새 들은 모두 '나'와 대등한 위치에 있거나 '나'의 위상을 깨우치게 하는 존재들이다. 시적 자아는 이들의 현상을 받들면서 자기를 인식한다. 그런데 이러한 시적 인식은 매우 섬세한 언어들로 표출된다. 어떠한 동어반복도 허용될 수 없는 것이다. "모든 것이 지난해와 다름없이 진행되었으나 다른 것이 없지는 않았다 헛간에 물이 새고 울타리 싸리들이 더 붉어 보였다."(「마음의 그림자」에서) 이처럼 마음과 풍경은 변화하는 가운데 서로 교섭한다. 시인은 "가을에는/물물이 빛나지 않는 것이/없다"(「공중을 빙빙 돌며」에서)라고 진술한다. 비단 물물이 빛나는 것은 가을만이 아닐 것이다. 시인의 의식에 모든 사물들이 늘 새롭다. 그래서 그는 이러한 사물들과 만나면서 자연스럽게 이야기하려는 의지를 갖는다.

공기가 조금씩 조금씩 부풀어 오르고 역광을 받은 나무 이파리들이 검붉게 빛나고 할머니들의 머리도 빛난다 먼지를 흠뻑 뒤집어쓴 맨드라미들이 울타리 너머로 고개를 내민다 할머니들은 마당 깊은 집으로

간다 현관문을 밀고 들어간다 할머니들의 이야기 소리가 밤내 도란도
란 울린다 세상에서 제일 아름다운 불이 환하게 창을 밝히고 밤벌레들
이 날아들고 어디서 고라니들이 내려오는지 가랑잎 서걱거리는 소리
들린다

—「할머니들이 도란도란」 전문

    할머니들의 이야기가 무엇인지는 알 수 없다. 하지만 평화롭고 따뜻
한 인정을 담은 내용일 것이라 짐작된다. 시인 또한 인용시가 보여주는
화해로운 풍경을 이야기하려 한다. 이야기는 사람과 사람을 이어준다.
아름다운 이야기들이 유대감을 만들고 공동체를 형성하는 것이다. 시
인이 풍경에서 이러한 지향들을 보이고 있는 것은 사실이다. "보라 가
을은 저렇게 멀어지고 또 멀어지면서 비무장지대와 같은 나라를 만든
다."(「나는 너에게 편지를 쓴다」에서) 그가 꿈꾸는 근본을 읽을 수 있게
하는 대목이다. 그러나 그의 시가 풍경을 통해 이러한 유토피아의 흔적
을 찾아가고 있는 것은 아니다. 무엇보다 그의 시는 사물의 존재와 변
화를 현현하는 데 주력하고 있다.
    특히 시간에 대한 집중은 이 시집에서 매우 두드러진 특징이다. 풍
경과 시간과 '나'라는 세 가지 연관성에서 시적 지평을 개진하고 있는
것이다. 가령 그는 시시각각 변화하는 풍경을 접하면서 "시간들이 날
아간다 나는 가슴이 울렁거리기 시작한다"(「공중으로 너풀너풀 날아간
다」)고 진술한다. 또한 "나는 마루로 내려갔다 놀랍게도 마루에는 물
과 같은 시간이 넘실거리면서 가고 있었다 서상(書床)은 시간 위에 둥
둥 떠가고 있었다"(「서상(書床)」에서)라고 유동하는 시간을 견디는 사
물의 모습을 말하기도 한다. 그리고 "빈들이 시간들을 끌어당긴다"
(「저녁 종소리 울린다」에서)라는 진술에서처럼 사물이 구성하는 시간이
라는 관념을 말하기도 한다. 이처럼 시인은 다양한 시간의 양상을 천

착하고 있다. "시간들은 다리에 걸려 더러는 시계처럼 쌓이고 더러는 썩고 문드러져 떠내려간다"(「십일월에 지나는 산굽이에서」에서), "그림자들은 흔들리고 나는 사랑이 없는 길 위에/서성이고 있다 시간이 서성이고 있다"(「눈발이 날리다 말고」에서), "돌아보는 시간은 멀고 희미할 뿐"(「어디선지 한 소리가」에서), "싸리나무들은 떨리는 소리로/시간의 가장자리를 흔들고"(「해남 가는 길」에서), "바람이 새 깃을 가볍게 흔든다 시간들이 출렁인다"(「봄날이 온다」에서), "물이 흐르고 시간의 소리/높게 울린다."(「북한강」에서) 이처럼 시간의 현상학은 최하림의 중요한 시적 주제이다. 쉽게 그가 근대적으로 분절된 시간의식을 거부하고 풍경과 사물, 그리고 이와 함께하는 자아의 시간을 경험하고 있다고 요약할 수 있을 것이다. 그의 시는 지금 풍경의 시간들과 함께하고 있다. 모든 사물들의 미세한 움직임과 변화들, 소리와 빛깔과 모양들이 다 시간인 것이다. 이러한 가운데 그가 봄과 여름보다 가을과 겨울, 특히 겨울에 대한 시적 경사(傾斜)를 보이고 있는 것이 느껴진다. "나의 출처인 겨울 언어들"(「지난 겨울 기억」에서)이라는 시구가 눈에 크게 들어오기도 한다. 겨울 풍경의 시간들이 가지는 의미지향은 무엇일까? 이에 대한 답이 쉽지 않을 듯하다. 하지만 그가 그려내고 들려주는 풍경의 시간들에서 우리는 틀림없이 시인의 깊은 내면성과 만나게 되어 있다.

고통과 사랑 : 엄원태의 『물방울 무덤』

고통을 피하고자 하는 것은 인간의 숙명이다. 그러나 한정된 몸을 지닌 인간에게 고통은 피할 수 없는 경험이다. 특히 타자나 세계로부터 가해진 외상의 고통은 원한과 분노로 자기와 세계를 파괴하거나 밀폐된 자기만의 영역으로 끝없이 도망치게 한다. 이러한 고통들은 성찰의 가능성을 봉쇄한다. 하지만 모든 고통이 자기를 파괴하거나 부정하는 것은 아니다. 주체와 타자에 대한 성찰로 이어지는 고통도 있기 때문이다. 고통으로 인한 자기에의 배려는 타자의 고통에 대한 감수성으로 번져날 수 있다. 타자의 고통 속에서 자기의 고통을 읽으면서 타자와의 일체감과 교감이 형성되는 것이다.

　엄원태의 시작 과정에는 주체의 고통이 도사리고 있다. 시작의 초기엔 질병을 안은 사람이 품음직한, 세계로부터 분리된 자기만의 감성이 시를 이끌었을 것이다. 그러나 이십여 년 동안 병과 함께 살아오면서 고통은 사물과 타자에 대한 감수성으로 발전하고 마침내 공감과 사랑으로 표출되고 있다. "내 아파서 너를 아프게 하는 것이 더 아프구나!"(「불탄 나무」에서) "불탄 나무"의 고통이 곧바로 나의 고통으로 전이되고 있는 것이다. 『물방울 무덤』에 등장하는 많은 사물과 사람들의 이야기는, 시인 스스로 "쓸쓸한 긍정"이라고 규정하고 있듯이 고통에 대한 인식과 연대를 내용으로 한다. "결핍이나 고통을 통해서만 한말씀해주시던 하느님이, 하나의 실재이자 경이라 할 만한 선물을 주신 거다. 그 선물이란 거울이다."(「거울고해소」에서) 이처럼 시인은 신이 주신 경이로운 선물인 "거울"을 지니게 되었다. 이러한 "거울"은 이미 나르시시즘과 멀다. "어떤 곡진함 하나로/그것을 품어 키우게 된", "어떤 중심"의 "지경", "뒤늦은 사랑"(「어떤 중심」에서)인 것이다.

　타자를 향한 감수성이 "사랑"으로 변전되는 과정은 결코 단순하지 않다. 이는 시인의 시작 역사 전체를 관류하는 변화를 추적할 때 그 전모가 드러날 것이라 생각한다. 자기를 향한 존재론적 질문들이 타자를 향하고 그 궁극에서 인생에 대한 깊은 연민을 유발하는 과정을 어찌 쉽게 설명할 수 있겠는가? 여하튼 시인은 이미 "생의 근원이 슬픔임을"(「별의 길」에서) 안다. 그래서 "검고 푸른 게 너의 고통이라면/온몸으로 떠안으며 거기로 갈 수밖에"(「길에 대한 회상」에서) 없다. "너의 고통"
은 곧 나의 고통인 것이다. "일생이라는 것의 한 심연"(「늙은 선풍기를
위하여」에서)을 헤아리는 "삶의 신자"(「저녁 여섯시」에서)인 시인은 타
자의 고통과 교감하는 일에 그치지 않고 타자를 통하여 초월의 지평을
엿본다. 타자를 통하여 "육체의 병을 통하여, 이미 그 마음이란 행로,
성자의 길"(「세네갈인 압둘라」에서)과 만나고 있는 것이다.

 소위 "병자의 광학(光學)"은 '세계 내 존재'에서 이탈된 자의 생에
대한 민활한 감성을 뜻한다. 그러나 이러한 감성으로 자주 사람들은 잃
어버린 과거에 대한 고착된 원망에 사로잡히게 된다. 존재의 자유는 고
통이 향수를 극복하고 타자에 대한 인식으로 발전할 때 보장된다. 감수
성이란 이러한 자유에서 가능한 교류이다. "오래 진저리쳐본 것들만이
/그 여운의 미미한 떨림을, 소리 없는 소리를/알아들을 수 있는 거다."
(「종후성鍾後聲」에서) 이제 시인은 역설적이게도 고통에서 놓여나 있
다. 오히려 "소리 없는 소리", 생명의 소리, 우주의 소리를 듣고 있다.
살아 있는 모든 것에 공감을 느끼고 공경의 태도를 갖는다. 시집의 표
제가 되고 있는 「물방울 무덤들」에서 시인은, "저 글썽이는 것들에는/
여지없는 유리 우주가 들어 있다/나는 저기서 표면장력처럼 널 만났
다"라고 하면서 "언제까지고 글썽일 수밖에 없구나, 너는, 하면서/물
방울 가까이 다가가보면/저 안에 이미 알알이/수많은 내가 거꾸로 매
달려 있다"고 말한다. 비약적인 생의 감각이라 할 수 있겠다. 그는 "치
명적인 상처"(「어두워질 때」에서)에도 불구하고 내면으로부터 환하게
밝아오는 "등불"을 품게 되었다. 그의 "거울"은 또한 "등불"이다.

  결핍과 격리,
  그것은 내 고향이다
  들판 건너 서쪽 하늘 핏빛으로 저물고

방 안은 시나브로 어두워가는데,
너는 부재란 방식으로 내 안에 가득하다.
―「고요히, 입 다무는 것들」에서

고통을 생의 고난으로 인식하고 나아가 타자와 사물에 대한 사랑으로 변화시키는 일은 결코 쉬운 일이 아닐 것이다. 하지만 엄원태 시인의 시는 이러한 과정을 보여주고 있다. 인용시가 말하듯 그의 시적 주제는 이미 주체의 고통이 아니다. 그것은 "부재란 방식으로 내 안에 가득"한 영성의 지평을 향해 있다. 그야말로 "쓸쓸한 긍정"이 아니라 "놀라운 긍정"을 말하고 있는 것이다.

죽음과 사랑
— 유홍준, 김소연의 시집

죽음에 이르는 詩法 : 유홍준의 『나는, 웃는다』

　시집의 표제가 시사하듯 유홍준 시의 화자들은 미묘하다. 냉소적인 듯, 비관적인 듯, 때론 달관적인 듯도 하다. "진종일 시의 뼈다귀 하나만을 물고 핥고 빨고 논다 시인이라는 마스크를 쓴, 이상한 개는"(「마스크를 쓴 개」에서)이라는 구절에서는 시인됨조차 웃음거리가 되게 한다. 자조적으로, 아니 자학적으로 자화상을 그려보고 있는 것이다. 이러한 태도는 비단 자기에게 그치는 것이 아니다. 그가 그리는 세상의 풍경들은 얼핏 보기에도 그로테스크하다. 가령 이 시집의 첫 번째 시는 "벙어리가 어린 딸에게/종달새를 먹인다"(「오월」에서)라는 첫 연을 통해 제목인 "오월"을 설명한다. 죽음에 육박하는 긴박한 정황으로 '오월'의 풍경을 말하고 있는 것이다. 또한 시집의 마지막 시는 "구름 같은 까마귀떼 저 하늘을 쪼았다 뱉는다 하늘밖에 더 뜯어먹을 게 없는"(「북천」에서)이라는 구절로 시작된다. 극한의 상황을 펼쳐 보이고 있다. 그렇다면 무엇이 이러한 시적 서술을 이끌고 있는 것일까? 그것은 한 마디로 죽음이다. 유홍준의 시는 죽음을 대면하는 고독한 자아의 탄성이다. 그래서 그는, 웃는다. 죽음을 머금은 모든 것들이 "주검"으로 보이기 때문이다.

　인간이 썩는 냄새를 싫어하는 것은 그것이 죽음을 환기하기 때문이라고 한다. 하지만 유홍준은 도처의 주검들을 들춰낸다. 그는 "나는 제로에서 출발한 커다란 고깃덩어리/주검을 다는 저울 위에 올라가 보고서야 겨우/제 몸뚱어리 무게를 아는 백 열 근짜리/사지 덜렁거리는 인육"(「저울의 귀환」에서)이라고 진술한다. 쇠고기를 달 때처럼 저울 위에선 자신의 몸 또한 '고깃덩어리'와 다를 바 없다는 것이다. 마찬가지로 그는 백사장 모래에 묻혀 있는 몸들을 "땅 밖으로 불거져 나온 주검의 얼굴"(「모래 속의 얼굴」에서)이라고 묘사한다. 또한 붕대를 감으며 "미라"(「붕대」에서)를 연상하고, 복숭아를 먹다 벌레를 씹고 그것을 개천에 버리다 "개복숭아씨 같은 해골"을 발견하기도 한다. 모두 자기의 초상들이다. 이처럼 그는 죽음을 향한 행로에 집착한다. 굳이 하이데거를 들지 않더라도 그의 발상의 기저는 가장 시적이다. 하지만 죽음을 통하여 생의 의미를 도드라지게 하는 전통적 시법을 고분고분 따르진 않는다. 오히려 생이 아니라 근본은 죽음이라고 역설한다.

　　웃음이 썩어가는 가을
　　이네 억지웃음 띤 오른뺨이 썩어가는 가을
　　썩은 곳을 도려내도 사과라고 부르는 사과처럼
　　사람이라 불리는 사람의 뺨 한쪽이
　　썩어가는 가을, 탄저병의 가을
　　검은 반점 썩어가는 역병의 검은 반점이
　　파먹어가는 가을
　　반점 속의 구더기가 공격하는 가을

웃음부터 공격당하는 가을
참으려고 해도, 환부를 만지고 마는 가을
진물을 만지고야 마는 가을
이 구멍 뚫린 두상
이 구멍 뚫린 뺨
이것이, 이 무름병이
이네 존재의

　　　　　　　　　　―「지구의 가을」에서

　이처럼 그는 병들고 썩어가고 부패하는 세계를 드러낸다. 그가 대면하는 세계상의 진면목이기 때문이다. 그는 남들이 풍요와 완성을 구가할 때 몰락과 소멸을 말한다. 향기롭고 풍성한 가을이 아니라 "썩어가는 가을"과 직면하는 것이다. 이러한 그이기에 연못 속의 잉어들이 "의족"(「의족」에서)과 같고 "검은 관 위의 흰 백합"은 "죽음을 불러내는 트럼펫"(「검은 관 위의 흰 백합」에서)에 다를 바 없다. "잠든 개 코 위에/똥파리 같은 아침이 날아와 앉을 것이다"(「저녁이 오면 고기가,」에서)라는 대목에 이르러 아침 이미지조차 부패의 연상으로 가득하다. 그는 "인간의 길은 모두 바다로 가서 빠져 죽는다"(「尾行」에서)라고 분명한 목소리로 전언한다. 그리고 이러한 인간의 행로를 "美行"이라 일컫는다.
　시인은 말한다, "죽지 않은 내가 가야 할 곳은/언제나 모든 것의 반대편이라고."(「안개가 흘러나오는 수화기」에서) 이러한 진술을 시인의 시적 지향과 결부시킬 수 있을까? 한편으로 이는 의도이지만 어쩌면 이것이 지적 유희에 그치지 않고 자연스런 감각으로 진화하고 있는 것은 아닐까? "그동안 내가 배운 것은 깡그리 다 엉터리, 그저 만개한 벚꽃나무를 보면 나는 걷어차고 싶어진다"(「벚꽃나무」에서)라는 구절에 이르러 황홀한 죽음이야말로 환희의 생에 대한 감각과 구별되지 않음을 느끼게 된다. 시인 또한 "주석 없이 이해"(「주석없이」에서)되는 생의 감각에 대한 갈망이 있다. 내심 대웅전이 영안실이고 영안실이 대웅전인 지경, "똥덩어리 위에 허연 곰팡이 백련이 피어 있는"(「사하촌의 봄」에서) 경계를 구하고자 하는 것은 아닐까? 이 대목에서 그가 마냥 역행하는 시법을 고수하고 있진 않다는 생각을 갖게 된다. 그렇지만 하루 바삐 그가 견지하고 있는 부정의 감각을 넘어서라고 말하고 싶진 않다. "오직 한 길 생산도(生産道)를 닦는"(「기계는 기계의 염주 베어링을 돌린다」에서) 그만의 개성이 빛나기 때문이다.

> 저기, 바다와 만나는 남대천 끄트머리가
> 똥구멍처럼 빠끔히
> 열쇠구멍처럼 빠끔히 열려 있었다
> 　　　　　　　　　　　－「문 열어주는 사람」에서

'너'에 대한 근원적 사랑 : 김소연의 『빛들의 피곤이 밤을 끌어당긴다』

김소연의 시가 지향하는 바는 사물과의 가장 직접적인 만남이다. 만남의 일반적인 양상은 크게 주체 중심의 경험과 주객의 상호 관계로 구분될 수 있다. 전자는 경험된 것을 대상화한다. 경험으로서의 삶은 대개 이와 같은데 경험함으로써 사물과 멀어지게 되는 소외의 과정이다. 이와 달리 후자는 관계 속에 있고자 한다. 이는 경험으로 멀어지는 과거가 아니라 관계 속에서 생성하는 현존이다. 김소연의 시는 이러한 현존을 말하고자 한다. 말할 것도 없이 이러한 현존의 드러냄이 지속적일 수 없다. 삶은 주체의 욕망에서든 제도와 관습의 작용에서든 단절되고 파편화되기 쉽다. 하지만 시인은 이러한 삶을 극복하고 현재 속에서 본질적이고 전체적인 감각을 유지하고 이를 현현하려는 갈망을 그치지 않는다. 다음의 시에서 시인은 사물과 직접적인 몸으로 만나는 과정을 보인다.

> 사방천지에 잠자는 짐승의 숨소리들이, 세상 가득 상처난 식물의 코 고는 소리가, 그들이 뱉어놓은 눅진눅진한, 짙은 입 냄새가, 들숨, 날숨, 부풀어오르다 꺼지는 뒷산의 어깨가, 눈 맑은 꽃, 까칠까칠한 턱, 내 손으로 감쌌던 두꺼운 손, 늘어진 머리카락들, 길처럼 여린 길, 발처럼 예쁜 발, 코끼리 발자국 속에 무수한 개미 발자국, 흙 속에 묻어둔 사나운 발톱, 바람 한 장에 꿀 한 숟갈, 이슬을 털다 스스로 놀라는 잎 갈나무 숲, 달처럼 해진 달, 물처럼 환한 물, 이윽고 별들의 정수리가 다아 보일 때 나는, 점자책을 읽듯 손끝으로 세상을
> ―「달팽이 뿔 위에서」 전문

이 시 속의 사물들은 경험적 대상들의 목록으로 존재하는 것이 아니다. 그저 지나 버리거나 덧없이 기억 속에서 사라져갈 경험들이 아니라 시적 자아와 직접적으로 만나고 있는 현존들이다. "나는, 점자책을 읽듯 손끝으로 세상을" 만나고 있다. 사물들과 몸으로 마주 하면서 본질적이고 전체적인 관계를 지향하고 있는 것이다. 이러한 지향으로 시적 자아는 사물들의 소리와 표정 그리고 생태를 혼신으로 받아들인다. 여기서 주목되는 것은 타자를 향하여 온 존재를 기울이는 시인의 의지이다. 사물과의 상호관계는 이러한 의지에서 비롯한다. 그리고 사물로 인하여 열린 시적 자아는 궁극적으로 사물과 하나가 된다. 달리 말하면 "너를 버리면/내가 사라지는,/나를 지우면/네가 없어지는"(「행복한 봄날」에서) 만남이 이뤄진다. 그런데 충만한 현재의 직접성, 그 어떠한

매개도 없는 관계의 지평이 열리는 과정에서 기억과 이념과 환상은 자주 방해물로 등장한다. 기억은 사물들을 주체의 환영 속에 가두고 이념은 사물의 현존을 보지 못하게 한다. 아울러 환상은 현존의 비가시성을 강조함으로써 관념을 추구하게 만든다.

> 추억은 짐승의 생살
> 추억은 가장 든든한 육식
> 추억은 가장 겸손한 육체
> 추억은 추억하는 자를 날마다 계몽한다
>
> 추억은 실재보다 더 피냄새가 난다
> 추억은 도살장
> 추억은 정육점
> 붉게 점등한 채
> 싱싱한 살점을 냉동보관한다
> 어느 부위 하나 버릴 게 없구나
> 번작이끽야(燔灼而喫也)라
> ―「추억은 추억하는 자를 날마다 계몽한다」 전문

추억은 이 시에서 구워먹기 좋은 고기에 비유된다. 서정을 회감(回感)의 양식으로 보는 것은 널리 알려진 견해 가운데 하나이다. 그러나 시인은 "추억은 실재보다 더 피냄새가 난다"라고 진술함으로써 돌아보는 추억의 감정양식이 내포한 한계를 부각시키고 있다. 감정이 주관 속에 깃들고, 나아가 주체에 의해 구속된 형식이라는 것은 주지의 사실이다. 그렇다면 시인이 실재를 드러낸다는 것은 어떤 의미일까? 이는 감정에 사로잡힌 사물들에게 자유를 부여하는 행위가 아닐까? 또한 사물들과 더불어 자신으로부터 해방되는 것은 아닐까?

> 사랑의 가역 작용―그래도
> 미숙한 질료인 마음에는
> 흔적이 남네
> 생각하고 생각하여
> 상처 내지 흉터라 부르지 않고
> 흔적이라 불러보네
>
> 불가능한 복원―당신은
> 거기서 탈속하고
> 나는 여기로 환속하여
> 따로따로/서로 닮은 시를 쓰네
>
> ―「흔적」에서

 추억의 감정에서 벗어나는 의식을 시인은 "사랑의 가역 작용"이라 한다. 감정은 소유하는 것이지만 사랑은 자유의 형식이다. 물론 인용시처럼 감정의 흔적들은 늘 미숙한 마음속에 남는다. 그러나 이러한 흔적에 얽매이지 않는 마음이 중요하다. "상처 내지 흉터"의 확인으로 타자와 자기를 구속하지 않는 것이다. 시인은 추억의 고통에서 놓여나 '나와 너'의 진정한 관계를 얻고자 한다. "당신은/거기서 탈속하고/나는 여기로 환속하여" 위선을 거부하고 자기와 타자를 배려하는 입장을 갖게 되는 것이다. 추억과 마찬가지로 이념 또한 주체와 타자를 얽맨다. 이념이 허무에 대항하여 주체를 세우는 고상한 방식이라 하더라도 생성하는 생의 형식은 아닌 것이다.

혁명을 꿈꾼다는 것만큼
치욕적인 짝사랑이 또 있을까

눈멂으로 눈을 설득하고
귀멂으로 귀를 설득한다

뼛속 간절함을 애써 감춘 채
생명을 잃고 목숨을 얻는다

이 시대는 어머니가 물려준 사기그릇처럼
균열로 아귀 맞춘 채 결탁하고 있어서
국을 담아도 새지 않았다
한 시대가 수장되는 풍경이
그 그릇 안에 다 있었다

—「짝사랑—우리 시대에 대한 弔辭」에서

이처럼 시인은 마땅히 있어야 할 것을 가정하는 이념을 "짝사랑"이라는 일방성 감정에 비유한다. 이념은 현존하지 않는 것에 대한 강요의 형식이다. 이념은 그것이 지닌 선한 의도에도 불구하고 타자들에게 부과되는 악으로 인하여 관계를 훼손한다. 「異端」이라는 시의 부제에서 "모든 신성은 찬양되는 그 순간이 신성모독이다"라고 규정하고 있듯이 살아 있는 관계의 구체성을 벗어난 관념을 시인은 거부한다. 이러한 사실은 시인의 독창적인 시론인 「그림자論」에서 잘 드러난다. 그림자는 존재/부재의 주제를 말한다. 플라톤의 동굴의 신화는 그림자를 실재가 아닌 환상으로 돌린다. 그 기원에서 그림자는 진리에 관한 탐구로 이끌며 그림자가 아니라 빛의 역사를 주류화시킨다. 빛과 그림자는 과연 대립하는가? 시인은 "그림자가 없다면 그것은 (…) 거짓이다"라고 단호하게 반플라톤주의를 선언한다. 그리고 다음처럼 진술한다: "시 역시 그림자와 같지 않을까. 빛의 방향과 사물의 모서리를 제시하고 있다는 점에서. 이 세계에 현현해 있는 모든 현란한 것들의 표정을 지우고, 그 자세만을 담으려 한다는 점에서. 시 쓰는 일은 그림자와 마주하는 일이다. 빛은 어깨 뒤에 있고 그림자는 내 앞에 있을 때에 시 쓰는 일이 가능해진다." 이처럼 시인은 그림자를 초월하는 재현을 추구하지 않는다. 빛과 그림자는 대립이 아니라 직접적인 관계 속에 있다.

멀찌감치 서 있던 나무 하나
그림자 끝을 뻗어 내 그림자에게로 와 있네

한 걸음만 자리를 옮겨도
나무 그림자 안에 내 그림자
이 서늘함 속에 쪼그리고 앉아 있네
—「나무 그림자 안에 내 그림자」에서

이 시에서 나와 나무, 나의 그림자와 나무의 그림자는 사물들이 관계 맺는 실재의 모습들이다. 시인의 시선이 그림자를 향한 것이 하나의 의식적 지향이라면 그것은 모든 관계를 포괄하는 전체를 보려는 의지와 무관할 수 없다. 이러한 의지에서 시인의 시적 과정은 시작되고 사물들과 더불어 하나의 관계로 통섭되면서 시인의 자아는 사랑의 형식으로 열린다. 마르틴 부버가 말한 대로 사랑은 "우주적인 작용"이다. 「당신의 저쪽 손과 나의 이쪽 손이」라는 시에서 우리는 이러한 우주적 사랑을 확인할 수 있다. 이처럼 시인은 사물과 사람을 '나-너'의 관계로 이해한다. '나-너'의 관계에서 '너'는 '나'이고 '나'는 '너'이다. 김소연은 부버가 말한 근원어 '나-너'처럼 '나'의 '너'에 대한 근원적 사랑을 드러내고자 한다. 이러한 그녀의 시적 지향이 자연과 인간 그리고 우주 만물에 대한 사랑과 다르지 않을 것이다.

제3부

삶과 성찰

역사와 문학은 서로 겹치면서 차이를 만드는 관계이다. 문학적 진실과 역사적 진실은 상호 연관성을 지니나 평면적으로 교환될 수 없는 관계에 있다. 그래서 한 편의 소설에서 역사적 진실만을 읽으려 해서도 안 되는 것과 같이 문학적 진실이 역사적 진실과 무관한 것으로 봐서도 안 되는 것이다.

21세기에 던지는 김정한 문학의 의미
─ 탄생 100주년을 맞은 요산문학

　탄생 100주년을 맞은 요산 김정한(1908~1996)의 삶과 문학을 다시 생각해 본다. 그동안 요산의 생애와 문학에 대한 논의는 꾸준하게 이어졌다. 하지만 아직 오롯한 정본 전집이 발간되지 못한 것처럼 메워야 할 공백들도 적지 않다. 특히 스스로 만든 절필과 복귀 담론은 요산문학의 전체를 조감하는 데 장애가 되었다. 요산의 글쓰기 전모를 드러낼 전집에 대한 요구는 그의 생애를 재구성할 평전에 대한 기대와 함께한다. 다행히 탄생 100주년을 맞은 시점에서 그의 고향인 부산 지역의 후배와 제자들이 정본 전집을 준비하는 한편 그의 문학을 새롭게 읽으려는 노력들을 전개하고 있다.
　이 글을 통해 나는 그동안 문학적 생애 구성에서 미진했던 부분을 보충하고 오늘의 맥락에서 요산문학의 의미를 되새기고자 한다. 요산의 의도를 좇을 때 그의 문학적 생애에서 1940년 절필 이전과 1966년 문단 복귀 이후가 서로 분절되어 강조될 수밖에 없다. 자연 일제말과 해방공간 그리고 한국전쟁, 자유당 독재와 4.19혁명 등 요산의 삶에서 중요한 시기들이 균형 있게 설명되지 못한다. 실제 절필과 복귀는 작가가 스스로 정한 규정에 불과하다. 표면적으로 이러한 규정은 소설가라는 자의식의 산물로 유의미한 작품 활동을 강조하려는 의도와 결부된다. 하지만 작가의 절필-복귀 발언의 심층에 내재한 여러 가지 심리적인 유인들도 없을 않을 것이므로 이를 단순한 참조사항 정도로 받아들이기는 어려울 것이다.

요산문학은 시대와 삶, 행동과 글쓰기를 전체적인 맥락으로 읽을 때 그 본령에 대한 설명이 가능하다. 그동안 생애와 문학을 행동과 글쓰기라는 차원에서 이해하려는 노력이 없었던 것은 아니다. 그럼에도 그의 생애와 문학을 전체적인 맥락으로 보기보다 제한적인 관점으로 읽어온 경향이 더 많았다. 요산에게 행동과 글쓰기는 상관적이다. 행동이 먼저일 때 글쓰기는 그 뒤를 잇고 글쓰기를 통하여 행동을 대신하기도 했다. 어쩌면 그는 작가이기 이전에 행동하는 지성이었는지도 모른다. 그렇지 않았다면 그렇게 많은 미완의 유고를 남기지 않았을 것이기 때문이다. 그가 남긴 미완의 유고들[1]은 그에 대한 문학적 기대를 지닌 이들의 아쉬움을 더한다. 특히 장편 부재를 요산문학의 한계로 지적한 이들에게 요산이 시도하다 만 여러 미완의 장편이 시사하는 바 있을 것이다. 실제 요산은 리얼리즘의 규범이나 완결된 소설미학을 추구하지 않았다. 이보다 그는 제국과 국가의 폭력에 신음하는 민중의 구체적인 사실을 이야기하려 하였고 그러한 속에서 작가로서의 자기위치를 증명하려 하였다.

세계관 형성과 글쓰기

---

[1] 완결성을 지닌 1936년작 「새양쥐」라는 단편을 비롯하여 미완의 장편 여럿이 요산문학관에 유고로 남겨져 있다.

많은 문인들이 그러했듯 요산도 처음 시를 썼고 여기에 인격 형성기의 감상과 고뇌가 담겨 있다. 요산에게 시는 문사적 전통을 담지한 조선인으로서의 공통감각의 소산이다. 그는 생애 내내 그의 글에서 한시를 들거나 시조를 읊조리는 모습을 보였다. 특별히 시인이 되려 하였다기보다 문인이 되려 한 것이다. 요산에게 근대적인 문학관습으로서의 장르는 그를 구속하는 요인이 되지 못했다. 시를 쓰다 소설을 선택한 것이 아니라 자연스럽게 소설이라는 그릇이 그에게 필요했던 것이다. 전모가 전해지지 않는 옥중시의 존재나 허다한 에세이가 말하듯 그에게 시쓰기, 소설쓰기, 에세이쓰기는 모두 글쓰기라는 하나의 행위 범주에 속한다. 그는 현실 상황에 응전하는 방식으로 다양한 장르라는 그릇을 빌려 썼다.

요산이 소설을 쓴 것은 와세다 대학 유학 시절이다. 그 당시 쓴 소설인 「구제사업」은 지금 전하지 않는다. 요산은 시를 쓰다 소설을 쓰게 되는 과정을 "우에노 동물원에 갇혀 있는 조선학을 보고 꺼적거려 본 이런 비분강개조의 시조(「조선학」)를《대조》에 발표한 뒤로는, 쓰는 걸 당분간 그만 두었다. 몇 군데의 문학단체에 이름을 걸어두었지만, 그 뒤 소설이라고는 「그물」이란 걸 국내 잡지에 발표했고, 「구제사업」이란 건《집단》인가《신계단》인가에 목차만 들어가고 원고는 압수되고 말았다"(「저항의 물결 속에서」)고 진술한 바 있다.[2] "「그물」이란 걸 국내 잡지에 발표했고"라는 대목에 유의할 때 이 두 편의 소설을 유학시절에 쓴 것을 짐작할 수 있다. 이처럼 요산은 유학시절 시쓰기에서 소설쓰기로 나아간다.

---

[2] 현재 접할 수 있는《집단》과《신계단》어느 목차에도 「구제사업」은 등장하지 않는다.《신계단》창간호가 1932년 10월이고 이후 1933년 초까지 발간된 이 잡지에서 제목을 확인할 수 없다는 점에서 이 작품이 투고된 잡지가 아직 확인되지 않은 1932년 1월《집단》창간호가 아닌가 한다.

요산의 문학적 생애에서 와세다 유학시절은 대단히 중요한 시기라 할 수 있다. 이 시기 요산의 주된 관심은 사회과학이다. 와세다 대학은 당시 오오야마 이쿠오(大山郁夫)를 위시한 사회주의 지성계의 중심이었다. 요산이 독서 단체(reading society)인 〈동지사〉에 신고송, 이찬, 박석정 등과 함께 이름을 내보인 것은 1931년 11월이다. 주지하듯이 〈동지사〉는 카프 도쿄지부 해체와 더불어 등장한 〈무산자사〉를 뒤이은 재일 조선인 예술단체로 1931년 조공 재건운동과 관련하여 고경흠 등이 체포되면서 조직의 와해 위기에 처한 〈무산자사〉와 카프 맹원들이 결성하였다. 《무산자》는 카프 동경지부 기관지 《예술운동》의 후속 매체로 김두용, 임화, 이북만, 김남천, 이찬 등이 관여했다. 김남천, 임화, 안막이 귀국한 것은 1930년 봄이다. 여기서 우리는 안막과 이찬과의 교분을 염두에 두면서[3] 요산이 카프 동경지부의 자장 안에 있었음을 알 수 있다. 이러한 사실은 1930년 집중된 시쓰기가 1931년 초에 이르러 뚝 그치게 되는 소이와도 무관하지 않았을 것이다.[4] 1932년 여름 귀국하기까지 2년여 동안 요산은 〈무산자사〉와 〈동지사〉와 더불어 활동한 것이 분명하며 이 시기 일정한 의식형태를 갖춘 요산의 세계관이 형성되었을 것이라 생각한다.

「그물」(1932)은 소품이지만 요산의 세계관을 잘 반영하고 있다. 이 소설을 통해 요산은 그의 시선을 식민지 하위주체인 소작 농민의 각성에 두면서 이들을 지배하고 착취하는 상위 계급과 억압적 국가기구의 의미를 말한다. 이 소설이 시사하듯 제국과 국가의 폭력 앞에 처한 민

---

3) 생전 요산은 필자와의 대담에서 와세다 시절 안막, 이찬, 이원조 등과 교분을 나누면서 독서회를 통해 『자본』 등을 읽고 부두노동자 파업에 동참하였다고 술회하였다.
4) 이순욱은 요산의 시 30편을 조사하였다. 이 가운데 23편이 동경 유학시절에 쓴 것으로 1929년 6편, 1930년 15편, 1931년 2편이다. 이순욱, 「습작기 요산 김정한의 시연구」, 『지역문학연구』 제9호(경남·부산지역문학회 2004), 46~47쪽.

중이라는 개념은 요산문학을 일관되게 관통하는 주제이다. 소작 농민과 마름과 지주와 국가기구인 주재소의 관련 양상에 착목하는 이 소설의 시점은 징병과 징용이라는 제국의 폭력적 개입과 국제적 노동 분업으로 이산하는 민중의 삶을 그리고 있는 「오끼나와에서 온 편지」(1977)에 이르기까지 지속된다. 요산 소설에서 주목되어야 하는 것은 그의 작품이 리얼리즘을 어떻게 구현했는가의 문제가 아니라 서술자의 위치와 서술 방식이다. 요산은 거의 대부분 소설을 민중의 위치에서 서술한다. 또한 구체적인 경험적 사실에 입각하여 서사를 전개하고 있다. 따라서 추상적 관념이나 이념이 전제되지 않는다. 가령 「사하촌」(1936)에는 두 가지 이념이 개입하고 있다. 그 하나는 마르크스주의적 반종교 사상이고 다른 하나는 민중 주체적 저항과 국제적 연대이다. 하지만 이 소설에서 이러한 이념들은 구체적인 민중적 사실 위에 있지 않다. 이 소설은 농민들의 주체적 자각과 자발적인 저항을 그리고 있어 국제적인 민중 연대조차 한 인물이 들려주는 "일본의 탄광 이야기"로 암시되는 데 그친다. 이러한 요산 소설의 특징을 리얼리즘의 이상에 미달하는 것으로 평가하기도 하지만 차라리 요산 소설의 미덕으로 보는 것이 더 타당할 것이라 생각한다. 그가 주어진 현실과의 맥락을 놓치지 않으면서 구체적인 것을 탐문하고 있기 때문이다.

제국과 국가와 지식인

간혹 피상적인 관찰자들은 요산의 삶과 문학이 지닌 굴곡을 그의 변화라고 성급하게 말하려 한다. 정세의 악화로 생존이 위협받는 상황에서 일정한 후퇴와 우회는 육체를 지닌 인간에게 피할 수 없는 일이다. 중일 전쟁 이후 우리 문학은 현대주의 추구와 탈정치주의의 길을 걷게 된다. 동아신질서 구상을 통하여 제국의 질서를 재편하고 확장하려는 움직임이 더욱 커져 가면서 식민주의에 대한 저항도 크게 약화된다. 이러한 상황에서도 요산은 식민지 하위주체인 농민의 입장을 벗어나지 않는다. 사회주의적 관념의 투영이 아닌 농민의 주체적인 현실 인식을 통한 저항(「항진기」, 1937)을 말하거나, 전향의 기로에서 민중을 배반하거나 하지 않고 민중과 더불어 고난의 길을 걷는 삶(「기로」, 1938)을 대비한다. 많은 이들이 이 작품 이후 요산문학의 저항성은 약화되거나 사라졌다고 말한다. 가령 「월광한」(1940)은 현실의 피로에서 벗어나려는 낭만적 경향이 뚜렷하다. 그러나 이 소설이 도피와 망각을 칭송하고 있다고 보는 것은 단견이다. 오히려 식민지하 무기력한 일상에 젖어든 남성인물과 대비되는 여성인물인 해녀의 건강한 삶을 통하여 식민지 현실과 거리를 만들고 있다.

실제 요산은 「묵은 자장가」(1941)를 끝으로 절필한다. 이 작품은 역시 불교를 다룬 「추산당과 그 곁사람들」(1940)과 한참 나중에 나오는 「수라도」(1969)의 중간쯤 인식을 담고 있다. 전자가 식민화된 불교의 폐단을 말하고 있다면 후자는 민중 불교의 가능성을 시사한다. 「묵은 자장가」는 타락한 불교를 비판하면서 부처의 본질이 중생의 구제에 있음을 제시하고 있어 비록 식민지 현실을 우회하고 있으나 요산의 세계 인식을 드러내고 있는 셈이다. 이에 앞선 「낙일홍」(1940)은 식민주의가 내포한 인종주의적 편견을 부각함으로써 식민지적 통합 이데올로기의 허구성을 보여주고 있다. 이처럼 1940년대 요산의 소설은 현실의 욕망으로부터 물러나 침묵하려는 그의 입장을 담고 있다.

그렇다면 절필 이후의 희곡 「인가지」(1943)는 어떻게 보아야 할 것인가? 일차적으로 회유 또는 강제에 의한 협력이라고 보아야 할 것이다. 망명을 선택하지 않은 식민지인에게 전시체제란 저항과 협력의 이분법이 적용되지 않는 회색지대이다. 이러한 가운데 지식인과 문인은 제국의 헤게모니에 동의할 것을 강요받게 된다. 문제는 이러한 요구를 어떻게 받아들이느냐에 있다. 적극적으로 식민지 헤게모니에 동의를 표하는 경우가 있을 수 있고 협력 요구에 응하면서 일정한 일탈의 가능성을 열어두는 경우가 있을 수 있다. 이 작품을 읽어보면 지원병으로 가야 하는 당사자에 대한 언급이 전혀 없고 다만 무지한 어른들의 대화, 당시 상황을 철저하게 인식 못하는 민중적 일상이 과장된 채 전경화되어 있을 뿐이다. 따라서 실제의 민중현실과는 상당한 거리가 발생한다. 이를 탈정치성이라고 한다면 「인가지」는 제국이 요청하는 국책극이 아니라 세태극에 머물게 된다.[5] 이 작품이 지니는 예외성은 요산의 글쓰기 전체를 통어하는 작가-서술자 원리에 견주어 보아도 드러난다. 이같이 세태를 거리를 두고 과장되게 보여주는 희곡적 글쓰기는 요산의 본령이 아니다. 또한 신고송으로 짐작되는 "고향선배의 권유에 의해 썼다"는 점도[6] 1943년의 상황에서 있을 수 있는 일이라 여겨진다. 동경 유학시설부터 교분을 이어온 신고송은 당시 국민극 운동에 적극 가담하고 있었고 해방 이후 요산과 함께 〈희망좌〉에서 연극운동을 하게 된다. 「인가지」는 조선어 허용이라는 틈새를 활용하면서 강요된 협력이라는 제국의 폭력에 대처할 수밖에 없었던 요산의 고뇌의 산물이다. 하지만 식민지 회색지대에서 그 또한 일상과 생활을 유지하기 위한 방편으로 일정한 협력을 피할 수 없었던 것은 사실이다.

행동과 글쓰기라는 관점에서 등단 이후 30년대 후반은 요산에게 글쓰기의 시대였다. 요산의 행동은 와세다에서 귀국한 1932년 여름 직접적인 사회적 실천의 형태로 나타난다. 와세다에서 사회주의 사상을 체

---

5) 하정일은 「인가지」를 순응과 일탈의 경계선에 놓여 있는 혼종성을 지닐 뿐 아니라 그 맥락이 만드는 효과가 일탈을 지향하는 작품이라 해석하고 있다. 하정일, 「일제말기 김정한 문학과 탈식민 저항의 세 유형」, 『탈식민의 미학』(소명 2008), 388~389쪽.
6) 요산이 조갑상에게 들려준 내용이다.

화한 요산은 양산농민봉기사건에 개입하게 하면서 피검되기도 한다. 그런데 그의 사회주의는 지식인의 민중지향적 성격을 지닌다. 양산농민봉기사건의 경우 피해조사과정과 조합 재건에 개입하는 형태를 보인다. 1933년부터 요산은 남해에서 교원으로 생활하며 문인-지식인으로서 일상적 수준의 저항의식을 담보한 글쓰기를 견지한다. 1940년 3월 교원직을 사직하기까지 요산의 삶은 그리 큰 굴곡이 없었다 하겠다. 1940년 시작한 《동아일보》 동래지국 일도 신문 폐간과 더불어 문을 닫고 이후 경남도청 상공과 산하 면포조합 서기로 취직하여 해방될 때까지 근무한 것으로 알려져 있다.[7] 이처럼 요산은 생활의 측면에서 비교적 안정적인 처지에 있었다.

요산은 최초 소설집 『낙일홍』(세기문화사, 1956) 「후기」를 통해 "흩어진 옛 작품을 주워 모으면서 누구나 으레 느끼는 자기 작품에 대한 불만과 과거의 문학적 정열에 대한 향수 이외에, 형편이 다른 나는, 십 년을 꼬박 침묵 속에서 보내다시피 한 자신의 무능과 게으름과 혹은 그 밖에 어떤 까닭이 있었다면 그러한 것들에 대한 안타까움과 막연한 반발 같은 것도 마음 아프게 느꼈다"고 술회하고 있다. 그야말로 고통스러웠던 과거에 대한 회한이 느껴지는 대목이다. 그렇다면 그를 침묵하게 한 "그 밖에 어떤 까닭"이란 무엇일까? 요산에게 닥쳐온 해방공간의 격랑이 아닐까?

강대홍과 요산의 관계는 신고송에 못지않은 듯하다. 이는 요산이 동아일보 동래지국을 맡을 당시 강대홍이 동아일보 부산지국장을 맡고

---

7) 당시 면포조합은 도청 상공과의 귀퉁이를 빌린 민간물자 통제 단체였고 조합의 상무는 소설가 한무숙 씨의 부친이었다고 한다. 조갑상, 「시대의 질곡과 한 인간의 명징함」, 『김정한』(강진호 편, 새미 2002), 19쪽. 혹자는 면포조합 서기 일을 두고 협력이라고 단정하기도 하나 대동아전쟁(태평양전쟁) 시기 요산이 신고송, 강대홍 등과 더불어 암중모색하였을 것이라 짐작된다. 특히 강대홍과의 관계는 보다 세심하게 살펴져야 할 것이라 본다.

있었던 인연이나 강대홍의 지원 아래 요산이 해방의 소식을 주고받으며 활동을 시작하였다는 사실에서 알 수 있다. 강대홍은 건국준비위원회 경남지부 총무부장을 맡는 한편 10월엔 부산시 인민위원회 위원장이 된다. 이어서 그는 1946년 1월 결성된 민주주의민족전선 부위원장으로 선출되고 이해 3월에 남로당 부산시당 위원장이 된다.[8] 이러한 강대홍과 요산이 일제말기에 교분을 갖고 함께 해방을 맞았다는 사실은 의미심장한 바 있다.

요산은 해방과 더불어 진정한 민족문화를 수립한다는 기치 아래 신고송과 함께 희망좌라는 연극운동에 관여한다. 아울러 1946년 2월 10일 조선문학가동맹 부산지부장을 맡는다.(위원장 김정한, 서기장 류열, 서무부장 정용수, 재정부장 홍남식 등) 아울러 이해 2월 14일 조선예술연맹 부산지구협의회가 결성되는데 요산은 이 단체의 위원장으로 피선된다. 이때 도인민위원장인 노백용이 축사를 하였다. 또한 요산은 부산 민주주의 민족전선에 참여한 바 있고 이후 미군정이 민전을 탄압하는 등의 정세 변화에 대처하면서 1947년 7월 27일에는 공위경축민주임정촉진인민대회에 문화인 대표로도 참석한다.[9] 이러한 일련의 사실을 통해 우리는 두 가지를 확인할 수 있다. 그 하나는 김정한이 철저하게 지역을 근거로 활동하였다는 점이고 다른 하나는 그가 "건준-인민위원회-민주주의민족전선"으로 전개된 중도좌파민족주의 노선을 실천해 나갔다는 것이다. 요산은 이러한 실천으로 인하여 1949년 6월 5일 이승만 정권에 의하여 결성된 국민보도연맹에 가입하지 않을 수 없게 되고 한국전쟁 발발과 더불어 생존을 위협받는 위기에 직면하여 구사

---

8) 강대홍에 대한 것은 강만길, 성대경 편, 『한국사회주의인명사전』(창작과비평사 1996) 참조.
9) 박철규, 「미군정기 부산지역의 대중운동」, 『한국근현대지역운동사』(역사문제연구소 1993), 320쪽.

일생으로 생존하게 된다.

한국전쟁으로 정치적 위기에서 벗어나 권력을 공고히 한 이승만 정권은 주지하다시피 반공메카시즘을 통치수단으로 사용한다. 이승만 정권의 메카시즘적 반공주의가 지배하면서 친일파 청산과 함께 자주적 민주주의 국가를 건설하려던 민주주의민족전선은 와해되어 침묵하게 된다. 그러나 이러한 가운데서도 부산지역의 민주민족 지향의 인사들은 재기의 기회를 엿보며 힘을 결집한다. 1954년 무렵 부산대학교 교수인 이종률과 김정한을 중심으로 결성된 '민족문화협회'에는 부산·경남 진보적 지식인들이 대거 참여하고 있다. '민족문화협회'의 활동은 항일 민족운동을 주제로 하는 강연회가 중심이었는데, 민주적 자주의식을 대중들에게 고취시키면서 암울한 현실 아래서 민주 민족진영의 결속을 다지는 역할을 하였다.[10] 이러한 과정을 거쳐 남한 좌파 민족문학의 유일한 생존자인 요산은 "빛나는 4월"과 더불어 부활하는 것이다.

국가와 민중의 고통

해방공간에서의 요산은 행동하는 지식인의 모습을 보였다. 식민 상태에서 벗어나 이상적인 민족-국가 건설에 동참한 것이다. 이러한 과정에서 그는 두 편의 소설 「옥중회갑」(1946)과 「설날」(1947)을 발표한다. 두 편 모두 김해 출신의 사회주의자 노백용 일가와 연관된다. 그런데 소품에 불과한 「옥중회갑」이 던지는 메시지는 단순하지 않다. 먼저 일생을 민족을 위해 싸워온 노 지도자에 대한 '나'의 존경심을 들 수

---

10) 부산민주운동사편찬위원회, 『부산민주운동사』(부산민주운동사편찬위원회 1998)

있다. 이러한 존경심은 또한 '나'의 삶에 대한 부끄러움의 감정을 유발한다. 여기서 부끄러움은 주체를 변화시키는 심리적 기제, 마르크스가 말한 혁명적 정서이다. 다음으로 모스크바 삼상회의의 결정을 기다리는 가운데 가해지는 우익측의 테러와 미군에 의한 노선생 체포라는 당시의 정황을 알리고 있다. 이러한 정황은 이상적 민족-국가 건설의 험난한 여정을 시사한다. 「설날」 또한 10월 인민항쟁으로 투옥된 노백용 일가의 모습을 그리고 있다. 가족의 한 단면이 아니라 새로운 국가 건설을 위한 노씨 일가의 영웅적인 정신을 전하는 한편 이들이 지닌 낙관적 전망을 말하고 있다. 하지만 작가의 이러한 의도와 달리 객관적인 정세는 크게 악화된다.

아래로부터의 국가 건설이 좌절되면서 요산의 행동은 침묵으로 바뀌게 된다. 남한만의 단독 국가가 건립되면서 국가에 의한 사상 탄압과 폭력이 계속되는 가운데 요산은 1947년 교사의 길을 선택한다. 앞서 말한 대로 해방공간에서의 그의 활동으로 후일 국민보도연맹에 연루되지만 다행스럽게도 이러한 위기를 피하게 된다. 그러나 옥중에서 그에게 호를 지어준 김동산과 해방 후 그를 이끌어준 강대홍은 희생되고 만다. 그는 자전적 소설 「슬픈 해후」(1985)를 통하여 이 당시 그의 처지를 전하고 있다. 이 소설과 더불어 이어지는 자전적인 연작 소설을 구상하였으나 아쉽게도 이것이 그의 마지막 작품이 되고 말았다. 따라서 요산의 문학적 생애 재구성에 있어 한국전쟁 전후와 이승만 정권 초기 활동은 잘 알려져 있지 않다. 1950년대 요산은 몇 편의 콩트와 연재소설 『농촌세시기』(1954~1955), 단편 「액년」(1956) 그리고 신문 잡지 등에 쓴 에세이들을 남기고 있다. 그런데 50년대 후반부터 시작하는 에세이 쓰기는 이후 평생 지속된다. 요산의 글쓰기에서 에세이가 차지하는 비중은 유달리 크게 보인다. 그는 에세이를 통하여 시대와 현실 그리고 자기에 대한 발언을 그치지 않았다.

4월 혁명으로 이승만 정권이 무너졌지만 요산의 고난은 이에 그치지 않는다. 그는 다시 군사정권에 의한 해직과 복직의 고통을 겪게 된다. 이러한 고통 이후에 스스로 복귀라고 규정한 「모래톱 이야기」(1966)가 등장하는 것이다. 실로 '복귀'라는 말에 값하는 의미를 지닌다 하겠다. 그럼에도 이는 단순한 문단 복귀로 해석될 수는 없는 일이다. 작가의 측에서 볼 때 이것은 자신의 세계관을 다시 소설쓰기를 통해 표출하는 것이고 한국문학을 바라보는 측에서는 억압되었던 전통의 복원이라는 '문학사적 사건'이 되는 것이다. 그의 복귀는 '단절된 카프전통의 복원', '해방 직후 좌파의 부활', '〈변경의 혼〉의 중심부 진입'으로 그 의미가 매겨지고 있다.[11] 이처럼 그의 '복귀'는 '복원', '부활', '진입'이라는 무게를 가진다.
　실제 요산문학은 몇 번의 침묵에도 불구하고 연속성을 지닌다. 제국과 식민지 민중의 문제, 국가와 민중의 문제는 복귀 전후 요산문학의 일관된 주제이다. 이러한 주제는 그가 문학적으로 침묵하던 시기에도 지속적으로 고민해 오던 사항이다. 해방공간에서 그는 행동으로 이상적인 민족-국가 만들기에 나선 바 있다. 이승만 정권하에서 그는 폭압적인 국가가 민중의 권리를 어떻게 수탈하는가를 보아왔다. 그 또한 식민지 시대와 다를 바 없이 국민-되기를 강요받았던 것이다.

　이십 년이 넘도록 내처 붓을 꺾어 오던 내가 새삼 이런 글을 끄적거리게 된 건 별안간 무슨 기발한 생각이 떠올라서가 아니다. 오랫동안 교원노릇을 해오던 탓으로 우연히 알게 된 한 소년과, 그의 젊은 홀어머니, 할아버지, 그리고 그들이 살아오던 낙동강 하류의 어떤 외진 모래톱―이들에 관한 그 기막힌 사연들조차도, 마치 지나가는 남의 땅

---

11) 최원식, 「90년대에 다시 읽는 요산」, 『문학의 귀환』(창비 2001), 228쪽.

이야기나, 아득한 옛날이야기처럼 세상에서 버려져 있는 데 대해서까지 차마 묵묵할 도리가 없었기 때문이다. －「모래톱 이야기」에서

복귀의 변이라 할 수 있는 이 작품의 서두가 시사하는 의미는 두 가지이다. 그 하나는 스스로 민중과 그들의 땅에 대하여 이야기하겠다는 의지이고 다른 하나는 아무도 이러한 민중 이야기를 하지 않는다는 사실이다. 이로부터 요산은 십 년 동안 많은 민중 이야기를 쏟아낸다. 그에게 민중은 누구인가? 그들은 자기 땅으로부터 소외되고 국가로부터 격리되거나 추방되는 자들이다. 「모래톱 이야기」와 「유채」에서 주인공들은 오랫동안 지어오던 땅을 국가 권력에 의해 수탈당한다. 주거공간을 빼앗기고 굴에서 짐승처럼 살거나(「굴살이」) 가진 게 없어 변두리 고지대에 무허가 판잣집을 짓고 사는(「산거족」) 이들은 국가로부터 어떠한 보호도 받지 못한다. 이들은 국가가 만든 사회적 기준에 따를 때 유령과 같은 존재들이다. 불법적으로 거주하고 노동하는 사람들에게 국가는 없다. 이들은 국가를 구성하는 주체가 못된다. 그렇다면 이들이 무엇을 할 수 있는가? 스스로 주체가 되는 것은 가능한 일인가? 「인간단지」가 시사하듯 그들만의 세계는 구성되지 못한다. 이 소설을 두고 인간성 회복이니 인간주의 운운하는 것은 단순하다. 국가로부터 낙인이 찍혀 추방되거나 격리된 이들에게 인간주의는 가장 낮은 이념에 불과하다. 그들만의 세계를 형성하려는 노력은 어떠한 외부도 인정하지 않으려는 국가에 대한 투쟁으로 귀결될 수밖에 없다. 이미 요산은 식민지 시대 작품을 통하여 방화와 폭력과 자살이라는 양상들을 보인 바 있다. 저항과 폭력은 요산문학의 또 다른 주제이다. 그는 비폭력을 옹호하지 않을 뿐 아니라 폭력에 폭력을 가하는 보복과는 다른 의미의 폭력을 제시하고 있는데 이는 대항폭력(counter-violence)과 다른 반폭력(anti-violence)이라 할 수 있겠다.

요산이 민중을 이야기한다는 것은 또한 국가의 조건을 생각한다는 것이다. 국민-국가라고 했을 때 국민은 누구이고 국가는 무엇인가? 요산문학의 핵심은 이러한 질문 속에 고스란히 담겨 있다. 일제시대에 독립운동을 하거나 농민운동을 한 사람들이 해방된 국가에서 핍박을 받는 이유가 무엇인가? 민중을 위한 나라를 만들자는 사람들이 '빨갱이'로 내몰리는 까닭은 무엇인가? 또한 국가는 왜 진실을 말하는 지식인의 입을 막으려 하는가? 모든 해답이 국가(state)의 상태(state)에 있다. 복귀 후 요산의 문학은 식민지 지배질서와 해방 이후의 국가가 그 상태에 있어 크게 다를 바 없다고 이야기한다. 「수라도」에서 독립 운동가를 배출한 집안보다 친일파 집안이 득세하며 독립 유공자 후손인 「독메」의 주인공은 가난의 대물림에서 벗어나지 못한다. 「지옥변」과 「오끼나와에서 온 편지」는 일제하 강제 징용피해자의 후손들이 겪는 비참한 삶을 서술한다. 「과정」에서 국가는 국가를 보호해야 한다는 명목으로 양심적인 학자를 심문하고 고문한다. 허약한 국가의 상태를 국가보안법이라는 제도적 폭력을 통해 지키려 하는 것이다.

땅과 지역의 의미

요산의 민중은 특정계급으로 환원되지 않는 유연한 범주이다. 말할 것도 없이 그의 문학이 농적(農的) 가치 위에 있는 것은 사실이다. 하지만 단순한 농민문학이 아니라 땅이라는 근본적인 토대를 말하고 있기에 그의 문학이 거듭 새롭게 읽힐 소지는 크다. 그의 민중은 오늘날 소수자, 사회적 약자, 하위주체(subaltern) 등으로 그 개념이 이월되면서 재인식될 수 있을 것이다. 하위주체가 소수자와 사회적 약자를 포괄하는 개념으로 설정될 수 있다면 요산의 민중문학은 이제 하위주체의 문학이 된다. 원래 프롤레타리아에서 출발한 개념인 하위주체는 오늘날 성, 인종, 문화적으로 주변부에 속하는 사람들로 확장될 수 있다. 신자유주의적 세계화로 자본과 국가로부터 소외되는 하위주체는 더욱 늘어날 것이다. 그렇다면 "따라지"들을 천착해온 요산의 문학은 이제 하위주체에 대한 탐문으로 나아가야 한다.

민중 개념이 그러하듯 요산의 문학을 리얼리즘으로 제약하는 것은 잘못이다. 이 글 첫머리에서도 말했듯이 요산은 리얼리즘을 자신의 창작방법론으로 전제하지 않았다. 오히려 앞서 인용한 「모래톱이야기」의 서두나 "역사를 공부하는 사람들이 먼 옛날의 인류 생활의 실태를 파악하기 위하여 도처에서 열심히 고분을 파헤치듯이, 나는 오늘날의 우리들의 진실의 한 부분을 알아보기 위해, 지난 여름 강원도의 탄광지대를 몇 군데 돌아다닌 일이 있다."라는 「오끼나와에서 온 편지」의 첫머리처럼 그는, 고고학자가 하듯이 민중 사실을 파헤쳐 그것을 우리에게 이야기하려 한다. 이러한 그의 태도는 참여-관찰이라는 변증법적 방법을 선택하여 민족지를 기술하는 인류학자를 닮았다. 요산의 소설, 나아가 그의 글쓰기에서 주목해야 하는 것은 개방성과 이타성이다. 그의 글은 변증법의 끝을 목표로 하지 않는다. 실제 그는 대화 상대인 독자가 누구인가를 염두에 두고 글을 쓴다.[12] 이야기는 공동체를 구성하는 매개물이다. 어찌 보면 요산은 소설을 이야기하듯 써 왔다 하겠다.

요산이 땅의 문학을 옹호한다고 하여 그가 특정한 장소라는 소재주의에 머물렀다고 보는 것은 한계가 있다. 그는 무엇보다 자기 땅으로부

---

12) 요산은 「수라도」와 관련하여 다음과 같은 창작의 방법을 말한 바 있다. "이 작품도 대부분의 나의 작품과 다름없이 배경도 농촌이고 또 독자도 농촌 출신의 청년을 상대로 하였다. 그래서 나는 이러한 작품들에 있어서는 기교-기발한 구성이라든가 소위 재치 있는 표현 같은 건 처음부터 안중에 두지 않았다. 그저 농촌 출신의 사람이 쉬 이해할 수 있고 그들의 과거를 돌아볼 수 있는 소설을 쓰고자 노력했다. 그들은 외양과 기교보다 항상 소박한 것을 좋아하는 성벽을 가졌기 때문이다." 「수라도-역사와 사회의식의 주력」, 《월간문학》 1970년 8월호.

터 소외된 삶을 경계하였다. 여기서 땅은 국가와 지역으로 확장될 수 있다. 「산서동 뒷이야기」와 「오끼나와에서 온 편지」를 통해 읽을 수 있듯이 그의 관심은 아시아 민중 연대로 발전할 수 있는 소지가 있다. 제국과 식민의 경험, 국가 폭력의 경험을 공유하고 있는 아시아 민중의 사랑 이야기는 이미 요산에게서 시사되고 있는 것이다. 요산은 또한 땅의 문제를 생태환경의 문제로 보았다. 매립과 매축이 가져다주는 환경 재앙을 고발하고 있는 「모래톱 이야기」와 「지옥변」, 공업화로 인한 해양 오염을 말하고 있는 「교수와 모래무지」는 한국 생태환경 문학의 시발로 평가하기에 족하다. '낙동강의 파수꾼'인 요산은 이러한 소설뿐만 아니라 많은 에세이를 통하여 생태환경 문제를 제기해 두었다. 땅과 민중에 대한 관심의 기저에 모든 생명체에 대한 사랑이라는 의식이 깔려 있었던 것이다. 이러한 점에서 그의 문학은 새로운 글쓰기의 과제를 제기하기도 한다. 인간 중심의 문학에서 인간과 자연을 하나의 전체로 바라보는 글쓰기가 필요하다는 것이다.

  요산문학은 철저한 지역문학이다. 그의 문학만큼 지역의 장소와 공간에 뿌리를 둔 경우도 드물 것이다. 땅으로부터의 소외는 생활로부터, 궁극적으로는 민중으로부터의 소외를 뜻한다.[13] 요산은 항상 대지의 경험을 근거로 글을 썼다. 오늘날 이러한 경험적 글쓰기는 크게 후퇴하고 있다. 다시 땅으로, 생활로, 민중으로 돌아가야 할 때가 아닌가 한다. "왜 이러한 아름다운 산들이 몇몇 사람들에게만 독차지돼야 하는가?" 「산거족」의 주인공이 부르짖는 말이다. 국가는 무엇을 하고 있는가? 민중은 왜 고통에서 벗어나지 못하며, 왜 저항을 통해서만 자기를 확인할 수밖에 없는가? 요산의 물음은 오늘 우리에게도 여전히 중요한 질문이 되고 있다.

---

13) 최원식, 「지방을 보는 눈」, 『황해에 부는 바람』(다인아트 2000), 35쪽.

민중에 대한 애정과 낙관
— 유현종의 『들불』

유현종의 장편소설 『들불』이 처음 간행된 것은 1976년이다. 이 글의 대상이 된 『들불』은, 그가 다시 고쳐 쓴 작품이다. 고쳐 썼다는 점에서 이 작품은 1976년의 『들불』이 아니다. 실로 20여 년에 걸친 '개작과 수정'의 결과라 할 수 있다. 이처럼 20여 년간 완성을 향한 집념을 풀어놓지 않은 것은 작가가 이 작품을 매우 중요하게 생각하고 있다는 것을 말한다. 작가는 왜 20여 년 동안 한 작품에 대한 미진(未盡)의 염(念)을 떨칠 수 없었을까. '동학혁명의 의미'를 소설로써 정리하고자 한 작가의 의도에 기인하는 것이 아닌가 한다. 다시 말해서 '동학혁명이 한국의 근대사와 현대사에 끼친 역사적 의의'에 대한 해석의 문제가 그로 하여금 자신의 소설쓰기를 되새겨 보게 한 것이다. 이 점은 동일한 역사적 대상이 '동학란', '동학혁명', '동학농민전쟁' 그리고 '갑오농민전쟁' 등으로 해석되어온 과정과 무관하지 않다. 그리고 작가가 책머리에서 '동학혁명'이라고 명명하고 있는 데서 알 수 있듯이, 이 소설은 '동학혁명'으로 해석되는 수준의 역사학적 상상력의 간섭을 받고 있는 것이 사실이다. 그래서 처음 발표될 때부터 동학농민전쟁 시기의 하층

민중을 주인물로 하여 그 생생한 모습을 잘 그려낸 작품으로 높이 평가된 바 있다.

우선 주인물을 중심으로 전개된 사건의 연쇄를 살펴보자. 주인물 '임여삼'은 아버지 '임호한'이 '여진민란'을 주도한 것에 연루되어 어머니와 누이 '상녀'와 함께 관노가 된다. 가축처럼 노비생활을 하던 그는, 상녀를 구출하려고 몰래 숨어들었다 잡힌 고향친구 '곽무출'을 탈옥시키고, 감옥에 갇혔다가 죄수들과 함께 탈출한다. 왜상(倭商)의 종이 되었다 화적의 무리에 끼게 된 여삼은, 화적질 도중 동학군에 합류하게 된다. 동학군 보졸이 되어 김계남의 휘하에서 전주성 전투에서 큰 활약을 하고 2차 봉기 때 공주 전투에 참가, 색주가에서 상녀를 만나고 왜군의 앞잡이가 된 곽무출과도 만나게 된다. 그리고 동학군이 공주성 싸움에서 신식 무기를 앞세운 왜군에 참패하게 되어 그 또한 도주하는 것으로 이 소설은 끝난다.

물론 이 소설이 말하고자 하는 것은 이러한 일련의 사건만이 아니다. 먼저 이러한 일련의 사건 속에서 일어나고 있는, 주인물 임여삼의 성격 변화가 지적되어야 할 것이다. 순박하고 무지한 청년 임여삼이 동학농민군으로 변화되는 과정은 비록 그 변화가 외적인 동기에 의해 유발된 것이라 하더라도 나쁜 상황이 만들어내는 저항적 민중상에 대한 실감을 가져다준다고 할 수 있다. 그리고 이러한 실감은 특히 시대 상황에 따라 변신을 거듭하는 곽무출의 위악스러운 인간상과 대비가 되어 그 효과를 더하게 된다. 주인물을 하층민중으로 설정함으로써 이 소설은, 전봉준이나 여타 영웅적 인물을 주인물로 삼은 소설에 비해 민중적 현실에 대한 실감을 더 많이 제공한다. 영웅적인 인물을 주인물로 삼을 경우 민중적 생활현실은 작품의 주요배경이 되지 못하는 것이다. 이러한 점에서 이 소설이 주인물을 하층민으로 설정한 것은 그만큼 리얼리티를 만들어내는 데 도움이 되고 있다고 할 수 있다. 그렇지만 인물설정에 상응하는 만큼의 민중생활의 구체성이 풍속의 수준에서 보여지고 있는 것은 아니다. 아마 이것은 역사적인 거리가 만들어내는 한계에 연유하는 것이라 할 수 있을 것이다. 그래서인지 주인물 임여삼의 정체성도 매우 유동적이다. 작품 전반부의 거의 무자각적인 상태에서 후반의 지도자적 혹은 영웅적인 상태로 전환되는 과정이 그렇게 필연적인 것은 아니다. 그만큼 역사적 거리를 좁혀 민중사실의 구체에 접근하기가 어려운 탓이다. 이러한 연유에서 이 소설에서 선/악의 대립은 매우 확연한 바 있다. 지배층과 외세, 그리고 이들에 의존하는 세력들은 모두 악으로 그려진다. 그렇기 때문에 역사적인 전체성과 멀어지고 작가가 표면에 내세우고 있는 창작 의도와도 멀어진다. 다시 말해서 농민전쟁 당시의 여러 정치 세력 간의 관계에 대한 구체적인 해석이 약화되어 있는 것이다. 물론 이 소설이 동학혁명 당시의 정치, 경제적 상황에 대한 해석이 없는 바 아니다. 특히 일본의 정치적, 경제적 침탈이 잘 그려져 있다. 일본 자본의 침투가 농촌 피폐화와 농민의 유랑화 그리고 농민봉기로 이어지는 한 계기가 되고 있음을 보인 것은 이 소설의 좋은 점 가운데 하나이다.

그러나 역사와 문학은 서로 겹치면서 차이를 만드는 관계이다. 문학적 진실과 역사적 진실은 상호 연관성을 지니나 평면적으로 교환될 수 없는 관계에 있다. 그래서 한 편의 소설에서 역사적 진실만을 읽으려 해서도 안 되는 것과 같이 문학적 진실이 역사적 진실과 무관한 것으로 봐서도 안 되는 것이다. 이러한 점에서 이 소설에서 드러나는 비역사성만을 들추어내어 이 소설을 평가하고자 하는 것은 잘못이다. 가령, '여진민란'의 경우에서 '여진현'이 존재하지 않는다는 사실을 지적하거나, 일개 현감이 중죄인의 아들을 상급기관에 보내지 않고 관노로 삼았다는 사실이 왜곡되었음을 지적하여, 이 소설을 평가 절하할 수 없는 것이다. 동시에 여러 사람 앞에서 여자의 옷을 벗기거나 목으로 물지게를 지게 하는 둥의, 지배계급의 잔혹성이 과장된 점을 들어 이 소설을 비판할 수는 없는 것이다. 물론 작가의 역사의식을 문제 삼는다면, 왜 역사적 진실에 충실하지 못했는가라고 물어볼 수 있을 것이다. 역사에 충실코자 한다는 작가의 말은 표면적인 의도에 지나지 않는다. 이러한 의도와 달리 작품의 방향은 다른 곳을 향해 있다.

이 소설에서 작가가 가장 주목하고자 한 것은 민중의 순박함, 건강함 그리고 진실됨이다. 작가는 동학혁명을 그리거나 그 주체로서의 민중을 그린 것이 아니다. 동학혁명은 오히려 이 작품의 배경에 지나지 않는다. 그가 그리고자 한 것은 가장 나쁜 상황 속에서도 생명력을 잃지 않는 민중적 삶의 본모습이다. 물론 이렇게 그려진 작가의 민중상은 대단히 주관적인 것이다. 그러나 이 또한 비록 역사의 합법칙성과는 거리가 있는 것이라 하더라도 작가가 보이고자 하는 진실, 문학적 진실에 속하는 것이다. 이러한 점에서 이 소설은 사랑 이야기이다. 그 첫째는 민중에 대한 작가의 사랑이다. 앞서 선악이분법적인 인물설정에서도 보였듯이 민중에 대한 작가의 사랑은 선악의 대비를 이룰 정도로 분명하다. 그 사랑은 혈육에 대한 사랑과 흡사하다. 다음으로 들 수 있는 것은 '임여삼'과 그의 아내 '옥'의 사랑이다.

그러나 옥은 죽지 않았다. 왜병의 만행이 있기 전에 군막촌을 떠나서 일단의 다른 사람들과 함께 남원을 향해 가고 있었다. 동학군이 패하여 논산 쪽으로 쫓겨왔다 했을 때도 쫓아가지 않았다. 돌아올 때까지 기다리고 있겠다고 다짐한 남원에 있으면 여삼이 찾아오리란 생각 때문이었다. 여삼이 그렇게 쉽게, 약하게 죽을 사람은 아니라고 생각하며, 옥은 황톳길을 걷고 있었다.

인용은 이 소설의 마지막 부분이다. 비록 작품 속에서 다소 삽화적인 형식으로 처리되고 있다 하더라도, 여기에 작가가 말하고자 하는 바가 모두 집약되어 있다고 생각된다. 여삼과 옥의 사랑은 환난 속에서의 사랑이면서 그 환난과 무관하다. 그것이 순수하고 고결하기 때문이다. 이러한 사랑은, 옥의 뱃속에 숨 쉬고 있는 생명이 상징하듯이 면면이 이어질 것이다. 이처럼 작가는 민중의 원초적인 생명의 자발성에 낙관한다. 그러므로 작가의『들불』은 대단히 무정부주의적인 자발성에 뿌리를 내리고 있다. 민중이 지닌 원초적, 자연발생적 나아가서는 무정부적 생명력에 대한 사랑과 낙관이야말로 이 소설이 지닌 가장 핵심적인 의도이다. 역사적 사실에 대한 해석이 이보다 우위에 있을 수 없는 것이다. 그래서 이 소설에서의 역사적 사건들은 필연적인 고리로 이어져 있지 않다. 많은 우연들이 모여 하모니를 이룬다. 우연으로 이루어지는 사랑 이야기에 겹쳐지는 역사적 사건들은 얼음 위의 숯처럼 잘 융합되지 않는다. 작가의 관심이 역사보다 인간에 있기 때문은 아닐까.

필연과 우연, 그 어느 쪽이 더 진실에 가까운 것인가. 정말 과거를 그대로 재현할 수 있을까. 물론 불가능할 것이다. 역사소설이 과거로써 오늘을 읽어내는 것이라고 한다면, 작가가 오늘을 잘 읽어내고 있는지의 여부가 평가의 대상이 된다. 이러한 점에서『들불』의 작가가 보인 주관적 역사해석이 비판의 대상이 될 수 있다. 그럼에도 이 작품이 보인 희생적인 사랑의 문제는 진실된 것이다. 오늘날 역사는 점점 삶의 낡은 휘장이 되어 가고 있다. 역사가 무엇을 해준다는 말인가. 역사를 안다는 것이 현실적 삶에 아무런 도움이 되지 않는다고 생각하는 불모의 계절이 다가온 것이다. 이러한 시기에 유현종의『들불』이 던지는 의의가 있을 것이라 생각한다.

식민지의 기억

— 김하기의 『식민지소년』

나도 그렇지만 김하기도 '박정희의 아들'이다. 박정희의 유신체제와 통치 방식 그리고 교육이 대부분 일제 식민지주의에서 차용된 것이라는 점에서 우리 또한 '식민지 소년'이기도 하다. 식민지 시대의 유제인 용의검사를 받고 체벌을 당하거나 화장실 청소를 했다. '국민교육헌장'을 외면서 충성스런 '국민'이 될 것을 매일매일 서약하고 교련훈련을 받으면서 자신의 신체가 곧 국가임을 배우게 되었다. 국가가 정해주는 번호를 운명으로 여기고 진학하였으며 국가가 관리하는 신체의 기준을 통과하기 위해 체력장에서 혼신으로 뛰었다. 나나 김하기 모두 그러한 박정희를 향해 돌팔매질을 한 '호로 자식'이 되었지만 김하기는 8년이라는 영어생활 끝에 한국의 대표적인 작가 가운데 한 사람으로 우리 앞에 나타났다. 그게 1989년이었던가? 유월항쟁 이후 노동자들이 대투쟁이 전개되고 있던 때 그는 "한 젊은이가 갇혀 있다"고 우리에게 호소하였고 마침내 독재 권력은 그를 계속 가두어 둘 수 없었던 것이다. 그리고 30여 년. 그 사이 다양한 유형의 소설들을 써 온 그가 다시 새롭고 의미 있는 글쓰기로 우리 앞에 온 것이다.

　서구에서 자전의 전통은 고백과 성찰과 관련된다. 또한 천재성이나 개성의 뚜렷한 부각을 지향하는 경우가 많다. 사전(史傳)의 전통이 강한 우리의 경우 자전적 글쓰기는 그리 발달한 편이 못된다. 다수의 여성작가들이 자기 정체성을 찾아가는 과정을 자전 양식을 통해 서술하고 있는 경우를 제외하고 이는 그리 폭넓게 수용되고 있는 서술방식이 되고 있진 못하다. 많은 경우 전지(全知)의 시점으로 발화하는 서술자 뒤에 숨어 자기의 말을 하고 있는 경향이 일반적이다.
　김하기의 『식민지소년』이 엄격히 말해서 자전소설인 것은 아니다. 작가가 아버지의 목소리로 서술하고 있기 때문이다. 그럼에도 이 소설은 아버지와의 대화의 산물이라는 점에서 자전소설에 가깝고 어떤 의미에서 공동작이라 할 수 있다. 아버지로부터 전해 들은 소년 시절 아버지의 삶을 33개의 에피소드를 통해 서술하고 있다. 그런데 제시된 33개의 에피소드들은 시간의 흐름에 따라 발생하였던 단편적인 사건들의 단순한 나열이 아니다. 오히려 이들은 그 시대의 생활과 풍속 그리고 이데올로기를 드러내기 위해 선택적으로 배열되어 있다.
　이 소설에서 가장 주목되는 것은 일상과 생활 속의 식민지주의에 대한 탐문이다. 주인공의 어린 시절을 지배하는 가난은 '조선총독부의 토지조사령'에 의해 조부 대에 많은 토지를 동양척식회사에 빼앗긴 데서 기인한다. 이로써 궁핍은 식민지 삶의 생활세계를 구성하는 제일 원리가 된다. 그렇다고 이러한 궁핍에서 벗어나는 길은 열려 있지 않다. 성실한 노동과 절약을 통해 해소되는 것이 아니다. 이보다 '금융조합장 아들 만철'의 존재양식이 보여주듯이 협력을 통하여 가능한 것이 아닌가 한다. 이를 단순하게 친일과 반일 혹은 협력과 저항의 이분법으로 재단할 필요는 없다. 그만큼 식민지의 제도와 권력이

식민지인의 일상과 생활을 간섭하고 있다는 것을 의미한다. 이러한 사실은 해방과 더불어 '배냇소의 출산'을 배치한 작가의 의도에서도 잘 드러난다.

식민지의 일상생활은 제국의 이념이 깃들인 사회와 문화와 정치와 경제의 지층이라 할 수 있다. 일제시대의 소학교를 통해 전개되는 식민지 규율권력에 대한 서술은 이 소설이 내포한 중요한 의미지평이다. 소학교 입학과 더불어 '쥐수염 선생'이 전개하는 학교교육은 거의 '군대식'이다. 지원병에 자원했다 신체검사에 떨어진 '쥐수염 선생'의 등장으로 우리는 주인공이 소학교에 입학한 시기가 1939년경임을 짐작할 수 있다. 식민지 조선에 지원병제가 실시된 것은 중일전쟁 이듬해인 1938년이다. 이 시기부터 식민지 조선인의 신체가 제국의 군사적 필요의 대상이 되었던 것이다. 제국에 충성하려던 '쥐수염 선생'은 기준 미달로 선생이 되었고 자신의 원망을 학생들에게 투사한다. 체벌을 매개로 학생들의 신체를 통제하는 그에 대하여 주인공을 비롯한 몇몇 학생의 저항은 일탈행동으로 나타난다.

동화와 배제는 일제 식민주의의 특징이다. 이는 서구 제국주의가 문명화를 표방한 것과 차이를 드러낸다. 일제의 그것은 문명화를 내세우면서 동시에 일본적인 것에의 동화를 강요하였다. 이러한 점에서 식민지 조선에서의 두 가지 근대의 경합관계를 이해할 수 있다. 서구와 일제가 그것인데 전자가 기독교를 매개로 하고 있다면 후자는 일본주의를 내세운다. 당연히 서구와 일제의 전쟁이 시작되면서 이러한 경합관계는 무너진다. 이 소설에서 기독교와 일제의 경합관계가 해체되는 것은 신사참배를 거부한 '손양호 목사'에 연루되어 주인공의 아버지가 구속되는 사건에서 잘 드러난다. 중일전쟁 이후 더욱 강화되는 일본주의는 소위 '일(日)-만(滿)-지(支)'를 의미하는 '동아'에서 동남아와 태평양으로 나아가는 '대동아' 구상에 이르면 극에 달한다. 먼저

20년대 이래 전개되어 오던 일본어보급운동이 '국어상용'으로 정책 전환이 이뤄지는 것은 중일 전쟁 이후이다. 이는 내선일체라는 황민화 정책의 적극적 추진을 의미하기도 하지만 이와 더불어 징병제를 뒷받침하고 있다. 태평양전쟁(일본의 입장에서는 대동아전쟁) 발발과 더불어 국어 상용화를 전면적인 정책으로 펼치던 일제가 조선어를 완전히 폐지하는 것은 1943년 3월이다. 이 소설에서 '요시다 선생'이 부임하여 '국어상용' 교육을 펼치는 시기가 이즈음이라 할 수 있을 것이다. '창씨개명' 정책 또한 이러한 '국어상용'과 병행된다. 사실 일제는 식민지 지배의 효율성 확보라는 차원에서 조선인의 한문식 이름표기를 호적법에 의해 강제하는 한편 일본식 이름표기를 금지해 왔다. 실제 1910년 이래 평안도 등의 지역에서 일본식 이름표기를 선호하는 일들이 많이 등장하고 이로 인해 식민정책에 혼선이 빚어지기도 했다. 식민지인에 대한 차별성이 드러나지 않아 일제가 이를 금하게 된 것이다. 그런데 중일 전쟁 이후 신생아에 대하여 일본식 이름표기를 허용하다 1939년 후반에 이르면 일본식 이름 짓기를 전면 허용하고 나아가 태평양전쟁 이후 이를 강요하게 된다. 창씨개명은 단순한 이름 변경의 문제가 아니다. 조선의 가족제도 전반을 일본화하려는 동화정책의 극단과 관련된다. '백 순사'의 강압에 못 이겨 주인공의 아버지는 창씨개명에 동의하고 주인공 또한 '가네카와 도케이(金川德經)'로 개명하게 된다.

그런데 이러한 일제의 동화정책은 항상 배제의 원리를 포함한다. '동근동조(同根同祖)'로 표방되는 동화주의 정책에서 일본은 항상 배제의 원리를 포기하지 않았다. 대만과 아이누 등에 써먹던 미개의 논리가 그대로 조선에 통용되지 않음을 안 그들은, '미개' 대신 '빈곤', '불결' '게으름' '교활' 등을 조선의 민족성이라 강변하면서 스스로의 이미지를 '청결' '근면' 등으로 내세우는 동아시아판 오리엔탈리즘을 만든다. 이 소설에서 '용의검사'는 동화정책 안에서 이뤄지는 차별화와 배제의 일환이다. 일제는 조선인에게 부정적인 정체성을 부여함으로써 민족적인 위계질서를 만들려 한 것이다. 이러한 일은 창씨개명에도 여전히 반영된다. 완전한 일본식 이름이 아니라 조선인임을 나타내는 표지를 둠으로써 이를 통해 변별하려 한 것이다.

한 사학자가 말하듯 일제하의 일상적 생활세계는 '회색지대'에 가깝다. 사실 '일본 제국주의의 악랄하고 무자비한 지배를 통한 수탈과 조선인의 광범한 저항운동'이라는 양분법은 일종의 신화에 가깝다. 이 소설에서처럼 일제에 충성하는 '쥐수염 선생'이 있는가 하면 '더벅머리 강 선생'과 같은 민족주의자도 존재하고 나아가 아무런 의욕도 갖지 못한 '박 선생'이 살아가는 협력과 저항이 공존하는 장소가 식민지 생활세계이다. 이러한 가운데 '식민지 소년'인 '나'는 여러 우여곡절을 겪으면서 성장하고 있는 것이다. 공교롭게도 주인공의 식민지 삶은 1931년 만주사변에서 1945년 태평양전쟁에 이르는 '15년 전쟁기'와 일치한다. 특히 일제의 일본주의 이데올로기가 나날이 강화되는 중일전쟁 이후 소학교에 들어가 일제가 패망하기 전에 중학교를 다니면서 해방을 맞는다. 그야말로 '식민지 소년'의 전형적인 삶을 드러낼 수 있는 경험적 지형을 가지고 있는 것이다.

일제가 국민징용령을 공포하고 전시체제로 이행한 것은 1939년 7월이다. 이로써 조선인의 신체에 대한 권리를 일제가 장악하게 된 것이다. 이로부터 전시 체제하의 노동력과 병력 부족을 조선인 강제 연행으로 보충하게 되는데 실제 조선인에게 이 법이 적용되는 것은 1943년의 일이다. 이 소설에서 정신대를 피하기 위해 '외경이 누나'가 시집을 가고 '한실댁' 아들의 전사 소식이 전해지는 시기는 일제가 싱가포르를 함락한 1942년 중반 이후부터 1944년 연간에 벌어진 사건들이다. 나 또한 1944년에 중학생이 되었지만 "군사훈련과 농업실습으로" 일관하는 학교를 다니면서 지독한 배고픔에 시달리게 된다. 이 시기 '유물론자'이며 해방 후 신불산에서 파르티잔으로 활동하게 되는 친구 '차광수'를 만나게 된다. 여기서 '차광수'의 존재는 선연한 만큼 약간의 작위성도 지니는 것이 아닌가 한다. 마르크스주의에 대한 탄압으로 태평양전쟁 후반기에 이러한 사상에 대한 접근이 이루어지기 매우 힘든 상황이었기 때문이다. '카미카제와 똥박 선배'라는 장(chapter)도 따져볼 대목이다. 카미카제 작전이 창설된 것은 1944년 10월 20일이다. 그리고 이 작전에 투입된 대부분 사람들은 정규군인이 아니라 학도병이나 비행예과 연습생이었다. 현재 16명의 조선인 카미카제 특공대 전사자가 조사되어 있고 그 가운데 이와모토 미츠모리(岩本光守)는 1925년 울산군 하상면 연암리 81번지 출생으로 1945년 3월 26일 오키나와 나하 서방해상에서 20세 나이로 전사한 것으로 알려져 있다. 덧붙여 사소한 오류이긴 하지만 외삼촌 집을 드나들며 읽은 책을 소개하는 과정에서 '청록파'라는 용어를 사용한 데서 발견된다. 여기서 해방과 더불어 '청록집'이 발간되면서 조지훈과 박목월과 박두진을 '청록파'라고 명명한 사실을 상기할 필요는 없을 것이다. 하지만 이러한 오류조차 아버지의 목소리를 빈 서술자=작가라는 이 소설의 서술 특징을 반영하는 것이라 할 수 있다.

일제강점기 때 군국주위 교육은 너무 고통스러웠다. 학교 전체가 병영이었고, 선생은 교관이었다. 우리는 식민지 소년으로서 우리말과 우리 이름을 빼앗긴 채, 배고픔과 가난과 열등감에 시달리며 자라났다. 일장기를 흔들며 일본 군가를 부르던 유년시절은 부끄러워서 나의 인생에서 삭제하고 싶은 부분이었다. 하지만 식민지 소년의 시절도 우리에게 주는 교훈과 가치가 있을 것이다.

이 소설의 의도를 진술하고 있는 대목이다. 기억하지 않는 자는 그 기억을 되풀이할 것이라고 많은 역사가들은 말하고 있다. 식민지의 기억 또한 마찬가지이다. 다만 그 기억들이 추상적인 신화나 수사학으로 전락하는 것을 막고 그 구체에 접근하는 일이 필요하다. 이 소설이 가지는 의의는 바로 생활의 구체에 깃든 식민지주의를 아버지의 기억을 통해 재생하고 있다는 것이다.

상처와 상실
─정태규의 소설

야성(野性)에 대한 동경은 정태규의 소설 곳곳에서 드러난다. 「구글 어스」에서 영화감독의 꿈을 간직한 채 학원강사로서 "변화하지 않는" 삶을 살아가고 있는 주인물이 연상하는 것은 "우리 속의 표범"이다. "매일 매일 집과 직장 사이를 시계추처럼 한 치의 오차도 없이 오가며 수업시간마다 똑같은 소리를 레코드판처럼 지껄이는 자신의 삶"이 우리에 갇혀 뱅뱅 돌고 있는 표범과 다를 바 없다는 생각이다. 탈주의 꿈을 실현할 수 없는 현실에서 그가 선택하는 것은 이러한 현실에 대한 "도피"이다. 밤마다 "구글 어스"를 찾아 현란한 사이버 공간을 유영하고 있는 것이다. "공황장애"를 앓고 있는 아내와 음악에 매달리는 고등학생 아들 또한 일상의 우리 속에서 그 일상을 거부하는 도피처를 찾고 있다고 그는 생각한다. 이렇게 보면 정태규에게 야성은 실현가능한 대상이 아니다. 나날의 삶이 원초적인 야성을 거세하거나 억압하고 있다는 우울한 진단이 깔려 있다. 현대적 삶을 비관적으로 인식하고 있는 것이다.

인간은 근본적으로 안식을 갖지 못하는 존재인지도 모른다. 그래서 늘 불안을 버리지 못하고 쫓기며 사는지도 모른다. 그래, 삶이란 불안이란 질병을 앓는 과정일 테지. 그는 아내의 옆얼굴을 보며 속으로 한숨을 쉰다. 아내도 불안이란 질병의 우리 안에 갇혀 있다고 그는 생각한다. 그 자신도 예외가 아니었다. 그 자신도 일상이란 우리에 갇혀 죽어가고 있다는 느낌이다. 그는 아이 쪽을 바라본다. 아이도 제 나름의 우리 속에 갇혀 살아갈 뿐이다. 살아간다는 건 저마다 마음속에 감옥을 짓는 일인지도 모른다. 그 감옥 속에서, 의사의 말대로 쉽게 죽지는 않을 병을 앓으며 또한 서서히 죽어가는 게 삶이다.

3인칭 전지(全知)로 서술되는 경우 주인물의 생각과 느낌은 작가의 분신인 서술자의 생각과 느낌과 일치한다. 대부분 소설의 서술을 전지의 시점으로 일관하고 있는 정태규의 소설에서 작가의 목소리와 만나는 것은 자연스럽다. 인용된 구절은 일견 인간학 일반의 개진으로도 보이지만 비관적 실존론을 내용으로 하고 있다는 점에서 주목된다. 마치 키르케고르의 실존철학에서 종교적인 문제의식의 외피를 소거한 인간 존재의 드러냄처럼 보인다. 불안은 공포와 달리 원인을 찾을 수 없어 치유가 불가능한 의식 상태이다. 그렇다고 자살을 제외하고 이것이 곧바로 죽음으로 직결되는 경우는 드물다. "쉽게 죽지는 않을 병을 앓으며 또한 서서히 죽어가는 게 삶"이라는 것이 주인물의 생각이다. 야성은 이러한 비관적인 삶의 조건의 대척에 있다. 그것은 "킬리만자로의 표범"처럼 아무런 우리를 갖지 않거나 어떠한 우리도 박차고 나가는 "자유로운 존재"의 속성이다.

「구글 어스」에서의 "표범"은 「정글 게임」에서 "퓨마"의 형상으로 나타난다. 우선 여기서 관심사는 선후의 변용문제가 아니다. 유사한 이미지를 추적하여 작가의 의식 변화를 말하고자 한다면 「길 위에서」에 등장하는 "늑대" 이미지를 먼저 살펴야 할 것이다. 이 소설의 줄거리는, 월남전 후유증으로 떠도는 아버지를 찾아나선 주인물 "나"가 마침내 "아버지의 죽음"을 확인하면서 그리고 있던 늑대 그림을 완성할 수 있을 것이라 예감하는 데서 끝맺는다. 상처의 근원을 직면하면서 어떤 의미에서 야성을 회복한다는 시사를 담고 있다. 다시 말해서 "아버지란 이름, 혹은 그 이름의 허망한 흔적, 그리고 그 이름이 되살려줄 혐오스런 유년의 기억들"을 "아버지 찾기"라는 과정을 통하여 풀어내면서 진정한 자기 인식에 도달한다는 것이다. 이 소설에서 "아버지"는 주인물의 삶을 간섭하고 구속하는 기제로 작동한다. "아버지"의 방황과 부재는 주인공의 삶 또한 허위와 가식으로 만든다. 의식의 차원에서 그의 삶은 아버지 베끼기에 다를 바 없다. 아버지의 궤적을 찾아가면서 왜곡된 관계의 틀에 갇힌 자기를 벗어나 정체성을 회복한다. 이러한 과정에서 작가는 늑대의 이미지를 차용한다.

나는 한 마리 늑대다. 달밤이다. 나는 바위투성이 산을 오르고 있다. 눈에 들어오는 것은 달빛에 젖은 황량한 들판과 달빛을 하얗게 반사시키고 있는 차가운 바위들뿐. 나는 고개를 들고 운다. 앞발에 힘을 주고 으르렁거리고, 온몸을 떨고, 다시 달을 향해 고개를 뽑아 올리고 울부짖는다. 바위와 바위를 건너뛰고 건너온 바위를 돌아다보고 다시 눈앞의 바위를 기어오른다. 온몸의 근육을 수축시키고 뒤틀어 올리고 팔과 다리를 흔들어 뻗고 허리를 굽혔다 펴고 어깨를 흔들며 그는 천천히 방안을 돌았다. 그러나 슬픔은 그의 가슴에 둥지를 튼 새처럼 날아갈 줄 몰랐다. 그 슬픔은 여전히 낯설었다.

이처럼 주인공은 스스로 늑대-되기를 상상한다. 하지만 상상된 것으로 존재의 전환이 일어나는 것은 아니다. 상상된 것은 일시적인 위안이 될 수는 있다. 또한 반복적으로 상상될 때 마취제 역할도 한다. 그러나 이것이 근원적인 "슬픔"을 치유하진 못한다. 따라서 아버지 찾기라는 적극적인 행위는 근원적 상처를 대면하려는 의지를 지닌 주인공으로서 필연적인 선택이다. "그 고독하고 냉연한 야성과, 사막처럼 텅 빈 듯하면서도 그 너머에 무언가를 향하여 타오르는 영혼의 불꽃을 느끼게 하는 그 눈"은 상상되나 재현되지는 않는다. 말할 것도 없이 이 소설이 "늑대의 눈" 이미지로 대변되는 야성 재현의 성공 여부에 대한 해답을 목표로 하는 것은 아니다. 무엇보다 중요한 것은 실재에 가까워지려는 노력이다. 의식과 존재의 합치는 하나의 이상에 불과하다. 인간의 의식은 끊임없이 분열되고 찢어진다. 문제는 이러한 의식을 타자와 외물에 종속시켜 봉합하는 데 있다. 비록 실패를 거듭하더라도 자기의식을 지키고 유지하고 확장하는 것이 죽음을 향한 존재인 인간의 실존적 의의다. 「길 위에서」는 존재의 근원적인 조건이 되고 있는 아버지를 찾아가는 과정을 통하여 의지적 자아를 실현하는 삶의 한 양상을 드러낸다. 그런데 이러한 의지적 주인공의 면모는 「구글 어스」나 「정글게임」에서 크게 약화되어 있다. 야성을 찾으려는 주인공들의 행위는 현실에서보다 꿈을 통해 이뤄지거나 야성 이미지의 소비라는 형태로 바뀐다. 가식과 허위를 넘어 실재에 다다르려는 「길 위에서」의 주인공의 의식과 상당한 거리를 만들고 있는 것이다.

그는 간밤의 꿈을 생각한다. 그는 꿈속에서 한 마리 표범을 보았다. 그것은 나뭇가지 위에 길게 드러누워 있었다. 그는 카메라를 어깨에 메고 풀숲에 엎드려 몰래 표범을 바라보고 있었다. 표범의 점박이 무늬와 늘씬한 자태가 너무도 아름다워 그는 황홀한 느낌이었다. 그는 뷰파인더를 통해 표범의 얼굴을 클로즈업시키며 촬영하기 시작했다.

어디선가 누군가가 작은 목소리로 외쳤다. 레디 고.

이처럼 「구글 어스」가 밤의 꿈을 되새기고 있다면 「길 위에서」는 그 꿈을 현실화하려 한다. 많은 이들이 말하고 있듯이 밤의 꿈은 억압된 것의 표출이다. 이러한 점에서 낮의 백일몽이 훨씬 적극적이다. 「구글 어스」의 결말은 밤의 꿈을 기억하는 행위를 통하여 내재된 욕망을 암시한다. 그러나 이러한 암시가 주인공이 기존의 삶의 조건으로부터 탈주할 것이라는 전망을 주는 것은 아니다.

「정글 게임」에 등장하는 "퓨마"는 회복되어야 할 야성의 징표를 지니지 못한다. 오히려 그것은 중독된 이미지를 표상한다. 이 소설의 주인공은 가상세계와 현실의 경계를 구분하지 못한다. 그만큼 가상세계에 중독되어 있는 것이다. 가상을 실재와 혼동하는 가운데 현실을 모두 가상적 실재로 받아들인다. 모니터 화면이 켜지고 꺼지듯 눈앞의 풍경이 그려질 뿐 아니라 인간의 생애나 운명도 "환상"에 지나지 않는다고 생각한다. 포르노와 게임에 중독된 그는 아내와의 대면적 섹스에 실패하고 게임과 현실을 혼동하게 된다. 애초 "퓨마"를 좋아하게 된 것도 퓨마가 지닌 "황태자 같은" "황홀한 이미지" 때문이다. 그러나 이러한 이미지는 그의 꿈속에 들어와 그의 생명을 위협한다. "정글 게임"에서의 가상의 죽음이 실제의 그의 몸을 위협하는 전도가 일어나고 있는 것이다. 그래서 이 소설이 그리고 있는 삶은 매우 그로테스크하다. 이는 가상의 환상에 중독된 삶이 드러내는 환멸적 양상이다. 실제의 삶에서 환상과 환멸은 서로 맞물려 가치를 만들고 희망을 만드는 원리가 된다. 그러나 가상세계의 환상은 끊임없이 그 이미지만을 소비하게 한다. 실제의 삶에 아무런 희망을 주지 못하는 것이다. 이 소설에서 "퓨마"는 더 이상 원초적인 생명력의 상징이 되지 못한다. 오히려 근원적인 생의 에너지를 추락시키고 고갈시키는 죽음의 사자에 가깝다.

「구글 어스」에서 서술된 정태규의 비관적 인간학은 여타의 작품에서도 나타나며 대체로 상실의 시간 현상학으로 명명해도 될 만큼 일정한 지향들을 지닌다: 현재의 삶은 아름다운 과거에 비하여 악화되거나 추악해지고 있으며 시간은 "소멸과 부패"에 이르는 과정과 다를 바 아니다. 그런데 「시간의 향기」는 그의 소설 가운데 예외적일 정도로 훼손됨이 없는 관계들을 서술하고 있다. 아내의 죽음 이후에 주인공이 맞게 되는 삶이 잔잔한 내면의 흐름을 따라 그려진다. 하지만 이 소설의 주된 서술 대상은 아내 "선영"과의 추억이나 그녀의 후배이자 새 아내가 될 "소희"와의 관계나 딸 아이 "민지"에 대한 것이 아니다. 물론 이들도 주요 서술대상이나 이 모두를 배후로 서술자가 드러내려는 것은 모든 것은 사라진다는 시간의 의미이다. 소설 속 행위와 사건에 서술자의 시간관이 크게 개입하고 있는 것이다.

꽃은 지고 열매를 맺고 그 열매가 떨어져 썩어 다시 싹을 틔우고 거기에서 나무가 자라 다시 꽃을 피운다. 시간 속에서······. 생명을 가진 모든 것은 시간이란 배를 타고 흘러간다. 살아 있는 모든 것은 최첨단의 시간을 산다. 누구도 살아보지 못한, 늘 새로운 시간을 살아가고 있다. 산 시간들은 언제나 뒤에 퇴적물을 남기고 사라진다. 저 허공 속으로, 저 우주 속으로 그것은 까마득히 사라져 버린다. 아아, 내가 저 시간 속을 살면서 만났던 꽃송이들은, 그토록 애틋하고 간절한 마음으로 만났던 꽃송이들은, 이제는 저 시간의 퇴적물이 되어 사라져버린 그 소중한 꽃송이들은 어이할꺼나.

이처럼 주인공의 목소리를 빌려 작가는 그의 시간관을 우리에게 전한다. "생명을 가진 모든 것은 시간이란 배를 타고 흘러"간다. 그래서 시간은 상실이자 소멸이다. 그렇다면 그가 말하는 시간은 죽음에 맞춰져 있다. 잎과 줄기의 시간이 아니라 꽃의 시간에 집중된다. 주인공은 결말에서 "어디선가 꽃이 썩어가는 듯한 향기가 난다. 아아, 그것은 시간의 향기 같다. 저 쌓이고 쌓여 부패해가는 시간의 향기"라고 말한다. 죽음을 향한 존재인 모든 유기체에게 시간은 삶의 시간들이다. 그럼에도 이 소설의 주인공은 삶의 시간들보다 죽음의 시간들을 강조한다. 부패와 소멸 그리고 상실이 점철된 삶이라는 해석이 관여하고 있는 것이다. 달리 무(nothingness)에의 지향 혹은 허무의식의 반영이라 생각한다. 시술자의 시선은 삶의 구체들보다 이러한 구체들을 소거한 자리의 끝에 남아 있는 상실과 소멸을 응시한다.

　죽음에 대한 탐구는 정태규 소설의 주요 목록 가운데 하나이다. 「솔베이지의 노래」는 사랑하는 사람의 죽음의 기억을 안고 사는 여성을 등장시킨다. 「겨울에서 봄으로」는 유괴된 딸의 죽음이라는 깊은 상처를 밤하늘의 "별"에 투사하다 그 또한 죽음을 맞는 사내 이야기를 담고 있다. 앞서 언급한 「길 위에서」도 그 결말은 아버지의 죽음이다. 「시간의 향기」가 이미 살펴 본 바처럼 아내의 죽음을 통해 소멸하는 시간을 서술하고 있다면 「나의 친구, 브루스 리」는 친구의 죽음을 계기로 그를 회상하고 있다. 이처럼 많은 죽음들이 그의 소설에 등장하는 것은 삶과 죽음이 인생을 구성하는 기본 얼개라는 데 기인한다. 그런데 「솔베이지의 노래」에서 죽음은 전면적인 장치가 아니다. 이 소설은 얼핏 연애 이야기에 가까우나 주된 테마는 낭만적 사랑의 의미라 할 수 있다. 이 소설에서 낭만적 사랑은 두 층위를 내포한다. 그 하나는 "한윤서"와 죽은 운동권 애인의 사랑이고 다른 한 층위는 "강진우"와 그녀의 사랑이다. 전자가 운동권 애인의 죽음으로 완성되지 못했다면 후자는 그녀가 영국으로 떠남으로써 이루어지지 못한다. 어느 경우든 사랑은 완결되지 않는다. 이처럼 이 소설은 한편으로 사랑 이야기이지만 다른 한편으로 그러한 사랑의 불가능성을 말하고 있다. 그것은 마치 "강진우"가 동경하는 "설산"의 존재와 같다.

　가끔씩 스스로 자폐되어 있다는 답답증 때문에 가슴이 터질 것만 같은 때가 있었다. 그럴 때면 히말라야의 산 속으로 가고 싶었다. 만년설을 이고 선 산봉우리엔 신들이 살아 인간의 마을을 굽어보고 있고 산기슭엔 도인들의 움막이 드문드문 보이고 별빛이 내리는 마을엔 사람들이 착하게 잠이 들고 계곡 사이 푸른 초원에는 말과 양들이 아침의 햇빛 아래 풀을 뜯는 그 산 속의 어느 귀퉁이에 작은 움막을 하나 짓고 살고 싶었다. 눈 녹아 흐르는 그 시린 계곡물에 아침마다 세수를 하면 잃어버린 자신의 얼굴이 말갛게 되살아날 것 같았다. 설산을 향해 매일 내가 누구인가 하고 물으면 어느 날 문득 그럴듯한 대답 하나가 마음 깊숙한 곳으로부터 우렁우렁 울려 나올 것도 같았다.

　지금-이곳의 세계를 떠나 시원의 세계를 동경하는 것은 낭만주의의 의식현상에 다를 바 없다. 꿈이 사라지고 열정도 바닥이 났을 뿐 아니라 아내와의 친밀성마저 잃어버린 "강진우"가 일상과 현실을 버리고 가고자 하는 "설산"은 어떠한 의미를 지니는 것일까? 이는 현재의 "불안과 초조로부터 벗어나" 항구적인 자기와의 합일을 꿈꾸는 것이 아닐까? 그러나 이것은 세계를 상실한 낭만주의에 바탕을 두고 있으며 원초적인 평화와 조화로운 자연, 행복한 순진무구함과 무시간적인 것에 대한 지향을 갖는다. 그러므로 이 소설에서 "설산"은 현재에 대한 강한 거부의식에 투영된 것이며 현재를 극복하려는 의지와 무관하다. 이러한 의미에서 "설산"은 미래의 세계가 아니다. 그것은 삶 이전의 과거부터 영원히 존재하는 것이다. 한 개인의 역사에서 이러한 화해와 조화의 공간은 자주 유년의 세계로 그려진다. 정태규의 소설에서 의식현상으로서의 유년 지향은 뚜렷하다.

「길 위에서」가 보여주듯 의식의 원형으로서의 유년은 정태규 서사의 기저를 이룬다. 유년은 그의 소설에서 평안과 화해 그리고 행복과 환희가 충만한 공간으로 그려지며 시원 혹은 원초적인 것이 가지는 완전함과 순결함에 대한 지향을 대변한다.

그는 시골에서 보냈던 어린 시절을 떠올렸다. 집 앞을 흐르던 맑은 개울물과 검정고무신으로 잡아 올리던 은빛 붕어들, 해거름에 산길을 내려오는 아버지의 높다란 나뭇단에 꽂혀 있던 진달래 묶음, 누렇게 익은 보리가 바람에 출렁이던 들판, 뽕나무 가지에 바지를 찢겨가며 따먹던 오디의 붉은 맛, 호미로 밭두둑을 건드리기만 해도 툭툭 불거져 나오던 고구마, 여름 한낮에 혼곤한 낮잠에서 깨어나 듣던 그 짙푸른 매미소리, 추수가 끝난 텅 빈 들판으로 날려 보내던 화살의 하얀 포물선, 볏짚단의 황금빛 냄새…….

그런데 그의 소설에서 유년 이후 이러한 풍경들은 다시 반복되지 않는다. 월남에서 입은 아버지의 정신적 외상으로 인하여 가족은 해체되고 소설 속의 주인공은 난폭한 현실과 직면한다. 유년의 원형은 사라지고 상실과 상처가 그의 비루한 일상을 이끌게 되는 것이다. 따라서 유년은 한 인간의 삶을 추동하는 내적 에너지가 되지 못하고 타락한 세계와 추악한 현실을 증명하는 기원이 된다. 어떤 의미에서 정태규의 소설에서 유년은 현실의 질곡을 증폭하는 방법이 되며 주된 서술대상과의 거리로 인하여 시적 지평을 보인다. 이는 시원에 대한 서술에서 이미 드러난 바 있듯이 자아와 세계 사이에 내재한 깊은 단절을 드러내는 일과 무관하지 않다. 진정한 시적 지평은 세계와의 근원적 불화에서 비롯하고 이러한 불화를 품은 비극적 인식에서 열린다. 그렇다고 이러한 지적이 정태규 소설이 서정 소설이라는 것은 아니다. 그의 소설은 현실의 구체와 싸우는 일을 포기하는 대신 현실을 애상적 감성으로 수용하려 한다. 가령 독백에 의해 서술되고 있는 「나의 친구, 브루스 리」에서 이러한 서사문법은 잘 드러난다. 이 소설은 우선 "너"에게 말 건네는 형식을 선택함으로써 표제가 말하고 있는 "친구"에 대한 정감을 효과적으로 그려내고 있을 뿐 아니라 "친구"의 일생을 회상한다. 여기서 서술 대상인 "브루스 리"라는 별명을 지닌 "친구"의 삶은 폭력적 질서인 세계로부터 부당한 상처를 입고 좌절하는 것으로 그려진다. 그런데 이 소설의 주된 서술 목표는 이러한 친구의 불행이 아니다. 이러한 불행과 더불어 원형으로서의 아름다운 유년 세계와 단절된 시간들을 말하고자 한다. 이 소설의 의도는 오히려 이러한 대비에서 더욱 잘 드러난다.

강을 따라 위 아래로 아득히 뻗어 있는 모래사장과 쉼 없이 흘러가는 강물과 강 건너 그늘진 벼랑과 강을 가로지르는 철교와 섬진강의 아득한 상류를, 우린 말없이 제법 진지하게 바라보기도 했지. 아아, 그때 우리가 본 세상은 너무도 평화로웠어. 너도 기억할 거야. 그때 우리가 본 세상이 얼마나 아름다웠는지. 난 아직도 기억해. 그때 강 건너 벼랑의 숲에 깃들이고 있던 흰 날개의 물새들이 둥지와 수면 사이를 오르내리던 그 한가로운 날갯짓까지. 하지만 우리가 본 아름다운 세상은 거기까지였는지 몰라. 그날 이후로 우리는 그 아름다운 세상으로부터 강물처럼 자꾸만 멀어져 왔거든.

모든 사물과 교감하고 합일하던 세계로부터 분리와 단절 그리고 훼손과 죽임의 세계로 변전되어 왔다는 화자의 진술은 서술에 개입한 작가의 목소리와 분리되지 않을 것이다. 이러한 사실은 이 소설의 결말에서 다시 한 번 확인된다. "그 옛날 우리가 함께했던 섬진강 송림의 그 아름다운 밤은 어디로 가버렸을까. 그 날개 하얀 물새들은 여전히 거기에 살고 있을까." 그렇다면 유년의 진실과 현실의 진실은 어떠한 상관관계가 있는 것일까? 이는 시적 세계와 소설의 세계만큼 거리를 가질 것이다. 정태규 서사가 안고 있는 문제의식이 여기에 있다.

극화된 화자가 서술을 맡고 있는 소설은 「나의 친구, 브루스 리」와 「겨울에서 봄으로」 그리고 「육교를 건너서」, 세 편이다. 그 외 모두 3인칭 전지의 시점을 보인다. 인칭이 중요한 것이 아니라는 점에서 정태규의 서술은 모두 전지에 바탕을 두고 있다. 그만큼 객관보다는 주관적 해석과 개입으로 일관한다. 세계보다 주체의 관점이 중요하게 작동하고 있는 셈이다. 따라서 주인공이나 주인공을 둘러싼 인물들의 구체적 삶보다는 회상과 정서적 투사가 두드러진다. 이는 「겨울에서 봄으로」에서 유괴되어 죽은 딸을 "별"에 투사하는 사내나 "별" 없는 세계를 자신의 현실로 받아들이는 주인공의 태도에서 잘 드러난다. 여기서도 "별"은 "어린 시절 고향 마을에서 또래 친구들과 냇가 방죽에 누워 올려다보던 별빛 찬란하던 밤하늘"과 무연하지 않다. 「육교를 건너서」가 보이는 회상 또한 과거와 현재의 거리를 만드는 서술전략으로 활용된다. 따라서 "나"가 진술하는 "추노인"에 대한 경험들은 악화되고 속악해진 현실을 증명하는 방안이 된다. 따라서 본래의 서술 대상이었던 인물의 삶이 지니는 구체성이 옅어지는 것이다.

종교적 삶에 대한 물음
— 박명호의 『가룟의 창세기』

종교에 대한 물음

  사람들이 가진 종교적 욕구는 그가 신의 존재를 믿는가 여부에 관계 없이 일반적이라 할 수 있다. 무엇보다 인간은 죽음을 향한 존재이기 때문이다. 삶 속에 항상적으로 내재된 죽음에 대한 인식은 사후 세계와 영혼 등에 대한 자연스러운 관심을 유발한다. 또한 유한자 인간 앞에 놓인 무한한 시공간은 인간을 존재와 삶과 세계에 대한 궁극적인 물음으로 이끈다. 종교는 이러한 관심과 물음에 대한 답변이라 할 수 있다.
  박명호의 『가룟의 창세기』는 종교 문제를 다룬 종교소설이며 특히 기독교에 집중하고 있다는 점에서 기독교 소설이다. 그런데 이 소설이 던지는 문제는 종교에 대한 궁극적인 관심이나 근본적인 물음을 주된 대상으로 삼고 있지 않다는 데 있다. 이 소설은 오히려 종교나 교회에 대한 회의에서 출발한다. 말할 것도 없이 회의도 물음의 한 형식이다. 작가는 회의하는 서술주체인 '나'를 통하여 종교의 의미를 되묻는다.

전체 14장으로 구성된 소설의 주인물은 '나'이다. 경우에 따라 소설의 줄기 이야기를 형성하고 있는 '하가료(河加燎) 목사'를 주인물로 보는 견해도 있을 수 있다. 하지만 극화된 화자인 '나'의 역할이 단순한 관찰자에 그치는 것은 아니다. 텍스트 밖의 텍스트인「작가의 말」에 따를 때 '나'는 실제 작가의 분신에 가깝다. 어떤 의미에서 자전적인 소설인 셈인데 이는 소설의 결말인 마지막 장에서 '나'를 '박 전도사'로 불리게 하는 작가의 서술 전략이 시사하는 바이기도 하다. 이 소설이 자전적이라는 또 다른 증거는 메타소설적인 경향이다. 목사의 길과 소설가의 길은 '나'가 통합할 수 없는 다른 길들이다. '하가료 목사'가 소설과 신학 사이에서 행동주의 신학자의 길을 선택한 반면 '나'는 신학을 포기하고 소설의 길을 찾게 된다. 이는 결말에서 창세기 원고를 불사르는 행위로 시사된다. 이렇게 보면 이 소설은 자전적인 메타 소설이다. 신학을 포기하고 문학을 선택한 작가의 입장이 소설 전체를 관류하는 시점이 되고 있다. 이 소설의 서술 대상은 "나는 왜 신학의 길을 접고 문학의 길을 선택하게 되었는가? 그리고 이러한 선택의 과정에 어떠한 물음과 답들이 놓여 있었는가?"라는 자전적 삶이며 주인물 '나'에게 일찍이 찾아든 허무와 회의에서 비롯한 문제—"종교는 암실이며, 신학은 그 암실을 유지시키는 커튼과 같은 것"(14쪽)—에 대한 답변의 과정이다.

여기서 우리는 '답변의 과정'이라는 점에 주목할 필요가 있다. 신학과 종교에 대한 신학도 '나'의 회의는 대부분 현실과의 관계나 조정의 문제와 연관되며, 자연스럽게 신과 인간의 관계, 인간의 창조적 자유, 섭리 혹은 예정조화설, 신과 신앙, 종교와 사회윤리, 신비주의와 다원주의, 교회와 무교회 등, 다양한 종교 현상과 교섭하는 과정이 소설의 전면에 드러난다. 이러한 점에서 소설에 등장하는 인물들의 성격화 과정에 리얼리티가 부족하거나 평면적이라는 지적은 피할 수 없다. 특히

'나'와 '나'의 거울에 해당하는 '하가료 목사'가 보여줄 법한 내적 갈등이나 내면적 동기들은 크게 부각되지 못하는데 주인물 '나'의 애매한 회의론적 위치가 서술의 긴밀성을 약화시킨 탓이다. 하지만 이 소설은 그 많은 종교적 물음들이 여전히 답해야 할 과제임을 분명히 하고 있어 문제적이다.

신앙과 사회윤리

니체는 "신은 죽었다"고 선언하면서 인간의 자유의지를 최선으로 만들었다. 이러한 니체의 생각을 보다 적극화한 것이 사르뜨르의 무신론적 실존주의이다. '하가료 목사'가 '나'에게 보내온 마지막 편지에는 사르뜨르의 생각이 선명하다. "너는 자유다./선택하라./창조하라./어떠한 도덕도 무엇을 해야 할 것인가를 가르쳐주지는 못한다./이 세계에는 지표라는 것은 없다." 이처럼 사르뜨르의 말을 인용하면서 시작되는 '하가료 목사'의 편지는 사르뜨르가 말한 대로 자신의 자유의지에 따라 현실세계에 반항하며 행동하는 인간에 대한 당위와 찬양으로 일관한다. 문제는 이러한 '하 목사'의 편지를 대하면서 "아직도 '세월'이라는 화두에서 벗어나지 못한 채 허무적이고 주저하는 내 삶의 지표를 제시해 주는 것"(260쪽)을 생각하는 '나'의 반응이다. 그렇다면 이 소설의 결말은 무신론을 향하고 있는 것일까? 이에 대한 지향은 분명하지 않다.

'하 목사'가 '나'에게 가장 먼저 보낸 편지는 바빌로니아 서사시 〈에누마 엘리쉬〉인데 이는 우주창생신화로 해마다 제의적으로 재현되었던 것이다. 〈에누마 엘리쉬〉가 시사하는 바는 세계가 재창조-재해석 될 수 있다는 것이다. '하 목사'의 창세기 다시 쓰기는 바로 이러한 세계관에 연원하는 것이라 하겠다. 그의 두 번째 편지가 말하듯 신의 관점이 아니라 인간의 관점에서 창세기를 씀으로써 성경이 안고 있는 단초적인 모순—가령 진화론과 같은 자연과학의 문제 등—을 해결할 수 있다는 것이다. 명백히 이신론(理神論)의 입장에 서 있는 셈이다. '하 목사'의 창세기는 현대과학에 의해 해석된 세계와 성서 사이를 조정하려는 의도를 담고 있다. 마땅히 인간의 관점이 강화되고 인간의 자유의지가 부각될 수밖에 없다. 이신론에 바탕을 둔 조정신학(mediating theology)은 인간을 자기 목적에 의하여 자연을 지배할 수 있는 존재로 인식하기 때문에 신은 '한정 개념'이 된다. 다시 말해서 신이 자연의 한계—인간의 자연지배—에 옮겨져서 자연을 간섭할 수 없게 되는 것이다.

신에 대한 한정 개념은 섭리론이나 예정론에서 그대로 나타난다. 3장의 두 번째 편지에서 '하 목사'는 "신은 끊임없이 변화하는 본질이 아니라 영원한 실존"이라는 신관을 피력한다. 이러한 신관에 따를 때 신의 섭리에 대한 인간중심적 해석은 부정된다. 그것은 인간의 해석 너머에 존재하는 것으로 진화론이나 인간의 자유의지, 인간의 과학적 능력 등 모두를 포괄한다. 소설의 13장에서 '나'가 유전공학을 창세기 다시 쓰기 작업과 연관시키는 것도 '하 목사'의 관점에 대한 공감에서 비롯된 것이라 할 수 있다. '하 목사'는 예정을 "인간의 선택의지와 보이지 않는 결과의 팽팽한 줄다리기"라고 하면서 "순간순간의 모든 결과를 하나님이 예정해두었다"(240쪽)고 한다. 신의 영원한 간섭이라는 예정론을 신의 간섭 없는 예정론으로 바꾸어 놓고 있는 것이다. '하 목사'는 무엇보다 인간은 자신의 창조적 자유의지에 따라 살아가야 함을 강조한다. 이러한 그의 입장이 기존의 신학과 교회와 충돌하는 것은 당연하다. 기존의 교조적 신학과 교회는 종교를 규율과 제도의 속박에 가두고 있다. 이러한 가운데 신앙은 무조건적인 믿음을 의미하게 되고 기도는 신의 실재에 대한 인식 없는 독백으로 전락한다. 구복과 구원에 대한 신념은 있으나 신과의 인격적인 대화는 없다. 오로지 신의 계시에 맹종할 따름이다. 살아 있는 인격이 아니라 절대적인 타자가 된 신은 우상과 다를 바 없다. 신은 존재하는 대로의 존재이다. 그러므로 축복과 구원을 강제당하는 신은 인간의 주관에 불과하며 이러한 인간의 주관에 의해 운영되는 교회란 인간이 만든 제도에 지나지 않는다. 이러한 점에서 '하 목사'의 신관과 교회관이 설득력을 얻는다. 다만 인간의 창조적 자유의지에 관한 그의 입장은 경우에 따라 무신론적 실존주의로 기울어질 가능성도 없지 않다. 그 또한 신과의 인격적인 대화를 거부한다면 신을 타자화할 수 있기 때문이다.

'하 목사'는 창세기 다시쓰기 작업 이전에 두 가지 신학적 목표를 보인다. 그 하나는 인간해방이고 다른 하나는 교회혁명이다. 그는 이 두 가지 목표를 일찍이 활빈교회라는 천막교회를 통해 실천한다. 정치적 탄압에 의하여 그의 민중신학 운동이 좌절되면서 그는 기성교회 비판에 앞장서는 한편 창세기 다시쓰기를 통하여 신학의 근본적인 변혁을 도모한다. 이러한 '하 목사'는 가롯 유다가 속했던 열심당에 비유되기도 하고 세례요한의 에세네파로 분류되기도 한다.(99쪽) 그런가 하면 종교적으로 무교회주의자이며 정치적으로는 아나키스트의 전형으로 그려지기도 한다.(136~137쪽) 또한 현대판 하시디즘(Hasidism) 운동가로 규정되기도 한다.(144쪽) 이처럼 다양한 면모는 '하 목사'가 문제적인 전위임을 말하는 목록들이다. 이 가운데 '하 목사'를 '현대판 하시딤' 운동가에 견준 '정 목사'의 관점이 주목된다. 대학시절 운동을 하면서 '하 목사'를 만난 '정 목사'는 '하 목사'를 창조적으로 계승한 인물이라 할 수 있다. 그가 벌이고 있는 공동체 마을 운동이야말로 하시디즘의 현대적 발현이라 할 수 있기 때문이다. 하시디즘은 운동의 성화(聖化)―일상생활을 거룩하게 만드는 신비주의―를 요구한다. 이것은 신과 끊임없이 대화하면서 인간과 세상 사이에 깨어진 일치를 재건하는 이념을 지녔다. 즉 사람은 세상을 사랑하지 않고 신을 사랑할 수 없다고 생각하며 신을 사랑하는 일과 이웃을 사랑하는 일을 함께 실천한다. '정 목사'의 '참꽃 마을' 공동체 또한 이러한 이념에 정초하고 있다. 이러한 '정 목사'에게 '하 목사'는 행동주의자 혹은 혁명적 낭만주의자로 받아들여진다. '하 목사'는 교회 제도와 이러한 제도를 뒷받침하는 자본주의 사회를 타파하고자 하는 종교 사회주의 또는 종교 아나키즘의 입장을 지녔다.

숨은 신의 세계

이 소설에서 이야기의 주축은 '나-하 목사' 관계에서 형성된다. "어릴 땐 단순한 호기심으로, 청소년 시절에는 그 어떤 부정(父情)의 끌림으로, 대학시절에는 약간의 낭만으로, 이제는 연민의 정으로 하 목사를 대해 왔다"(87쪽)라는 '나'의 관계규정에도 불구하고 "나는 하 목사의 그러한 삶을 거부하면서도 한편으로는 열심히 추종했는지 모른다"(161쪽)고 자문하면서 "그는 어쩌면 내가 영원히 피할 수 없는 나의 빛과 그림자일지 모른다"(166쪽)고 생각하기에 이른다. 그리고 급기야 그와의 대면을 통해 "나는 자꾸만 솟구치는 그에 대한 연민의 정으로 밤새 잠을 이룰 수 없었다. 그것은 여태 내 몸 구석구석에 짙게 드리워진 그의 그림자였다"(184쪽)고 진술한다. '나'에게 그는 '빛과 그림자'이다. 한편으로 모방의 대상이 되고 다른 한편으로 거부의 대상이다. 하지만 거부조차 나에게 그림자로 남는 수동적 동일시의 대상이다. 이처럼 '나-하 목사' 사이에 형성되는 수동적 동일시의 배경은 무엇일까? 그것은 먼저 '나'의 고아의식에서 찾아지고 다음으로 단

독자의식에서 찾아진다. 고아에 다를 바 없는 '나'에게 '하 목사'는 아버지의 이름이 된다. '나'가 신학을 선택하고 또한 소설을 쓰게 된 연유 가운데 '하 목사'와의 동일시 기제가 일정 부분 자리했을 것이다. 고아에 가까운 '나'와 마찬가지로 '하 목사' 또한 단독자로 고독한 존재이다. '나-하 목사' 사이에 동질적인 존재의식이 겹쳐지면서 둘의 관계는 아버지와 아들의 운명처럼 끊어지지 않는다. '나'는 '하 목사'의 삶을 추적하게 되고 '하 목사' 또한 '나'에게 창세기 다시 쓰기를 거듭 주문한다.

(가) 자네, 이제 그런 시답잖은 소설은 그만 쓸 때가 됐네. 지금에야 말하네만 내 젊은 날의 꿈은 자네와 같은 소설가였다. 나는 일면 소설을 쓰는 자네를 얼마나 부러워했는지 모른다. 나는 처음부터 자네에게 나와 같은 세월을 살아주기를 고집하지 않았다. 다만 내가 목회 생활 했던 것처럼 그렇게 소설을 써주기를 바랄 뿐이다.(310쪽)

(나) 목사나 소설가나 세상의 메시지를 전달하는 것은 마찬가지다. 자네는 내 목회와는 비교가 되지 않을 훌륭한 소설을 쓸 것이다. 목사는 신의 사자(使者)이며 진정한 소설가는 신의 대역자(代役者)다. 대역자란 신의 섭리를 바르게 찾아내는 것이며, 사자란 그 뜻을 바르게 전달하는 것이다. 하여, 소설가는 영감이 필요하고, 목사에게는 신앙이 필요하다. 불행히도 인간에게는 두 가지 능력이 모두 주어지지 않는다.(215~216쪽)

(가)는 신학대학 졸업 무렵 '나'에게 '하 목사'가 보내온 편지의 내용이다. 이 편지에서 그는 '나'에게 소설쓰기를 바라며 인간의 관점에서 그가 시작한 창세기를 완성해주기를 바란다. (나)는 '나'가 목회의

길을 포기하고('나'가 목회를 포기하는 시점은 '하 목사'가 교회를 떠나고 난 일주일 뒤이다) 교회 계통의 잡지사에 취직해 있을 때 그로부터 전해진 편지의 일부이다. 여기서 그는 '신의 대역자'로서의 소설가를 '나'에게 요구하고 있다. 목회의 길을 포기한 '나'는 '하 목사'의 권유를 좇아 창세기 다시쓰기 작업을 계속한다. 독자적으로 성경을 재해석하여온 '나병구'의 조언에 힙입어 '나'는 '하 목사'의 창세기를 개작하기에 이른다. 그야말로 신의 대역자로서의 소설가의 길을 걷게 된 셈이다. 이러한 과정에서 '하 목사'의 마지막 편지를 받은 '나'는 이제는 "그가 죽은 것이 아니라 내 속에 살아 있음을 의미한다"(260쪽)고 생각하게 된다. 그런데 문제는 '하 목사'의 마지막 편지가 앞에서도 말했듯이 무신론적 실존주의자 사르뜨르의 견해로 가득 채워져 있다는 것이다. 이는 무엇을 말하는 것일까? 무신론조차 신의 섭리라는 뜻일까? 인간의 자유의지를 인간의 불멸 가능성으로 해석하는 '나병구'의 시각이나 유전공학을 이와 결부시키는 '나'의 관점도 신의 대역에 해당하는 해석일까? 이러한 의문은 소설의 결말에서 '나'가 그동안 써온 창세기 모두를 불사르는 데 이르러 더욱 증폭된다. 이 과정에서 '나'는 "그의 말처럼 진정한 창조를 위해서 나는 창세기 원고를 불살라야 했다. 그것은 그와의 끝난 인연이 아니라 앞으로 영원히 불꽃처럼 타오를 새로운 인연을 위해서였다"(270쪽)고 말한다. 그렇다면 '진정한 창조'는 무엇일까? 신의 대역으로서의 소설쓰기일까? 아니면 인간적인 너무나 인간적인 소설쓰기일까? 만일 전자라면 소설쓰기를 포기하지 않을 수 없을 것이다. 만일 후자라면 '하 목사'를 통하여 '하 목사'로부터 벗어나 새로운 자아를 찾는 길이 될 것이다.

   이 소설의 문제는 이 글 모두(冒頭)에서 말했듯이 '나'의 시점 위치에 있다. 관찰자적 주인물이라는 규정처럼 애매한 말은 없을 것이다. 그만큼 '나'는 이 소설에서 구체화된 성격으로 그려지고 있지 못하다.

아마 일찍 허무를 알아버린 주체로 설정된 데 연유하는 것이라 생각된다. 따라서 '하 목사'와 '나'가 전개한 창세기 작업 또한 하나의 도전적 사건에 멈추고 만다. 그런데 이 소설에서 '나'의 관찰자적인 면모는 종교의 의미를 찾는 다양한 군상을 그려내는 데 있어 일정한 서술효과를 발휘한다. '나'는 이 소설에서 여러 가지 종교적 삶의 형태와 접한다. 이미 언급한바, 이야기의 줄기를 이룬 '하 목사'나 '하 목사'의 영향권에서 공동체 운동을 전개하는 '정 목사' 외에, 성적 황홀경을 종교적 의미로 해석하는 '오신호', 목회를 현실주의적 관점에서 접근하는 '마웅락', 연구회를 통해 성서를 재해석하는 작업을 하고 있는 '나병구'들, 자신의 몸을 이타적 증여로 여기는 '명숙', 재야운동가로 목회를 포기하고 장로로 이타적인 삶을 살아가는 '한일학 선생', 교회를 통하여 사취를 일삼는 '강 장로', 육욕을 탐하는 '신현숙 집사' 등은 '나'의 관찰자적 시선에 포착된 인물들로 다양한 종교적 풍속을 드러낸다. 이 소설에서 '나'의 시선으로 체험되고 그려지고 있는 이러한 풍속들은 단순한 삽화나 흥미소에 그치는 것은 아니다. 무엇보다 신 없는 종교에 대한 근본적인 대안 모색의 필요성을 반증하는 사례로 제시된 것이라 할 수 있다. 가령 신비주의의 경우 신적인 것의 직접적인 현존 없는 황홀경으로 신적인 것을 위장한다. 따라서 이러한 신비주의가 박제화된 교회의 대안이 될 수는 없다. '신현숙 집사'와 '강 장로'와 그의 부인은 교회의 세속화를 반증하는 인물들이다. 이들을 통해 영성이 사라지고 제도와 개별화된 욕망과 사적 이해관계에 의해 운영되는 교회의 현실이 잘 드러나고 있다.

 이 소설에서 아나키즘은 여러 곳에서 대안으로 제기되고 있다. 하지만 이것이 소설의 이야기 줄기와 제대로 결합되고 있진 못하다. 아울러 아나키즘과 무교회주의의 관련 양상도 선명하지 않다. 또한 군데군데 암시되고 있는 종교 다원주의도 일정한 서술 고리로 연결되고 있지 않다. 그렇다면 이 소설의 지향점은 무엇인가? 다시 이 소설의 결말에서 '나'가 말하고 있는 '진정한 창조'에 대한 물음으로 되돌아가야 할 것 같다. 마르틴 부버는 "오늘날 겉보기에 어떻게 신을 믿고 신에게 의존하고 있는 듯이 보이는 사람들도 마치 일식에 의해서 천지가 혼돈의 절정에 이른 것과 같은 암담한 정신 상태에 빠져 있다. 그것은 바로 신의 일식 때문이다."라고 했다. 그가 말한 '신의 일식'은 파스칼의 '숨은 신'이나 하이데거의 '은폐된 신'에 상응하는 개념으로 이해된다. 그렇다면 인간은 무엇을 할 수 있을까? 『가롯의 창세기』는 진정 신을 보려 한 것일까? 아니면 신의 일식을 보고 있는 것일까? 또한 불완전한 기록들에 매달려 시간을 허비하고 있는 것은 아닐까? 나는 이도저도 작가에게 중요한 문제라고 생각하지 않는다. 이 소설을 쓰지 않으면 그가 말하는 '진정한 창조'의 길을 갈 수 없을 것이라는 강박에 시달렸을 것이라 짐작되기 때문이다. 이는 이 소설이 자전적 요소를 포함한다는 나의 입장에 따른 판단이다. 그렇다면 그는 그야말로 인간적인, 소설의 세계로 내려와야 한다. 이 소설의 마지막 '나'의 소지(燒紙)가 의미심장한 통과의례가 되기를 기대한다. 혹 나의 판단이 틀려 그가 계속 창세기 다시 쓰기 작업에 매달릴지라도…….

해양소설의 경험적 지평
— 옥태권의 소설

해양서사와 해양소설

옥태권의 소설들은 대부분 해양서사와 관련된다. 관심과 경험을 통해 그가 드러내고자 한 것은 우선 해양작가의 면모이다. 상당 기간 승선의 경험을 지녔다는 점에서 그의 소설들은 그가 만나고 겪은 사물들의 재배치에 가깝다. 작가에게 경험과 상상은 서사를 형성하는 기본 얼개이다. 작가들은 경험에 기초하여 상상을 더하기도 하고 상상에서 출발하되 경험적 사실들을 변용하기도 한다. 작가에 따라 어느 한쪽으로의 경사를 보이는 것은 당연하다. 서로 다른 창작 방법은 서로 다른 편향들을 만든다. 환상소설이나 공상과학소설이 상상에 치우친 반면 해양소설은 경험에 의존하는 경우가 많다. 승선경험과 서술능력이 조화를 이룰 때 해양서사의 가능성은 커진다.

엄밀한 의미에서 해양서사는 출항과 항해와 귀항으로 이어지는 일련의 과정에서 생성되는 이야기에 한정된다. 경우에 따라 연안역 어촌과 해양도시의 삶이나 해양 관련 기업 이야기를 포함할 수도 있다. 하지만 해양서사의 기본 뼈대는 아무래도 해양에서의 특수한 삶의 양식이 되어야 할 것이다. 해양소설은 해양서사가 중심이 되는 가운데 모험서사, 여행서사, 가족서사, 기업서사, 연애서사 등이 결합된 장르라 할 수 있다. 해양서사를 구성하는 데 있어 배와 바다와 항구도시는 필수적인 서사공간으로 등장한다. 출항과 귀항 그리고 정박의 과정에서 항구도시도 선원들의 중요한 활동 무대이다. 그렇지만 해양서사의 중심 공간은 어디까지나 바다를 항해하는 배다. 배는 특수한 조건을 지닌 사회의 축도에 가깝다. 배에서의 사회적 관계는 일반적인 사회적 관계에 비해 특수성을 지닌다. 가령 선장을 정점으로 하는 위계적 권력관계는 이러한 특수성을 대표한다. 그러나 이러한 특수성이 매개가 되어 보편적인 삶의 문제로 해석될 소지는 많다.

예를 들어 「선장의 의자」와 「자존심」은 해양소설의 특수성을 잘 드러내 보여주는 작품들이다. 모두 선상의 규율권력의 문제를 말하면서 합리적인 동의에 의한 권위와 질서의 중요성이라는 보편적인 의미를 이끌어내고 있다. 「선장의 의자」는 합리적인 선장과 합리적인 선원의 관계를 말하며 이해와 대화에 바탕을 둔 권위와 질서가 온전한 것임을 시사한다. 이 소설에서 선장은 회사와 선원 사이의 중간자적 위치에 있다. 선장인 '나'는 "선장을 선장답게 지켜주는 건 선장다워지려는 나의 의지와 나를 선장으로 믿어주는 선원들의 신뢰"라고 생각하는 합리적 성품의 소유자다. 이러한 그에게 그의 자리를 재인식시켜준 '3등 항해사'의 존재는 선상 공동체의 원리가 규율의 강제가 아니라 신뢰에 기초한 우애임을 다시 깨우치게 한다. 부당한 회사의 지시를 거부하고 선원들의 안전을 선택하게 되는 것은 신뢰와 우애를 믿는 그로서 당연한 일이다. 이러한 선택이 궁극적으로 선장을 포함하는 선원 공동체를 지키고 살리는 일이 된다. 특히 '황천항해'와 같은 극한 상황에 직면하여 선장은 생사를 가를 판단을 내려야 하며 "배라는 한정된 공간에서" 주어진 권력만큼 책임을 다해야 한다. 그런데 선상 권력의 비합리적 운용이 초래하는 파국은 심각하다. 「자존심」에서 사건의 발단은 선상 종교행위를 금지하는 선장의 조처와 이에 반발한 몇 사람 기독 신자들이 선장과 대립하는 데서 시작된다. 극화된 화자-주인공의 입장에서 이들 쌍방은 모두 비합리적이다. 우선 선장의 행위는 권력남용에 가깝고 신도들의 신앙 또한 교조적이다. 선장의 억압적 선상 규율이 이들에게 징계를 가하게 되는 반면 이들 또한 신의 이름으로 선장을 응보하는 사태에 이른다. 황천항해라는 극한상황에 직면하면서 이들의 대립이 극단에 이르러 마침내 선장이 신의 이름에 굴복하는 상황을 맞는다. 이 지점에서 선장은 신이거나 신의 이름을 빈 '조타수 강씨'로 바뀌게 된다. 돌연한 황천항해 상황의 연출이 서술의 논리를 일정 부분 비약하는 바 없진 않지만 이를 통하여 작가의 서술 의도는 극대화되었다고 생각된다. 작가는 화자-주인공의 위치에서 선상의 합리적 관계가 선상 공동체를 유지하는 길임을 거듭 말하는 한편 개인의 인간됨의 자존이 어떠한 상황에서도 지켜져야 함을 강조한다.

많은 이들에게 해양서사는 낭만과 모험, 여행과 휴식의 얼개로 알려져 있다. 낭만적인 여행자의 경험이나 모험가의 영웅적인 투쟁을 담은 이야기들은 여전한 흥밋거리에 속한다. 그러나 이러한 이야기들은 현대에 와서 지극히 예외적이거나 작가의 작위적 산물일 가능성이 높다. 배 또는 이국의 정박지라는 특수한 제약 조건을 제외한다면 선원의 현실 또한 내륙인의 그것과 크게 다를 바 없다. 만일 이러한 현실에 충실한 작가라면 낭만과 환상이 아니라 구체적인 삶에 착목하게 되는 것이다. 옥태권의 해양소설은 선원들의 다양한 삶을 서술한다는 문제의식을 보인다. 이러한 작가의식은 그의 등단작(1994년 《국제신문》 신춘문예 당선작 「항해는 시작되고」)에서 최근의 선원열전(「갑판 위의 사람들」)에 이르기까지 일관되게 드러난다.

입항하기 전날의 설레임과, 부두에 도착하기 수 시간 전부터 해풍 속에 실려오는 흙내음의 상큼함, 그 때의 벅찬 감정들을 한갓 허무맹랑한 말로 다 표현할 수 있으랴. 바다에서 바라보는 뭍이란 환상의 섬 그 자체였지만, 땅 위의 삶은 단지 냉혹하기만 한 현실 그대로였다. 야간 항해의 낭만과 뭍에서의 풍요로움 사이에는 영원히 좁혀지지 않는 심연의 강이 버티고 있음을 당신들은 아는지. 단지 바라볼 때의 그 환상에서 희망을 제거하고 나면 무기력한 일상(日常)밖에 남지 않는다는 걸, 또한 당신들은 상상이나 해 보았는지. 뱃사람들이 그렇게 부러워하는 뭍의 생활도 생각만큼 풍요롭고 화려하지만 않다는 것을 당신들은 깨달아야 한다.

―「항해는 시작되고」에서

　바다의 삶이든 뭍의 삶이든 '환상에서 희망을 제거하고 나면 무기력한 일상밖에 남지 않는다' 는 동일률로 적용된다는 주인공의 생각은, 옥태권의 소설을 관류하는 작가의 세계관으로 간주된다. 그의 소설 대다수가 타락한 현실세계를 그리는 한편 일상 수준의 진실에 관심을 기울이고 있기 때문이다. 현실주의적 경향의 소설들이 그렇듯이 그의 소설 또한, 등단작「항해는 시작되고」에서 중편「오나시스에게 毒杯를」에 이르기까지 타락한 세계와 진정성의 문제에 대한 탐구에 바쳐진다. 이러한 점에서 그의 해양소설은 모험과 도전 그리고 낭만과 비참이 함께하는 기존의 해양소설의 기대지평을 일정 정도 벗어나 있다. 다시 말해서 그의 소설은 대자연과 인간의 의지보다 인간의 윤리 문제에 주목하고 있는 것이다. 이는 그의 소설이 여러 가지 시선으로 서로 다른 위상의 사람들을 서술 대상으로 삼는 일과도 연관된다.

윤리적 서술 위치, 긍정적 주인공들

일곱 편의 소설에서 보이는 옥태권의 시선-서술 시점은 다양하다. 모두 서로 다른 인물의 위치에서 이야기를 전개하고 있다. 위로는 선장으로부터(「선장의 의자」) 중간 간부나 사관을 거쳐(「항해는 시작되고」, 「자존심」, 「오나시스에게 毒杯를」) 아래로 하급선원에 이르고(「갑판 위의 사람들」), 남성중심적인 해양소설에선 드물게 여성의 입장으로 드러내기도 하며(「항해하는 여자」), 나아가 기관이라는 기계를(「꽤 생각 있는 기계의 우울」) 서술주체로 삼기도 한다. 그만큼 그가 펼치는 시선의 스펙트럼이 넓다. 시선의 확장은 사실에 대한 관심의 규모가 크다는 것을 의미하며 경험적 사실에 서술의 우선권을 부여하려는 의도를 반영한다. 작가는 실제 경험에 유인된 인물과 사건을 서술하는 데 주력한다. 다른 해양작가와 마찬가지로 그의 경우도 해양경험은 특권적 위상을 보장한다. 이러한 위상이 해양과 관련한 정보, 지식, 삶의 양식, 풍속 등을 다양한 시각에서 조망하게 하는 것이다.

서술 대상을 다원화하는 시점이 서술의 집중성을 약화시킬 수 있다는 우려를 낳는 것은 사실이다. 다양한 인물로의 빈번한 관심 이동이 인물의 성격화보다 이런저런 사건들의 연쇄에 치중하게 할 수 있으며 인물을 통하여 세계관 혹은 이념을 드러내기보다 풍속을 제시하는 데로 기울 가능성이 큰 탓이다. 시선의 확장이 개성적인 인물의 창조로 이어지지 못하는 경우는 많다. 특히 인물 자체의 내적 필연성보다 외부에 있는 작가의 시점이 투영되어 인물의 행위가 결정될 때 그러하다. 옥태권 소설의 시선 확장이 가지는 의의는 소설의 시점이 인물의 논리인가 아니면 작가의 논리인가에 달려 있다. 물론 인물의 논리인가, 작가의 논리인가라는 질문은 엄밀한 의미에서 올바른 질문은 아니다. 모든 시점은 작가의 논리이기 때문이다. 문제는 인물과의 관계이다. 인물을 서술 내적 논리에 의해 배치하는 것은 작가의 임무이다.

일곱 편의 소설 가운데 최근작인 「갑판 위의 사람들」은 인물 열전 형식으로 쓰인 연작이다. 그는 이 소설을 통하여 배에서 생활하는 다양한 군상들—복싱 챔피언 출신의 조타수 박두석 씨, 우리뭉치라는 별명을 가진 살롱보이, 기관장 우문걸 씨 등—을 제시하고자 한다. 그래서 대체로 작가는 서술자를 객관적인 위치에 두려 한다. 이러한 시점은 "배란 아니 삶이란 원래 사소하고 쪼잔한 것들의 총합이 아니겠는가. 본질보다 비본질적인 것이 더 재미있고, 영양가 없는 일일수록 신이 날 수도 있는 법이다."(「갑판 위의 사람들」(2)에서)라는 작가의 입장을 반영한다. 선원들의 사소한 애환들을 이야기하겠다는 전략이다. 이러한 전략에서 이 소설은 에피소드 위주의 인물 열전이라는 형식을 취한다. 인물 열전의 형식이 지향하는 서술효과는 교훈과 재미의 동시 제공인데 이 둘은 서술과정에서 분리되지 않고 결말의 반전을 통해 통합된다. 이들 연작은 웃음을 자아내면서 선상 공동체가 지향하는 우애의 가치를 부각시킨다. 이러한 점에서 이 소설의 시점들이 작가의 따스한 인간주의를 반영하고 있다고 할 수 있다.

반전의 효과를 통하여 인물열전의 재미를 유발하고 있는 「갑판 위의 사람들」 연작을 제외한 여섯 편의 소설들은 모두 내적 시점을 선택하고 있다. 극화된 주인물이 등장하는 「항해는 시작되고」와 「꽤 생각 있는 기계의 우울」과 「선장의 의자」 그리고 「자존심」은 물론이고 3인칭 시점인 「항해하는 여자」와 「오나시스에게 毒杯를」도 전지(全知)의 입장인 내적 시점으로 서술되고 있다. 이렇게 보면 옥태권의 소설에 등장하는 모든 인물에 작가의 해석자적 입장이 투영되어 있다고 할 수 있다. 물론 서술자와 작가를 분리하는 것은 이론적으로 가능할지 모르나 실제는 그럴 수 없다고 생각한다. 따라서 외적 시점이라는 것도 실상은 작가의 산물이다. 하지만 외적인 입장과 내적인 입장이 서로 다른 서술효과를 불러 오는 것은 사실이다. 이는 신뢰의 문제, 인물의 역동성 문제, 리얼리티의 문제 등 다양한 국면과 결부된다. 내적 시점으로 서술된다는 점에서 옥태권의 소설이 보이는 다양한 시선들은 부챗살의 형국을 하고 있다. 모든 시선들이 서술자의 이면에 위치한 작가의 시점에 연원하고 있는 것이다. 그리고 이러한 부챗살 시점은 그의 소설이 인간 윤리의 문제를 다루고 있다는 앞서의 지적과 연관된다. 옥태권의 소설은 현실에 대한 그의 회의적 시각에도 불구하고 인물, 나아가 보편적 인간이 지켜야 할 윤리와 질서 그리고 삶의 진정성을 전제하고 있다. 이러한 전제는 그의 소설이 그리고 있는 대다수 주인공들이 긍정적 인물이라는 사실로 반증된다.

「항해는 시작되고」에서 '나(오인환)'는 "언제나 세상은 내 존재와 상관없이 잘 돌아가고 있지 않은가"라고 생각하며 현실과 일정하게 거리를 두거나 타협하며 살아가지만 선원을 죽음으로 내모는 결정적인 음모에 행동으로 맞선다. 그의 내면에 지울 수 없는 진정성—이는 '머릿속에 태평양 바닷물이 들어와 출렁이고 몸 전신에 퍼져 있는 실핏줄까지 푸르름으로 젖어드는 느낌'으로 비유된다—이 내재해 있기 때문이다. 기계를 의인화하고 있는 「꽤 생각있는 기계의 우울」은 작가가 지닌 윤리적 시점을 가장 극명하게 보여주는 소설이다. 기관의 위치에서 인간의 부패와 타락을 비판하고 있다는 점에서 한편으로 시선의 전도를 통하여 서술 효과를 새롭게 하고 다른 한편으로 작가의 의도를 뚜렷하게 부각시킨다. 이 소설에서 작가는 인간 사이의 윤리를 넘어 기계 또는 사물과의 윤리라는 문제의식을 드러낸다. 이처럼 옥태권의 소설에서 윤리적 서술 위치는 지배적이다. 가령 「선장의 의자」가 선장의 윤리를 말하고 있다면 「자존심」은 '자존심'으로 불리는 주체 세우기 혹은 자기에 대한 배려의 문제를 다루고 있다. 아울러 「항해하는 여자」는 선원 남편을 둔 여성이 선상 경험을 통하여 남편을 이해하는 과정을 그림으로써 사랑과 신뢰라는 고전적 덕목을 확인하게 한다.

　윤리적 위치에서 내적으로 개입하는 시점은 그의 소설을 긍정적 인물 소설로 만들고 있다. 긍정적 인물이기에 세계와의 급격한 단절 (달리 말해 비극적 세계관)이 없을뿐더러 자기와의 단절 또한 심각하지 않다. 여전히 "삶을 탱해주는 그 무엇"(「자존심」에서)에 대한 믿음을 지니고 있는 것이다. 이러한 믿음은 인물들이 견지한 것이기도 하고 작가의 것이기도 하다. 옥태권의 소설에서 실망과 회의, 연민과 동조 등의 주관적 정서는 세계와의 관계를 나타내는 지표가 된다. 그런데 세계와의 대립은 무엇보다 세계관에서 비롯한다. 세계와의 단절, 아이러니한 삶의 조건들을 통해 소설의 인물들은 성장한다. 소설에서 문제적 개인이 만들어지고 범죄와 폭력적 개성이 형성되는 것은 세계와의 근본적인 대립이나 진정성을 찾을 수 없는 인물의 절망에서 비롯한다. 옥태권은 「오나시스에게 毒杯를」을 제외하고 부정의 세계관에 의해 형성되는 성격을 창출하지 않고 있다. 대부분의 소설에서 보이는 그의 입장은 타락한 세계일지라도 지켜져야 할 선험적 윤리와 질서가 있다는 것이다. 무엇이 그로 하여금 이러한 입장을 갖게 하였을까? 이는 순전히 작가론에 해당하는 문제이며 여기서 분명한 답을 하긴 어렵다. 승선 체험이 만든 무의식일까, 아니면 그에게 내재한 그 어떤 윤리적(종교적) 아비튀스일까? 어느 경우도 다 해당될 것이다. 「자존심」이 암시하듯 성장과정의 종교적 교양체험이 있을 수 있다면 중간간부 선원으로서의 선상 체험이 이에 겹쳐질 수 있는 것이다.

타락한 세계에서의 진정성 추구 방식

긍정적 주인공들의 존재는 달리 타락한 세계를 입증한다. 이러한 타락한 세계와 맞서고자 하는 인물이 있다면 그는 영락없이 문제적 인물이 될 수밖에 없다. 사실 근대소설은 이러한 타락한 세계에서 진정성을 찾아가는 인물들의 역사이다. 크고 작은 공동체의 존재와 일시적이나마 등장한 꼬뮌의 역사적 공간에서 문제적 주인공들이 소멸하는 경험은 있을 수 있다. 가령 선박 공동체도 문제적 주인공의 개념을 약화시킬 수 있는 것이다. 해양소설의 공간이 배라는 한정된 장소가 중심이 될 경우 그것이 한 사회의 축도라 하더라도 현실세계를 은유하기에 한계가 있다. 따라서 출항과 항해와 귀항이라는 전 과정을 제도화하는 사회에 대한 폭넓은 관심이 요청된다. 등단작 「항해는 시작되고」에서 시사된 이러한 전망은 중편 「오나시스에게 毒杯를」에 이르러 보다 명료해진다. 이 소설을 통해 그는 "타락한 세계에서 타락한 방법으로 진정한 가치를 추구하는 인물의 이야기"라는 골드만의 현대소설 명제에 접근한다.

옥태권이 이 소설이 골드만의 명제를 실행하고 있는가의 여부는 그리 중요하지 않다. 무엇보다 중요한 것은 그가 이러한 명제와 만나면서 그의 소설쓰기의 보폭을 확대할 수 있었을 것이라 짐작되는 대목이다. 가령 소설 후반부에서 진술되는 "부정한 시대를 응징하는 방법은 부정한 방법밖에 없는 것인가"라는 주인공의 인식은 여태껏 주관적 시점에 의해 부조(浮彫)되던 긍정적 인물상과는 상당한 거리를 가진다. 이 소설에서 주인공은 환멸의 세계에 대하여 '복수'의 방법을 선택한다. 그런데 문제는 살인 등 범죄 형태로 나타나는 복수에 있다. 주인공이 소설의 첫머리에서 벌써 '복수는 나의 것'이라는 생각에 사로잡혀 있기 때문이다: "내게 주어진 삶이 온전히 나의 것이라면, 내 삶을 소모할 권리도 내게 있는 것이다. 비생산적인 삶이라고, 소모적인 삶이라고 비웃어도 좋다. 포기해버린 삶을 이어가는 유일한 이유, 내 아픔의 크기보다 훨씬 큰 증오와 찬란한 복수, 그리고 욕망의 허망함을 단죄하는 것만으로도 족한 것이다." 이처럼 소설의 첫머리에서 서술자는 주인공의 고백을 통해 그의 행위를 미리 규정하는데 이 대목에서 이 소설과 골드만의 명제가 가지는 연관성은 상당 부분 퇴색하고 만다. 골드만에게 있어서 주인공의 행위의 타락은 진정성에 직접적으로 가 닿을 수 없는—수직적 초월의 불가능성—상황에 기인하며, 따라서 행위자의 선택이 필연적으로 타락할 수밖에 없다는 데서 그 의미가 찾아진다. 행위자인 주인공의 필연성이라는 문제가 전제조건이 되고 있는 것이다. 물론 계획된 복수도 타락한 세계에 웅전하는 타락한 방식임엔 틀림이 없다. 그러나 이것이 지닌 사인성(私人性)이나 전제된 설정에서 세계의 리얼리티(객관적 진실)를 드러내기보다 그 스스로 타락한 세계의 일부가 되는 한계를 갖기 마련이다. 이러한 의미를 내포하는 지점에 옥태권의 「오나시스에게 毒杯를」이 놓여 있는 것이다.

  이 소설의 줄거리는 대강 다음과 같다. 주인공— '제세상선 그로벌스타호 1등항해사 김인하'는 낭만적 사랑의 소유자이다. 이러한 낭만적 사랑은 '제세상선 사장 박종석'의 음모에 의하여 파괴되고 만다. '김인하'가 사랑한 '민서린'이 남성중심적 자본제의 희생물이 되었기 때문이다. 이리하여 그는 그의 낭만적 사랑을 환멸로 만든 이들에게 복수하고 '에게해'에서 '민서린'과 함께 정사(情死)한다. 얼핏 보아도 낭만적 사랑과 자본주의 사회라는 대립구도를 읽게 한다. 자본주의 사회는 교환가치가 지배하는 사회이며 따라서 낭만적 사랑의 진정성은 교환관계에 의해 쉽게 훼손된다. 이러한 맥락에서 낭만적 사랑의 추구라는 주제는 타락한 사회에서 진정한 가치를 추구하는 과정으로 서술될 수밖에 없다. 주인공 '김인하'와 '민서린'의 사랑도 타락한 사회에서 진정한 가치를 추구하는 과정의 한 양상이라 할 수 있다. 그런데 이들의 사랑의 과정은 두 인물이 겪는 내적 필연성보다 외적 조건들에 더 초점이 맞춰져 서술된다. 따라서 낭만적 사랑이 자본주의적 교환 가치에 의해 훼손되거나 좌절되는 과정이 아니라 폭력적 세계에 의해 희생되는 사랑의 주인공들이라는 대상이 부각되는 것이다. 이럴 때 세계에 대한 전면 부정의 비극적 무대가 소설의 바탕이 된다. "가진 자와 못 가진 자, 계층과 계층이 뒤죽박죽이 되어 원시의 상태로 돌아갈 수 있도록 탈수했으면 싶었다"는 주인공의 생각은 희생자의 욕망에 지나지 않는다. 따라서 그의 복수는 타락한 세계에 대한 복수일 뿐 진정성을 추구하는 과정에서 자기도 모르게 그 세계의 일부가 되는 필연적 타락은 아니다. 그래서 그는 "내 삶의 항로가 결코 정상항로가 아니라는 것은 안다. 그러나 불가피한 항로를 선택해야 하는 경우가, 인생이란 항로에도 왕왕 있는 것이다. 나는 그저 운명이란 놈의 힘에 이끌려 항로를 선택당한 것이다."라고 생각하게 된다.

이 소설에서 진정성의 문제로 제기된 낭만적 사랑은 주인공의 행위를 통해 나타나지 않는다. 그것은 기억 속의 저장물에 불과하다. "그녀와의 추억이 자신의 항해에서 낭만을 앗아가 버렸고, 삶의 모든 기반을 뿌리째 흔들어 놓았던 것"이라는 서술자의 규정처럼 기억은 눈앞의 세계를 무로 돌리는 기제로 작용한다. "인간들이 사는 어느 곳이든 악취만 남았을 뿐이다. 허위와 가식 그리고 적당한 지식의 갑옷으로 위장한 동물들만이 존재할 뿐이다."라는 주인공의 생각은 환멸이 만든 도덕적 전도(顚倒)의 극단을 의미한다. 이러한 극단에서 살인 등의 보복수단이 동원되고 자살이 선택된다. 이래서 '민서린'과의 정사는 낭만적 사랑의 완성이 아니며 세계에 대한 또 다른 형태의 복수라 할 수 있다. 자신과 사랑했던 사람을 함께 죽임으로써 증오의 대상인 세계를 동시에 소멸시키는 것이다. 이처럼 진정성의 추구 과정에서 필연적으로 겪게 되는 과정이 예정된 복수의 형태를 띠게 됨으로써 소설은 리얼리티 획득보다 통속적인 흥미진진함으로 기울어진다. 여전히 인물을 통해 세계관을 표출하는 구체성을 결여하고 있는 것이다. 이러한 점에서 「갑판 위의 사람들」이 보이는 인물 열전 형식과 이 소설이 지니는 내적 형식이 그리 먼 거리에 있지 않다.

인물들 혹은 군상(群像)을 넘어서

옥태권의 첫 소설집 『항해를 꿈꾸다』가 던지는 의미는 크다. 그는 이 책을 통해 작가로서의 의미심장한 시작을 알리고 있기 때문이다. 우선 그는 경험적 사실에 바탕을 둔 해양소설을 현실주의적인 지평에서 서술하고자 한다. 이러한 그의 의도는 다양한 인물들에 대한 다각적인 서술을 통해 일정한 성취를 이룬다. 낭만과 모험, 여행과 휴식이라는 관점의 해양서사가 아니라 생활세계의 연장선상에 있는 해양서사라는 그의 입장이 해양문학계에 새로운 개성의 목록을 더한 것이다.

등단작에서 시사하고 중편에서 하나의 전기를 만들고 있듯이 그의 관심은 원심력을 지니고 있다. 해양체험을 창작의 원천으로 삼되 현실세계의 전체성을 향해 탐구를 멈추지 않는다는 것이다. 이러한 작가적 욕망에 따라 그의 시점은 항해의 무대에서 자본의 도시로 확대된다. 등장인물 또한 긍정적 주인공에서 타락한 세계에 저항하는 문제적 주인공으로 발전한다. 이러한 변화는 그가 지닌 세계인식의 진폭을 반영한 것이라 할 수 있다. 문제는 이러한 인식을 생동하는 인물로 더욱 구체화하는 것이다.

해양체험은 배라는 한정 공간이 주는 제약 요인을 처음부터 안고 있다. 전제된 공동체의 운명이라고 할 수 있는 문제의식이 오히려 현실인 것이다. 따라서 섣부른 바다와의 대결 운운(云云)보다 선상 생활세계를 구체적으로 서술하고 있는 옥태권의 시선은 정직하다. 작가로서 이러한 정직성은 앞으로의 창작에서 가능한 동력으로 작용할 것이라 믿는다. 그리고 이러한 가능성은 그의 중편에서 일부 드러나고 있다. 만일 그가 진정성을 추구하는 소설 주인공의 구체적 과정에 더욱 충실하다면 해양소설은 물론 일반 소설 영역에서도 괄목할 성취를 만들 수 있을 것이라 믿는다.

위악과 폭력의 관계 양식
― 정영선의 소설

환멸과 글쓰기

　정영선의 소설들은 평이하지 않다. 먼저 그녀가 그리고 있는 서술대상이 결코 익숙한 세계는 아니기 때문이다. 그녀가 그리는 세계는 위악과 폭력으로 일그러져 있거나 끊임없이 고갈되고 해체되는 전망 부재의 과정이다. 또한 그녀의 실험적인 서술전략은 가독(可讀)의 속도를 기대하는 독자를 괴롭힌다. 그녀의 소설은 아이러니와 풍자를 바탕에 두면서 수수께끼 같은 미로를 내포한다. 이는 추리기법을 동원한 「그림자 살인」에서 표나게 드러나며 모든 작품을 관류한다. 표제가 시사하듯 이 소설의 주된 화제인 살인사건은 미궁에 빠진다.
　정영선의 서술전략은 자주 표제에서 암시된다. 등단작「평행의 아름다움」은 결코 아름답다고 할 수 없는 관계들의 평행을 병치시켜 서술하고 있다.「맹인모상盲人摸象」의 표제는 거대한 세계의 질서 속에 있는 개인의 인식과 삶의 파편화를 장님 코끼리 더듬기에 견준다.「속(續) 난중일기」의 표제는 이순신의 숭고한 자살이 사인적(私人的) 욕망

주체의 파멸에 유비되는 풍자를 담는다. 「로취베이트」에서 표제는 사방에서 은밀하게 끈질긴 생명력으로 번식하는 바퀴벌레 무리들이 사람살이와 연관되는 비유로 활용된다. 「겨울비」 또한 소설이 설정한 정황을 말하기 위해 선택된 표제이다. 표제는 이미 시점이자 작가의 이데올로기이다. 실제 서술에서 정영선은 빈번하게 초점을 이동함으로써 읽는 이가 긴장을 놓지 못하게 한다. 경우에 따라서 그녀의 소설은 영상예술의 기법과 분리되지 않는다. 가령 「로취베이트」는 엽기에 가까운 작품으로 여러 시선이 교차하는 영화를 방불하게 한다. 이러한 시선의 교차 또는 이중의 시점은 「속 난중일기」에서도 잘 드러난다.

정영선 소설의 특이성은 여성작가로서 희귀한 개성을 보이고 있는 데서 찾아진다. 그녀의 소설세계는 폭력적인 남성적 현실을 다루고 있다. 여기서 남성적 세계란 남성인물을 대상으로 했다는 것이 아니라 남성중심적 제도와 이념 그리고 관계양식이 관철되는 방식을 의미한다. 그녀의 소설에서 여성은 억압받거나 예속된 타자들이다. 그녀들은 대부분 트라우마적 고통을 안고서 남성의 성적 지배를 벗어나지 못한다. 따라서 여성들은 수평적 관계가 아니라 종속적 위치에 놓여 있고 진정한 사랑은 배제되거나 주변화된다. 이러한 점에서 정영선의 소설은 현실주의적이다. 그녀의 소설이 남성지배라는 현실의 문제를 다루고 있기 때문이다. 하지만 그녀의 소설은, 세상은 비대한 권력의 체계이고 개인은 세계의 폭력에 의해 좌절될 수밖에 없다는, 전망이 소거된 현실주의를 담고 있다.

관계의 원초적 훼손됨

무에서 시작되는 인간적 삶의 내용을 채우는 것은 타자와의 관계이다. 개인들은 타자와 결합하는 다양한 양식을 통하여 삶의 의미를 확대하고 심화시켜 나간다. 인간은 그 누구도 타자의 그물을 벗어날 수 없다. 또한 타자의 지배는 피할 수 없는 일이다. 스스로 주체가 되려는 행위조차 타자에 대한 것일 수밖에 없는 것이 인간의 조건이다. 인간의 욕망과 자유는 타자와의 관계에 의해 제약되거나 지배된다. 이러한 관계에서 개인의 내면성이 진정으로 상호 소통되는 세계는 하나의 이상이다. 현실은 폭력적 지배의 질서에 의해 왜곡되고 훼손되어 있다. 현실을 지배하는 폭력적 질서는 남성중심적 권력과 자본의 권력으로 요약되며 이들이 사람들의 욕망을 타락시키고 개인의 자유를 구속한다.

정영선의 소설이 주목하는 것도 타자와의 관계이다. 그런데 그녀의 소설은 이러한 관계가 원초적으로 훼손되어 있다는 설정을 보인다. 그래서 그녀의 소설이 그려내는 세계상은 암울하며 소설 속 인물들은 위악적 폭력이 지배하고 위선적 관계로 얽혀 있는 정황에 처해 있다. 특히 이러한 정황이 개선될 기미를 보이거나 등장인물들이 자유의 출구를 찾아내는 경우가 제시되고 있지 않다는 점에서 문제적이다. 다시 말해서 그녀의 소설은 뚜렷한 전망을 갖고 있지 않다. 위악과 폭력이 세계의 실상으로 인식된다.

왜곡된 관계에 대한 탐구는 등단작인 「평행의 아름다움」에서 시작된다. 이 소설은 사랑과 결혼의 문제를 서로 다른 두 부부를 병치시키는 이중시점으로 서술한다. 어느 경우든 사랑은 주변화되고 시간이 흐르면서 친밀성은 거리로 바뀐다. 결혼은 기본적으로 남성적 사랑과 여성적 사랑의 접합에 의해 형성되고 유지된다. 그러나 이러한 관계는 남성중심적 권력과 자본의 간섭을 끊임없이 받게 된다. 다시 말해서 자본의 권력에 의해 거리가 만들어지거나 남성중심적 가부장적 권력에 의해 친밀성이 와해된다. 그런데 이들 두 부부에게 있어 결혼은 처음부터 자유연애의 귀결이 아니다. 의존과 예속으로서의 결혼이라는 관계양식이 전제되어 있다. 따라서 애서 형성된 친밀성의 관계는 질병이라든가 경제적 원인에 의해 거리로 바뀌고 마침내 폭력적 관계로 변질된다. 말할 것도 없이 이러한 경과가 일반적인 현상은 아니다. 남성적 사랑과 여성적 사랑의 접합을 지속적으로 유지하는 관계양식이 있는 한편 결혼생활이 가지는 불평등성을 극복하고 자유를 획득하려는 여성적 주체성 형성도 있는 것이다. 사랑이 주변화되는 남성중심적 사회관계에서 이 소설에 등장하는 여성들은 가부장제의 희생물이 되거나 자본의 물신에 종속된다. 이리하여 이 소설은 친밀성을 잃어가는 두 부부의 불행뿐만 아니라 사랑을 결혼으로 발전시키지 못한 두 남녀의 불행을 교차시킨다.

그런데 결혼이 남성적 사랑과 여성적 사랑의 접합양식이라는 전제조차 부정하고 있는 이 소설은 문제적이다. 가령 '김민석'과 '연수'의 사랑이 결혼으로 이어지지 못한 것은 이들을 둘러싼 사회적 조건들, 예를 들어 가문과 계급 그리고 지위가 관계를 규정하고 있기 때문이다. 따라서 진정성의 관계, 내면성의 상호소통, 사랑의 형식은 추상과 환상의 영역으로 밀려나고 가부장적 권력에 의한 남성중심적 성적 지배는 피할 수 없는 상식으로 받아들여진다. 대다수의 사람들은 이러한 상식의 이데올로기를 신봉한다. 하지만 이러한 이데올로기가 환멸로 인식되는 단계에서 기존의 관계양식을 넘어서는 환상이 유발된다. 불가능한 낭만적 사랑에 대한 동경이 그것이다. 그러나 이러한 동경은 친밀성이 고갈되면서 결혼이 완벽한 불평등성에 기초하고 있다는 자기인식에 도달하는 순간 내면에 이는 심리적 동인에 불과하다. 사랑에 대한 인식이 기존의 왜곡된 관계를 해체하지는 못한다. 다만 가부장제적 불평등 구조가 남성적 사랑과 여성적 사랑의 접합형식으로서의 결혼제도를 해체할 수 있는 요인이라는 사실을 암시한다. 이처럼 작가는 선험적으로 훼손된 관계양식에 주목하고 있다. 이러한 작가적 관심은 두 가지 방향성을 지닐 수 있다. 그 하나는 불평등한 관계양식을 돌파하는 새로운 주체성을 찾는 일이고 다른 하나는 불평등한 관계양식의 환멸성을 천착하는 일이다. 지금까지 정영선의 관심은 단연 후자를 향해 있다. 그녀는 환멸적 세계의 환멸성을 극대화하는 서술전략을 강화하고 있다. 그녀의 소설에서 진정한 관계의 지평은 지나간 사건 속의 흔적으로 남아 있을 뿐이다. 압도적인 현실에서 그에 대한 희망은 매우 미미하게 잠재되어 있거나 간헐적으로 드러난다. 가령 앞서 언급한 「평행의 아름다움」에서 '연수'의 자기인식이 그러하고 「맹인모상」의 주인공이 품고 있는 '오수은'에 대한 동성애적 사랑이 그러하다. 「맹인모상」에서 보이는 관계양식은 권력에 의한 성적 지배이다. 이 소설의 주인물 여성은 위악스럽게도 매우 침착하고 자연스럽게 이러한 삶의 양식을 수용한다. 주인물 '나(영주)'와 군수 영감과의 관계에서 상호이해, 친밀성, 상호배려, 사랑은 매개되지 않는다. 군수 영감에게 '나'의 신체는 예속되어 있다. 이 경우 성적 권력과 사회적 권력은 동일하다. 군수 영감의 사회적 권력이 '나'에 대한 성적 지배를 가능하게 한다. 이 소설이 문제적인 것은 이러한 관계양식을 수용하는 '나'의 위악스러운 태도이다. 간혹 거울 효과에 의하여 반성적 자아에 의한 자아분열의 양식이 드러나나 이 또한 객관적인 시선으로 대상화되고 만다. 사랑에 대한 자아의 감정은 '얼음덩어리'처럼 굳어 있는 과거의 기억 속에 있다. 따라서 '오수은'과의 동성애적 관계가 타자에 의한 성적 지배에 예속된 '나'를 호명하긴 하나 이것이 남성중심적, 가부장적, 부르주아적 성적 지배로부터 탈주하는 출구가 되지 못한다. 이러한 점에서 정영선의 소설에 등장하는 인물들은 존재하는 그대로의 세상의 질서를 벗어나지 않는다. 오히려 이들은 세상의 폭력적 질서를 모방하고 추종한다. 그녀의 소설 속 인물들이 펼치는 일탈과 범죄는 폭력적 세계상의 복사에 다름 아니다. 따라서 문제적 개인의 좌절이라기보다 사적 욕망에 사로잡힌 이들의 존재추락이라는 양상의 서사문법을 지니게 된다.

트라우마적 고통의 재연

정영선의 소설에서 폭력적 세계에 속한 위악의 주체들의 행동양식을 구성하는 심리적 기저는 무엇일까? 한마디로 트라우마적 고통의 재연이라 할 수 있을 것이다. 그녀의 소설에 등장하는 인물들은 1) 원초적 폭력에 의한 트라우마 2) 내면화된 트라우마적 고통의 재연 3) 폭력적 질서의 외화라는 경로를 보인다. 가령 「맹인모상」의 주인공이 드러내는 행동양식은 어린 시절 가족 폭력의 재연이라 할 수 있다. 이러한 재연을 통하여 고통에 대한 정신분석을 시도하려는 주인공의 의도를 부정할 수는 없을 것이다. 하지만 이러한 정신분석이 이 소설의 서사를 관류하는 화제는 아니다. 오히려 재연은 주인공의 행위양식에 대한 합리화 기제에 가깝다.

영감이 딸 같아서 나를 사랑한다고 할 때 나는 또 한번 아버지의 모습을 보게 되었다. 청룡열차 구경하는 걸 좋아하던 아이라서 다람쥐통이나 목마, 범퍼카는 쳐다보지도 않고 청룡열차 밑에만 서 있었다고 했다. 사람들이 내지르는 비명을 놀이기구보다 재밌다고 한 아이. 숨을 내쉴 때마다 새가슴이 팔딱거리고 조금만 화를 내도 가는 목에 나무뿌리처럼 핏줄이 드러난 딸이었다고 했다.
"그 애처럼, 널 볼 때마다 뭘 해주고 싶어."
내 손을 잡은 영감의 손이 솜이불처럼 두터웠다. 딸 같은 여자라고 했다. 딸이 아닌데도 딸처럼 보인다고 할 때 녹음된 내 목소리를 듣는 느낌이었다. 나 자신의 것이면서도 내게도 낯선 것이었다. 아버지를

<u>피해 집 밖으로 나가 있으라는 엄마의 말이 떠올랐지만 그때처럼 도망을 가지 않았다.</u>

이 대목은 어린 딸을 잃은 기억을 지닌 '군수 영감'과 아버지에 의한 성폭력의 상처를 안고 있는 '나'가 성적 관계로 맺어지는 장면을 서술하고 있다. 군수-딸과 아버지-나의 관계가 이처럼 교환될 수 있을까? 그렇지는 않을 것이다. 이러한 교환관계는 위선과 위악으로 채워져 있다. 군수의 편에서 권력에 의한 성적 지배라는 위선이고 '나'의 편에서 권력을 성과 바꾸는 위악이다. 이 같은 등장인물들의 위선과 위악은 서술자가 두 사람이 만나는 과정과 내면 등을 과감하게 생략하고 있는 데서 더욱 효과적으로 드러난다. 따라서 반성과 성찰이 없는 나르시시즘적 주체들이 비대화된다. 하지만 이러한 경과에 이른 '나'를 보다 세심하게 관찰할 때 '오수은'과의 사랑이라는 경험의 과정을 간과할 수 없다. 남성적, 가부장적 지배에 대한 급진적 거부 형태의 사랑을 그녀가 경험했기 때문이다. '오수은'이 그녀와의 사랑을 단절시키고 결혼이라는 기성의 질서로 편입됨으로써 실제 '나'는 사랑의 출구를 잃는다. 따라서 그녀가 사랑을 권력으로 대체한 것은 관계에 대한 환멸에 다를 바 없다. 이는 무차별화된 쾌락원리의 실현에 불과하며 "영감과 내가 즐기는 것은 딸과 닮은 여자, 아버지와 같은 남자와의 근친상간"이라는 진술을 가능하게 하는 것이다. 어떤 의미에서 '나'가 실행하는 트라우마적 고통의 재연은 세계를 향한 또 다른 형태의 공격성의 표출이라 할 수 있다. 그녀의 이러한 공격성은 그녀에 대한 '한덕훈'의 사랑을 거부하는 데서 잘 드러난다. 그녀는 권력의 교환관계를 선택함으로써 진정한 내면성의 세계로 가지 않고 현실의 폭력적 질서에 편입되는 위악을 드러낸다.

트라우마적 고통의 재연은 「속 난중일기」에서 더욱 극명하다. 정보기관원인 주인물 '봉식'은 철저하게 폭력의 논리를 신봉한다. 그는 폭력적 국가기구인 정보기관에 근무하면서 도청, 뒷조사, 고문 등의 불법적 행위를 일삼는 권력의 주구이다. 그의 이러한 행동양식의 기저에는 성장기의 폭력에 대한 원초적 분노가 내재해 있다. 세상을 향한 그의 원한의식은 일찍이 장애 여동생을 죽음에 이르게 한 '계모'의 폭력에 기인한다. 그런데 이러한 계모의 폭력은 아버지로부터 위임된 행위에 다를 바 없다. 이것은 아버지와의 성적 교환관계의 산물이다. '봉식'의 재연된 폭력은 먼저 아내를 향해 있다. 그녀는 그가 사랑한 동생을 닮은 여성과 동명이인이다. 죽은 동생에 대한 원초적인 집착은 그녀를 지키지 못한 자신의 무능에 대한 죄의식의 표출과 무관하지 않다. 따라서 그와 아내의 관계는 남성적 사랑과 여성적 사랑의 접합 양식이 아니다. 그에게 그녀는 동생의 환영을 가리는 존재에 불과하다. 그는 자신의 폭력에 저항하는 아내의 얼굴에서 계모를 발견한다. 따라서 이들의 관계는 폭력에 의한 지배에 의해 유지된다. 이러한 지배관계는 사회적 관계에 대한 '봉식'의 인식과 무관하지 않다. 사회를 폭력에 의해 세워진 질서로 보는 그의 입장은 사회의 축도인 가족에 대한 그의 태도를 규정한다. 이러한 그에게 가족은 친밀성의 공간이 아니며 지배의 공간으로 받아들여진다. 따라서 새도-매저키즘은 이들 가족을 지배하는 내적 원리이다. 아내에게 가해지는 그의 폭력의 자리에 "아내의 권리도 사랑도 행복도 모두 그 안에만" 있는 것이다. '봉식'의 트라우마적 폭력이 재연되는 또 다른 자리는 사회이다. 사회에 대한 그의 판단과 행위는 이념이나 합리적 이성에 의해 표현되지 않는다. 그는 오로지 수단과 방법을 가리지 않고 세워지는 파시즘적 권력을 신봉한다. 이러한 그에게 타자는 사물화된다.

    모두 똑같았다. 봉식은 손에 들고 있던 승차권을 큰 플라스틱 통에 던졌다. 앞사람도 그랬고 뒷사람도 그럴 것이다. 망설일 것 없다. 이들은 모두 같은 방향을 보고 있다. 그렇게 한 방향으로 타오르게 묶어야 한다. 타오르기만 한다면 사실 여부는 그렇게 중요하지 않다. 출구를 빠져나오면서 봉식은 주먹을 불끈 쥐었다. 드디어 바닥에 깔려 있던 전의가 몸 위로 퍼지기 시작했다. 머리 안의 두려움과 망설임이 붉게 물들기 시작한다. 양쪽 어금니를 꽉 다물자 관자놀이가 불쑥 튀어나온다. 고여 있던 피톨이 튀기 시작한다. 충전! 봉식이 기차를 타는 이유였다.

이처럼 그에게 타자들은 지배의 수단에 불과하다. 여기서 발생하는 하나의 역설은 그가 사회의 폭력적 질서를 신봉하면서 사회를 구성하는 타자들을 부정한다는 것이다. 이러한 점에서 그가 설정한 사회적 질서는 나르시시즘적 주체의 욕망에 투영된 가공물에 불과하다. 자신의 불법적 행위로 인하여 거대한 권력에 의해 속죄양이 될 운명에 직면하면서 그가 떠올리는 것은 자살한 친모이다. 여동생에 가해진 폭력의 전도된 형식으로서의 그의 폭력은 막다른 지점에서 세상의 폭력에 대한 분노를 자기 살해를 통해 표출한 친모의 폭력과 동일시된다. 트라우마적 폭력의 재연이 마지막으로 자기 살해의 형식으로 귀결되고 있다.

폭력과 위악의 관계들

정영선의 소설들은 가족관계든 사회적 관계든 한결같이 모든 관계들이 어긋나 있거나 갈라지고 있거나 억지로 봉합되고 있다는 설정을 지닌다. 그녀의 대다수 소설들이 다루고 있는 가족 이야기들은 결혼을 통하여 사회에 배타적인 친밀성의 공간으로서의 가족을 구성하는 데 실패한 내용을 담고 있다. 이는 무엇보다 먼저 그녀의 관심사가 지닌 편향성에서 비롯한다. 그녀의 소설은 대체로 결혼관계를 구성하는 그 출발에서 잘못된 만남을 전제하고 있다. 말할 것도 없이 이러한 전제가 틀린 것은 아니다. 낭만적 사랑이나 내면성이 상호소통되는 진정한 관계의 현실적 부재를 효과적으로 증거하기 위한 서술전략으로 선택될 수 있는 방법이다. 하지만 이러한 설정이 결정론으로 비칠 소지도 없지 않다. 무엇보다 사랑이 아니라고 하더라도 타자에 대한 존중과 성실성에 바탕한 관계의 지평은 얼마든지 가능하기 때문이다. 말할 것도 없이 여성의 내면성과 주체성을 제대로 이해할 수 있는 남성은 많지 않다. 반자본주의적, 반부르주아적 개혁을 내세우는 남성들조차 여성적 주체성을 용인하기가 어려운 것이 현실이다. 그만큼 오늘날의 현실 세계는 남성중심적이다. 이러한 점에서 작가의 의도가 이러한 남성중심적 주체성에 의한 폭력적 성적 지배에 대한 폭로에 있음을 알기 어렵지 않다.

 그렇다면 정영선의 소설에서 모든 남성들은 부정적으로 성격화되고 있는가? 그렇지는 않다. 먼저 등단작인 「평행의 아름다움」의 주인물로 해직의 이력을 지닌 전교조 교사 '김민석'을 들 수 있다. 그는 봉제공 출신의 아내와 계급적, 문화적 거리를 극복하지 못한 상황에서도 가족에 대한 성실성을 잃지 않는다. 물론 자본의 논리만 좇는 아내에 대하여 친밀성이 거리감으로 전이되는 것은 피할 수 없다. 이러한 상황에서 그가 사랑하고 있으나 외적 조건들에 의해 결혼하지 못한 '연수'를 떠올리는 것은 어쩌면 자연스럽다. 그러나 낭만적 사랑에 대한 동경이 와해되고 있는 가족에 대한 대안이 될 수 없는 것은 사실이다. 이러한 점에서 모처럼 등장하고 있는 긍정적 남성인물이 보여주는 전망은 미미하다. 오히려 그는 이념의 날개가 꺾이고 달라진 현실 지형에 상처 입는 나약한 소시민적 지식인 교사의 초상에 가깝다. 또 다른 긍정적 남성은 「겨울비」에 등장하는 은행원 '나'다. 그는 외국인노동자 인권운동으로 가정을 돌보지 않는 아내 '혜옥'을 이해하려고 한다. 그녀에 대한 그의 이해의 바탕은 자신의 민중적 삶의 경험, 특히 힘겹게 생을 꾸려온 어머니에 대한 추억이다. 말할 것도 없이 어머니와의 동일시를 통한 이해는 아내의 내면성과 소통하거나 그녀의 주체성과 직접 대면하는 방식은 아니다. 하지만 "우산을 들고 버스 정류소에서 혜옥을 기다리지는 않을 것이다"라고 이야기하던 '나'가 이 소설의 결구에서 다음처럼 진술하고 있는 데서 가족유폐적인 사고를 극복하고 세계를 향해 열려가는 주체성을 발견하게 된다.

시작할 때는 몰랐는데, 이야기는 꼭 반쯤 길들인 새를 풀어놓는 것과 같다는 생각이 든다. 전봇대를 지나 강을 건너가다가도 휘파람을 불면 다시 날아와야 하는데 가고 싶은 대로 날아가서 다른 세상을 보여주는 것이다. <u>그곳에는 세상에 휩쓸려 떠내려가지 않기 위해 술을 마시는 사람들이 살고 있었다. 그들은 겨울비처럼 환영받지 못하지만 소외된 누군가에게는 우주목처럼 든든한 기둥이었다.</u>
올라오는 차도 내려오는 차도 없었다. 아파트 진입로는 여전히 텅 비어 있었다. 일기예보대로 비는 더 내릴 기세였다. 가로등만이 내리는 빗방울을 하나하나 세고 있다. 그 빗방울이 어린 시절 엄마를 찾아 내달리던 내 발자국 소리 같다. 우산을 들고 버스 정류소에서 혜옥을 기다리지는 않을 것이다, 라는 첫문장이 떠올랐다 사라졌다.

이처럼 대학 시절 이래 줄곧 운동권에서 활동하고 있는 아내를 이해하는 '나'는 전반적으로 남성적 폭력에 물들어 있는 정영선 소설의 등장인물들 가운데 매우 예외적인 존재이다. 이러한 대목에서 정영선이 여전히 전문성을 지닌 소지식인 계급의 진정성에 미련을 갖고 있음을 알 수 있다. 신자유주의적 자본의 세계화로 진보적 이념들이 후퇴하고 자본이 가장 강력한 이념으로 경배되는 시대에 교사 등 전문성을 지닌 소지식인들의 바른 현실인식은 건강한 공적 장의 형성을 위해 매우 중요하다. 정영선 소설에서 그 나름의 전망을 찾는다면 「평행의 아름다움」과 「겨울비」에서 만나게 되는 중간계급적 소지식인들의 진정성에 대한 인식이라 할 수 있다. 그러나 그녀의 전반적인 서사적 과정은 암울하다. 가령 「맹인모상」에서 전문성을 지닌 소지식인들은 권력을 위하여 역사를 왜곡하는 일을 서슴지 않는다. 그들에게 역사는 하나의 문화적 생산물로 생산되고 소비되는 상품으로 전락한다. 이 소설의 주인공 '나'는 권력자를 위하여 왜곡된 자서전을 대필하고, 이 권력자를 위한 프로젝트를 기획하고 있는 주인공의 선배 역사학자는 역사적 사실을 가공한다. 개인사든 집단사든 역사에 대해 글을 쓰고 퍼뜨리는 이들의 작업은 권력관계를 지속시키는 방법에 불과하다. 더욱 위악스러운 것은 「속 난중일기」의 주인공처럼 자신의 기술을 폭력적으로 행사하는 사람들이다. 물론 이 소설은 이념적 당파성을 선취한 혁명적 지식인들이 퇴장한 것과 마찬가지로 비합리적 폭력을 일삼는 권력기술자들도 퇴장할 수밖에 없음을 시사하고 있다. 하지만 그녀가 그리는 남성적 세계는 「로취베이트」가 말하듯 거의 먹이 사슬에 가깝다. 그런데 이 소설의 중심이야기는 매우 단순하다. 그것은 이 소설의 등장인물인 한 '여자'가 그녀와 성적 관계를 맺어온 '안'이라는 남자를 찾기 위해 그가 팔고 있는 인터넷 상품을 끊임없이 구매한다는 내용이다. 문제는 이러한 여자의 행위와 맞물려 전개되는 복잡한 먹이사슬의 현실이다. 현실의 삶이 무한한 번식력과 생존력을 지닌 바퀴벌레의 생태에 비유될 뿐만 아니라 제시되는 사건과 장면들은 거의 엽기적인 영화의 서술을 방불케 한다. 이처럼 정영선이 그리는 세계상은 전망의 열림보다 전망의 닫힘으로 기울고 있다.

정영선의 소설의 구도는 근본플롯(master plot)이라고 할 수 있는 가족 이야기에서 발단된다. 그리고 이러한 이야기는 다시 사회적 관계들과 겹쳐진다. 그녀의 소설을 지배하고 있는 일반적 정황은 폭력에 의한 지배관계와 훼손되고 타락한 관계이다. 그녀의 소설에서 가족은 친밀성보다 자본과 권력에 의한 지배 구조이거나 그 관계들이 파괴되거나 해체되어 가족의 형해만 남아 있는 경우가 많다. 엄밀하게 말하여 세계와 대립하는 친밀성의 공간으로서의 가족은 존재하지 않는다. 바슐라르가 말한 가족, 즉 "세계로부터의 피난처로서의 가족"은 그녀의 소설에서 하나의 이상에 불과하다. 그녀의 소설에서 가족은 그 스스로의 요인에 의해 단절되고 해체된다. 아울러 그녀의 소설에 등장하는 인물들은 가족 내부의 폭력적 지배에 의하여 트라우마적 고통을 안고 살아간다. 이러한 트라우마적 고통은 또 다른 가족 탄생과 파괴의 원인이 되고 사회적 폭력으로 재연된다.

고갈된 모성과 여성

정영선의 소설에서 모성의 신화는 존재하지 않는다. 물론 「속 난중일기」나 「겨울비」에서와 같은 모성 동일시가 없는 것은 아니다. 하지만 전자의 경우나 후자의 경우 모성은 이상적 형태라고 진술되지 않는다. 다만 고통의 추억으로 존재하며 자기 인식의 계기를 만들 뿐이다. 그렇다면 그녀의 소설에서 여성은 존재하는가? 「평행의 아름다움」에서 병마와 싸우고 있는 '연수'는 가부장제적 가족관계의 허구성에 직면하면서 옛 연인을 떠올린다. 그러나 이러한 그녀의 태도는 여성적 주체성 형성을 암시하기보다 그녀가 처한 상황을 설명하는 데 그친다. 「맹인모상」의 주인공의 경우 남성의 성적 지배에 놓여 있는 자기를 응시하는 또 다른 자아를 설정하는 방식으로 반성과 성찰의 틈을 만들고 있으나 이러한 틈이 근본적인 불평등성에 대한 인식을 만드는 출구가 되진 못한다. 그녀는 결국 상처에 사로잡혀 사유와 정체성을 상실해 가는, '질문하지 않는 여자'에 속할 뿐이다. 고통이 인식으로 발전하고 있지 못하기 때문이다. 「속 난중일기」나 「로취베이트」에 등장하는 여성인물들은 매우 속악하다. 그녀들은 남성적 폭력에 종속됨으로써 오히려 존재의 의미를 찾는 피학중적 타자들이다. 여기서 「그림자 살인」에 등장하는 여고생 주인공이 주목된다. 어머니가 살해되는 사건이 일어나는 상황을 겪으면서 자기를 지켜나가고 있기 때문이다. 하지만 이 또한 특정한 상황 속의 여성일 뿐 여성적 주체성 형성 과정과는 무관하다. 달리 말해서 폭력적 현실 속에 처한 한 여성의 생존양식을 말하고 있다.

　정영선의 소설에 등장하는 여성인물들은 그 유형과 행동양식에서 단순한 구도를 보인다. 비유컨대 그녀의 소설에 등장하는 여성들은 콩쥐·팥쥐와 이들의 어머니라 할 수 있다. 그녀의 소설에서 생모는 착하고 모자라며 일찍 죽는다. 계모는 독하고 무섭고 오래 산다. 그리고 공포의 권력자로 군림한다. 이러한 이분법적 구도는 가족과 새로운 가족의 탄생을 간섭할 뿐만 아니라 이들 가족 관계에 속한 여성들을 이분한다. 그녀의 소설에서 여성들은 아내 혹은 연인으로 구분되면서 아내는 남편으로부터 소외되거나 남편에게 계모의 영상과 겹쳐 읽히는 존재가 되기도 하고 연인은 일찍 세상을 떠난 생모처럼 남성과의 사랑을 이루지 못한다. 그녀의 소설에서 연인들은 착하고 신체적 장애가 있거나 병약한 반면 아내들은 대체로 거칠고 압도적이다. 따라서 남성적 보호와 여성적 헌신의 접합이라는 결혼관계는 폭력적 지배구조로 변질되기 십상이다. 어떤 의미에서 정영선의 소설에서 여성은 결정론의 지배를 받고 있는 듯하다. 따라서 구체성과 생동감을 결여한다. 경우에 따라 그녀들이 남성적 세계의 일탈과 폭력을 옹호해 주는 장치로 작동하고 있는 것이 아닌가 하는 의문이 들 수 있다. 대화가 되지 않거나 무식하고, 사랑을 얻는 방식에서 애초에 불순하여 비굴하거나 성적으로 방종한 여성들은 남성중심의 폭력적 질서에 대한 알리바이가 될 가능성이 크다. 이러한 그녀의 소설에서 여성의 구체성과 만나기는 어렵다. 그녀의 소설에서 여성은 비슷한 유형을 지니고 있을 뿐 아니라 추상화되어 있다. 이러한 가운데 그녀들의 성 정체성은 크게 왜곡되고 섹슈얼리티 또한 온전하지 못하다.

  정영선 소설은 무엇보다 작가의 서술능력의 소산이다. 작중인물(혹은 주체)과 소설 구조 간의 괴리는 인물에 대한 서술 우위의 귀결이다. 그녀가 취하고 있는 미로적 소설 구조는 음모와 폭력에 가득 찬 세계의 그물망 속에 갇힌 작중인물들의 고통과 상처들을 기록하는 데 매우 효과적이다. 그렇지만 이러한 그물망을 통과한 뒤에 남는 작중인물들은 자주 변색되고 심한 경우 그물 그 자체가 되어 버리는 경향이 없지 않다. 자신을 가둔 그물에 동화되어 세상의 혼돈과 미로의 주체가 되어버린 반주체적 인물들인 것이다. 이 지경에서 만나게 되는 생경함과 공동(空洞) 같은 황량함이 마음을 아프게 한다. 그녀에게 부과되고 있는 소설적 과제는 무엇보다 위선과 위악 그리고 폭력을 거부하고 저항하는 주체들과 이들 주체들이 전개하는 자유를 그리는 일일 것이다. 그녀가 지닌 수준 높은 서술능력은 이러한 과제에 대한 성취를 예견하게 한다.

제 4 부

문학과 공동체

문학공동체에 대한 사회학적 탐구는 문학구성체를 다양한 사회적 구성물의 한 유형으로 보면서 그 형성과 양상을 다각도로 살피는 일과 연관된다. 따라서 이것은 문학공동체의 현실을 해부하고 그 미래를 전망한다. 이러한 과정에서 공동체 개념에 대한 재조정이 필수적이다.

한국 문학공동체의 현실과 전망

공동체와 문학공동체

콜린 벨과 하워드 뉴비는 공저인 『공동체 이론들』에서 공동체의 개념은 "자신의 용어를 써서 그것을 정의해 보려고 하면 할수록 그만큼 그 본질이 포착되지 않고 빠져나가 버리는 것같이 보이는 것"이라 한 바 있다. 그만큼 정의가 다양하고 관념적이라는 것이다. 정의의 다양성은 그 범주와 내용이 유동적인 데 기인하다. 가령 집단과 조직은 말할 것도 없고 종교나 군사와 학술을 매개로 형성된 경우도 공동체로 불리고 있다. 아울러 지역에 기초하여 마을, 소도시, 대도시 나아가서 민족국가 단위를 모두 공동체라고 명명한다. 공통된 요소를 공유하지 않은 것들이 제각기 공동체라고 불리고 있다는 점에서 개념 정의의 혼란은 피할 수 없는 일이다. 또한 사회적이고 지역적인 외연과 달리 그 내용에서 정서, 심성, 정신, 문화심리 등의 공유라는 내용적 자질을 들 수 있다는 점에서 공동체 정의(데니스 포플린, 「공동체의 개념」 참조)는 더욱 어려워진다. 즉 공동체를 규정하는 데 있어 지역적 변수(지리적인 영역), 사회학적 변수(사회적 상호작용), 그리고 문화심리적 변수(공동의 유대) 등 세 가지 변수들이 함께 작동하고 있는 것이다. 이러한 변수에 따라 공동체를 공간적 단위인 장소(지역)로 정의하거나 사회조직체의 기본적 단위 혹은 상호작용의 연결 관계로 보거나 문화심리적인 단위로 받아들이는 입장들이 나타나게 된다.

　이처럼 공동체 규정에 대한 다양한 입장이 존재하는 것은 정의의 혼란을 나타내기도 하지만, 다른 한편 공동체적 삶에 대한 많은 관심을 반영하는 것이기도 하다. 대다수의 사람들이 공동체는 좋은 것이라는 생각을 갖고 있으며 그에 대한 염원을 나타내고 있다. 이것은 마치 낭만주의의 삼박자처럼 공동체-공동체 상실-공동체라는 변증법적 의식 형태를 보인다. 즉 공동체 개념은 당대 사회에 대한 불만과 대립을 내포한다. 사회와의 대립이라는 공동체의 이러한 의미지향은 자주 과거에 대한 향수적 태도와 연결되는데, 전통사회를 유기적 공동체로 상상하면서 당대를 이의 상실로 인식한다. 이것은 또한 사회공동체와 미학적 구성체를 동일한 지평에 놓기도 하는데 유기적 사회와 유기적 미학의 결합이 그것이다. 유기적 미학자들은 근대의 문학을 유기적 사회의 공동체 이데올로기를 나타내는 등가물로 받아들인다.

　그런데 이 글에서 검토하고자 하는 문학공동체는 유기적 공동체의 이데올로기적 등가물 혹은 상상된 관계로서의 근대문학을 의미하는 것은 아니다. 말할 것도 없이 이러한 이데올로기가 문학공동체를 형성하는 기제임엔 틀림이 없을 것이다. 동일한 매체에 의한 의사소통이 가능한 한편 근대사회로부터 소외되었다는 정서적 요인이 문학의 공동체적 연대를 가능하게 하기 때문이다. 그러나 이러한 연대는 상상된 것에 불과하다. 여기서 문학공동체를 사회학적으로 탐구할 필요성을 제기할 수 있을 것이다. 문학공동체에 대한 사회학적 탐구는 문학구성체를 다양한 사회적 구성물의 한 유형으로 보면서 그 형성과 양상을 다각도로 살피는 일과 연관된다. 따라서 이것은 문학공동체의 현실을 해부하고 그 미래를 전망한다. 이러한 과정에서 공동체 개념에 대한 재조정이 필수적이다. 즉 공동체를 상호 작용의 장으로 인식하게 한다.

문학공동체의 여러 양상

문학공동체는 여타 다른 사회 공동체와 달리 문학이라는 공통된 의사소통에 의해 매개된다. 이는 무엇보다 문인이라는 자격의 부여에 기초한다. 등단이라는 최초의 인정을 바탕으로 문인공동체가 형성되며 이는 다시 조직과 제도 그리고 이념에 의해 분화된다. 또한 해석 행위를 중심으로 소집단을 형성하기도 하고 지역적 기반에 근거한 지역문학공동체도 형성된다. 이러한 과정에서 현대의 문인들은 다소 중첩된 소속의식과 활동영역을 지닌다. 즉 복수의 공동체 혹은 다중적 공동체에 소속되는 것이다.

심정적 문인공동체

심정적인 차원에서 형성되는 문인공동체는 매우 추상적인 개념이다. 하지만 이것은 등단이라는 인정제도와 의사소통 매체의 공유에 의하여 느슨하지만 통합되어 있다. 문학 생산이라는 공통의 목표는 문인들의 연대의식의 바탕이 된다. 이러한 문화적 요인에 의해 문인들은 직접적인 대면 활동이 없어도 공동체 의식을 갖게 된다. 각종 문학잡지와 출간된 시집과 소설들은 문인 공동체 구성원 상호간의 이해와 유대를 증진한다. 그런데 공동체의 개념을 지역적 연대나 사회·조직체 단위로 한정한다면 여기서 말하는 문인공동체는 공동체로서의 실질을 지니지 못한 것이 된다.

문인공동체를 가능하게 하는 심리적 요인은 여러 가지이다. 우선 그

첫째가 문사적 전통(이러한 문사적 전통은 사대부의 존재와 더불어 동아시아에서 오래된 것이다)과 관련된다. 이는 내면화된 정서 구조(mentality)로 문인들 사이에 인정과 자격, 자부와 존중으로 나타나며 공동체적 연대를 가능하게 만든다. 둘째로 문인들이 유사한 성격을 지닌 문화적 능력을 소유하고 있다는 점을 들 수 있다. 즉 문학을 생산하고 해독하는 능력이 그것이다. 셋째로 근대 자본주의 사회와 문학예술의 불화 관계를 들 수 있다. 모든 것을 상품으로 변화시키는 자본주의의 물질주의는 문학인들에게 사회의 주변으로 밀려나고 있다는 소외의 위치 감각을 갖게 한다. 이러한 위치 감각이 공동적 유대를 가능하게 하는 요인이 되는 것이다. 소외에 대한 반감과 창조적 열정이 문인들을 정서적인 차원에서 엮어 공동체적 유대를 갖게 한다. 문인공동체를 가능하게 하는 넷째 요인은 위기의식이다. 앞서 말한 소외가 상상적 공동체를 통한 문학의 부정 변증법을 형성하는 기능을 한 반면, 문학 매체의 생산력 한계에서 유발된 위기는 매우 심각한 양상을 보인다. 자본주의와 과학기술의 발달에 따라 문자매체, 책, 문학의 위기가 초래됨으로써 문인공동체는 위기의식의 공동체가 된다. 물론 여기서 이러한 위기의식의 과장된 생산방식에 대하여 논급할 필요는 없을 것이다. 문학을 새로운 과학기술이 요구하는 생활양식과 다른 패턴의 문화양식으로 인식하는 것만으로도 문인들의 정서적 연대의 요인으로 들기에 충분하다.

그러나 이러한 문인공동체는 상상적 관계에 의해 형성된 공동체에 지나지 않는다. 이로써 문인공동체 내부에 존재하는 장르와 조직 그리고 이념에 의한 분화와 인정과 해석을 둘러싼 대립과 갈등을 설명할 수 없기 때문이다. 하지만 심정적 차원의 문인공동체는 존재하며 비록 느슨하나 사회적인 연대를 지니고 있음도 사실이다.

조직, 이념, 제도에 의한 공동체

조직체로서의 문인공동체는 우선 한국문인협회를 들 수 있을 것이다. 이는 해방 이후 우파 문인들을 결집하면서 50년대 이래 한국문학을 대표하는 조직체로 존속되었다. 이 단체를 이끈 대표적 문인들은 제도와 해석을 독점하면서 특정의 문학개념을 유포하고 이를 확대재생산하였다. 이에 의한 문학 개념의 관념적 전유는 문학자본의 독점과 해석적 권력의 재생산을 가능하게 하였다. 상상된 관계인 문인공동체와 문인협회라는 조직이 분리되지 않고 자주 동일시된 것은 이 조직이 견지한 문학개념이 파생시킨 이데올로기적 효과와 무관하지 않았을 것이다. 이 조직체는 관념적 문학 개념과 조직의 정통성과 대표성을 결합하는 담론으로, 한편으로 대다수 문인들을 아우르고 다른 한편으로 문학자본의 독점을 지속시켰다.

그런데 문인공동체는 장르와 스타일, 이념과 제도에 의해 분화된다. 우선 장르에 의한 분화는 장르의 생산과 소통 방식의 차이에 의해 유발될 수 있는 사안이다. 시인 공동체, 소설가 공동체, 비평가 공동체가 형성될 소지가 있는 것이다. 장르에 의한 귀속력이 문학이라는 큰 범주에서보다 클 것이기 때문이다. 실제로 이러한 장르에 의한 공동체 형성은 협회 형식의 조직체로 나타난다. 한국시인협회, 한국소설가협회, 한국평론가협회 등이 그 예가 될 것이다. 이들 조직체는 성원들에게 자격과 역할과 규범을 부여함으로써 공동체의 일원이 되게 한다. 스타일에 의한 결집은 소집단에서 대집단에 이르는 다양성을 보일 수 있다. 가령 초현실주의나 아방가르드에 의한 소집단 형성을 들 수 있다. 즉 스타일에 있어서 혁신과 전통의 대립에 의한 상호 이질적 집단의 형성이 이루어진다. 아울러 주류적인 흐름에서 벗어나거나(순수 생산/상업 생산) 그에 저항하는 하위 스타일 집단이 생성될 수도 있다. 가령 추리문학이나 상업적인 대중문학, 최근의 판타지 등을 매개로 한 소집단들과 주류적인 책 문화를 거부하는 사이버 공간의 문학집단 등이 있다. 하위문학 그룹의 경우 협회 등의 명시적인 조직체를 형성한 경우도 있지만 많은 경우 구체적인 상호작용 없이 연대를 형성하기도 한다. 이념에 의한 조직체 형성은 시대상황에 대한 인식과 문학 개념의 차이에서 비롯한다. 자유실천문인협의회와 민족문학작가회의 등이 이에 속한다.

지역문학공동체

지역적 기반에 의한 문학공동체를 들 수 있다. 우선 전국조직의 지역지회 또는 지부를 들 수 있는데 이는 앞서 말한 '조직, 이념, 제도에 의한 공동체'에 준하는 것으로 이해할 수 있을 것이다. 이와 달리 지역성에 바탕을 두고 형성되는 지역문학공동체를 들 수 있다. 여기서 지역성은 단순하게 지역 연고성을 의미하지 않는다. 이는 한국사회의 뿌리 깊은 중심주의와 지역적 불균등성에 발생론적 기원을 두고 있다. 지역문학공동체는 가장 먼저 중심부의 문학자본과 상징독점에 반발하는 감정적 지방중심주의(지방주의)에서 시작되고, 한국사회의 일반적인 모순의 하나인 지역적 불균등발전론에 대한 객관적인 자각으로 발전한다. 말할 것도 없이 문학적 가치평가가 유통구조의 탓으로 돌려질 수 있는 것은 아니다. 하지만 중심부 지역이 매체를 독점하는 불균등한 유통구조가 여타 지역의 문학적 창조력을 떨어뜨리는 요인이 될 수 있다. 이러한 연유에서 지역화된 문학공동체가 형성된다.

지역문학공동체는 지역적 불균등성을 벗어나기 위해 먼저 자발적인 매체 생산을 도모한다. 각 지역에서 출간된 여러 매체들은 대부분 중심부의 문학독점에 대한 비판적 입장을 창간 이념으로 제시하고 있다. 간혹 중심부 매체들의 재생산 구조에 편입되는 경우도 없지 않으나 최근에 이르러 지역잡지연합을 통한 지역매체 연대를 형성하기에 이르렀다. 하지만 이러한 연대가 특정 문학 이념에 근거하기보다 필진 교환을 통해 문학자본을 확충하려는 데 있다는 점에 한계가 있다. 지역매체의 연대가 또 다른 형태의 카르텔이 될 수 있다는 것이다. 지역문학공동체가 안고 있는 지역 모순은 단순한 지면 확보를 통해 해소되는 것이 아니다. 이보다 이러한 모순을 새로운 생성의 가능성으로 전화하려는 노력에 의해 지역문학공동체는 발전한다. 다시 말해서 지역성을 새로운 문학생산의 터전으로 삼을 때 자본에 휘둘리는 중심부 문학과 다른 차원에서 창조력을 확보할 수 있다는 것이다. 이러한 점에서 비판적 지역주의는 지역문학공동체가 나아가야 할 바람직한 방향이다. 비판적 지역주의는 지역성을 구심력과 원심력이 길항하는 장으로 파악하면서 지역성의 구체성에서 세계에 이르는 전체성을 획득하게 한다. 새로운 전체성(생태학적 전체성)이나 새로운 리얼리즘이 생성할 수 있는 가능성이 지역문학공동체에 있는 것이다. 이를 두고 달리 민족지(ethnography)로서의 지역문학의 가능성이라 해도 될 법하다.

해석공동체

앞서 지역문학공동체의 바람직한 형태를 제시하는 과정에서 이미 시사되었지만 문학공동체론에서 해석공동체(interpretive community)의 존재는 매우 의미 깊다. 해석공동체는 간단하게 말해 문학해석의 전략을 공유하는 문학집단을 의미한다. 이것이 특정한 해석 지평을 공유하는 비평가 집단에 한정되는 것은 아니다. 에꼴화된 매체를 중심으로 모인 비평가는 말할 것도 없고 실제적인 구속관계로 맺어지지 않은 많은 시인과 작가들 나아가서는 미학자나 문예학자들도 특정 해석공동체에 속한다. 이러한 점에서 해석공동체는 특정한 문학적 아비튀스를 지닌 일련의 사람들의 집합이라 할 수 있다. 가령 문학과지성사, 창작과비평사, 민음사, 문학동네 등에 소속된 편집진과 해당 출판사에서 지속적으로 책을 출간하거나 출간된 책들을 중요한 해석의 대상으로 삼는 미학자와 문예학자와 저널리스트 들은 동일한 해석공동체에 속하는 것이다.

해석공동체는 서로 구별되는 문학개념에 의해 형성된다. 문학을 정의 내리고 그에 대한 미적 준거를 세우는 데 있어 발생하는 차이들은 서로 다른 해석공동체를 생성하게 한다. 문학을 상상적인 것이라 하거나 언어를 특별한 방식으로 사용하는 것이라고 할 수 있을 것이고, 또한 이야기하는 방식에 주목하여 정의할 수도 있을 것이다. 어떤 경우든 가변적인 문학성의 범주에 나름의 경계를 만들려 하는 것이다. 이러한 경계는 매체를 통하여 명시적으로 정의 내리는 데서 명료하게 드러나기도 하지만 공동체 성원 간에 무의식적으로 작동하기도 한다. 해석공동체의 성원들은 의식, 무의식적으로 공유하고 있는 인식과 해석의 습관에 의해 공통된 가치체계를 형성하게 된다. 즉 문학이라고 생각하는 것의 범주와 좋은 작품에 대한 기준을 함께 나누게 되는데 이것은 하나의 해석공동체가 견지하는 이데올로기라 할 수 있다. 모든 이데올로기가 대립의 소산이듯 해석공동체의 이데올로기도 마찬가지이다. 이것은 서로 다른 해석공동체 사이에 존재하는 정의 내리기의 차이에서 비롯하고 정당성의 체계라는 점에서 권력관계를 형성한다. 해석공동체들은 자신들의 문학이 진정한 가치를 지님을 주장하면서 그들의 규칙을 설득하려 한다. 이러한 과정에 위계화, 통제, 배제, 제명 등의 권력 행위가 나타나게 된다.

해석공동체는 특정의 문학 이데올로기를 지닌 문화자본이자 상징권력이다. 이것은 가능한 모든 자원을 활용하여 자신의 문화자본을 재생산하며 상징권력을 확장하고자 한다. 이러한 과정에서 서로 다른 해석공동체 간의 대립과 갈등은 피할 수 없는 일이다. 해석독점과 상징폭력의 문제가 발생할 소지도 있는 것이다.

문학공동체에 내재한 제 문제

현대의 사회구성체가 그렇듯 문학공동체에도 많은 문제들이 내재해 있다. 문학이라는 공통된 관심의 테두리 안에서 개인과 소집단 그리고 외적 요인들에 의한 문제들이 상존하고 있다. 실제로 모든 공동체의 내부는 조화와 화해의 장이기보다 갈등과 경쟁의 장이라 할 수 있다. 그렇지만 이러한 경쟁과 갈등이 파괴적인 데 이르지 않는다는 점에서 이들의 배후엔 협동적인 과정이 존재하는 것이다. 그런데 이러한 협동의 과정은 암묵적인 약속과 같은 것이어서 때로 불안하고 위태로운 과정을 겪기도 한다. 오늘날 문학공동체에서도 공동적 유대가 깨어질 요인들은 점증하고 있다. 이를 문인공동체의 기저가 되는 인정제도로부터, 매체운영, 해석독점, 문화자본과 상징권력의 문제에 걸쳐 따져보고자 한다.

인정제도의 혼란

문인공동체의 가장 최초의 요건은 인정에 있다. 소위 등단제도로 불리는 이것은 문인의 자격을 부여하는 관행으로 존속되어 왔다. 이는 문인임과 문인 아님을 명백하게 분할함으로써 문인의 권위를 합법화한다. 달리 말해서 이 제도는 기존의 문인들에게 권위의 독점을 보장해주면서 입회를 요구하는 예비 문인들을 구속한다. 또한 이러한 제도는 인정하는 자와 인정받는 자 사이에 결코 벗어버릴 수 없는 관계를 만든다. 인정 절차의 특수성에서 이들을 도제적 관계가 되게 하는 경우도 없지 않다. 다시 말해서 인정제도가 사적 관계, 친밀성의 원칙에 의해 훼손될 소지는 충분하다. 반대로 인정만 되면 무자격자도 문인이 될 수 있다는 모순도 발생한다. 자격이 거래의 대상이 되는 타락은 심각한 문제가 아닐 수 없다.

그런데 인정제도를 이용하여 문학적 가치들을 하락시키는 일은 우리 사회에서 매우 빈번하다. 문사적 전통에 다소의 유인이 있겠지만 시인이나 작가가 되려는 사람들의 욕망을 이용하여 출판자본을 확대하는 방편으로 삼거나 조직과 그 하부를 확장하려는 불순한 일들은 비일비재하다. 특히 조직에 의해 움직이는 일부 협회 형식의 단체의 경우 선거 등에 인정제도를 자기 세력에 유리한 방향으로 활용하는 사례도 없지 않다.

인정제도의 모순은 문학적 가치의 무차별화를 조장하고 서열적 위계를 피할 수 없게 한다. 이러한 상황에서 문학공동체 내부에서 인정투쟁이 벌어지는 것은 당연하다. 무차별화된 자격에 의한 혼란에 질서를 부여하면서 문학적 가치를 드러내고 나아가 비평가와 소비자에 대한 자신의 공간감각을 확인하려는 의지와 욕망이 작동되는 것이다. 부르디외가 말하듯 사회의 모든 장에는 입회권의 빗장을 부수려고 애쓰는 신참자와 독점을 옹호하고 경쟁을 배제하려는 지배자 사이의 투쟁이 있게 마련이다. 인정제도의 모순은 이러한 투쟁을 더욱 가열하게 한다. 근본적으로 인정의 욕망과 지배의 욕망은 같다.

무원칙적 매체 운영

문학매체가 우후죽순처럼 생겼다, 명멸하는 현상이 있다. 어떠한 매체든 일차적으로 그 지속성에서 평가받을 수 있을 것이라는 점에서 여러 문학매체의 짧은 수명이 문제다. 매체의 지속성을 보장하는 것은 출판자본이라 할 수 있을 것이다. 그럼에도 이 못지않은 것이 각각의 매체는 그 나름의 이념을 지닌 해석공동체가 되어야 한다는 것이다. 그렇다면 해석공동체를 형성하지 못한 채 여러 가지 매체가 운용되고 있는 까닭이 어디에 있을까? 그것은 앞서 말한바 인정제도의 모순과 연관된다. 잡지를 출간하여 무원칙적으로 문인을 양산하는 경우를 쉽게 접할 수 있는데 이를 운용하는 이들은 한편으로 양산된 문인을 잡지의 재생산 구조로 만들면서 자신들의 문학적 권위와 상징권력을 생성하고자 한다. 여러 지역의 문인-교수들이 연대하여 잡지를 만들고 이를 통해 지역문단 내의 위상을 제고하면서 문단권력을 유지하려는 경우도 없지 않다. 그러나 문학적 권위는 제도에 의해 뒷받침되는 것은 아니다. 제도는 후차적이며 무엇보다 개인의 문학적 업적이 앞서는 것이다.

문학공동체 내에도 그래샴의 법칙은 작동하고 있다. 인정제도를 악용하여 비합리적으로 문인을 양산하는 매체들이 존재하기 때문이다. 더군다나 이러한 매체를 통해 인정된 문인들이 문학공동체를 가치의 질서체계가 아니라 사적 관계의 체계로 만들려는 경향들을 보이는 데 이르러 재능 있는 신인들의 문학적 성취의 둔화가 우려된다. 특히 이러한 현상은 지역문학공동체에서 두드러진다. 문인의 자격을 인식하면서 지자체 등과 연계된 단체에 소속되어 각종 행사에 참여하는 것을 문학 활동과 혼동하는 이들도 많다. 모두 무차별화된 매체의 잘못된 운용의 결과이다. 하지만 이러한 인정제도의 모순을 재생산하는 매체들을 규제할 방도는 없다. 오로지 문학적 장 내부의 상호작용에 의존할 수밖에 없다. 즉 바람직한 해석과 정당한 평가에 따를 수밖에 없는 것이다.

해석 독점

어떻게 보면 해석 독점은 피할 수 없는 일에 속한다. 해석공동체가 특정의 개념과 정의를 재생산하는 것은 당연하기 때문이다. 그럼에도 해석공동체가 특정의 정의를 강제하거나 해석의 상대주의를 거부하게 될 때 문제가 유발된다. 섹트화는 해석공동체가 해석에 대한 독점적 권위를 유지하려 할 때 발생한다. 어원에 따를 때 라틴어 섹트(sect)는 당파에 해당하는 의미를 지니며 스스로 원하여 사회의 주요 부분과 절연된 사람들로써 이루어진다. 섹트화된 해석공동체의 가장 큰 특징은 당파적 배타성에 있다. 주로 이러한 배타성은 구성원들이 스스로 가장 자격 있는 엘리트라고 인식하는 데서 비롯한다. 이들은 자기들이 가장 훌륭한 해석집단이라는 생각과 함께 타자들이 알 길이 없는 비의에 가까운 지식들을 지니고 있다는 자만에 사로잡힌다. 따라서 여타의 해석집단과의 개방적 토론을 불필요한 낭비로 여기게 되는 것이다.

섹트화된 해석공동체의 해석독점이 유발하는 문제는 반대화주의만 아니다. 자신들의 해석을 절대화한 나머지 특정의 시인과 작가들의 작품에 대한 가치평가를 부동의 것으로 만드는 경우가 없지 않다. 다시 말해서 이들은 자신들이 선택하여 자리매긴 시인과 작가에 대한 최초의 평가를 거듭 재생산하거나 확대재생산한다. 자연스럽게 잘못된 신화가 형성되는 것이다. 이러한 신화 형성을 통하여 섹트화된 해석공동체는 해석독점을 지속하면서 가치의 위계를 공고화한다. 간혹 신화파괴주의자들의 도전에 직면하기도 하나 투철한 당파성에 입각하여 성문을 굳게 닫고 자기들만의 세계에서 위안을 찾는다. 이처럼 섹트화된 해석공동체의 해석독점은 타자를 철저히 배제하는 엘리티즘, 독단주의와 특정 시인-작가 작품의 가치를 절대화하는 신화주의라는 그릇된 문제를 만들어낸다.

문화자본과 상징권력

해석공동체의 해석독점의 배경에 자본과 권력이 자리하고 있다는 사실은 두루 알려져 있다. 해석공동체의 문화자본은 근본적으로 출판자본의 뒷받침에 의해 성장한다. 아울러 문학생산자, 출판자, 비평가, 문예학자, 저널리스트 들이 한데 어울려 이를 확대재생산하는 것이다. 실제로 문학작품이 밀폐된 공간에서 쓰이고 나중에 출판자와 수용자를 찾는다는 전통적인 생각은 잘못된 것이다. 시인과 작가들은 이미 글쓰기 과정 중에 자신의 원고 평가인, 출판자, 비평가, 소비자 들을 고려하게 되며 경우에 따라 이들이 자신의 글에 어떠한 반응을 보일까 꿰뚫어 보고 있다. 이러한 위치 감각은 특정 해석공동체의 일원이 되게 하는 시초로 작용한다. 대체로 자본을 제공하는 출판자와 해석을 제공하는 비평가는 상호합의의 관계에서 시인과 작가들을 관리하게 되는데, 성공을 거둔 시인 작가들을 자신의 동아리 안에 포함시키고 이들이 가져다 줄 이익과 이익의 이익을 확인한다. 또한 특정 해석공동체의 문학적 아비튀스를 공유하는 문예학자들은 직접적인 일원이 아니면서 해석공동체의 문화자본을 강화하는 역할을 맡는다. 이들과 달리 동질적인 아비튀스를 견지한 저널리스트들은 특정 해석공동체의 해석을 공론화하고 이를 확대하는 데 기여한다. 만일 어떤 해석공동체가 여기서 언급한 대로 충분한 자본과 필요한 구성원들을 모두 갖춘다면 거대한 독점적 문화자본이 되는 것은 명백하다.

  독점적 해석공동체가 자본을 확대재생산하는 방편으로 삼는 것 가운데 문학상 제도가 있다. 문학상은 시인과 작가의 명성을 해당 상과 그것을 주관하는 해석공동체에 재투사하여 자산의 확대재생산을 도모하는 것이다. 이러한 문학상 제도가 타락하는 것은 해당 상을 받는 시인과 작가의 문학적 성취에 대한 보상을 넘어 출판자본이 상업적 목적으로 이를 활용하는 데 있는 것이다. 말할 것도 없이 이러한 상업적 목표는 철저하게 은폐된다. 하지만 이것이 해당 해석공동체의 상징독점을 강화하고 문화자본을 확대재생산하는 데 기여함을 알기는 어렵지 않을 것이다.

  그런데 이러한 문화자본의 자리와 권력의 자리는 상동관계를 가진다. 독점적 해석공동체는 해석의 독점을 통하여 문화권력을 행사한다. 이러한 권력은 특정 시인과 작가에게 상징권력을 부여하는 한편 자신들이 배제하고자 하는 시인과 작가들에 대한 상징폭력을 행사한다. 말할 것도 없이 모든 해석공동체는 담론의 권력을 지닌다. 따라서 권력은 모두 나쁜 것이라 일반화하는 것은 오류다. 문제가 되는 것은 독점적 해석공동체의 문화권력이 그릇되게 작동하는 방식이다. 선택과 배제는 해석행위에서 피할 수 없다. 하지만 이를 합리적으로 활용하지 않을 때 왜곡이 일어난다. 섹트화된 해석공동체의 담론이 잘못된 권력행위로 귀결될 가능성은 매우 크다. 섹트주의는 해석행위에 필요한 토론을 말살하고 이를 신념으로 대체한다. 이러한 신념이 상징폭력과 연결되는 것은 당연하다.

문학공동체 합리화를 위한 전망

공동체 논의에는 항상 당위가 전제된다. 즉 바람직한 공동체 형성이라는 미래지향적 전망이 뒤따른다. 하지만 공동체를 무결한 정태적 공간으로 인식하는 것은 잘못이다. 공동체는 여러 이질적인 관계들이 상호작용하는 역동적 장이기 때문이다. 이러한 공동체가 위기를 맞는 것은 공동체의 장이 합리적인 규칙에 의해 움직이지 않을 때이다. 앞서 우리의 문학공동체가 여러 가지 불합리한 요인들에 의해 위기를 맞고 있음을 살폈다. 바람직한 공동체를 위한 합리화 방안이 강구되지 않을 수 없다.

인정제도의 쇄신

등단이라는 인정 제도는 공적 수준에서 문인임을 알리는 표지를 제공한다. 그렇다면 이러한 제도는 합리적으로 운영되어야 할 것이다. 우선 공정하고 공개적인 심사가 이루어져야 할 것이다. 사적 관계나 친밀성의 원칙은 철저하게 배제되어야 한다. 모든 것이 문학적 수준의 원칙에서 이루어져야 한다. 다음으로 수준의 하락을 막기 위해 각 매체가 신인 등단을 제한할 필요가 있다. 1년에 한 번 또는 두 번 정도로 기회를 제약할 때, 문학적 능력을 갖춘 이들이 자격을 부여받게 될 것이다. 실제로 제대로 된 해석공동체의 매체들이 신인 등단제도를 시행하지 않거나 크게 제한하고 있는 반면, 많은 문제를 안고 있는 매체들의 경우 기회를 방만하게 확대하고 있다고 할 수 있다. 마지막으로 다양한 인정제도를 도입할 필요가 있다. 신춘문예, 신인상, 잡지 추천 등의 현행 제도를 보완하는 방법으로 가령 수차에 걸친 투고와 이에 대한 공개적인 평가를 거듭하는 방안을 통해 심사과정을 보다 철저하게 함으로써 수준을 갖춘 문인을 탄생시킬 수 있을 것이다.

매체의 개방적 운영

동아리 의식이 강한 해석공동체의 경우 매체를 매우 제한적으로 개방한다. 자기 식구들의 작품만 싣는 가운데 가치평가의 일관성을 유지함으로써 섹트 의식을 강화한다. 말할 것도 없이 작품 선택에 있어 에꼴을 따르는 것은 탓할 바 못된다. 하지만 수준의 하락에도 불구하고 제 식구 감싸기에 급급한 것은 잘못이다. 사람들은 특권에 익숙해지면 마치 그것이 당연한 권리이거나 자연스럽고 충분히 누릴 자격이 있는 것이라고 느끼게 되어 그것이 곧 가치의 질서인 양 생각하기 쉽다. 폐쇄적인 해석공동체의 경우 특정 시인과 작가에 대한 가치판단과 위계를 재생산함으로써 그것이 부동의 질서인 것처럼 그릇되게 설득한다. 그러나 보다 큰 다양성을 확보하는 쪽으로 바꾸어 가는 것은 단기적으로 괴로울 수 있으나 장기적으로 많은 성과를 가져올 것이다. 매체의 개방적 운영은 해석공동체 바깥의 다양한 가능성들에 늘 관심을 갖고 긴장을 늦추지 않는 것이다. 또한 내부의 문제들(특히 수준의 하락)과 비판적 거리를 유지함으로써 해석의 유연성을 확보하는 것이다. 이럴 때 섹트화나 신화화의 해독(害毒)에 저항하는 면역체계를 스스로 갖출 수 있다.

토론의 활성화

해석공동체 바깥의 비판에 대하여 열린 자세를 갖고 이를 함께 토론할 수 있어야 한다. 그동안 논쟁이나 토론이 제대로 발전적인 진전을 보이지 못한 것은 비판을 묵살하거나 토론 과정에서 어색한 침묵으로 방어하는 바람직하지 못한 태도에서 비롯한다. 자의식, 다양성, 토론 등의 개념들은 문학의 장을 활성화하는 변증법을 가능하게 하는 것들이다. 특히 섹트화된 해석공동체의 경우 내부의 유일무이한 일원론적 담론만 허용하고 서로 비적대적 긴장관계를 조성하거나 창조적 만남을 일궈낼 담론들조차 배제한다. 항구적이고 절대적인 문학권력이 존재할 수 없다는 진실에 귀 기울이면서 내·외부의 변증법을 확대해야 한다. 말할 것도 없이 모든 문제들이 토론되어야 하는 것은 아니다. 특정한 사안에 있어 처음부터 토론이 불가능한 경우가 없지는 않다. 그러나 이러한 대립의 문제조차도 해석공동체 안에서 다루는 것이 토론의 활성화에 기여하는 것이다. 대립과 갈등의 대상에 대하여 침묵하는 것으로 자기 순결성을 유지하려는 노력은 또 다른 형태의 물신화와 다를 바 없다. 토론이야말로 여러 가지 모순과 왜곡으로 얽힌 실타래를 풀고 문학적 공공영역을 확보하는 지름길이다.

상징적 신화의 해체

신화화된 상징권력들은 해체되어야 한다. 문학공동체의 합리화에 있어 상징의 신화를 구성하고 이를 통해 상징자본을 재생산하는 왜곡된 체계를 해체하는 과정이 필요하다. 신화화된 상징은 허다하다. 우선 처음 제도를 통해 문학권력을 장악한 이들이 매체와 교육을 관장함으로써 특정의 문학개념과 이데올로기를 유포함으로써 형성된 신화가 있다. 가령 분리주의 미학은 대표적인 예가 될 것이다. 왜곡되게 주류화된 미학 이데올로기는 비판되어야 한다. 문학공동체 내에서 진정한 주류는 다양한 미학 이데올로기들이 상호작용하는 것이라 할 수 있을 것이다. 다음으로 신화 해체의 대상이 되는 것은 문학자본과 문학권력을 독점하고 있는 해석공동체들이 특정의 시인과 작가 그리고 비평가들과 그들의 작품에 부여하고 있는 상징체계다. 문학상 등은 상징의 신화들이 재생산되는 매개 역할을 한다. 신화화된 상징들의 허구성은 새로운 해독(解讀)에 의해 가능할 것이다. 비판적 읽기를 통하여 해석의 관습이나 가치평가의 일관성에 내재한 허위를 토론의 대상으로 할 때 문학공동체의 새로운 전망은 열릴 것이다.

지속가능한 사회를 위한 문학공동체의 사명

문학의 자리는 분명하고 풍문과 달리 쉽게 위기에 처하지 않을 것이다. 위기가 있다면 그것은 우리 사회 그 자체라 할 수 있다. 적어도 문학은 이러한 위기의 사회, 위험 사회와 같이 가지 않으며 가서도 안 된다. 문학이 자본과 기술에 예속될 때, 이미 문학의 사명을 잃은 것이라 할 수 있다. 문학은 우리의 오랜 문화적 패턴으로 위치하면서 우리 삶의 구체적인 터와 자리를 지속가능한 공간으로 변화시키는 데 없어서는 안 될 매체이다. 현대문학의 가장 주된 테제는 지속 가능한 공동체일 것이다. 문학을 통하여 삶의 가장 직접적이고 구체적인 문제에서 공동체 전체에 이르는 과제를 풀 수 있다고 한다면 새로운 전체성을 추구하는 문학 개념의 대두도 가능할 것이다. 문학공동체의 합리화는 이러한 점에서 시급하다.

공동체 논의가 사회학적이라면 문학공동체 논의도 문학사회학에 속하는 문제이다. 지금까지 논의된바 문학공동체에 내재한 문제들은 대부분 우리 사회가 안고 있는 문제와 크게 구분되지 않는다. 사회의 문제와 마찬가지로 문학의 문제도 궁극적으로 자본주의의 문제에 귀속된다. 상징자본과 상징권력을 확대하려는 경쟁체제가 문학공동체의 위기를 조장하고 있는 것이다. 다시 말해서 문학이 자본주의 질서와 일정한 거리를 확보하는 데 실패함으로써 위기를 맞고 있다는 것이다. 문학공동체 논의가 자본주의 사회, 특히 소비자본주의 사회에서 문학이 어떠한 역할을 해야 하는가의 문제로 비약될 소지는 충분하다. 그러나 이에 대한 것은 많은 사색을 요구하는 어려운 작업이다. 하지만 여기서 한 가지 단언할 수 있는 것은 문학이 우리의 삶과 사회를 지속가능한 삶, 지속가능한 사회로 나아가게 하는 데 힘을 보태는 매체가 되어야 한다는 것이다. 이를 위해 사회적 소통의 한 형식으로 간주되는 문학의 축소된 개념을 삶 전체의 문제를 풀어가는 확장된 개념으로 전환시켜야 한다. 그렇지만 아쉽게도 현금의 문학공동체에서 논의되고 있는 문학은 전체적인 삶의 재구성이라는 과제에 충실하지 않다. 오히려 사회구성체의 타락한 자본과 오염된 권력과 구분되지 않는다. 여기서 우리는 바람직한 문학공동체와 올바른 사회공동체의 상동관계를 다시 확인할 필요가 있으며 협동적 평등이 사회적 원칙이 되고 공동체적 민주제도가 뿌리를 내린 사회로 가기 위한 '영구 혁명'을 재인식해야 하는 것이다.

지역과 지역의 네트워킹
― 지역이라는 곤경을 벗어나는 방법

세계화 시대, 문학은 어디로 가고 있는가

"근대문학은 끝장났다"라는 일본 평론가 가라타니 고진의 말이 던지는 파장이 크다. 달리 근대소설이 끝났다는 것인데 근대문학이란 곧 근대소설을 지칭하기 때문이다. 마셜 맥루한이 텔레비전 현상을 보고 문자의 시대가 끝났다고 선언하여 사람들을 놀라게 한 것은 1960년대이다. 그로부터 40년이 지난 지금 그의 후예들은 그의 예언이 적중되고 있음을 강변하고 있다. 더더구나 맥루한의 후예가 아닌 가라타니 고진이 근대문학의 종언을 고하고 있으니 문학하는 우리가 겪는 충격은 매우 큰 것이다.

근대문학이 끝났다는 고진의 말은 문학이 끝났다는 말은 아니다. 근대에 특별한 지위와 역할을 부여받았던 문학이 끝났다는 것이다. 다시 말해서 근대에 이르러 여타 장르를 제패하고 주류를 형성한 근대소설의 위대한 시대가 종언을 고한 것이다. 고진의 말처럼 현실문화의 장을 보아도 소설가들이 문화의 소수자로 밀려나고 있음이 뚜렷하다. 소설을 읽는 독자들이 턱없이 줄어버렸고 개중엔 소설을 제쳐두고 다른 형태의 활동과 글쓰기를 실천하는 작가들도 생겨나고 있다. 가령 최성각과 김곰치 같은 이들이 그렇다. 이들은, 고진이 예로 든 인도의 작가이자 환경운동가인 아룬다티 로이처럼, 쓸 것이 있다면 그 형식에 구애받지 않고 무엇이든 쓴다. 2006년 봄 김곰치가 한 문학토론회에서 "내게 왜 소설을 쓰지 않는가라고 묻는 것은 잘못된 질문"이라고 한 적이 있다. 소설이 아니라 그는 이 시대에 대응하는 가장 적절한 글쓰기를 하고 있다는 것이다. 아룬다티 로이 또한 자신은 "소설가이기 때문에 소설을 쓰지는 않는다"고 말한다. 지난 시대의 소설이 하던 사회적 역할을 지속하려면 뭔가 다른 형태의 글쓰기를 할 수밖에 없다는 것이다.

말할 것도 없이, 고진의 말이 소설이 끝났다는 것은 아니다. 무엇보다 문화적 주류로서의 위치를 상실하였다는 것이다. 그는 이러한 현상을 새로운 단계의 자본주의, 새로운 문화 생산과 소비 형태, 기술의 발달 등에서 찾는다. 자율적인 주체를 확립하려는 근대문학의 전통이 1990년대에 이르러 그런 주체나 의미를 조소하고 형식적인 언어적인 유희에 몰두하는 흐름으로 전환되었다는 것인데 이러한 현상에 만화나 애니메이션, 컴퓨터 게임, 디자인 등이 연동되고 있다는 것이다. 근대소설을 대신하여 대중문화가 전면화되었다는 것이다. 그렇다면 고진의 선택은 무엇인가. 그는 오늘의 문학적 사정과 관련하여 다음처럼 진술하고 있다.

우리는 현재 세 가지 해결해야 할 과제에 직면해 있다. 전쟁, 환경문제, 세계적인 경제적 격차. 이것들은 자연과 인간, 인간과 인간의 역사적 관계를 집약하는 사항들이다. 게다가 이것들은 시급한 과제들이다. 이전의 문학은 이런 과제들을 상상력으로 떠맡았다. 그러나 오늘날의 문학이 이것을 떠맡지 않는다고 해도, 나는 불만을 드러낼 생각이 없다. 그러나 나 자신은 그것을 떠맡고 싶다. 그것이 문학적이든 비문학적이든 아무런 상관이 없다.

고진의 이러한 고민은 실제 1990년대 이후 한국문학에도 잘 나타나고 있다. 그가 예로 든 김종철의 《녹색평론》을 위시하여 그가 말한 세 가지 과제에 관심을 집중하는 매체들이 등장하고 있다. 그리고 이들 매체들은 아무래도 문학 그 자체에 대한 관심보다 "자연과 인간, 인간과 인간의 역사적 관계"에서 야기되는 새로운 문제들을 탐색하려는 의도를 드러낸다.

기술결정론을 따르는 것은 아니지만 문자와 인쇄기술에 바탕을 둔 문학의 시대는 지나간 듯하다. 문화의 주류는 대중문화이며 이에 연동된 미학들이 지배적이 되고 있다. 문제는 문학이 문화적 헤게모니를 잃었다는 것인데 그렇다고 문학의 할 일이 사라졌다는 것은 아니다. 오히려 문학적인 것과 비문학적인 것의 경계에서 더욱 복잡해진 세계와 맞닥뜨리고 있는 것이 우리의 현실이다. 1990년대 이후 한국문학의 고민은 이러한 데서 시작되었고 이러한 고민을 풀어가는 과정들이 다양한 매체를 통해 나타나고 있다. 달리 말해서 90년대 이전의 이분법적 구도와 다른 복합국면을 맞고 있는 것이다.

지역문학은 대안일 수 있는가?

고진의 생각에 중심부적 시각이 개입하고 있을 것이라 추찰할 수 있을 것이나 이에 대한 것은 엄밀한 분석이 요구되는 바다. 그렇다면 입장을 바꾸어 주변부적인 시각에서 오늘의 문학을 이해할 수는 없을까? 달리 지역문학이라는 관점을 확장할 수 있을 것이다. 세계화가 중층적으로 작동되는 과정에 대한 복합적인 인식의 자리에 지역이 놓일 수 있기 때문이다.

오늘날 우리 사회는 지독한 중심주의에 사로잡혀 있다. 자본과 제도의 서울 집중으로 주변부 지방은 식민화되고 지방민들은 자기 땅으로부터 소외되고 있다. 이러한 현상은 중심부-반주변부-주변부의 세계체제를 일국 차원에서 닮고 있음을 시사하는 것이기도 한데, 무엇보다 지역이라는 프리즘을 통하여 한 나라는 물론 세계의 변화를 읽을 수 있는 맥락을 찾아내는 노력이 요구된다. 그런데 지역을 통하여 나라와 세계를 본다는 것은 배타적인 지방주의나 지역중심주의와 무연하다. 그동안 우리는 자기의 터전을 무시하고 세계만을 추수하거나 세계를 거부하면서 지역에 매달리는 두 양상을 보아왔다.

그렇다면 지역을 어떻게 볼 것인가? 일국적 차원으로 볼 것인가, 지구적 차원으로 볼 것인가? 일국단위의 지역과 세계단위의 지역이 있기 때문이다. 우선 전자는 우리 사회에서 흔히 지방으로 불린다. 서울-지방의 오래된 시각이 온존하고 있는 것이다. 하지만 이처럼 단순하게만 분할되는 것은 아니다. 서울만 하더라도 역내 불균등성이 존재한다. 그렇다면 이러한 이분법을 넘어서는 개념이 필요하다. 세계단위에서도 지역을 설정하는 문제는 논란거리다. 지역 설정에 있어 지역을 분할하려는 주체(개인 또는 국가)의 강한 주관이 개입되기 마련이다. 따라서 정치 경제 문화 등 다각적인 도움을 통해 세계단위의 지역이 논의될 수 있다. 지역 개념은 전체와 부분 간의 복잡한 사고에서 형성된다.

그런데 세계단위와 일국단위의 지역은 상호 연관성을 지닌다. 냉전체제의 하위체제가 분단체제라는 매우 간명한 설명은 말할 것도 없지만 세계단위 안에서 국가 경계가 느슨해지면서 국가단위의 지역이 세계단위에 연동되기도 한다. 가령 인천과 부산을 비교하여 예를 들면 인천은 냉전체제하에서 위축되었으나 냉전체제가 와해되면서 부상하고 있다. 부산은 이와 달리 냉전체제의 수혜지역에서 현재 재조정 국면을 맞고 있는 지역이다. 각기 황해시대, 동북아 허브를 내세우면서 서로 다른 지역전략을 내세우고 있다.

중층적이고 복합적인 지역개념이 시사하듯 지역문화 또한 복잡한 인식을 요구한다. 중심부, 세계화, 대중문화와 주변부, 지역화, 고유문화가 맺는 관계도 획일적인 일방향성, 대타적 저항성 등으로 나타나지 않는다. 경우에 따라서 지역은 새로운 가치 생성의 공간이 되기도 한다. 따라서 지역을 마냥 소외를 나타내는 표지로 보는 것은 단견이다.

만약 지역을 전통과 근대, 식민성과 근대성, 문명과 자연 등의 제 가치들이 혼재한 장소이며 서로 양립하는 가치들이 종합되는 가운데 형성적인 가치들이 발생하는 공간―경계영역으로 볼 수 있다고 한다면 지역의 문화는 이러한 생성적 가치를 고양하는 것을 가장 중요한 과제로 삼아야 한다. 물론 지역들이 중심부 서울보다 창발적이라는 것은 아니다. 지역이 경계영역의 특성을 구비하고 있음에도 불구하고 낮은 문화적 생산력과 중심부 문화자본에 의한 지역의 사물화와 대상화 등의 요인으로 문화적 활력들이 현저하게 약화되고 있기 때문이다. 많은 경우 지역에 바탕을 둔 문화자본은 중심부 문화산업에 흡수되거나 중심부 유행장르들을 모방하며 또 다른 경우 박제된 지역성, 지역의 박물지 기술에 치중하고 있는 것이 현실이다. 지역 전통의 사물화는 오늘날 문화산업의 전략목표에 해당한다. 지방의 문화와 전통은 그 역사성이 소거된 채 소비의 대상으로 전락하고 있다. 하지만 이러한 현실이 지역문화의 미래가 암울하다는 단정을 이끌어내는 것은 아니다. 문제는 누가 어떻게 타자화, 대상화, 사물화되고 있는 지역에 역사성과 구체성을 불어넣는가에 달려 있는 것이다.

지역문화가 제대로 꽃 피려면 오늘날 지역과 지역문화가 처한 양면성을 정확하게 인식하는 데서 출발해야 한다. 즉 근대와 전통, 중심과 주변, 근대성과 식민성, 서구와 아시아, 문명과 자연 등 대립항들이 만드는 대립들의 함정에 빠지지 않고 생성의 공간, 희망의 공간을 만드는 일이다. 대안으로서의 지역문화는 이러한 반주변부의 잡종성에서 찾아진다. 다시 말하지만 지역을 프랙털 모형으로 사고하는 시점이 필요하다. 지역의 신체에 각인된 근대성과 식민성, 전통과 근대를 중층적으로 인식함으로써 중심과 주변, 세계적인 것과 지방적인 것의 변증법을 모색할 수 있을 것이다.

경합하는 장, 지역문학의 원근법

지역문학의 원근법과 세계화의 원근법은 다르지 않다. 오늘날 세계체제의 밖은 없기 때문이다. 문제는 이러한 현실을 일면적으로 사고하지 않는 것이다. 긍정과 부정의 차원이 아니라 현실이라는 점에서 경합하는 다수의 얽힘 현상에 주목하지 않을 수 없는 것이다. 실제 세계화의 장밋빛 환상은 한국사회가 IMF를 통과하고 오늘날의 분열에 이르러 사라지고 있다. 또한 다양성과 열린 사회로의 가능성을 억압하는 반동의 힘이 커져가고 있음을 직면한다. 그야말로 문학이 아니라 설사 그것이 문학이 아니라 하더라도 우리가 서술하고 재현해야 할 세계는 더욱 복잡한 국면으로 우리를 압박하고 있는 것이다. 문학적 지성들의 총기와 활기가 더욱 요청되는 시대가 아닌가 한다. 에드워드 사이드에 의하면 현대의 지성은, 대중을 위해서는 물론 대중을 향해 메시지, 관점, 태도, 철학, 여론을 재현하고, 구체화하고 표명하는 의무를 부여받고 있어 공공연히 당혹스러운 문제를 제기하고 정통과 도그마에 대항하는 위치에 있어야 한다. 그런데 이러한 지성의 과업은 항상 재현에 의해 수행된다. 지성인은 그러므로 '재현하는 인물'이다. 지성은 이러한 재현을 통하여 '정치의 재발견'(울리히 벡)이라는 문제를 수행한다. 달리 생활태도의 정치라고 할 수 있는 이것은 비판을 배제하고 기술과 시장으로 통합하려는 세계의 전체주의적 기도에 저항하는 모든 시민의 몫이기도 하다. 정치는 모든 곳에 존재하기 때문이다. 이러한 점에서 볼 때 순수한 예술과 사상의 영역으로 도피할 길이 없으며, 이해관계가 없는 객관성이나 초월적 이론의 영역으로 도피할 길도 전혀 없다. 그래서 사이드는 현대 기술사회의 지배에 지성이 저항할 것을 거듭 강조한다. 그는 이러한 작업을 '폭로 또는 대안적 해석들'이라고 한다. 바로 문학적 지성들이 해야 할 일들이라 할 수 있다. 그렇다면 우리가 직면한 현실을 어떻게 요약할 수 있을까? 한 마디로 세계화라 할 수 있을 것이며 이에 대한 우리의 절실한 원근법이 요구되고 있다 하겠다.

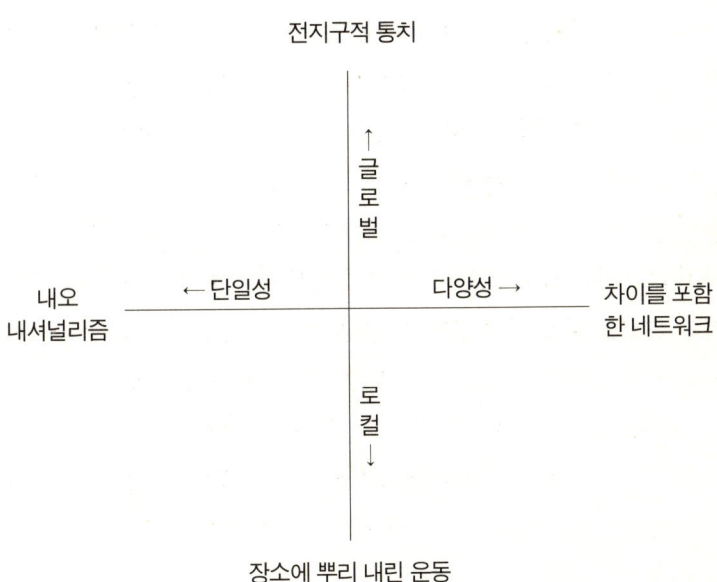

〈표〉는 세계화의 원근법(강상중·요시미 슌야)을 잘 도식화하고 있다. 〈표〉가 말하듯 오늘날의 세계는 네 가지 차원들이 서로 경합하는 구도를 보인다. 90년대 후반 이후 한국문학 매체들의 지향도 이러한 네 가지 차원의 어느 한편으로 쏠리는가에 따라 경향들이 나누어진다. 최근 《실천문학》이 소수자와 지역에 관심을 기울이고, 아시아를 읽고 해석하는 매체 《아시아》가 등장한 것이 세계화의 원근법이라는 관점에서 주목된다. 또한 비록 산발적이지만 디아스포라 문학에 대한 탐색이 늘어가고, 지역에 뿌리를 두면서 세계를 궁리하는 매체들이 많아지고 있는 현상에 일정한 의의를 부여할 수 있을 것이다. 특히 지역의 매체들이 장소에 뿌리 내린 생태학적 전망을 내세우고 있는 것은 21세기 우리 문학의 또 다른 가능성이 아닌가 한다. 만일 이들이 제대로 네트워킹할 수 있다고 한다면 한국문학의 지형을 바꾸고도 남을 것이라 생각한다. 가라타니 고진이 말한 대로 근대 자본주의의 꽃인 근대소설이 몰락하더라도 지역과 장소에 뿌리내린 문학, 차이를 포함하는 소수자들의 진술과 재현들, 생태학적 전망을 지닌 시 운동 등으로 문학적 글쓰기는 지속될 것이라 믿는다. 문학의 자리는 분명하고 풍문과 달리 쉽게 위기에 처하지 않을 것이다. 위기가 있다면 그것은 우리 사회 그 자체라 할 수 있다. 적어도 문학은 이러한 위기의 사회, 위험 사회와 같이 가지 않으며 가서도 안 된다. 문학이 자본과 기술에 예속될 때, 이미 문학의 사명을 잃은 것이라 할 수 있다. 문학은 우리의 오랜 문화적 패턴으로 위치하면서 우리 삶의 구체적인 터와 자리를 지속가능한 공간으로 변화시키는 데 없어서는 안 될 매체이다. 다시 한번 문학은 협동적 평등이 사회적 원칙이 되고 공동체적 민주제도가 뿌리를 내린 사회로 가기 위한 '영구 혁명'을 인식해야 하는 것이다.

세계화와 지역문학

변화하는 세계와 지역

　냉전체제가 와해되면서 1990년대 신세대 문학은 성급한 탈정치화 선언을 하고 만다. 각종 후기(post) 담론이나 종언주의의 범람도 이러한 흐름과 같이 하게 되는데 실상 최종심급으로 작동하는 전지구적 자본에 대한 이해는 더뎠다. 과연 대안은 사라지고 역사는 끝났는가? 정작 위기는 더 커져가고 있는데 놀랍게도 위기 그 자체를 일상적 삶의 조건으로 받아들이는 경향은 만연되었다.[1] 자원의 고갈과 생태계 파괴 그리고 대기오염으로 인한 지구 온난화라는 돌이키기 어려운 근본적인 위기가 닥쳐오고 있는데도 많은 사람들은 이러한 위기의 근본 원인인 전지구적 자본주의 세계체제에 대한 대안이 없다고 한다.
　마르크스의 예견처럼 자본의 물결은 만리장성을 무너뜨렸다. 티벳에 대한 탄압과 신강에서의 테러에도 아랑곳없이 지금 북경은 세계자

---

[1] 아리프 딜릭(설준규·정남영 역), 『전지구적 자본주의에 눈뜨기』(창작과비평사 1998), 13쪽.

본주의의 중심부로 발돋움하려는 중화의 화려한 불꽃을 피우고 있다. 북경 올림픽의 슬로건은 '하나의 세계, 하나의 꿈'이다. 하지만 세계가 평화라는 하나의 꿈을 꾸고 있다고 볼 수는 없을 것 같다. 세계 평화의 제전이라는 올림픽이 열리는 가운데 벌어지고 있는 그루지아와 러시아 사이의 전쟁은 무엇을 의미하는가? 결국 하나의 세계는 이루어질 수 없으며 하나의 꿈이란 모든 나라들이 자국의 이익을 추구한다는 엄연한 사실을 의미할 뿐이다. '보다 빨리, 보다 높이, 보다 힘차게'라는 올림픽의 표어는 자본주의적 욕망의 표상이 된 지 오래다.

한정된 자원을 가진 지구에서 모든 나라가 하나가 된다는 것은 불가능한 일이다. 이상적인 '세계공화국'의 꿈은 '살아남기'라는 생존 경쟁의 끝에 있을 파국에 대한 불안을 포함하고 있다. 자본주의 세계체제는 자본과 권력의 위계질서이다. 이러한 질서에서 상위 계층을 유지하거나 그에 포함되려는 국가 간, 지역 간 경쟁은 매우 심각하다. 그루지아-러시아 전쟁을 보더라도 단지 두 나라만의 분쟁이 아니라 그루지아-유럽-미국으로 이어지는 지역과 러시아-중국으로 이어지는 지역 사이의 자원 경쟁의 연장선 상에 있는 것이 아닐까?

그렇다면 자본주의적 세계화에서 살아남는 길은 어디에 있는가? 중심부의 지위를 유지하거나 그에 위치하려는 '무한경쟁'을 지속해야 하는 것인가? 아니면 다른 길을 찾아야 하는 것인가? 전자의 길이 공멸을 향해 있다는 점에서 응당 후자의 길 찾기에 나서야 하는 것이 타당할 것이다. 가장 먼저 기존의 체제 변동을 생각할 수 있을 것이다. 미국 중심 체제의 변동과 동아시아의 부상에 기대를 하면서 다중심의 세계를 상상할 수 있다. 유럽과 미국과 동아시아가 정립(鼎立)하는 것이 바람직한 구도라고 말하기도 한다. 그러나 이러한 상상과 기대는 관념에 불과하다. 실제 불확실성이 중대하고 있어 세계가 어떻게 달라질지 알 수 없는 것이 현실이다. 이러한 가운데 가장 우세한 담론은 세계화만이 유일한 방책이라는 것이다.

　세계화는 주변부 사회를 해체하고 농업과 생태계를 파괴하고 있다. 가령 멕시코의 치아빠스는 자원이 최고 풍부한 지역임에도 주민은 가장 가난하다. 그 지역에서 나오는 부가 그 지역 사람들에게 돌아가지 않기 때문이다. 그것은 멕시코시티로 가거나 미국 혹은 전 세계 수출시장으로 흘러가고 만다. 그래서 이곳 사람들은 먹을 것도 없고, 돈도 없고, 집도 없고, 옷도 없다. 이러한 상황에서 사빠띠스따 저항이 일어난 것이다.[2] 사정이 이러하다면 세계화가 아니라 지역화로 가야 한다. 지역 스스로 자립적인 경제 시스템에 기반한 사회를 만드는 것이 희망적이다.

　세계화냐 지역화냐? 세계화의 흐름을 조정하기도 힘들지만 지역화의 대안을 간과할 수도 없다. 자본과 권력의 편에 선 사람들은 세계화가 도달해야 할 목표라고 강변한다. 하지만 인류의 목표가 어찌 이 한 가지로 모아져야 하는가? 다양한 지역마다 다양한 사람들이 살고 있고 그들마다 삶의 목표가 다를 수 있는 것이다. 경우에 따라 세계화가 아니라 지역적 가치를 추구할 이유도 많은 것이다. 근대를 넘어서는 것이 세계화라는 생각은 단순하다. 오히려 전근대나 비근대의 가치들을 통해 근대적인 것을 극복하는 것이 바람직한 방향일 터이다. 이처럼 위대한 전환이라 명명되는 지역화의 가치가 발현될 수 있다. 그런데 세계화와 지역화가 이항 대립적 관계인 것은 아니다. 윤리를 전제한 세계화는 곧 지역화가 되기 때문이다. 민주적이고 평등한 가치를 가장 중요하게 생각하고 문화 다양성과 생명 다양성을 지키려는 세계화는 지역화와 다른 방향이 아니다. 그러나 현금의 세계화는 폭력적이고 낭비적이고 비윤리적이다.

---

2) 폴 킹스노스(김정아 역), 『세계화와 싸운다』(창비 2004), 26~27쪽.

탈정치화를 극복하는 문학정치의 가능성

확실히 1990년대 신세대 문학의 탈정치화는 근시안적이었다. 자본주의 세계의 대안인 현존 사회주의가 무너졌다고 자본주의 그 자체의 모순들이 사라진 것은 아닐 터인데 신세대 문학은 사회주의 이념으로부터의 퇴각을 모든 이념으로부터의 탈피로 받아들였다. 그리고 신세대 문학은 문학주의로 회귀한다. 이러한 문학주의는 이전의 순수문학처럼 정치적 결탁을 의미하는 것이 아니라는 점에서 매우 광범한 흐름이 될 수 있었고 아직도 그 영향력을 행사하고 있다. 이처럼 탈정치화된 문학주의의 흐름을 지속시키는 데 동원된 개념 가운데 가장 큰 힘을 발휘한 것은 '문학의 죽음'이라는 담론이다. 기술의 비약적 발전으로 인쇄기술에 근거를 둔 문학은 쇠퇴하고 죽음을 맞을 것이라는 이야기이다. 참으로 우울한 진단을 내리는 이들은 맥루한의 후예들로서 역설적이게도 문학주의자들을 뒷받침하게 된다. 문학이 위기인 만큼 문학을 지켜내야 한다는 것이다.

맥루한의 후예들은 일차적으로 텔레비전 시대를 통하여 문자시대의 종언을 고한 바 있다. 그러나 이들의 예견은 크게 빗나가고 말았다. 텔레비전에 식상한 대중들이 다시 신문과 문학으로 귀환하였기 때문이다. '문학의 죽음'이라는 이야기가 등장하는 것은 디지털 시대와 맞물려 있다. 디지털 기술이 등장하면서 맥루한의 후예들은 지난날의 실패를 만회하기라도 하듯이 "맥루한 르네상스"를 선포하는 한편, 디지털 기술이 활자 기술에 의거한 책 문화를 절멸할 것이라 주장한다. 일견 맥루한 르네상스가 온 듯도 하다. 그럼에도 책은 여전히 우리에게 매우 중요한 매체이다. '문학의 죽음' 담론의 기저에는 기술결정론이 깔려 있다.[3] 우리의 삶과 문화가 기술의 발달에 따라 변화한다는 것이다. 사실 틀린 말은 아니다. 그러나 의식주 생활 전부를 기술이 바꿀 수 없는 것도 사실이다. 의식주의 경우 그 형질이 달라졌을 뿐 100년 혹은 200년 전과 그 본질이 변한 것은 아니다. 책이라는 것이 이러한 의식주의 문화 패턴과 흡사한 것이라면 음식을 알약으로 대신할 수 없듯이 책의 문화 또한 사라지지 않을 것이다. 그렇다면 "문학의 죽음"이라는 담론은 과장되었거나 허위일 가능성이 높다.

'지구촌' 개념이 맥루한에서 비롯하였듯이 맥루한의 후예들은 또한 세계화를 옹호한다. 디지털 기술이 세계를 하나로 만들 것이라고 생각하기 때문이다. 그런데 여기서 우리는 오늘날의 기술이 발달하는 과정을 생각해 볼 수 있다. 과학의 발달에 상응하는 기술의 발달을 뒷받침하는 것은 국가와 자본이다. 디지털 기술은 국가 이익과 자본의 요구에 의하여 발달한다. 이것은 시간을 완벽하게 공간화함으로써 지역을 넘어 세계를 통합한다. 말할 것도 없이 디지털 기술이 자본과 국가에만 봉사하는 것은 아니다. 지역 간 네트워킹을 가능하게 함으로써 위로부터의 세계화에 저항하거나 지역문제를 세계화하는 방안이 된다. 사빠띠스따가 멕시코 다중의 지지를 받고 세계 여러 지역의 관심사가 된 것도 디지털의 힘이다.

그렇다면 문학의 위기와 문학의 죽음 담론을 의지한 1990년대 신세대문학이 얻은 것은 탈정치화 이데올로기이다. 또한 자본과 시장에 저항하지 않음으로써 자기 확대를 도모할 수 있었다. 그러나 이러한 탈정치화가 가져온 손실은 매우 크다. 그동안 한국문학이 견지해 왔던 긍정적인 가치들 가운데 많은 부분들이 쇠퇴하거나 주류에서 밀려나게 된 것이다. 왜 한국문학은 더 이상 민중을 말하려 하지 않는가? 만일 사회 구성 개념으로서 민중이 사라졌다면 하위주체들, 약자와 소수자, 농민의 이야기를 하는 작가들은 왜 없는가? 비정규직 노동자들을 위한 글쓰

---

3) 맥루한주의자인 앨빈 커넌의 견해가 대표적이다.

기를 하는 작가들은 있는가? 생태 환경이 파괴되는 현실을 비판하는 작가들은 누구인가? 이처럼 "문학의 죽음" 담론을 반사경으로 하여 이룩한 탈정치적 문학주의는 많은 의문을 남긴다.

가라타니 고진이 근대문학 종언론을 제기하는 한편, 한국문학도 이러한 상황에 처한 것이라고 지적한 것은 한국문학의 탈정치화와 연관된다.

> 우리는 현재 세 가지 해결해야 할 과제에 직면해 있다. 전쟁, 환경문제, 세계적인 경제적 격차. 이것들은 자연과 인간, 인간과 인간의 역사적 관계를 집약하는 사항들이다. 게다가 이것들은 시급한 과제들이다. 이전의 문학은 이런 과제들을 상상력으로 떠맡았다. 그러나 오늘날의 문학이 이것을 떠맡지 않는다고 해도, 나는 불만을 드러낼 생각이 없다. 그러나 나 자신은 그것을 떠맡고 싶다. 그것이 문학적이든 비문학적이든 아무런 상관이 없다.[4]

그가 인도의 아룬다티 로이를 문학 행위의 정통으로 든 것도 그녀가 "전쟁, 환경문제, 세계적인 경제적 격차"를 글쓰기의 최우선 과제로 생각하고 있기 때문이다. 고진이 말한 근대문학의 종언론은 문학이 끝났다기보다 종래의 문학이 가졌던 '체제 비판 기능'을 잃었다는 의미로 이해될 수 있을 것이다.[5] 그렇다면 근대문학 곧 소설이 21세기에도 그 역할을 하려고 한다면 고진이 말한바 '세 가지 해결해야 할 과제'를 내용으로 해야 할 것이다. 하지만 시장의 논리에 포섭되어 탈정치화한 소설이 다시 과거의 정치적 지위를 되찾는 일은 쉽지 않을 것이다. 고진

---

4) 가라타니 고진 (조영일 역), 『근대문학의 종언』(도서출판 b 2006), 10쪽.
5) 김종철, 「'공생공락의 가난'을 위하여」, 『땅의 옹호』(녹색평론사 2008), 233쪽.

이 아룬다티 로이를 예로 든 까닭도 거기에 있을 것이다. 그녀는 왜 소설쓰기를 그만두었을까? 민중 혹은 하위주체들을 망각할 수 없었기 때문이다. 그녀는 그녀의 소설 『작은 것들의 신』이 가져다준 부와 안락을 이들과 더불어 살기 위해 버린다.

작가는 그렇게 쉽게 외면할 수 없다는 게 그의 저주받은 운명이다. 작가라면 늘 아픈 눈을 뜬 채로 있어야 한다. 날마다 창문 유리에 얼굴을 바짝 대고 있어야 하고, 날마다 추악한 모습들의 목격자가 되어야 한다. 그리고 날마다, 낡아빠진 뻔한 것들을 새롭게 이야기할 방법을 생각해야 한다. 사랑과 탐욕, 정치와 지배, 권력과 권력의 결여―이런 것들에 대하여 되풀이하여 이야기하지 않으면 안 된다.[6]

그렇다면 한국의 작가들은 세계화 이후 더 심화되고 있는 양극화 현상이나 비정규직 노동자, 소수자, 이주 노동자, 농민의 문제를 외면하고 있는가? 또한 국가 권력과 자본에 의해 자행되고 있는 환경파괴와 폭력에 대하여 눈을 감고 있는가? 그렇지는 않을 것이다. 그러나 그럼에도 민중 혹은 하위주체들의 이야기를 아직 "낡아빠진 뻔한 것들"이라고 생각하는 이들이 더 많은 것도 사실이다. 다시 말해서 이들에 대한, "새롭게 이야기할 방법"을 찾고 있지 않은 것이다. 다만 이들이 아니라 "새로운 현실"을 더 새롭게 이야기하기 위해 매달리고 있는 것이다. 경우에 따라 기술주의에 편승하거나 세계화를 경배하는 것이 현실이다.

---

[6] 아룬다티 로이(박혜영 역), 「홍수 앞에서」, 『9월이여 오라』(녹색평론사 2004), 5~6쪽.

세계화와 지역문학의 의미

　문화의 세계화가 중심과 주변의 이분법적 단순화로 이해되는 것은 아니다. 자본 영역과 정치 영역과 달리 문화의 세계화는 복잡한 양상을 지닌다. 세계화는 한편으로 중심부 문화의 주변부 유입으로 나타나기도 하지만 주변부 문화의 변용을 가져오기도 한다. 아울러 주변부 문화에 대한 중심부 차용이 가능할 뿐 아니라 둘이 섞여 혼종화되는 현상[hybridity]을 만들기도 한다. 이러한 점에서 지역문화의 세계화를 뜻하는 글로컬 문화(glocal culture) 개념이 만들어지는 것이다.

　그렇다면 세계화 시대에 지역문학은 어떠한 의미를 지닐까? 이에 대한 설명 이전에 먼저 모든 문학은 지역문학(local literature)이라는 관점을 전제할 수 있다. 지역 언어를 매개로 지역 사람들의 생활양식을 재현하는 문학은 곧 지역문학이다. 가령 토마스 하디와 웨식스 지역은 많은 이들에 의해 거론되는 사례이다. 그의 소설은 대부분 이 지역의 장소와 공간에서 형성된 이야기들을 담고 있다. 그렇기 때문에 그의 문학은 문학연구자는 물론 인류학자와 인문지리학자의 연구 대상이 된다. 베네딕트 앤더슨은 국민국가 형성에 미치는 소설의 영향을 설명하면서 토마스 하디와 웨식스를 든다. 웨식스 사람들이 이 소설을 읽으면서 자기들이 같은 공동체에 있음을 상상하였다는 것이다. 또한 잭슨이나 다비 같은 인문지리학자들도 토마스 하디의 지역소설을 통해 지역지리를 구성하고 장소경험을 서술하며 지역의 사회적 공간이 내포한 의미를 파악했다는 것이다.[7] 비단 토마스 하디만의 특수한 예는 아닐 것이다. 김정한과 낙동강 지역의 관계 또한 지역문학의 전범이 되기에 족

---

　7) 심승희, 「문학지리학의 전개과정에 대한 연구」, 『문화역사지리』 제13권 제1호, 2001년 6월, 67~75쪽.

하다. 문제는 이러한 지역문학이 세계화 시대에 가지는 의미이다.

세계화는 전지구적 공간을 균질화하여 매끈한 표면을 만들려 한다. 그러나 이러한 균질화가 평등과 다양한 가치의 공존을 의미하는 것이 아니다. 이보다 동일한 교환 체계를 강요하는 것을 뜻한다. 차이와 특수성을 담보하는 지역문학은 이러한 세계화에 대하여 저항적이다. 지역문학이 지니는 일차적 의의는 일방적 세계화에 대한 저항에 있다. 다음으로 지역문학은 지역의 특수한 언어와 생활양식을 세계화한다. 말할 것도 없이 지역문학의 세계화는 쉽지 않다. 주변부 사람들의 이야기에 귀 기울일 사람들이 많지 않기 때문이다. 이러한 현상은 일국적인 차원에서도 설명이 가능하다. 서울의 지배적인 미학을 좇다보면 지방의 작가들은 자기 땅으로부터 소외될 수밖에 없다. 아울러 자기가 딛고 선 땅의 이야기를 하면 관심을 기울여 주는 이 적다. 그럼에도 세계적으로 뛰어난 작가들의 문학이 지역문학이라는 사실은 중요하다.

간혹 지역문학의 가능성을 혼종성에서 찾는 경우가 없지 않다. 혼종성은 식민지를 겪은 나라들의 지역문학이 보일 수 있는 강점이 될 수 있다. 또한 반(半)주변부 지역의 문화 혼종성은 기존의 경계들을 허물면서 새로운 정체성을 형성할 수 있다. 하지만 이보다 더 중요한 것은 지역의 역사성이다. 지역의 특수한 국면을 통해 지역적 삶의 심층을 파고든다면 혼종성은 부차적인 특성으로 확인할 수 있을 것이기 때문이다. 어떤 의미에서 혼종성을 지나치게 강조하는 것은 세계화의 문화전략에 포섭될 수 있다. 혼종성이 탈영역화의 가능성이 되기도 하지만 재영역화의 기미도 되는 것이다. 그러므로 저항과 협상의 구체적인 과정에 대한 천착이 중요하다.

지역문학은 지역이라는 프리즘을 통하여 중층적으로 확장된 시각으로 세계를 읽어내는 문학이어야 한다. 그러므로 이것은 폐쇄적인 지방주의에 갇혀서는 안 된다. 예를 들어 김동리의 지역문학과 김정한의 지역문학이 가지는 차이는 뚜렷하다. 전자가 특정한 공간과 장소에 기반하고 있음에도 궁극적으로 그것을 무화시키고 초월한다면 후자는 특정한 공간과 장소에 스며든 역사의 두께들을 겹겹이 벗겨낸다. 말할 것도 없이 세계화 시대에 김동리의 지역문학이 가지는 의의가 전혀 없다는 것은 아니다. 그의 지역문학은 지역의 특수한 패션을 세계화하는 데 이바지할 수 있다. 그럼에도 세계화가 내포한 문제에 대한 근본적 접근은 지역으로부터 국가와 제국을 읽어내는 노력으로 나타나야 한다.

지역문학을 어떻게 할 것인가?

싱가포르에 갈 일이 있어 서점에 들렀으나 싱가포르 문학을 찾기가 쉽지 않았다. 제법 몇 군데 서점을 거쳐 겨우 발견한 것이 'From Boys to Men'이라는 표제의, 국가가 제공하는 앤솔로지 한 권이었다. 과문한 탓도 있겠지만 자국을 소개하는 각종 역사서에 비한다면 약간의 충격이 아닐 수 없었다. 또한 가는 서점마다 자기계발에 관한 책들이 서점의 중심을 빼곡히 차지하고 있는 광경을 보고 한동안 의아해하지 않을 수 없었다. 아시아 네트워크 도시이자 다문화 국가인 이 나라에서 문학이 그리 중요한 문화영역이 될 수 없는 까닭이 무엇일까? 세계도시(global city)가 지닌 문화적 특성의 한 단면은 아닐까?

세계도시도 여러 층위가 있는 것으로 안다. 또한 그 성격에 따라서 금융중심, 정치중심, 문화중심 등 여러 가지로 나누어질 수 있다. 아무래도 자본의 회전이 빠른 싱가포르 같은 경우 문학보다 여타의 문화영역이 더 많이 수용될 것이라는 짐작이 가능하다. 그렇다면 서울을 제대로 그려내고 있는 지역문학에는 어떤 것이 있을까? 부산은? 인천은? 광주는? 대구는? 군산은? 통영은? 마산은? 목포는? 우선 대도시와 중

규모 도시를 열거해 보았다. 물론 문학사를 통하여 지역문학을 따지는 일이 선행되어야 한다. 그럴 때 많은 사례들을 찾을 수 있을 것이다.[8] 자기 지역을 지속적으로 그려낸 작가로 어떤 이들이 있을까? 박경리의 『토지』, 이병주의 『지리산』, 조정래의 『태백산맥』을 드는 일은 어렵지 않다. 그렇다면 서울이나 부산, 인천, 목포를 지역문학이라는 관점에서 탐문하고 서술하는 현존 작가는 누구일까?

많은 작가들이 서울에서 활동하고 있다. 그러나 서울이라는 프리즘을 통해 국가와 세계를 통찰하는 글쓰기를 하는 작가는 드물다. 박완서 문학은 어떨까? 여하튼 이에 답하는 것은 나의 능력을 넘어서는 일이다. 다만 여기서 이미 제출한 바 있는 지역문학의 방법론을[9] 다시 생각하면서 그 가능성을 생각해보려 한다. 이는 기존의 지역문학이 아니라 세계화 시대에 지역문학이 새롭게 씌어져야 한다는 기대를 포함한다.

지역문학의 방법론으로 첫째, 자기로부터의 글쓰기를 들 수 있다. 자기 땅으로부터 유배된 자들처럼 타자의 얼굴을 하고 타자의 말을 하는 작가들이 많다. 자기의 땅으로 귀환하여 자기의 목소리로 자기의 역사를 말해야 한다. 그렇다고 자기애적 주체로 말하라는 것은 아니다. 자기를 쓰되 자기를 둘러싼 문맥들의 구체적인 전망을 그려내라는 것이다. 둘째, 두껍게 쓰기이다. 이는 지역 사실의 박물학적 기술이 아니라 일상과 생활과 그 기저에 깔려 있는 삶의 역사를 구체적으로 해부하여 지역의 신체에 각인된 실상을 서술하는 것이다. 셋째, 다시 쓰기이다. 지역문학에서 지역성과 역사성은 동의어이다. 다시 쓰기는 파편화된 지역성을 재구성하여 지역의 문제가 근대의 문제, 국가의 문제이자 세

---

8) 최원식, 「지방을 보는 눈」, 『생산적 대화를 위하여』(창작과비평사 1997), 68~70쪽.
9) 구모룡, 「지역문학: 문학적 생성 공간으로서의 경계 영역」, 『지역문학과 주변부적 시각』(신생 2005), 26~27쪽.

계의 문제임을 밝혀내어야 한다. 이는 기존의 역사적 사실을 반영하는 것이 아니라 지역을 새롭게 이해하려는 지역연구와 병행하는 글쓰기라 할 수 있다.

비록 간접적인 방법이긴 하지만 지역문학 간의 네트워킹도 중요한 과제이다. 이는 일국적 차원에서도 가능한 일이고 디아스포라 민족문학으로 확장될 수 있다. 또한 아시아 여러 지역과 연계함으로써 지역문학의 세계화를 이룰 수 있을 것이다. 세계화 시대에 지역화가 대안일 수 있듯이 지역문학의 의의는 커지고 있다. 이제 자본과 권력의 유혹을 떨치고 지역문학에 매진하는 작가를 발굴하고 육성하는 시스템을 만들어야 할 때가 아닌가 한다.

장소와 공간의 지역문학

반성과 과제

　지역문학 논의가 한 단계 나아가야 할 시점이다. 이는 한편으로 지역, 장소, 공간에 대한 구체적인 접근을 강조하는 오늘날 지적 흐름과 연관되고 다른 한편으로 문화정치학에 편향된 지역문학 담론을 극복하자는 의도와 관련된다. 우선 동어반복을 피하기 위하여 지역문학론의 현황에 대한 논급은 피하려 한다. 이보다 생산적인 토론을 위해서 지역문학 개념에 대한 문제 제기를 할 것이다. 그동안 일정한 개념에 갇혀 논의가 순환하였다는 감이 없지 않다. 개념들을 반추하면서 '지역문학'의 새로운 지평을 찾아보고자 한다.
　이 글은 "장소와 공간의 지역문학"이라는 개념을 주목한다. 이 개념을 통해 기왕의 논의를 넘어 새로운 지평선을 그리려는 것이다. 그리고 부차적으로 지역문학이 안고 있는 몇 가지 과제들을 다루려 한다. 첫째, 지역문학에 관한 입장을 정리하고 이를 통해 문제의식의 심화와 확산, 문학생산을 담보하는 차원의 실천이라는 과제를 제시한다. 지역문학이 자연발생적인 지역 연고에 의한 양적 합산을 의미하는 것이 아니라면 그 어떤 가치를 지향하는 행위가 되어야 하고 이것의 구체적인 실현 형태가 되어야 한다. 둘째, 제도와 매체가 지역문학 개념 확장에 기여하는 방안을 논의한다. 지역문인 단체와 매체는 지역문학제도의 두 축이다. 지역문인 단체는 자족적인 상태에 머무르지 않고[1] 일회적인 행사가 아니라 상호소통을 통하여 문학적 장의 생산력을 확대해야 한다. 이러한 일에 매체의 혁신은 대단히 중요한 위치를 점한다. 특히 지역문학 지평의 확대를 기획의 중심에 두고서 지역문학 현실을 변화시킬 수 있을 것이다. 셋째, 지역문학을 문화콘텐츠로 보는 관점을 생각할 수 있다. 지역문학의 장소나 문학관을 통해 지역문학을 활성화할 수 있을 것이다. 아울러 문인 발굴 사업을 지속적으로 전개해야 한다. 대표 작가와 더불어 군소 작가들이 함께 화원을 구성하면 좋을 것이다. 특히 장소를 창조한 문인들에 대한 탐문을 조사하는 일이 요긴하다.[2] 넷째, 문화정책적 관점에서 지역문학 지평 확대 방안을 생각할 수 있다. 이는 문화콘텐츠로서의 지역문학과 연계되는 일로서 지역문학의 장소와 공간을 문화 교육 혹은 문학 창작 프로그램으로 발전시키는 방안이다. 국가와 광역시도와 기초자치단체의 문화예술정책이 지역문학 발전에 연계되는 다양한 경로와 방법은 다각도로 검토되어야 한다.

---

1) 지역문인 단체는 두 종류다. 아니 두 부류의 지역문인이 존재한다. 단체를 통하여 자기 정체성을 확인하는 문인이 그 하나라면 다른 하나는 창의적인 활동의 계기를 단체를 통해 얻고자 한다. 전자의 경우 단체의 이름으로 시인임을, 소설가임을 확인한다. 후자의 경우 단체가 아니라 소속된 시인, 작가들의 창작활동에 더 큰 관심을 갖는다.
2) 가령 부산지역에서 요산 김정한은 이미 대표 작가로서의 위상을 갖고 있는 만큼 이제 오영수, 김태홍, 박노석, 고석규, 윤정규, 김민부, 박태문, 김준오, 김성식, 천금성, 김성종에 대하여 탐구해야 할 시점이 아닌가 한다. 그런데 장소 창조와 관련될 때 문제는 조금 복잡해진다. 부산지역문학과 부산의 장소와 공간, 해양문학과 부산, 추리문학과 부산 등 여러 과제가 제기된다.

장소와 공간의 변증

지역문학의 곤경은 여전하다. 한국사회가 안고 있는 지독한 중심주의가 해소되지 않는 한 이러한 곤경으로부터 벗어날 길은 크게 보이지 않을 것이다. 그러나 길이 보이지 않는다고 하여 희망이 없다는 것은 아니다. "희망이란, 본래 있다고도 할 수 없고, 없다고도 할 수 없다. 그것은 마치 땅 위의 길과 같은 것이다. 본래 땅 위에는 길이 없었다. 걸어가는 사람이 많아지면 그것이 곧 길이 되는 것이다." 루쉰이 「고향」이라는 에세이에서 한 말이다. 이러한 루쉰의 희망론을 오늘날 지역과 지역문학이 처한 상황에 대위하여 볼 수 있을 것이다. 아직 많은 사람들이 지역문학의 길을 걸어가고 있다. 그렇다면 지역문학은 희망이 있는 것이다.

어찌 보면 지역문학은 곤경을 통하여 성장하고 있는 듯하다. 사실 중심주의가 작동하기 이전의 모든 문학은 지역문학이라고 해도 과언이 아니다. 조선시대에 한양을 제외한 여타 지방의 문학이 오늘처럼 위축되어 있었는가. 그렇지 않은 것은 두루 아는 사실이다. 영남과 호남 그리고 기호가 대등한 관계를 이루고 있었다. 식민지 근대의 지역문학도 이와 다를 바 없다. 김소월, 염상섭, 백석, 윤동주[3], 채만식, 김유정, 김정한, 김동리, 박목월 등이 모두 지역적 기반 위에서 작품 활동을 해온 것을 알 수 있다. 지역문학의 곤경이 발생한 것은 근대화와 더불어 이러한 근대화를 효율적으로 추진하기 위해 만들어진 강력한 중앙 집중적 국가시스템에 기인한다.

오늘날 많은 이들은 지역문학의 존재의의를 우리 사회가 안고 있는

---

[3] 특히 윤동주의 디아스포라의 눈을 지닌 지역문학은 오늘날 매우 큰 의미를 지닌다. 그에게 북간도와 교토 그리고 후쿠오카는 어떤 장소와 공간일까?

중심주의에 대한 저항이라는 맥락에서 찾고 있다. 틀린 탐문방식인 것은 아니나 지역문학이라는 행위에 스스로 저항의 심리적 합리화 기제를 부여하는 것도 사실이다. 그런데 이러한 현상이 바람직하지 않다는 것은 한편으로 대타의식이라는 동기에 과도하게 의미가 실리는 것이고 다른 한편으로 자기 소외를 재생산하는 폐쇄적인 생산 구조 속에 갇히게 된다는 것이다.[4] 이러한 관점에서 그동안의 지역문학론은 타자에 종속된 문화정치학을 벗어나지 못했다는 점에서 비판의 과녁이 되기도 한다. 지역문학이 저항과 종속의 순환논리에서 벗어나 새로운 지평을 열어야 할 시점이다.

지역문학은 먼저 지역에서 생산된 문학의 총량을 의미할 수 있다. 하지만 이러한 총량으로서 지역문학이 가지는 의미 또한 매우 한정적이다. 문인들이 동아리를 형성하고 매체를 만들어 여기에 작품을 발표하는 행위만으로 지역문학이라고 할 수 있을까? 이는 단지 지역에서 발표되었다는 사실에 불과한 것은 아닐까? 그렇다면 "지역문학"은 하나의 "문제틀(the problematic)"이 되지 않으면 안 된다. 달리 말하면 스스로 문제를 제기하고 그에 답하는 방식이 되어야 한다는 것이다. 왜 "지역문학"이어야 하는가, 라는 물음이 없이 "지역문학"은 성립할 수 없다.

무엇보다 지역문학은 지역이라는 구체적인 장소의 터 위에서 발생하고 생산되어야 한다. 지역문학이 그 지역을 드러내는 방식은 몇 가지 층위를 지닌다.

---

4) "인정투쟁"이 가지는 도덕적 함의는 분명히 있다. 인정투쟁의 목표는 상호 인정이라는 상호주관성의 실현이다. 따라서 지역문학 개념의 혁신을 통한 한국문학 전체의 변화라는 목표가 중요한 과제가 되어야 한다. 인정투쟁에 대한 것은 악셀 호네트(문성훈·이현재 역), 『인정투쟁』(동녘 1996) 참조.

1) 색인으로서의 장소와 공간
2) 경험으로서의 장소
3) 장소와 공간의 변증법
4) 지방과 지역의 중층적 관계 인식

1)은 지역문학 속에 등장하는 장소들이 색인 기능에 그치는 경우이다. 많은 지역문학에서 구체적인 장소들은 이미지나 배경으로 활용된다. 자주 단순한 장식으로 또는 지명이 가지는 고유성으로 작품 속에 삽입되는 것이다. 그러나 이러한 색인으로서의 장소는 지역의 구체적 삶과 생활양식이라는 맥락으로 연결되지 못하는 한계가 있다. 이 점에서 2) 장소경험에 대한 이해를 바탕으로 하는 지역문학이 중요하다. 실제 각 지역에서 장소를 색인과 배경으로 하는 작품들이 여전히 많이 생산되고 있다. 하지만 기억과 경험이 없는 장소예찬이 가지는 한계는 분명하다. 모든 풍경에는 기억과 역사가 내재해 있다. 사람들은 이러한 풍경을 통해 정체성을 얻고 타자와 교섭한다. 풍경과 장소와 공동체는 서로 교차하고 중첩된다.[5] 이러한 점에서 작품 속의 장소는 그 속에 등장하는 이미지나 사건 그리고 인물과 유기적 연관성을 지닐 때 맥락적 의미를 획득한다. 지역문학의 장소성은 이러한 작품을 통해 유발된다. 그러므로 지역문학은 지역이라는 땅의 분위기와 장소감(senses of place) 나아가 장소의 혼(genius loci)―사물이 존재하는 구체적인 실존[6]―을 담는 작품이라고 할 수 있다. 혹자는 이러한 규정에 대하여 지나치게 소재주의로 가는 것이 아니냐, 라고 물을 수 있을 것이다. 그러

---

5) P. J. Stewart & A. Strathern(ed), *Landscape, Memory and History* (Pluto Press 2003), 1~4쪽.
6) C. 노르베르크 슐츠(민경호 외 역), 『장소의 혼』(태림문화사 1996), 27쪽.

나 이러한 규정은 단순한 소재주의를 의미하는 것이 아니며 삶의 구체적인 정황을 재현한다는 지향을 가진다. 장소는 추상적인 위치가 아니라 구체적인 사물들로 이루어진 총체성이다.[7] 지역문학은 이러한 장소의 구체적 총체성을 구현하면서 문학의 보편성을 추구한다. 지역문학에 대한 해석과 평가는 이러한 장소성에서 시작되고 장소성의 성취 과정에 집중되는 것이 타당하다.

여기서 우리는 "지역소설"이라는 개념을 창안한 인문지리학자 다비(H. C. Darby)의 견해를 들 수 있다. 19세기 중반 무렵 영국에는 지역소설이라 칭할 수 있는 장르가 형성되는데 월트 스코트, 제인 오스틴을 거쳐 토마스 하디에 이르러 완성된다. 토마스 하디는 웨식스를 다룬 소설을 18편 발표한다. 그는 동일 장소를 선택적으로 반복함으로써 일종의 연작소설처럼 느껴지는 지역소설을 쓴 것이다. 이리하여 웨식스라는 장소가 창조되는 것이다.[8] 이처럼 토마스 하디가 보여준 성과에서 우리는 장소경험에 바탕을 둔 지역문학의 개념을 찾을 수 있다.

그런데 장소는 지나치게 경험적이어서 시적 지향을 갖기 쉽다. 이-푸 투안이나 에드워드 렐프 같은 현상학적 인문지리학자들은 장소를 일체감을 부여하는 곳, 사물과 의식이 합일되는 지점으로, 공간을 개방성, 자유, 위협으로 본다. 그리고 경험에 의해 공간은 장소가 된다.[9] 에드워드 렐프는 현대의 장소 상실을 비판한다. 그는 장소의 혼, 장소감, 장소의 분위기가 사라지는 무장소성, 장소 상실, 커져가는 근대 사회 현상을 지적하고 있다. 특히 도시화 과정은 원초적인 장소들을 해체하

---

7) 같은 책, 11쪽.
8) 심승희, 「문학지리학의 전개과정에 관한 연구」, 『문화역사지리』 제13권 제1호, 2001년 6월, 68~70쪽.
9) Yi-Fu Tuan, *Topophilia-A Study of Environmental Perception, Attitudes, and Values*(Prentice-Hall Inc, 19740; 이-푸 투안(구동회 · 심승희 역), 『공간과 장소』(대윤, 1995); 에드워드 렐프(김덕현 외 역), 『장소와 장소 상실』(논형 2005) 참조.

고 추상화하는 경향이 크다. 이러한 가운데 장소 회복을 말한다고 한다면 그것은 동일성으로 회귀하는 시적 회감(回感)의 원리와 다를 바 없다. 장소 회복이라는 차원에서 장소 문제를 지역문학에 대입하게 되면 지역문학은 시적 범주 나아가서 서정적 서사에 한정된다. 유년, 향토성, 훼손되지 않은 고향 등이 지역문학의 주된 테마가 되는 것이다. 가령 오영수의 서정적 지역소설이 그 한 예일 것이다. 말할 것도 없이 이러한 테마도 중요한 지역문학의 자산이다. 그렇다면 지역문학에서 위대한 시적 성취가 있을 수 있다. 그리고 지역문학에서 이러한 의미의 장소를 발견해가는 것은 중요한 과제이며, 이를 통해 시적 보편 나아가 중심부적 미적 가치 혹은 주관적 심미 감각에 대한 의식, 무의식의 경사(傾斜)에서 벗어나는 것도 하나의 가능성이다.[10]

지역문학의 장소가 의미를 발하는 또 다른 층위는 3) 장소와 공간의 변증법이다. 앞서 말했듯이 종종 장소가 안정감과 위안, 합일된 의식을 부여한다면 공간은 불안정과 위협, 불화의 의식을 가져다주는 것으로 구분된다. 그래서 공간들은 주체의 경험적 진폭에 따라 장소로 바뀌게 되는 것이다. 이럴 때 장소와 공간의 변증법은 중층적인 형태로 확장된다. 예를 들어 지역의 어떤 장소는 민족문제의 공간적 집약이 될 수 있다. 땅은 농민이라는 계급의 문제를 집약하면서 지역과 사회라는 보다 넓은 공간의 의미를 포괄한다. 이러한 장소와 공간의 변증법에서 총체성의 문학이 나온다. 이러한 총체성의 문학은 두 가지 지향을 가지는데 그 하나가 리얼리즘적 총체성이라는 관점에서 사회적 공간을 반영하는 문학이다. 가령, 이병주, 박경리, 김정한, 김원일, 김춘복 등의 소설

---

[10] 중심부와 주변부의 이분법적인 적용은 옳지 않다. 상호 문화접변(acculturation)과 경계 영역의 혼종현상(hybrid)이 나타나기 때문이다. 그럼에도 미적 준거가 다를 수 있거나 중심부적 가치들이 주변부에 억압적일 소지는 많다. 특히 현대시를 평가하는 데 있어 최근 이러한 현상이 두드러지고 있다.

은 이러한 맥락의 지역문학의 양상이라 할 수 있다. 그렇다면 이들 이후 지난 수십 년간 사회적 총체성으로서의 지역문학은 있었는가? 쉽게 그렇다고 답할 수 없을 것이다. 또 다른 총체성은 생태학적 지역문학을 의미한다. 지역의 구체적인 장소는 자연사물과 생태학적인 연관 속에서 보다 큰 세계를 구성한다. 이러한 의미의 지역문학은 현재 가능성으로 존재한다.[11]

장소와 공간의 변증법은 4) 지방(Local)과 지역(Region)의 중층적 관계를 숙고하게 한다. 지방을 통해 지역을 읽어내는 창작방법론은 로컬문학으로서의 지역문학이 가져야 할 바람직한 방향이다. 물론 이럴 때 구체적인 장소의 경험이 지역주의(Regionalism)와 맺는 사고방식이 문제가 된다. 21세기 지역소설이나 지역문학은 적어도 로컬리즘에서 리저널리즘으로 진전되어야 한다. 이것이 소위 말하는 '비판적 지역주의' 지역문학이다.[12]

지역문학 담론의 양상

20세기 후반부터 활성화되고 있는 지역문학 담론의 핵심은 문화정치학에 집중되어 있다. 중심부에 의해 지역이 소외되어 있으니 중심부를 비판하고 지역의 존재의미를 부각해야 한다는 것이다. 그러나 엄밀히 말해서 지역문학(local literature)은 중심부라는 대타자를 공격하면서 성장하는 사생아적 문학이 아니다. 지역문학은 토마스 하디의 웨식

---

[11] 이에 대한 자세한 논의는 구모룡, 『지역문학과 주변부적 시각』(신생 2005), 52~56쪽 참조.
[12] 비판적 지역주의는 A. 더럭 등의 지역주의 이론에서 비롯된다. 이는 로컬의 문제를 전지구적인 시스템과 연관시켜 인식한다.

스, 오르한 파묵의 이스탄불처럼, 이병주의 지리산, 박경리의 통영과 하동, 김정한의 낙동강, 김원일의 진영, 현기영의 제주처럼, 구체적인 장소와 공간을 통해 형상화된 문학이다. 여기서 우리는 문화정치학으로서의 지역문학 개념을 불식시켜야 한다. 이는 중심부 상징권력에 대한 끝없는 인정투쟁을 지역문학의 과제로 삼는다. 이러한 개념하에서 비난의 수사학은 지역문학을 그리고 그 정치학을 불길하게 뒤덮는다. 하지만 타자라는 감옥에 갇혀 살게 되는 인정투쟁의 길은 진정한 의미에서 지역문학 발전에 득을 가져다주지 못한다. 그렇지만 인정투쟁과 모방욕망의 양가성 심리에 많은 지역문인들이 시달리고 있는 것은 사실이다. 경우에 따라 인정을 획득하고 중심부가 부여하는 상징권력을 갖기도 한다. 그러나 이것이 지역문학을 하는 이의 사명은 아니다.

다음으로 자료학으로서의 지역문학을 들 수 있다. 지역의 많은 연구자와 문인들이 지역의 작고 문인들을 발굴하고 그들의 문학을 정리하고 해석해오고 있다.[13] 지역문학은 여전히 엄청난 자원을 지닌 두꺼운 지층과 같다. 따라서 잊혀졌거나 아직 발굴되지 못한 시인 작가들과 그들의 작품을 찾아 해석하고 평가하는 작업은 간단없이 이뤄져야 한다. 자료학은 모든 학문의 근본이므로 이를 바탕으로 지역문학의 특수성과 보편성을 밝히는 연구는 아무리 강조해도 지나침이 없다. 그럼에도 이러한 자료학이 단순하게 지역에서 글을 쓰는 사람들의 작품의 총량을 대상으로 하는 것은 아니다. 지역이라는 사람 사는 곳의 역사성, 사회성, 장소성을 담보하는 작품들이 지역문학이기 때문이다. 따라서 자료학은 이러한 관점에서 고래(古來)의 지역문학에 대한 탐구를 확장하

---

13) 이강언 외, 『대구 경북 근대문인연구』(태학사 1999); 강희근, 『경남문학의 흐름』(보고사 2001); 박태일, 『한국지역문학의 논리』(청동거울 2004), 『경남부산 지역문학연구 1』(청동거울 2004); 김병택, 『제주현대문학사』(제주대학교 출판부 2005); 남기택 외, 『경계와 소통, 지역문학의 현장』(국학자료원 2007) 등.

고 장소와 공간의 변증법을 실현하는 작품을 재평가하며 세계화 시대에 새로운 지역문학을 창안하는 방법론으로 진전되어야 한다.

문화콘텐츠로서의 지역문학이라는 개념이 대두한 것은 비교적 최근이다. 지역문학은 많은 문인들을 가진 만큼 그에 상응하는 콘텐츠를 보유하고 있다. 각 지역마다 건립된 문학관과 각 지역문학에 등장하는 수많은 장소들이 있다. 청마문학제, 김달진문학제, 이병주문학제, 요산문학제, 토지문학제 등 작고문인을 기념하는 제전이 곳곳에서 열린다. 이러한 점에서 지역문학은 벌써 지역문학 콘텐츠를 다양하게 활용하고 있는 것으로 보인다. 하지만 아직 이들 문학콘텐츠를 서로 링크하거나 다매체화(multi-use) 한다는 생각은 부족하다.

지역문학의 제도적 양상은 문인단체와 매체를 통해 알 수 있다. 오랜 전통을 지닌 장르 협의체인 문인협회와 진보적 전통을 계승하고 있는 작가회의 등 문인단체가 있다. 전자의 경우 장르협의체라는 성격으로 다수를 점하나 고유의 문학적 지향을 드러낼 수 없는 조건을 안고 있다. 후자는 나름의 문학적 지향을 드러내고 있으나 소수 편향이라는 한계를 지닌 경우도 적지 않다. 반면 지역문학에서 시의 강세는 간과할 수 없는 사항이다. 이에 비하여 소설은 침체되어 있고 평론 또한 취약한 편이다. 매체의 경우 지역문인을 발굴하여 재조명하거나 특정의 경향을 도드라지게 드러내는 등 매체 운용을 추진하고 있지만 지역문학을 대표하거나 전국적인 수준에서 지역문학의 가치를 드러내고 있는 매체는 적다.

지역문학의 발전 방안

지역문학의 과제로 무엇보다 먼저 자족적인 문학행위에서 벗어나는 시스템을 구축해야 한다는 것을 들고자 한다. 어떤 지역에서 문학하는 사람들이 모여 글을 쓰고 이를 발표하고 있다는 사실만으로 그 지역의 문학이 형성되고 있다고 말할 수는 없다. 현재 우리 지역의 문학은 지역문학인가, 그렇지 않은가? 스스로 준엄하게 질문해야 할 때가 아닌가 한다. 다음으로 지역성에 대한 탐구에 힘써야 한다. 앞서 말했듯이 발굴과 연구를 넘어 이를 문화콘텐츠로 활용하는 단계로 가야하는 것이다. 마지막으로 지역문학에 대한 인식 지평을 확대하고 심화해야 한다. "전지구적 시각, 지역적 실천"이라는 모토가 말하고 있듯이 장소와 공간의 변증법을 동심원을 그리면서 확대해 나가야 하는 것이다.

오늘날 우리를 강제하는 것은 보편이다. 마치 일반화된 척도가 있는 것처럼 강제하는 논리들이 있다. 세계적 준거가 존재하고 있는 것처럼 운위되고 지역의 특수성이 아니라 본받아야 할 보편적인 미적 기준이 있는 것처럼 주장된다. 자기화된 오리엔탈리즘처럼 지역의 문인들이 중심부를 동경한다면 그것은 진정한 미적 생산에 결코 이를 수 없을 것이다. 물론 미학은 끊임없이 보수화하고 근본적으로 파시즘의 유혹을 품고 있다. 그러나 이러한 미적 지향만을 미학이라고 하지 않는다. 중심부의 미학이 있다면 지역의 미학도 있는 것이다. 지역문학은 중심부의 미적 척도와 상징권력 그리고 그것이 만드는 상징폭력을 견결히 극복할 수 있어야 한다. 그렇다면 이것은 중심부와의 투쟁에서 만들어지는가? 그렇지 않다. 자기에게 정직한 데서 진정한 지역문학은 태동한다. 아울러 자기조차 과감하게 비판할 수 있는 힘을 길러야 한다. 그러므로 지역문학이 힘든 것이며 그런 만큼 몸을 던져볼 가치가 있는 영역인 것이다.

이제 몇 가지 지역문학의 발전방안을 제시하여 토론의 장에 올리고자 한다.

첫째, 지역문학 매체 활성화다. 이는 먼저 기관지의 성격을 지닌 매체에게 상대적 자율성을 부여하는 데서 시작된다. 편집권을 일정한 자격을 갖춘 이들로 구성된 편집위원회에 위임하는 한편, 회원 중심이 아니라 기획과 수준을 근거로 작품을 실어야 하고 원칙의 일관된 적용이 있어야 한다. 이처럼 매체의 위상을 높이게 되면 자연스럽게 자족적인 순환 시스템이 해체되면서 창작 활성화로 연결될 수 있는 것이다. 물론 이러한 과정에는 구성원의 합의가 있어야 하고 지역정부나 지역기업의 원고료와 발간비 지원이 필수적이다. 다음으로 일부 문학그룹이 운영하는 반연간지의 계간지화가 긴요하다. 계간지와 반연간지의 위상 차이는 매우 크다. 계간지가 분기별로 문학적 의제를 생산하면서 전반적인 문학적 장의 가치평가 시스템 안에서 운용되는 반면 반연간지는 이러한 시스템에 느슨하게 개입하는 한계를 지닌다. 이러한 점에서 반연간지는 자연스럽게 의제 중심이 아니라 앤솔로지의 기능을 대행하는 수준이 되기 쉬운 것이다. 위상과 수준을 담보하는 매체가 지역문학을 한 차원 갱신한다는 데 이의를 달 사람은 없을 것이다. 문제는 이 일이 단순하지 않다는 것이다. 기획 편집과 출판을 뒷받침할 제도적 장치들을 문인공동체는 물론 지역사회가 만들어 주어야 하는 것이기 때문이다.

둘째, 지역문화 콘텐츠의 연계를 통한 지역문학 활성화 방안이다. 각 지역에는 지역마다 문학관이 있다. 달리 말해서 하드웨어가 조성되어 있는 것이다. 먼저 문학관 간의 네트워킹이 요청된다. 유사한 사업에 중복 투자할 것이 아니라 서로 다른 프로그램을 개발하면서 연계하는 방안이 강구되어야 한다. 문학제 또한 마찬가지다. 각각 단일 문학제로 개별화될 것이 아니라 상호 링크될 수 있어야 한다. 달리 말해서 연중 스케줄이 만들어지면서 상호 소통할 수 있어야 하는 것이다. 이럴 때 다양한 지역 문학제는 일회적인 이벤트로 끝나지 않고 지역으로 환류(還流)되어 지역문학 활성화에 기여할 것이라 본다. 따라서 지역문학관 협의체나 지역 문학제 협의체가 구성되어야 한다.

셋째, 지역문학 지도가 만들어져야 한다.[14] 먼저 작고 문인들의 탄생지나 성장지 그리고 활동지 등에 대한 인문지리적인 탐문이 있어야 할 것이고 다음으로 작품 속의 장소에 대한 서술이 뒤따라야 한다. 이러한 문학지도는 문학 속의 장소의 기억을 보존하고 나아가 그것을 복원하며 오늘의 문학생산의 활력으로 유인하는 매개가 될 수 있다. 지역 도처에 문학 속 공간들은 널려 있다. 이를 찾아서 작품-장소-지역문학-지역민으로 이어지는 흐름을 만들면 좋을 것이다. 아울러 이들 장소 또한 네트워킹하여 지역의 상징자산으로 삼아야 한다.

넷째, 문화정책적인 차원에서 지역문학 활성화 방안이 요청된다. 지역문학은 지역문화의 근간을 이룬다. 따라서 지역정부가 도비나 시비를 통해 지역문학 매체를 지원하는 것이 바람직하다. 또한 문학관 등 운영을 지원하여야 한다. 물론 어느 정도 이러한 지원이 있을 것으로 안다. 아울러 문학인 지원 정책에 있어서도 소액 다건 방식을 탈피하여 과감하게 창작프로그램을 개발하거나 스튜디오를 운영하는 등의 방법을 통해 제대로 된 지원을 펼칠 필요가 있다. 그런데 이러한 지원 정책의 변화를 가져오는 것도 문학인들이 스스로 해야 한다. 단체나 조직 이기주의에서 탈피하여 지역문학 활성화를 위한 문화정책이 무엇인가를 숙고할 때이다.

다섯째, 지역문학학회 구성을 제안한다. 지역문학연구자들이 함께 자료를 집적하고 공동 연구하는 기풍을 형성함으로써 지역문학 발전과 한국문학 발전에 기여할 수 있을 것이다. 만일 학회 규모의 모임이

---

14) 그동안 여러 형태의 문학지도가 발간된 바 있다. 동국대 한국문학연구소, 『한국문학지도 상/하』(계몽사, 1996); 장석주, 『장소의 기억을 꺼내다―경기도의 문학지리』(사회평론 2007) 등.

불가능하다면 지역 단위의 소모임을 활발하게 여는 일이 요긴하다. 매체를 운용하고 있는 집단들이 지향과 원칙을 공유하면서 소통과 연계에 힘쓸 때 지역문학에 관한 생산과 해석의 공동체가 형성될 수 있을 것이다.

제 5 부

입장들

문학의 장은 문학 생산과 소비를 둘러싸고 형성되는 여러 입장들이 구조화된 공간이다. 이곳에서 서로 다른 힘을 지닌 행위자들과 기관들이 특수한 이윤을 차지하기 위해 이 공간을 구성하는 제도의 규칙에 따라 투쟁한다.

동아시아적 시각, 동아시아 문학론
― 최원식의 동아시아론 읽기

들어가며

러일 전쟁을 승리로 이끈 도고에 대한 일본인들의 경배를 보면서 자기 목숨을 담보로 군주에 대한 충성을 표하지 않으면 안 되었던 불우한 영웅 이순신을 생각지 않을 수 없다. 일본과의 7년 전쟁을 뼈아픈 자기각성의 계기로 삼지 못한 조선이 더욱 폐쇄적인 자기동일성의 길을 걷다 마침내 서구 근대의 침탈에 침몰하는 과정을 되새기면서 이순신이 살아서 혁명이라도 했다면 하는 망상에 자주 사로잡히기도 한다. 가령 이순신과 조선민중에 의해 조선이 입헌군주제로 체제전환을 이루는 동시에 세계를 향한 해양국가가 되었다면 어떠했을까? 세계사의 한 주역이 되지는 않았을까? 또한 이러한 공상을 대체역사로 서술한다면 어떨까? 어쩌면 민족주의적 열광을 얻어낼 수 있을지도 모를 일이다. 가정이 허락하지 않는 역사이고 보면 이러한 생각이 '망상'임에 틀림이 없고 이를 형상하는 일 또한 부질없는 일임에 분명하다. 하지만 시간과 경쟁해야 하는 근대가 조·일 7년 전쟁 이전에 동아시아에 상륙하였음을 상기할 때 망상은 곧 피할 수 없는 비애로 하강한다.

　　일본군의 배후에 서구가 있었다는 점이야말로 임진왜란을 전통적 전쟁과 차별 짓는 결정적 지표다. 다시 말하면, 임진왜란은 시장 바깥에 별립(別立)한 중세조선을 향한 일본을 앞잡이로 한 서구의 때이른 엄습인 것이다. 중세가 육상의 시대라면, 근대는 바다의 시대다. 임진왜란의 발발은 이미 16세기 동아시아에 바다의 시대가 도착했음을 알리는 조숙한 징표다. (…) 바다의 시대가 도래했지만, 동아시아 중화체제를 전복할 만큼 성장한 것은 아니라는 점이야말로 토요또미 실패의 핵심일 것이다. 비록 명은 이 전쟁의 후유증으로 멸망했어도 청에 의한 중화체제의 재편이 이루어졌으니, 아직은 여전히 육상의 시대였다.
　　그런데 임진왜란은 19세기의 예고편이다. 서구의 근대자본주의가 더욱 개화하면서 바다는 다시 들끓기 시작하였으니, 근대일본은 흑선을 모방하여 재차 조선에 쇄도하였다. 청일전쟁(1894)은 임진왜란의 확대복제다. 이 두 번째 도전에서 일본은 성공하였다. 장구한 중화체제는 일거에 붕괴하였다. 이후 일본제국주의가 어떠한 길을 걸었는가는 재론할 필요도 없다. 그러나 청일전쟁의 성공은 또 다른 실패의 씨앗이었으니, '동양'의 맹주를 자처하며 미국의 세기에 도전한 일본의 실패, 그것 또한 토요또미의 새로운 복제였다.
　　　　　　　　　　　—최원식, 「한국발 또는 동아시아발 대안?」(2000)

　　임진왜란 이래 동아시아의 변동을 일목요연하게 읽게 하는 대목이다. 중화체제의 해체가 서구 근대를 배후로 삼은 일본에 의해 이뤄졌으며 일본 중심으로 변용된 중화체제는 다시 근대적 세계체제의 안으로 해체되었다는 것이다. 그렇다면 세계체제 내부로 해체된 현대에 있어 동아시아는 어떤 의미를 가지는가? 과연 동아시아는 있는가? 사실 단일 문명으로서의 동아시아라는 개념은 허구에 가깝다. 동아시아 여러 나라들이 서로 소원했고 근대에 와서는 상이한 길을 걸었기 때문이다. 말할 것도 없이 기독교 문명, 이슬람 문명, 유교 문명 등의 개념이 전혀 유효하지 않다는 것은 아니다. 다만 이러한 추상화된 문명 개념으로 구체적인 역사를 대신하지 못한다는 것이다. 동아시아는 근대에 이르러 중화체제에서 폭력적인 일본체제로 전변되다 냉전적 세계체제로 편입되고 다시 탈냉전의 전지구적 자본주의 세계체제에 직면하고 있다. 냉전체제하에서 동아시아는 그 하위체제인 한반도의 분단체제가 말하듯 서로 대립한다. 탈냉전을 맞았지만 동아시아는 지난날의 대립과 모순, 상처와 갈등을 걷어내고 있지 못하다. 여전히 한반도에 분단체제가 작동하고 있고 한국과 중국과 일본 등이 서로를 바라보는 시각들이 각기 다르다. 이럴진대 왜 동아시아인가? 세계체제를 따라 한국과 중국과 일본이 각자 자기의 위상을 만들어 가면 되는 것은 아닌가? 신판 중화주의와 일본주의라는 강력한 자민족중심주의가 눈에 띄게 작동하고 있는 마당에 동아시아 연대란 우리의 또 다른 민족주의적 염원에 불과한 것은 아닌가? 과연 미·일 동맹으로 중·러를 견제하려는 미국의 세계전략을 벗어날 수 있을까? 탈냉전 이후 이처럼 많은 의문과 문제를 제기하면서 '동아시아적 시각'이 우리 시대의 가장 중요한 담론 가운데 하나로 전면에 부상하였다. 그리고 이러한 문제제기와 담론 형성의 중심에 최원식이 있다.

동아시아적 시각

동아시아라는 개념은 알튀세르의 문제틀에 상응한다. 스스로 문제를 제기하고 그 문제를 풀어가는 과정을 내포한 개념인 것이다. 세계지도상의 특정 지역을 구획하는 의미로 쓰이는 동아시아라면 무슨 문제가 있겠는가? 물론 미국 중심의 담론에서 동아시아라는 용어는 보이지 않는다. 그들의 지역정책적 용어는 동북아시아와 이에 상응하는 동남아시아이다. 이러한 점을 상기할 때 동아시아라는 용어의 사용이 가지는 소박한 차원에서의 의의가 없지는 않다. 문제틀로서의 동아시아는 달리 '동아시아적 시각'이라 할 수 있으며 동아시아가 내포한 모순들과 이 모순들을 풀어갈 계기들에 주목하면서 이를 해소하는 과정을 의미한다. 그리고 "동아시아론은 이 지역을 매개로 세계체제의 모순이 착종하는 각종 심급의 관계를 실천적으로 사유하는 것을 담론의 기초로 삼는다."(최원식,「주변, 국가주의 극복의 실험적 거점」, 2003)

최원식의 동아시아적 시각이 전면화한 것은 「탈냉전 시대와 동아시아적 시각의 모색」(1993)이라는 글에서다. 이 글에서 그의 동아시아적 시각은 무엇보다 근대성에 대한 성찰에 뿌리를 두고 있다. 현존 사회주의의 몰락으로 시장이 전지구적 규모로 확대된 지금이야말로 근대를 넘어설 대안 모색이 절박하다는 생각이다. 많은 이들이 이러한 인식에서 비롯한 동아시아적 시각을 사회주의적 대안의 소멸에 따른 선택이라 규정한다. 프란시스 후쿠야마는 냉전을 "하나의 체계 간 갈등"으로 보았다. 이와 달리 페리 앤더슨은 현존 사회주의를 "특수한 형태로 타락한 자본주의"로 설명한바 얼핏 흡사한 듯한 두 사람의 관점은 대극적이다. 전자가 탈냉전을 역사의 종말로 받아들인다면 후자는 현존 사회주의 몰락 이후의 자본주의야말로 극복되어야 할 역사의 시작으로 보는 것이다. 최원식은 현존 사회주의를 "역사적 자본주의의 사회적 분업의 부분"으로 규정하면서 이러한 현존 사회주의 몰락으로 서구적 근대, 자본주의적 근대에 대한 진정한 대안 모색이 긴절해졌음을 강조한다. 이러한 그에게 역사의 종말은 없으며, 동아시아적 시각을 통해 세계체제를 변혁하는 길이 종요롭다.

    우리는 지금 탈냉전 시대의 입구에 서 있다. 그럼에도 동아시아에는 사회주의 국가들이 엄존하고 있어 냉전 체제가 완전히 해체된 것은 아니다. 사회주의 국가들에 대한 자본의 공세가 집중되고 있다. 19세기 말과 다른 점이 있다면 이 공세에 일본뿐 아니라 남한도 가세한 것인데, 흥미로운 점은 남한과 일본 또한 서구의 견제에 직면해 있는 것이다. 지금 동아시아는 제2의 '서구의 충격'에 버금가는 형국을 맞이함으로써 탈냉전 시대로의 평화적 이행이 가능한가를 시험받고 있다. 동아시아는 특수한 지역사가 아니라 세계사의 향방에 관건으로 작용할 가능성을 풍부하게 내포한 세계사적 지역이다. 그 관건의 중심에 중·일과 러·미가 착종한 한반도가 자리하고 있다. 따라서 한반도에 작동하고 있는 분단 체제를 푸는 작업은 풍부한 문명적 자산을 공유해왔음에도 파행으로 점철되었던 동아시아가 새로운 연대 속에 거듭나는 계기로 되며, 미·소 냉전 체제 이후의 새로운 시대를 여는 종요로운 단서를 제공할 것이다. 그리고 그것은 서구적 근대의 진정한 대안을 모색하는 작업과 긴절히 맞물린 사업이기도 하다.

            —「탈냉전 시대와 동아시아적 시각의 모색」(1993)

    최원식의 동아시아적 시각이 집약적으로 드러나 있는 대목이다. 이미 10여 년이 지난 과거의 상황에서 제시된 글이지만 여전히 유효한 시각을 담고 있다. "동아시아는 특수한 지역사가 아니라 세계사의 향방에 관건으로 작용할 가능성을 풍부하게 내포한 세계사적 지역"이며 이러한 세계사적 문제들의 결절점이 한반도라는 것이다. 냉전체제에서 분단체제는 세계체제의 하위체제이다. 탈냉전이 "흔들리는 분단체제"(백낙청)로 나타나고 마침내 분단체제의 해소로 이어져야 한다. 그러나 현실은 쉽게 이러한 등식으로 귀결될 것 같지 않다. 전지구적 자본주의의 공세에 놓인 동아시아와 한반도가 이러한 공세를 이겨내고 평화의 시대를 열어갈 수 있는 방안이 무엇일까. 그것은 현금의 세계체제를 변혁하는 가운데서 찾아질 수밖에 없는 것이다. 만일 이러한 모색이 없다면 동아시아 사회주의와 분단체제에 대한 폭력적 해체도 가능한 일에 속할 것이다. 이러한 점에서 최원식의 지적처럼 동아시아라는 매개항을 설정하지 않으면 안 되는 역사적 조건이 형성되고 있다. 하지만 이러한 인식은 분단 체제 안에 있는 우리의 절박성에 기인하는 바 없지 않다. 동아시아를 크게 인식하지 않는 중국이나 끊임없이 탈아(脫亞)와 입아(入亞)의 진자운동을 반복하고 있는 일본에게 세계자본주의 체제와 그들 국가를 중개할 동아시아라는 매개항 설정의 필요성은 당장 커 보이지 않는다. 아이러니칼하게도 현금의 동아시아는 동아시아 연대의 역사적 요청에도 불구하고 각국이 국가주의의 정점을 향해 치닫고 있는 양상을 보이고 있다. 문제가 이러하다면 동아시아적 시각은 선언적인 수준에서 이제 막 힘겨운 진전을 이뤄가야 할 단계에 처해 있다고 할 수 있다. 강상중의 지적처럼 무엇보다 선결되어야 할 요건은 "동아시아의 다국적인 집단 안전 보장의 창설에 의한 안정되고 평화적인 환경정비"이다. "그리고 그 중심부에는 무엇보다도 한반도의 평화적 공존 체계가 위치하여야 한다. 이를 위해서는, 현재의 한반도에 있어서 남북관계가 균형 잡히고 안정적인 다국적 국제 관계의 네트워크가 형성되어야만 한다."(강상중, 「'일본의 아시아'와 지역 통합」, 2000) 동아시아 연대에 있어 "안전 보장과 평화적인 국제기구가 필요조건"이라는 그의 입장이 가지는 설득력은 크다. 이러한 선결조건이 이뤄질 때 경제적 통합, 문화적 합류로 가는 길이 수월해질 것이기 때문이다.

동아시아적 시각을 가로막는 두 가지 요인은 국가주의와 미국이다. 일본의 왜곡된 아시아관이 일본 국가주의의 산물임은 말할 필요가 없으며 이러한 일본의 아시아관에 대한 면밀한 분석과 해체 없이 중심부 일본이 동아시아의 일원이 되는 일은 쉽지 않을 것이다. 스스로 동양문명의 주체라고 인식하는 중국의 경우 주변부에서 반주변부로, 궁극적으로는 중심부에 이르고자 하는 가열한 열망에 휩싸이고 있다. 세계의 공장을 자처하는 중국으로부터 국가주의의 불길한 기운을 접하는 일은 어렵지 않다. 이처럼 국가주의는 '동아시아'를 구성하는 데 있어 넘지 않으면 안 될 장벽이다. 이러한 장벽을 먼저 문제 삼지 않는 동아시아 연대론이 있다면 그것은 지나치게 낭만적이거나 자기중심적 염원에 불과할 것이다. 동아시아적 시각을 가로막는 또 다른 장벽은 미국이다. 중국의 부상에 따라 미·일의 동맹은 더욱 공고해지고 있으며 동북아에서 일본의 역할을 증대하려는 미국의 의도 또한 본격화하고 있다. 이러한 미국의 의도대로라면 분단체제는 미국의 세계전략에 필수적인 조건으로 남게 된다. 그렇다면 동아시아적 시각은 실현 가능성이 없는 기획인가? 이에 대하여 최원식은 다음처럼 답한다.

한국의 동아시아론이 제대로 된 지평을 획득하기 위해서는 중화주의와 동양주의를 대신한다는 의식이 아니다. 양자 사이에서 어떻게 균형을 잡는가가 문제다. 알다시피 중화주의는 근대 이전에는 물론이고 지금도 여전히 도저한 중국 중심주의고, 동양주의는 근대 이후 중화주의에 도전하면서 동북아시아와 동남아시아에 이르기까지 이 지역 민중에 거대한 재난을 선사했던, 그리고 전후 복구과정에서 다시 부활하여 여전히 일본의 주류로 맥맥한 일본 중심주의다. 한국의 동아시아론은 기존의 중심주의들을 비판하고 새로운 중심을 세우는 것이 아니라, 중심주의 자체를 철저히 해체함으로써 중심 바깥에, 아니 '중심'들 사이에 균형점을 조정하는 것이 핵심이다. 중국 중심주의와 일본 중심주의가 간단없이 충돌을 거듭함으로써 한국의 민중은 물론 중국과 일본의 민중조차도 가해자이자 피해자로 고통받았던 역사적 기억의 창고인 한반도에서 '동아시아'는 그래서 '중화'와 '동양'을 넘어 새로운 대안을 찾는 탐구의 발진점이 될 수밖에 없었던 것이다.

―최원식, 「한국발 또는 동아시아발 대안?」(2000)

과연 이러한 '균형'이 가능할까? 여전히 세계자본주의 체제 속에서 작동하는 국민국가라는 문제의식이 남는다. 중화주의와 동양주의가 대외용이자 대내용 이데올로기란 사실은 대단히 중요하다. 모두 중심으로 남거나 중심이 되고자 하는 국가이성의 산물이며 이들의 충돌은 자본주의적 세계체제 안에서 피할 수 없는 일이라 할 수 있다. 이러한 점에서 국민국가 내부에서 이뤄지는 이들 이데올로기에 대한 해체 작업이야말로 더없이 중요한 과정이 아닌가 한다. 그렇다면 "중심주의 자체를 철저히 해체함으로써 중심 바깥에, 아니 '중심'들 사이에 균형점을 조정하는 것"이라는 우리의 동아시아론은 가능한 일일까? 이에 비판자들은 한국민족주의가 갖는 문제점을 지적한다. 달리 말해서 우리가 그들을 설득할 이념적 위치에 있지 않다는 것이다. 우리 자신의 국가주의에 대한 반성이 먼저라는 얘기다.(정선태, 「동아시아론, 배반과 상처의 기억을 넘어서」, 《문학동네》 2004년 여름호) 타당한 비판이다. 하지만 최원식의 동아시아론에 자의식이 결여되었다고 볼 수는 없다. 분단 체제의 변혁이라는 그의 관점이야말로 벌써 우리의 국가주의에 대한 절실한 비판을 내재하고 있기 때문이다. 다시 그의 동아시아적 시각은 다음처럼 요약된다: "동아시아는 주변이로되 세계 체제를 흔들 풍부한 가능성을 품은 역동적 지역, 다시 말하면 대체로 중심과 주변 사이에 둥지를 틀고 있다. 이 미묘한 중간 지대에 근거한 동아시아론이 한반도 분단체제의 변혁이라는 실험적 작업을 지렛대로 삼아 동아시아에 평화체제를 구축하고 그 과정에서 후천 세상으로 가는 출구를 발견하는 데 이른다면 더없이 좋을 것이다."(최원식, 「주변, 국가주의 극복의 실험적 거점」, 2003) 그는 여기서 "동아시아론의 국가주의를 극복하기 위한 실험적 거점으로서 '주변의 관점'을 내세울 필요"가 있음을 주장한다. 안과 밖, 중심과 주변의 경계를 넘나들면서 복합적으로 사유하자는 것이다.

동아시아문학론

최원식의 동아시아론의 비평적(학문적) 실천이 동아시아문학론이다. 동아시아문학론은 그동안 일국주의적 편향에서 벗어나 동아시아적 시각에서 동아시아 여러 나라의 문학을 읽는 것이다. 이러한 동아시아문학론의 핵심주제는 역시 근대에 대한 성찰이다. 이는 문학을 통해 서구적 근대의 충격을 어떻게 직면하고 그것을 극복하려 했는가를 탐문한다. 그런데 그동안의 일국주의적 문학연구의 관행은 크게 비교문학론과 내재적 발전론으로 요약된다. 근대의 모든 비교연구는 오리엔탈리즘이라는 강상중의 지적처럼 이는 서구 근대의 특권적 시점에서 우리 문학을 이해한다. 내재적 발전론은 민족주의적 관점에서 자생적인 발전을 강조한다. 하지만 그 지향점이 근대라는 점에서 이 또한 전도된 오리엔탈리즘에 불과하다.

동아시아문학론은 우선 세 나라 문학이 서구적 근대와 부딪히면서 걸어왔던 고민의 도정을, 그 차별성을 상호 존중하면서도, 일종의 수평적 비교의식 아래 함께 검토함으로써, 서로 영향의 우선권을 아웅다웅 다투는 제국주의적 담론인 비교문학과, 국제적 고리를 끊고 자국문학을 자국문학 안에서만 접근하는 '우물 안 개구리'식의 반제국주의적 담론인 내재적 발전론을 넘어서자는 것이다. 돌이켜 보건대 한국근대문학사는 바로 맹목적 근대 추종과 낭만적 근대 부정 사이에서 끊임없이 흔들려왔다. 한국문학은 이제 동아시아라는 새로운 매개항을 설정함으로써, 때로는 성공에 가까이 다가가고 때로는 실패하면서 세 나라 문학이 어떻게 근대성을 쟁취하면서 탈근대를 향해 포복해갔는지를 열린 마음으로 점검하여 세 나라 민중의 진정한 상호 이해를 통한 소중한 연대를 일구어나가야 할 때이다.

—최원식, 「동아시아문학론의 당면과제」(1994)

이처럼 동아시아문학론은 동아시아를 매개로 안과 밖의 경계를 넘나드는 관점을 형성한다. 그는 이러한 관점을 "안 속에 바깥이 있고 바깥 속에 안이 있다는 복안의 시각"(「한국문학의 안과 밖」, 2000)이라고 한다. 이러한 시각으로 그는 문학론, 시론, 서사론 그리고 개별 작가·작품론 등 많은 분야에서 괄목할 성과를 이미 제출하고 있다. 사실 이 자리에서 이러한 성과를 검토한다는 것은 나의 능력으로는 무리다. 다만 한 가지, 그를 통해 한국근대문학 연구의 한 세대가 구획되고 있다는 소회를 밝힐 수 있을 것 같다. 그의 앞에 김윤식이라는 대가가 있다면 그는 그 다음 세대를 대표한다. 그의 동아시아적 시각이 학문적, 비평적 성과로 드러나는 지점에서 가능했던 일이다.

동아시아문학론은 동아시아적 모색의 문학적 실천이다. 이를 통해 서구적 근대와 교섭하는 동아시아 삼국 문학의 다름과 같음을 이야기하면서 다케우치 요시미의 '저항의 변증법'과 흡사한 방법으로 새로운 개념과 이론 그리고 방법을 창안하는 것이다. 가령 「문학의 귀환」(1999)에서 문만 있고 학은 없는 현실에서 '문과 학이 조화를 이루는 기틀'을 세우자는 그의 제안이 그러하다. 실제 우리의 문학현실은 상상적인 것을 강조하는 문학개념의 비대화에 의해 구체적인 삶과 그 터 그리고 역사를 놓치고 있다. 또한 상상된 것의 과장으로 테크놀로지의 휘발하는 경향과 쉽게 만난다. 이러한 사정에 '문학의 귀환'을 통하여 세계와의 새로운 응전을 도모하자는 그의 주장이 신선하고 강렬하다. 또한 그가 강조하는 회통의 사상이 그렇다. 담론들 사이에 길을 틔워 만나게 하자는 제안인바, 이는 지난날의 문학담론들이 보인 폐쇄성, 대립성에 대한 비판인 동시에 새로운 대안을 모색하는 방법으로 제시된다. 그가 이미 생산적 대화주의를 표방한 바 있으므로 회통의 방법을 대화주의의 진전으로 보아도 될 것이다. 여기서 진전이라 한 것은 그의 대화주의가 매우 복합적이고 중층적인 사유를 통해 표출되기 때문이다. 이런 점에서 대화주의보다 회통주의가 그의 비평에 더 어울리는 개념이 아닌가 한다. 그렇다면 이러한 회통은 어떠한 양상으로 나타나는가? 우선 학제간의 회통을 들 수 있다. 이는 타 학문과의 절충적 대화를 넘어서 그 자신의 학문적 방법이자 목표가 되고 있다. 그가 문학으로 상호 배타적으로 분화된 인문학의 영역들을 한데 모으고 있는 것이다. 역사와 언어와 문화에 대한 여러 지식들이 그의 글쓰기에서 종합되고 있다. 다음으로 동과 서의 회통을 들 수 있다. 이는 평탄하게 진행되는 해석학적 지평의 융합을 의미하는 것이 아니다. 이보다 오리엔탈리즘과 옥시덴탈리즘이 복합적으로 얽혀 있는 지식의 권력관계를 바로 인식하자는 것이다. 따라서 그는 비교연구나 내재적 발전론이 지닌 각각의 한계에 함몰되지 않는다. 참으로 힘든 사유의 곡예로 보이기도 하는 그의 회통의 방법은 비평가로서 그가 지닌 명석함이 아니었다면 불가능했을 것이다. 이러한 사실은 그 한계를 들어 비교연구와 내재적 발전론을 일괄 폐지하지 않고 이들을 비판적 입장에서 거듭 반추하는 섬세의 태도에서 잘 나타난다. 회통의 방법은 그에게 동아시아를 매개로 삼게 한다. 우리 문학 연구가 일국주의적 한계를 벗어날 수 있는 데 그가 초석을 놓고 있음에 그 누구도 이론을 달지 않을 것이다. 실제 그는 여러 편의 글을 통해 동아시아적 맥락으로 우리 문학 읽기를 도모하고 있고 새로운 해석 가능성들을 제시하고 있다.

그런데 회통은 방법이자 전망이다. 과거를 읽을 때 이것은 방법으로 활용되지만 이를 미래와 연관시킬 때 전망이 된다. 특히 근대와 근대문학과 관련하여 이는 우리의 근대를 제대로 아는 방법이 되고 동시에 근대를 극복하기 위한 전망을 제시하는 데 활용된다. 그가 동아시아나 세계체제의 관점에서 한국문학을 살피는 것은 우리의 근대성을 바르게 이해하려는 노력의 일환이라 할 수 있다. 말할 것도 없이 그가 동아시아를 세계체제의 하위 개념으로 보고 있는 것은 아니다. 그는 세계체제를 이해하되 이를 동아시아에 적용하여 문제를 풀어가고자 한다. 즉 세계체제와 연동된 동아시아 삼국의 근대를 살펴 한국문학을 설명하려는 것이다. 그렇다면 경우에 따라 어떤 이는 동아시아라는 문제틀이 왜 필요한가라고 그에게 되물을 수 있을 것이다. 세계체제라는 하나의 틀로도 충분하지 않은가라는 지적이다. 이러한 지적에 타당함이 없는 것은 아니다. 자본주의적 세계체제의 관점에서 중심부-반주변부-주변부로 분할되고 있는 것이 현실이기 때문이다. 하지만 이는 시간과의 경쟁에서 성공하고 실패한 동아시아 내부를 전근대와 근대에 걸쳐 살피는 데 취약하다. 비록 세계체제의 하위체제는 아니나 동아시아라는 문제틀을 강조하는 까닭이 여기에 있다. 아울러 세계체제를 변화시켜 미래를 타개해야 한다는 적극적인 반체제의 관점에서 동아시아를 하나의 단위로 상정해 보는 것도 그리 무익한 것만은 아닐 것이다. 한반도를 세계체제와 동아시아의 결절점으로 보는 최원식의 관점은 한편으로 우리 문학을 자본주의 세계체제의 운동과정과 결부시키면서 다른 한편 우리의 미래지향적인 세계 선택과 연관시켜 설명하고 있다. 이러한 관점으로 그는 루쉰과 가라타니 고진과 펄 벅, 그리고 이상을 위시한 한국문학 읽기에서 괄목할 성과를 제출하고 있는 것이다.

최원식이 제시한 동아시아적 시각에 바탕한 회통의 글쓰기는 종종 대화주의를 표방한 글쓰기들이 애매한 절충을 양산했던 경험에 비춰 매우 의미 있는 비평사적 사건으로 받아들여져도 좋을 것이다. 그는 복합적인 사유가 지녀야 할 긴장을 일순 놓지 않으면서 단순화와 일반화의 유혹을 빗겨간다. 아울러 박람강기의 해박과 구체와 섬세를 결합하는 종합의 정신도 놀랍다. 그리고 이 모든 것이 유려한 문체로 표출되는 그의 글쓰기는 비평가로서 또한 인문학자로서 그의 위상을 돋보이게 만든다. 그리고 그의 동아시아문학론은 이미 우리 시대의 가장 중심적인 흐름이 된 것은 아닌가 한다.

못 다한 신생
— 김양헌의 비평세계

    2007년 여름 이중기 형의 요청으로 대구에 간 일이 있다. 영천 출신 소설가 백신애 선생 탄생 100주년 기념 백신애 문학상 운영위원회 회의가 있었고 그 말석에 나도 끼었던 것이다. 이 자리에 이하석 선생, 김양헌 선생, 양진오 교수, 서영인 교수가 함께했는데 하도 오랜만이라 길게 자란 수염이 얼굴을 덮고 있는 가운데 눈빛이 형형한 김양헌 형을 하마터면 못 알아볼 뻔하였다. 말수는 적었지만 형은 내게 온화한 얼굴빛으로 반가움과 정을 넉넉하게 표했다. 그 뒤 2008년 2월 한 번 더 만났지만 그는 변함이 없었다. 그러다 4월 그의 두 번째 평론집 『이 해골이 니 해골이니?』를 받아들게 되었다. "말의 감옥, 시의 속살"이라는 부제를 단 이 평론집을 접한 나는 무엇보다 표제로부터 충격을 받았다. 물론 이 평론집에 실린 김언희론의 제목을 평론집의 표제로 삼았으니 책 이름 달기의 관행에 비춰 그리 새로울 것도 없다고 할 수 있다. 그럼에도 나였다면 그가 부제로 단 "말의 감옥, 시의 속살"을 표제로 선택하였을 것이라는 생각에 그의 파격이 약간은 충격이었다. 하지만 더 큰 충격은 그의 때 이른 죽음이었다. 한창 일할 나이에 그것도 글쓰기가 어떤 경지에 이른 지점에서 그의 부음을 접하게 되다니! 고독하게 "청정일념"으로 죽음을 받아들인 그의 고통을 생각하니 눈물이 앞을 가린다.

　김양헌은 두 권의 평론집을 남겼다. 『푸줏간의 물고기』와 『이 해골이 니 해골이니?』(이하 인용할 경우 전자를 1로 후자를 2로 표기한다). 앞서 말했듯이 둘 다 예사롭지 않은 표제를 달고 있다. 그만큼 그는 개성적인 글쓰기를 추구해 왔다. 그는 소위 창조적 비평(creative criticism)을 완성하고자 했다. 비평의 독자성은 두 가지 방향에서 추구된다. 그 하나는 비평이 문학적 체계와 내적으로 연결되면서 자율적인 생명과 그 자신의 법칙과 구조를 가진다는 차원이다. 다른 하나는 비평도 시나 소설과 마찬가지로 문학이라는 차원이다. 창조적 비평은 후자의 차원에서 나온다. 나는 그동안 전자의 차원을 비평의 독자성으로 받아들여 왔기에 비교적 창조적 비평에 대한 관심은 적었다. "어떻게 하면 문학 '비평'을 넘어 비평 '문학'의 영토에 닿을 수 있는가"(1, 5쪽)를 고심한 김양헌은 후자의 차원에서 단연 독보적이다. 내가 김양헌의 글쓰기에 부러운 눈길을 보내고 있었던 것은 사실이다. 마치 맛난 음식을 젓가락으로 섬세하게 가려먹고 있는 듯한 그의 비평은 크게 '자세히 읽기'의 계보에 속하지만 더불어 시인과 텍스트와 비평가가 소통하는 의식 비평에 가깝다. 또한 텍스트를 거듭 저작하여 그 맛을 우려내어 자기의 입맛과 결부시킨다는 점에서 주관적 비평의 요소도 없지 않다. 하지만 그의 비평을 받치고 있는 이론과 방법은 분명하다. 그것은 서정 시학의 원론과 신비평(new criticism)에서 유래했음직한 이미저리와 시적 역설의 형식이다.

서정, 비극, 그리고 역설

서정이 비극적 세계관과 결부된다고 하면 많은 이들이 당혹해할 것이다. 화해(和諧)야말로 서정의 원리라 간주하고 있을 것이기 때문이다. 그러나 뒤집어 화해의 지평이 없는 세계를 생각해 보자. 이러한 세계에서 화해의 지평을 열고자 하는 것은 비극이 아닐까? 서정은 비극의 세계에서 희극을 꿈꾸는 일에 다를 바 없다. 김양헌은 단절 혹은 비극에서 출발하는 서정과 그 주체인 시인에 대하여 누구보다 뚜렷한 인식을 지니고 있다. "갈등이 의미 없는 지점에서 갈등하고 싸움이 필요 없는 시간에 싸우는 서정적 자아의 비극. 이 비극성 때문에 추구해야 할 세계가 더욱 선명하게 부각되는 것이니, 이것이 현대시의 주체가 마땅히 가져야 할 성격"(1, 133쪽)이라고 그는 말하고 있다. 그렇다. 대립과 갈등이 서사의 근간을 이루는 소설은 차라리 비극이 아니다. 그것은 세계와의 끊어진 길을 이으려는 현실주의자들의 계산된 행위를 담는 양식이다. 이와 달리 서정은 보다 근본적이다. 물론 성급한 화해주의자들이 없는 것은 아니다. 단절의 고통을 망각하고 화해가 주는 위안과 쾌락에 탐닉하려는 시인들도 없지 않다. 서정과 비극을 결부시키는 김양헌이 이러한 시인들에게 애정을 허여할 까닭은 없을 것이다.

역설(paradox)은 서정의 기저를 형성하는 비극적 세계인식과 결부되어 시의 구성 원리로 대두하게 된다. 실제 신비평은 역설의 시학이다. 이미저리, 아이러니, 애매성(ambiguity), 긴장(tension) 등은 모두 역설의 구조 원리를 내포한다. 대립과 모순이 하나의 형식으로 통합된다는 것이다. 김양헌은 수용한 비평이론을 명시적으로 드러내지 않는다. 그의 비평에서 방법과 이론은 봄눈 녹듯 평문 속에 스며들어 있을 뿐이다. 그럼에도 여러 곳에서 신비평의 흔적들은 감지된다. "서정시는 단순한 화해의 공간이 아니라, 꿈의 공간을 성취하려는 불가능과 치열히 싸움으로써 오히려 화해로 한 발 나아가는 역설의 자리이다"(1, 133쪽)는 관점은 그의 시읽기에 일관된 명제이다. 여기서 역설은 시적 인식을 말함과 동시에 시적 구성원리를 뜻한다. 그래서 이것은 다음과 같이 다양한 진술들을 포함한다.

 대립하는 사물과 관념을 병치하고 양자가 다시 통합을 이루는 자리에서 새로운 의미가 솟아나도록 만든다.(1, 31쪽)

 이 시라는 것은 뚜렷한 관념적 의미를 지니는 어떤 것이 아니라 복잡하게 뒤엉킨 내면의 정황이라는, 단순하고 명확한 주제가 아니라 뒤엉킨 이미저리와 복합적인 의미망이 바로 시의 육체(1, 35쪽)

 시는 종종 심하게 대치하는 이미지와 의미들을 경계선상의 부조화 공간으로 끌어들여 새로운 화해의 세계를 창출한다.(1, 51쪽)

이처럼 그는 병치와 치환을 거듭하며 통합되는 은유(metaphor)와 이미지들의 다발인 이미저리로 구성되는 시의 원리를 말하고 있다. 시는 모순, 카오스, 비선형, 비대칭 등의 양상이 차원 높은 통합의 차원으로 지양되는 것이므로 응당 역설의 구조를 지니게 되는 것이다. 이로써 김양헌 비평의 방법적 차원이 어느 정도 해명된 셈이다. 그는 무엇보다 먼저 세계와의 서정적 단절을 전제한다. 비극적 세계관은 서정의 근본 바탕이다. 그러나 이것은 세계와의 불화를 혁명으로 해결하려는 유물론과 다르다. 유물론의 지향이 그 결과에서 비극이라면 서정은 주어진 비극을 화해로 이끌어내려는 지난한 몸부림이다. 따라서 궁극적인 희극을 지향하는 유기론(organology)을 이론으로 삼는다. 따라서 "불상유통(不相流通)"이 아니라 "동기감응(同氣感應)"을 지향하게 되는 것이다.

자본의 세계, 신생의 길

그렇다면 현대 세계의 비극은 어디에 기인하는가? 김양헌은 한 마디로 자본주의 사회라고 요약하면서 "현대사회의 비인간화/물신화/인간소외가 비극의 무대"(1, 90쪽)라고 말한다. 그리고 그는 이러한 현대사회의 상(像)을 "모래무덤"과 "푸줏간"에 비유한다. 모래무덤은 현대사회의 불모성을 의미한다. 이러한 "불모성은 산업사회와 결합하고, 산업화는 자본의 도시를 끌고 온다."(1, 100쪽) 이 대목에서 김양헌의 반도시주의(anti-urbanism)를 읽을 수 있는데 이에 대한 극명한 비유가 "푸줏간"이다.

그런데 왜, 고기/정육점/푸줏간이 1990년대에 와서 새삼스레 중요한 대상으로 부각된 것일까? 도시적 삶이 확대되고 경제적으로 넉넉해지면서 고기를 먹는 일이 잦아졌다는 사실도 무시할 수 없다. 일상의 경험이 시의 제재가 되는 것은 당연지사. 게다가 고기는 '먹는다'는 인간의 기본 욕구와 연관되기 때문에 인간의 본질과 사회구조를 상징하는 적절한 제재가 되기도 한다. 1980년대를 떠받치고 있던 이데올로기 문제가 시사의 전면에서 물러나자 인간의 본능적 욕망이 1990년대의 주요 테마로 떠오르기 시작하는데, 고기의 육체성/반생명성은 그것을 형상화하는 중심 제재로 활용된다. 사육되고 도살되는 존재, 그것이 내포하는 의미망은 자본주의 사회의 실존적 상황과 맥이 닿으면서 인간의 일차적인 욕망인 식욕과 성욕을 아우르기 시작한 것이다. 1990년대의 정육점이 1980년대의 유곽의 자리에 들어선 것은 이런 점에서 의미심장한 일이다.(1, 155~156쪽)

김양헌 비평의 백미 가운데 하나인 「푸줏간의 물고기」의 한 대목이다. 이 글은 1990년대의 사회와 시적 정황을 "푸줏간"으로 집약하는 주제비평이다. 1980년대의 "유곽"이 "그래도 타락한 생명이나마 남아 있는 공간"인 반면 1990년대의 "푸줏간"은 "모든 존재가(주체까지도) 죽어 있는 공간"이라는 것이다. 다시 말해서 사물화되고 비인간화된 공간이다. 이러한 공간에서 시는 "고기"가 아니라 "물고기"를 염원한다. 여기서 물고기는 "신성/생명/재생/불멸의 이미지"(1, 167쪽)를 내포한다. 그러므로 "푸줏간의 물고기"는 예의 역설 구조를 지닌다. "물고기는 오히려 푸줏간을 와해하고 해방하는 적극적인 존재로 등장한다. 현실적으로 푸줏간은 어떤 방법으로도 극복할 수 없는 시공간에 존재한다. 그런 까닭에 시인들은 현실 변혁이나 구체적인 미래 전망을 제시하는 게 아니라 환생/부활/윤회의 방법을 시적 논리로 선택한다."(1, 167쪽) 명백한 역설의 의미이다.

김양헌에게 시는 비극의 무대에서 "비극의 역설적 의미망"(1, 90쪽)을 드러내는 것이다. 그리고 그는 이러한 비극을 넘어서 열리는 서정의 지평을 자주 "신생"이라고 말한다. 여기서 '신생'은 시정시가 지향하는 궁극적인 화해의 지평을 의미한다. 이것은 유기론의 희극 구성과 같다. "죽음/소멸"을 넘어 "생명/부활"을 보는 것이다. 시적 과정의 역설은 긴장을 만든다. 하지만 섣부른 '신생'이 이러한 긴장을 약화시킬 가능성은 크다. 그래서 그는 "시의 진실은 도가 아니라 도에 이르는 길목"(1, 127쪽)이라고 말한다. 과정학으로서의 시학에 대한 그의 입장을 분명히 하고 있는 셈인데 이는 "불상유통"을 지나 "동기감응"으로 가는 길로 표출된다.

동기감응은 그러므로, 시원으로 돌아가는 길이며, 새로운 미래를 여는 원동력이다. 그것은 끊임없이 생명을 잉태하는 힘이다. 그로 하여 무수한 생명의 씨앗, 시들이 기지개를 켜고 일어선다. 죽음의 목소리가 너무 강하고 커서 제대로 느낄 수 없었던 생명의 합창소리 들린다. 나와 타인, 인간과 자연, 생명과 무생물이 불상유통의 벽을 허물고 몸 섞는 교성에 눈이 먼다.(1, 191쪽)

이처럼 그는 세기말을 지나 새로운 세기를 맞는 시점에서 시적 지향을 예민하게 감지한다. 역설의 논리를 포기하지 않은 가운데 '신생'에 대한 열망을 더 강하게 드러내고 있는 것이다. 이리하여 그는 "푸줏간"에서 "물고기"를 찾는 일이 연목구어(緣木求魚)가 아님을 확신한다. "신생의 꿈은 우리 시대를 특징짓는 가장 중요한 요소라 할 수 있다."(1, 195쪽) 그리고 이러한 신생은 "피비린내 나는 모래바람의 절망 속에서도 기어이 피어오르는 복사꽃 사랑을 향해 온몸을 던지는 존재의 비극을 통해서"(1, 195쪽) 얻어진다. 이처럼 서정의 역설은 비극을 희극으로 전화하는 힘에 있다. 그러므로 다시 말하자면 과정이 중요하다. 타자의 매개나 고통에 대한 자각 없이 신생을 말하려 한다면 서정은 곧 헛된 희망으로 추락하고 만다. 시는 "언어로 현현된 작품이 아니라 거기에 이르는 과정"(2, 28쪽)이다. 시는 신생에 도달하려는 지난한 과정이다. "에콜로지를 표방하고 가이아를 따른다고 생태주의 시가 되는 건 아니다. 고들빼기나 수크령, 유리창나비나 도요새만이 생태주의 시의 제재가 되는 것이다. 참외나 호박, 젖소와 종돈도 생태주의의 영역 안에 살고 있다. 소재가 어떤 것이건, 실천에서 우러나온 사랑이 시의 구조를 떠받쳐줄 때 비로소 생태주의의 입구에 들어설 수 있기 때문이다."(2, 59~60쪽) 아주 바른 지적이다. 패션이 되어버린 생명시, 생태시가 얼마나 많은가? 결국 시는 자기에서 비롯하지만 자기를 넘어서 타자에 이르고 자기의 고통을 직시하면서 타자의 고통을 껴안는 "사랑"에 이르는 과정이다. 하지만 세상의 많은 시들은 여전히 나르시시즘의 영역을 벗어나지 못하고 있다. 김양헌은 참된 시와 그렇지 못한 시를 가려내는 수준 높은 감식안을 드러낸다.

언어의 감옥, 생의 형식

김양헌은 그의 비평이 언어의 감옥에서 해방되어 자기만의 형식을 갖기를 갈망한다. 특히 두 번째 평론집은 이러한 형식실험과 경과를 잘 말해준다. 그는 시인들의 시를 읽으면서 "말의 근원과 말길의 흐름"을 좇고 그들이 "시어를 운용하는 방식"을 따져 "시와 말의 심연"에 닿으려 한다. 이러한 그의 비평을 그는 "형식으로 말하는" 비평이라고 규정한다.

> 내 비평은 형식으로 말한다. 물론 좋은 내용과 적절한 분석 방법도 맑은 물처럼 소중하지만, 그것을 담는 그릇이 깨진 사발밖에 없다면 얼마나 기가 막히겠는가. 그동안 우리 비평은 이론과 논리에 치우쳤지 형식을 생각하는 경우가 드물었다. 그러니 비평의 형식은 늘 상투성에 빠진 대학 논문의 아류나 변형에 머물렀고, 시와 소설처럼 갈래 고유의 예술양식으로 떠오르지 못했다.(2, 책머리에)

이처럼 그는 비평의 형식(form)을 창조하고자 하였다. 그리하여 그는 텍스트와 몸을 섞고 시인과 교감하는 다양한 글쓰기를 선보인다. 비평을 생의 형식으로 만들고자 하는 노력이라 할 수 있을 것이다. 특히 그의 이러한 글쓰기는 많은 시인들로부터 찬사를 받기에 족하다. 시인들의 내밀한 의식 현상을 해명하고 그들의 시가 발생하는 과정을 말의 여러 층위에서 추적하고 있기 때문이다. 말할 것도 없이 나는 그의 이러한 비평에 대하여 전적으로 찬사를 보내는 것은 아니다. 비평 고유의 영역은 학자의 논문과도 다르고 시나 소설과도 다른 논리와 체계를 지니고 있다고 생각한다. 따라서 자칫 그의 글쓰기는 시인-비평가의 편향처럼 비평적 경사를 가져올 수 있다는 것이다. 달리 말해서 그가 생의 형식으로서의 비평에 상응하는 시적 경향들을 추적할 가능성이 높다는 것이다.

생의 형식이 그러하듯 그의 후기 비평은 우리말 바로쓰기에 깊은 관심을 드러낸다. 언어사회학적으로 용인될 수 있는 사례조차 비판적인 입장을 드러내면서 글쓰기의 원칙을 세운다. 가령 "-지다, -되다"와 같은 수동문을 쓰지 않는다든가 "-적(的), -화(化), -성(性), -시(視)"와 같은 한자어투를 "우리말을 활기차게 살리는 용언을 갉아먹기 때문에"(2, 책머리에) 쓰지 않는다. 그야말로 그는 정신과 영혼이 담기는 형식을 탐문한 것이다. "당신은 당신의 정신을 어떤 그릇에 담았는지 따져본 적 있는가? 당신의 말틀에는 어떤 영혼이 깃들 수 있는지 곰곰 생각해본 적 있는가?"(2, 책머리에) 그의 이러한 질문에 자유로울 수 있는 사람은 별로 없을 것이다. 그럼에도 그가 왜 이토록 그만의 스타일을 구하려 한 것인지 의문을 갖는다. 살아 있음의 존재증명은 아닐까? 고통을 견디며 생생하게 살아 있는 말들의 형식을 만들고자 한 그의 각고를 느낄 수 있을 것 같다.

"말을 정교하게 배치하지 못하면 시는 생명을 읽게 된다."(2, 171쪽) 김양헌은 시인에게 요구하는 이와 같은 원칙을 자신의 글쓰기에도 그대로 적용한다. 그는 그의 비평문에 생명을 불어넣고자 하였다. 이러한 일은 그의 육체가 죽음을 향해 더욱 소진되어가던 시기에 일어난다. "더 이상 내려갈 곳 없는 이들의 고통 돌에다 모두 담아 바닥을 치고 나면, 그때부터 삶은 치솟을 수밖에 없을 터."(2, 72쪽) 그러므로 그의 글쓰기는 고통의 심연을 치고 일어서는 신생의 형식이다. "고통을 새로운 삶에 이르는 통로로 삼아야 하는 법."(2, 74쪽) 이미 그는 이러한 법을 알았으나 남은 이들에게 '못 다한 신생'의 한을 남기고 다른 세상으로 가고 만다. "부귀와 명성, 전쟁과 기아, 사랑과 질시, 세상 온갖 희로애락이 바득바득 삶을 채우고 있지만, 죽음은 그 모든 것을 일시에 앗아가 버린다. 누가 뭐래도 삶은 삐걱거리며 무덤을 향해 걸어간다."(1, 97쪽)

> 병은 12,302그루의 나무를 몇 년에 걸쳐 그의 몸에 이주시켰다
> 그는 계간지 『식물세계』 발행인을 원했다
> 그는 숲을 챙겨갈 요량이다
> 살쩍이 희끗해진 대신
> 그는 초록 수염을 길렀다
> 포자처럼 기관지에 착근한 히말라야시다 때문에
> 숨 쉬는 게 힘들다고 그는 웃는 듯 찡그리는 듯했다
> 잣나무 앙상한 가지는
> 혈관 바깥으로 번지고 있다
> 나무와 사람이 해쓱한 그늘이라면
> 매일 비질하던 그 숲의 말간 입구를
> 그는 이제 천천히 봉인한다
> 너무 좁아져서 일몰조차 힘들게 드나드는 그곳,
> 마구 울리던 전화벨의 부음을 그와 함께 들었다
> ―송재학, 「너가 옮기는 숲의 이름―김양헌(1957~2008)」, 《문학과 사회》 2008년 가을호

김양헌에게 바친 송재학의 헌시이다. 김양헌은 문인수, 송재학, 이하석, 장옥관 등 동향시인들에 대한 애정이 각별하였다. 이들에게 그를

잃은 아픔이 얼마나 크겠는가? 송재학은 이 시를 통해 그의 죽음을 초록 식물의 세계로 돌아간 것으로 그리고 있다. 과연 그러한 것도 같다. "근원을 모르는 시대"(2, 45쪽)에 그는 죽음으로써 신생을 완성하였다. 남은 이들에게야 "못 다한 신생"이지만 그는 이미 그의 글쓰기를 통하여 "생의 형식"을 완성한 것이다. 그는 결코 길지 않은 비평 행위를 통하여 영원히 남을 족적을 남기고 "푸른 산빛을 깨치며" 우리 곁에서 사라졌다. 그의 살아 있는 글쓰기에 비할 때 그에 대한 나의 이러한 글쓰기가 무슨 의미가 있단 말인가?

문학비평의 존재의의
— 유종호, 김주연, 김종철, 황종연, 방민호의 비평

책읽기의 괴로움

　다섯 권의 평론집을 접하면서 새삼 비평의 존재의의를 생각한다. 무엇보다 비평의 위기가 심각하게 운위되는 가운데 읽을 수 있었던 수준 높은 평론집들이었기 때문이다. 위기 속에서 만난 수준들이라 한편으로 반갑기 그지없었으나, 다른 한편 그냥 혼자 읽어 즐거움을 누리기보다 나름대로 요약하고 생산적인 의미를 제출하라 하니 여간 성가신 일이 아니다. 책의 부피도 부피이지만 다들 각고의 결실이어서 쉽게 정리되거나 설명될 수 없는 내용을 담고 있어 제대로 된 요약은 물론 새로운 의미 산출이란 나의 힘에 부치는 일이었다. 그럼에도 불구하고 끝까지 밀고 나가려는 나의 태도는 다소 무모한 것이기도 한데 달리 동도의 선후배에 대한 예의로 이해되기를 바란다. 아울러 위기의 자식이기에 그 자신의 위기에도 불구하고 더 많은 비평들이 있어야 한다는 역설적 희망을 이들과 함께 찾을 수 있기를 기대한다.
　유종호, 김주연, 김종철, 황종연, 방민호 등 비평가들은 편차를 작게

할 때 세 세대라 할 수 있고, 편차를 늘일 때 두 세대라 할 수 있을 것이다. 그 어느 것이든 그리 중요한 문제는 아닐 터이다. 다만 벌써 원숙의 경지에 든 현존 비평계의 1세대와 지난 세기의 끝자락부터 부각되고 있는 신예세대에 이르는 비평적 글쓰기와 함께한다는 것의 의미를 되새기고 싶다. 그야말로 작은 비평사를 그려가야 할 판이다. 그러나 이론과 방법과 대상을 생각한다면 비평가에게 세대란 그리 중요한 결정 요인이 될 수 없을 것이다. 비평가의 비평이 세계관의 상동성을 견지하려는 일관된 의지에서 나온 행위라 볼 수 없기 때문이다. 따라서 먼저 개별 비평가의 이론과 방법을 따져 그 입장을 이해하는 것이 일의 순서가 아닌가 한다.

고전적 엄격과 인문주의

유종호의 『서정적 진실을 찾아서』에서 가장 먼저 만나게 되는 것은 세련된 문체다. 정련(精鍊)으로 이루어진 것이겠지만 이제 유려한 원숙을 느끼게 한다. 그의 문체를 들어 그를 스타일리스트로 보는 것은 잘못이다. 인문학자로서의 철저함이 완벽에 가까운 양식을 만든 것이라 할 수 있기 때문이다. 그에게 인문학적 철저함이야말로 글읽기와 글쓰기의 가장 중요한 원칙이자 척도이다. 그는 스스로 전범을 보임과 동시에 비평과 연구에 걸쳐 편만한 글읽기/쓰기의 오류를 비판한다.

신동엽, 신경림, 서정주 등에 관한 글이 아니었다면 이번 평론집은 영락없이 글읽기/쓰기만을 테마로 씌어진 글들의 모음이라고 해도 될 정도로 그에 대한 관심이 집중되어 있다. 이러한 그의 관심은 오늘날 인문학과 문학 그리고 그에 관한 교육이 그 기본에서부터 문제가 있다는 생각에 연유한다. 인문학과 문학교육에서 가장 중요한 것은 글읽기와 글쓰기인바, 글읽기/쓰기에 대한 기초 훈련이 제대로 되지 않은 가운데 엄격성을 상실한 글들이 횡행하고 있다는 것이 그의 판단이다. 텍스트에 대한 견고한 해석에 기초하지 않고 잡다한 주변정보와 이차문서들을 엮어내는 일에 능숙한 학생들과 연구자들에 대한 그의 질타는 분명 새겨들어야 할 일임에 틀림이 없다. "이차문서에서나 문학교육에서나 중요한 것은 일차적으로 개개 시편의 견고한 해석이요, 이해다." (14쪽) 그럼에도 첫 단추를 잘못 꿰어 흉물스런 글들이 도처에 널려 있는 것이 사실이다. 서정시 한 편 제대로 해석하지 못하면서 상대적으로 시인론은 잘 만들어내는 대학원생(12쪽)이나 "시를 보는 안목도 통찰도 전혀 없이 쓸데없이 각주나 잔뜩 달아놓은 채 양산되는 연구논문의 생산자들"(442쪽)은 그의 입장에서 기본이 되어 있지 못한 사람들이다. 그에 의하면 인문학과 문학 위기의 원인 일부가 기본을 망각한 그 내부에서 찾아지는바, 이를 그는 '내부에서의 자해 행위'라 규정한다.

그러나 언제나 가장 파괴적인 것은 심층적인 것이건 의식적인 것이건 내부로부터의 자해 행위이다. 시와 문학의 위엄을 훼손시키는 졸속적 양산주의, 비문학적 명망 조성을 통해 문학 매상을 실천하는 상업적 엘리트주의, 무슨 소리인지 모르는 시를 더욱 알 수 없는 소리로 만드는 것이 소임인 것으로 보이는 혹종의 해설주의, 이런 것들이 얼핏 떠오르는 내부에서의 자해 행위의 유형이다.(79쪽)

그러나 한편으로는 인문학 내부의 자기훼손에서 조성되는 위기 국면도 없지 않다고 할 수 있다. 인문학 연구나 교육 실천이 과연 본래의 인문학 정신에 투철해 있는 것인지 혹은 변화하는 세계에서 인문학이 있어야 할 방식에 대한 자성은 있는 것인지 물어보아야 할 것이다. 인문학의 핵심분야에 있어야 할 문학 연구나 문학교육에 관해서도 우리

는 같은 말을 할 수 있다.(446쪽)

　이처럼 유종호는 고전적 엄격과 투철한 인문주의를 견지한다. 그는 이러한 입장을 문학을 매개로 실현하는바, 예의 글읽기/쓰기가 제대로 이루어지지 못한 글에 대한 신랄한 비판을 동반한다. 가령 백석의「절망」에 대한 선행 연구자들의 오독을 비판하거나 비교 연구에서 텍스트의 맥락을 제대로 읽지 못한 사례를 꼬집는다. 아울러 텍스트 내재적 변화를 읽지 못하고 전기적 정보와 주변적인 것으로 대체하고 있는 문학사 기술의 한계를 지적한다. 그는 자세히 읽기, 겹쳐 읽기, 두껍게 읽기, 다르게 읽기 등 다양한 글읽기 사례를 제공하면서 "개개 텍스트에 대한 구심적 경의"(36쪽)를 강조한다. 마땅히 "텍스트에 대한 기본 이해 없이 남발되는 비평적 방언(放言)"(23쪽)은 비판된다. 그는 말한다: "문학에서는 텍스트가 전부이다."(429쪽) 이러한 그의 주장을 두고 텍스트주의라 할 수 있을 것이며 관점을 달리 할 경우 그가 텍스트의 권력(power of text)에 지나치게 의존한다는 비판을 감수해야 할 것 같다.
　정독과 함께 유종호가 강조하는 것은 원전의 확정이다. 원전에 대한 엄정한 검토가 텍스트 해석에 있어 선행되어야 할 일임에도 이러한 상식이 제대로 지켜지지 않는 경우가 없지 않다. "고전주의적 엄밀성과 적정성이 사라진 터전에서 그리고 의도적인 의미론적 미궁 조성이 퍼지고 있는"(92쪽) 것이다. 해체주나 정전에 대한 신역사주의적 비판에 대하여 고전주의자 유종호가 부정적인 눈길을 보내는 것은 당연하다. 고전적 양식에 대한 그의 선호에 따르자면 정전의 정전성을 밝혀 교육하는 일이 정전의 이데올로기나 그것을 해체하는 것보다 훨씬 의의 있는 것이다. 이처럼 그는 고전주의적 엄정성을 견지한 인문주의자이다. 사회적 변화와 더불어 모든 영역이 비속화되는 가운데 근본에 대한 보전을 강조하는 그의 비평은 시, 문학, 인문학을 옹호하고 이들을 지켜 삶의 수준을 잃지 말자는 경계(警戒)를 담고 있다. 그렇다고 그는 문학을 자기만의 것으로 움켜쥐고 있는 강단 연구자가 아니다. 문학교육 특히 시 교육에 대한 강조에서 볼 수 있듯이 그는 원심적인 사회 지향성을 잃지 않는다. 그의 비평에서 텍스트가 구심적인 역장을 형성한다면 문학교육은 원심적인 에너지의 생산 과정이 되는 것이다.

영성에 이르는 문학

김주연 비평의 전체성은 세속성과 영성을 합한 데서 찾아진다. 『디지털 욕망과 문학의 현혹』에서도 기왕의 입장을 그대로 만나게 된다. 김주연에게 문학은 "총체적 인간학"(197쪽)이며 이는 인간에 대한 미시적인 접근의 일면성을 넘어 거시적 관점에서 신성성의 문제를 함께 통찰할 때 성취된다. 그는 "인간이 피조물이고 육체 이외의 영성의 존재가 엄연한 현실인 상황에서, 양자를 종합적으로 인식하는 일은 문학의 당연한 기능이며 책무"(177쪽)라 주장한다. 인간성의 한계 탐구와 더불어 신성성 혹은 영성으로의 나아감은 그의 비평에서 가장 중요한 주제이다. 오생근을 말하는 자리에서 그는 다음과 같이 비평의 의의를 말한다.

오늘의 한국문학, 특히 젊은 세대의 그것을 지배하고 있는 이론의 핵심인 욕망론은, 니체나 보들레르의 끊임없는 복창이라고 할 수 있다. 자연에 대한 인간 혹은 인간성의 우월로 특징지어질 수 있는 이 이론은 후기 구조주의, 포스트모더니즘이라는 이름으로 변형되어 세기말의 문학을 사로잡아 왔는데, 그 중간 결과는 유감스럽게도 씁쓸한 것 아닌가. 엽기성이라는 낱말 속에 포박된 그 욕망의 인간은, 자연 질서의 파괴라는 기이한 모습 이외에 다른 무엇일까. 예컨대 해체 이론 속에 드러난 남녀의 해체, 유니섹스의 상황은 남녀의 인격적 공존 대신 천부의 상이(相異)가 무시된 동형성(同形性)으로 우스꽝스러운 자연 왜곡을 가져오고 있다. 이것은 한 보기에 지나지 않을 터인데, 문학 비평이 이 과정에서 어떤 사명과 기능을 하고 있는가 하는 문제에 대한 검토와 반성은 결여되어 있다.(110쪽)

오생근의 비평이 그 나름으로 제대로 된 비평적 기능을 수행하고 있음을 말하기 위해 진술된 전제이지만 이는 김주연 비평의 입장과 지향을 이해하는 데 매우 요긴하다. 그의 비평은 욕망과 육체에 구속되어 있거나 세속을 맴도는 문학을 비판한다. 아울러 인간성에 대한 깊은 천착으로 이를 초월하는 총체적 관점의 문학을 강조한다. 한 마디로 그는 현금의 문학에서 초월성의 결여를 읽고 있는 것이다. 책의 표제가 말하듯 그는 디지털 욕망이 문학의 현혹을 가져오고 있다고 생각한다. 속도와 일차원성을 속성으로 하는 이것은 문학으로부터 아우라를 앗아갔다. "정보의 생산이라는 개념은 약화되고 정보의 유통이 오히려 중요한 모습이 되었고"(146쪽), "가치판단이 아닌 생산과 소비의 회로뿐인"(21쪽) 디지털 대중사회에서 문학의 위기와 상상력의 고갈은 더욱 심해질 수밖에 없다. 이러한 정황 속에서 많은 작가들이 문학적 진정성을 추구하기보다 디지털 욕망을 내면화하는 양상을 보이고 있어 더욱 문제인 것이다.

그런데 김주연의 기본적인 입장을 가장 잘 나타내는 것은 모더니즘 비판이라 생각된다. 그는 기회가 닿는 대로 모더니즘의 한계를 지적한다.

(가) 사실 그 숫자의 규모로 보거나 그 화려한 문학적 포즈로 보거

나, 저 멀리 헬레니즘 문화에 바탕을 둔 이른바 모더니즘은 우리 문학의 중심부를 장악하고 있다고 해도 지나친 말이 아니다. 특히 많은 문학 청년들에게 문학에 대한 일종의 고정관념 비슷한 것을 만들어 주고 있는 것도 사실이다.(…) 그 결과, 시에 있어서는 언어에 대한 절망과 그로부터 유발된 현학성·난해성이 불가피한 현상으로 대두되고, 소설에 있어서는 서사의 상실과 왜곡이 정당화된다.(86쪽)

(나) 니체, 혹은 니체에 뿌리를 두고 있는 근·현대의 모더니즘(혹은 포스트모더니즘 전반이라고 묶어도 좋다)이 예술의 우월성에 대한 무한한 믿음에 기초하고 있다면, 정현종의 자연은 초기의 그 믿음으로부터 그가 이제 거의 완전히 벗어나고 있음을 말해 준다. 그러나 거듭 말하지만, 자연이 신의 계시의 현장이라는 선언까지는 아직 가 있지 않다. 자연과 예술의 만남이 그 자리일 뿐이다.(159~160쪽)

인간중심주의와 예술주의를 특징으로 하는 모더니즘은 신의 영역을 넘보는 인간의 과도한 욕망과 결부되어 있다. 예술을 통하여 인간이 신성의 하나인 완전성을 추구하려는 것이 모더니즘인 것이다. 그러나 모더니즘의 경과는 전통의 부정뿐만 아니라 새로운 전통을 형성할 터전까지 훼손하고 파괴하는 데 이르렀다. 즉 자해의 상태에 처하게 된 것이다. (가)에서 김주연이 말하고 있는 바도 창조의 고갈과 자기 파괴에 이른 모더니즘에 대한 비판이다. 이러한 비판이 구체적인 사례로 제시된 (나) 정현종 읽기에서 김주연의 입장은 더욱 선명하게 부각되어 있다. 모더니즘을 신과 인간, 초월과 세속적 욕망, 완전성과 불완전성 등의 이항대립의 틀에서 보는 그는, 자연과 예술의 만남이라는 소중한 성취의 자리조차 한계로 인식한다. 확실히 그의 신은 동양적 자연이 아니며 서구적 기독의 그것이다.

모더니즘 극복과 관련하여, 또한 세속적 욕망론을 넘어서기 위한 문학적 방안으로 김주연이 제시하는 것은 상상력이다. "상상력은 초월의 소산이면서, 또 다른 초월을 꿈꾼다. 그런 의미에서 기본적으로 상상력은 종교적이며, 영성과 통하는 그 무엇을 지닌다."(147쪽) 즉 상상력으로 영성에 이를 수 있는 것이다. 다시 그는 말한다: "결국 상상력이란 영감 즉 영성이며, 이 힘이 글의 창조성을 이끌어 낸다. 현대 이전의 작가들은 말하자면 하나님을 만나지 못할 때 한 줄의 글도 창작하지 못했던 것이다."(148쪽)

궁극적으로 김주연의 문학은 인간 구원을 향해 있다. 따라서 문학은 인간의 한계를 드러내는 도정에 불과하다. 그의 비평이 표나게 시적 지향을 보이는 것은 세속성에 바탕을 두는 소설 장르의 본성을 생각할 때 어쩌면 당연한 현상으로 받아들여진다. 김원일, 이승우, 정찬 등의 소설을 통하여 신성을 말하고 있긴 해도 정작 신성이 소설의 경계 밖에 존재하는 것임을 확인하게 한다. 그의 비평에서 소설과 시에 비평적 낙차가 존재하는 것은 어쩔 수 없다. 세속적인 소설보다 궁극에서 구원의 언어가 되어야 할 시적 지향(169쪽)에 대한 김주연의 선호는 영성의 비평을 추구하는 그로서 피할 수 없는 선택이라 할 수 있다.

환원주의 비판과 생태학적 전망

김종철이 변함없이 발간하고 있는 《녹색평론》은 이미 '지속적인 혁명'이 되었다. 나는 우리 지성사에서 《녹색평론》을 제외하고 개인적인 신념에서 연원한 조용한 실천이 사람들의 마음에 파문을 일으키며 스며들어 마침내 하나의 큰 흐름을 이룬 예를 보지 못했다. 비평집 『시적 인간과 생태적 인간』은 그동안 《녹색평론》을 통하여 김 교수가 전개해

온 실천의 사상적 근거들이 알알이 박혀 있는 책이라 할 수 있다. 따라서 김종철 사상이 일목요연하게 드러난다. 특히 이 책의 1부에 실린 내용이 그러한데, 생명 공동체에 대한 그의 염원이 매우 절실하게 피력되어 있다.

확실히 그의 지적처럼 "인간의 삶과 문화는 이제 인간 자신의 존재의 궁극적인 근거에 대한 뼈저린 성찰 없이는 지속 불가능한 현실에 직면하였다." 도처의 생태학적 재난들이 이를 증거하고 있지 않은가. 그러나 쉽사리 '존재의 궁극적인 근거에 대한 뼈저린 성찰'이 이루어지지 않는 것도 현실이다. 일상과 생활을 지배하고 있는 사회의 시스템이 이러한 성찰을 불가능하게 하기 때문이다.

모든 성찰은 정도의 차이를 인정하고서 전복적이라 할 수 있다. 어떠한 성찰도 일상과 생활에 대한 소격(疎隔) 없이 이루어지지 않는다. 가령 생활 폐수가 강과 바다뿐만 아니라 지하수를 오염시킨다면 맑은 물에 대한 성찰은 생활 오수를 버리지 않아야 한다는 데 이른다. 그러나 소비 시스템이 워낙 압도적이어서 생활에서 오수를 만들지 않는 방법을 찾을 수 없다면 맑은 물에 대한 성찰은 지속성을 잃게 된다. 자연 관심이 정화 시설이나 하수처리 시설에 돌려진다. 과학기술이 대신해줄 것을 기대하는 것이다. 근본적인 성찰이 지속적일 수 없는 이유는 결국 시스템에 있다. 이 책에서 김종철이 가장 먼저 문제 삼는 것도 성찰을 가로막는 시스템이다. 그는 이러한 시스템을 자주 '기술사회'라고 명명하는바, 자본과 이에 결탁한 기술이 사회를 구성하고 있다는 지적이다. 어떤 의미에서 기술사회는 열역학 제1법칙이 신봉되는 사회라고 할 수 있다. 여기서 사람들의 에너지 소비가 문제될 것이 없으며 훼손된 환경도 새로운 기술이 복원해줄 수 있을 것이라는 믿음이 유포된다. 욕망은 절제를 잃고 소비가 일상화되며 낭비가 간과되는 것이 당연하다.

김종철은 이러한 기술사회의 논리를 '부분적 합리성의 추구가 총체적인 비합리성에 직결된 경우'라고 지적한다. 다시 말해서 인간의 기술은 세계를 구성하는 일부분에 지나지 않는 것임에도 불구하고 마치 그것이 모든 것을 대신할 수 있다는 이데올로기를 내포하고 있다는 것이다. 그리고 이러한 기술이데올로기는 인간중심주의와 다르지 않다. 세계의 일부인 인간이 세계의 전부를 관장할 수 있다는 논리이다. 그가 가장 힘주어 주장하는 것은 이러한 부분적 인식이 가지는 오류이다. 마땅히 그는 전체에 대한 바른 인식의 필요성을 강조한다. 흔히 부분으로 전체를 나타내는 논법을 환원주의라고 한다. 부분이 전체를 대신하려 한다는 점에서 환원주의는 욕망의 체계이고 필연적으로 폭력적이다. 기술사회와 소비사회가 그러하고, 나아가서 진보의 논리를 내장한 리얼리즘이나 마르크스주의도 환원주의적 폭력의 체계이다. 전형에 의한 리얼리즘의 재현이나 계급에 의한 사회주의의 혁명도 진정한 전체성을 나타내지 못한다.

김종철이 말하는 진정한 전체성은 '생명체 전체를 하나로 보는 생명공동체의 개념'에서 찾아진다. 생태학적 전체성이라고 할 수 있는 이것은 전체가 부분으로 환원되거나 부분이 다른 부분을 억압하지 않는다. 모든 부분들이 자발적 생명의 상호 연관성 속에서 연속성과 역동성으로 전체를 이룬다. 그가 구상한 생태학적 전망의 사회는 이렇다: "사람이 사람끼리 뜻있는 관계를 맺을 수 있는 사회적 환경을 만들어야 하는 것입니다. 이것을 위해서는 무엇보다 사회 경제 구조에 있어서의 혁신이 있어야 하고, 삶을 선택하고 결정하는 정치적 행동의 구조가 충분히 민주적으로 개변되는 것이 선결 조건이라고 해야 하겠지요. 그런데 이와 같은 혁신적 노력에 있어서 핵심적인 것은 아마 가능한 한 자치와 자율의 생활을 보장하는 구조로의 발전, 즉 권력의 분산, 소규모 경제 생활 단위, 협동적 공동체가 존중되어야 할 거라는 점입니다."

말할 것도 없이 김종철이 내세운 사회가 실현 불가능한 유토피아는 아니다. 그러나 그가 말했듯이 존재에 대한 근본적인 성찰 없이 이러한 사회는 실현되지 않는다. 따라서 이러한 성찰을 가로막는 기술사회의 허구성을 증거하고 동시에 사회 시스템의 생태학적 재구성을 위한 여러 층위의 실천이 뒤따라야 할 것이다. 우선 인간중심주의적, 환원주의적 욕망에서 벗어나야 할 것이고 다음으로 일상과 생활의 층위에서 생태학적 삶을 실현해야 할 것이며 나아가서 생태학적 시스템의 사회를 향한 근본적인 변화가 이루어져야 할 것이다. 물론 이러한 과정은 순차적인 것이 아니며 함께 이루어져야 한다. 생태학적 인간 없이 생태학적 삶이 불가능할 것이며 생태학적 사회는 더더욱 이루어지지 않을 것이기 때문이다.

여기서 생태학적 사회로 가는 구체적 실천 프로그램이 언급될 필요는 없을 것이다. 김종철이 만들고 있는 《녹색평론》을 들추면 될 것이기 때문이다. 그래서인지 이번 책에서 가장 강조하고 있는 것은 생태학적 인간이다. 무엇보다 근본적인 인간성의 변화가 급선무라는 것이다. 그래서 '시적 인간'은 예찬된다. 그는 말한다: "시적 사유의 본질에는 어떠한 인공적인 조작물로도 대체할 수 없는 세계의 근원적인 아름다움과 풍요로움에 대한 본능적인 인식이 내재해 있는 것이다. 시인은 바로 이러한 근원적인 아름다움에 예민하게 반응하면서, 그것을 보존하기 위한 싸움에 헌신하는 사람이라고 할 수 있다." 여기서 그가 말하고 있는 시와 시인이 근대적 개념의 시와 시인이 아니라는 설명을 덧붙일 필요는 없을 것이다. 그가 말하는 시적 인간은 가장 오래된 인간 본연의 모습이며 또한 가장 분명한 미래의 표상이다.

김우창의 말처럼 그는 확실히 신념의 인간이다. 또한 김우창의 지적처럼 그의 신념은 다른 사람을 억압하지 않는다. 부드러운 신념, 미소를 머금은 믿음. 물론 시와 소설 그리고 사회에 관하여 그와 다른 견해를 가진 사람도 많을 것이다. 그렇지만 인간과 자연에 대한 그의 겸손과 새로운 삶에 대한 그의 신념에 경의를 표하지 않을 사람은 없을 것이다. 이러한 점에서 『시적 인간과 생태적 인간』은, 신생(新生)을 꿈꾸는 모든 문학과 사상이 반드시 거쳐가야만 할 가교라 할 수 있다.

문학적 근대성의 경험 분석

황종연 비평의 기본 좌표는 근대성이다. 그렇지만 이 말이 그가 문학 텍스트를 근대성 규명을 위한 하위 재료로 삼고 있음을 뜻하는 것은 아니다. 무엇보다 그의 비평이 정확한 텍스트 읽기를 강조하고 있기 때문이다: "현재 문학비평은 무척 다양한 종류의 계기, 활동, 사업에 관여하고 있지만 문학비평의 본분이 문학작품에 의해 이루어진 발견을 알아보고 명명하는 것임은 의심할 여지가 없다. 문학비평가에게 충성을 요구하는 것은 어떤 철학적 체계나 정치적 대의라기보다 과거 및 현재의 문학작품이 산출한 새로운 지각과 인식이다."(5쪽) 주로 지난 90년대 소설 읽기에 바쳐진 그의 첫 평론집 『비루한 것의 카니발』은 이론과 텍스트의 적합한 교호 현상을 보이는 비평적 독서의 한 수준을 보이고 있다. 그는 이론의 외재적 전제보다 텍스트를 한껏 경유하면서 이론과의 접합을 도모한다. 이러한 그의 비평적 태도는 그가 90년대를 대상으로 비평활동을 개시하였다는 점과 무연하지 않다. 90년대가 80년대의 이념에서 놓여나 일상과 자아로 회귀한 새로운 문학주의의 시대였기 때문이다. 그는 문학을 통하여 근대적 삶에 대한 지각과 인식의 양상을 읽어내고 있다. 다시 말해서 하나의 체계로서 근대성을 주장하기보다 구체적인 경험적 실감으로 근대성을 이해하고자 한 것이다. 그에게 비평은 근대성의 경험에 상응한다.

근대의 문제를 적응과 극복이라는 두 과제로 보는 시각이 일반화된 견해라고 한다면 황종연의 비평은 주로 전자의 문제에 치중하고 있다. 이는 그가 근대성을 보편 논리로 받아들이고 있음을 뜻한다. 그의 한국문학 읽기는 이러한 보편적 근대의 성취 여부에 많은 관심을 기울인다. 이는 먼저 그가 설정하고 있는 문학 개념에서 확인된다: "문학은 동서양을 막론하고 오랜 역사가 있는 어휘이지만, 오늘날 통용되고 있는 문학 개념은 근대라는 세계사적 경험과 불가분의 관계에 있다. 창조적이고 상상적인 글, 미적 자율성을 갖는 글이라는 의미에서의 문학은 근대 서양에서 부르주아 계급의 정치적·문화적 패권을 배경으로 지식과 담론이 새롭게 편성되는 과정에서 창안된 것이다."(59쪽) 근대의 문학을 서구 근대의 창안으로 보는 그의 관점은 자연스럽게 근대문학이 "보편화의 근대적 지향을 내면화함으로써 오늘날의 그것이 되었다"(60쪽)는 주장에 이른다. 이러한 주장에서 서구를 보편으로 설정하는 그의 이론적 경사를 읽게 된다. 비교 연구가 근대의 오리엔탈리즘이라는 강상중의 지적을 들지 않더라도 보편과 특수의 비교가 전제된 관점에서 특권화된 시선을 발견하기란 어렵지 않다. 황종연의 비평에서 개별 작가의 근대경험을 다루거나 성장소설 등 양식의 문제를 거론할 때, 그리고 민족문제 등 보다 큰 담론을 분석할 때조차 보편에의 미달 문제가 항상 제기되는 것은 근대성을 외적인 것으로 보는 데 기인한다. 이러한 그의 관점에서 근대극복의 문제는 제기될 수 없으며 다만 근대적응과 성취의 방식이 논의될 뿐이다.

근대성과 관련하여 마셜 버먼의 이론이 황종연의 비평에 끼친 영향은 매우 큰 것으로 보인다. 근대화와 모더니즘의 변증법, 근대성의 양면성, 역설과 아이러니 등 폭넓은 스펙트럼을 보이는 버먼의 이론에서 황종연 비평이 표나게 수용하고 있는 입장은 근대성이 "역사적인 실체성을 갖는 경험"(358쪽)이며 이 경험은 "본질적으로 역설의 경험"(361쪽)인바, 우리는 이러한 "근대성의 열린 지평"(371쪽)과 함께 살아가고 있다는 것이다. 버먼처럼 황종연의 비평은 근대 경험 분석에 치중한다. 그래서 그는 경험의 양상을 중시할 뿐, 대안적 경험에 대한 전망을 제시하지 않는다. 근대성을 역설의 경험으로 보는 그의 입장은 바로 "종결 없는 근대성"(366쪽)이라는 관점에 상응한다. 따라서 분석의 중요한 대상은 "근대생활과의 교섭을 통해서 자신의 존립에 필요한 활력과 자원을 마련하고, 모순되고 분열된 근대생활을 가장 심오하고 충만한 상태로 경험하는 방식"(376쪽)이 된다.

> 자본주의가 모더니즘 문화에 가하는 변질과 부식을 강조하는 사람들과는 전혀 다르게, 그(마셜 버먼—인용자)는 자본주의의 번창이 오히려 모더니즘이 필요로 하는 근대성의 자원과 활력을 꾸준히 생산하리라 믿고 있다. 근대성의 지평은 언제나 열려 있는 것이다.(376쪽)

> 근대성의 철폐를 위한 모든 시도가 처음부터 실패하도록 되어 있다는 버먼의 암시는 우리를 몹시도 괴롭힌다. 그러나 근대성의 무서운 역설이 미치지 않는 특권적 지점이 현재의 문화 속에 존재한다는 것은 믿기 어렵다. 역설의 고통을 철저히 겪는 것이야말로 어쩌면 역설의 고통에서 해방되는 가장 현실적인 방법인지 모른다.(380쪽)

확실히 버먼은 세계체제의 중심에서 근대성의 경험을 말하고 있다. 문화적 활력들이 지속적으로 소진되고 있는 중심부에서 역설과 아이러니 등을 제외하고 달리 대안이 될 수사학은 없을 것이다. 그렇지만 중심과 주변의 창조적인 교섭은 불가능한 것일까? 자본과 과학기술의 비대화로 인문학적 창조성이 고갈되는 중심부와 달리 주변부에 고유한 생명과 생활양식, 유기적 세계를 꿈꾸는 사유와 상상력 등이 풍부한 대안적 자원으로 남아 있음에 틀림이 없다. 80년대를 비판하고 90년대 문학을 표나게 강조하면서 특히 백민석 등의 새로운 서사에서 가능성을 찾고 있는 황종연의 비평은 그 섬세하고 정치한 분석과 이론 도출에도 불구하고 중심부의 논리를 그대로 주변부에 가져다 놓고 있다는 혐의에서 자유로울 수 없을 것 같다. 자연주의적 경험에 대한 강조라면 그 어느 것도 "문화적 현대성"(32쪽)에 포함되지 않는 것이 있을까. 리얼리즘의 실효성을 거부하고 전체성을 패권 개념으로 몰아붙일 것이 아니라 새로운 리얼리즘과 새로운 전체성에 대한 감각 회복을 권유하는 것이 파편화된 근대 경험의 세목을 제시하는 것보다 의의 있는 일이 아닐까.

새로운 리얼리즘과 희망의 논리

방민호의 『납함 아래의 침묵』은 그 표제를 통하여 오늘의 비평적 상황을 알리고자 하는 의도를 지녔다. 납함이 여러 사람이 함께 소리내어 외침을 뜻한다면 그 아래의 침묵이란 역설의 의미가 있다. 이를 두고 그는 이렇게 말한다: "한동안 비평계에는 많은 논쟁·논란이 있었으나 그 요란함만큼 생산적이지 못했다는 것이 나의 판단이다. 어디 비평뿐인가. 소설 역시 미문과 기교를 숭상하는 퇴폐로부터 멀리 벗어나지는 못했다." 이러한 진술에서 방민호의 입장은 어느 정도 드러났다고 볼 수 있다. 적어도 그는 자기 시대에 안주하지 않고 그것을 극복해 가야 할 과도기로 인식하고 있는 것이다. 이러한 그의 입장은 새로운 문학주의에 대한 비판과 새로운 리얼리즘에 대한 구상에서 잘 드러난다.

오늘의 문학이 걸어온 길 뒤에는 좌파문학이 있고 앞에는 질적으로 비약하는 문화산업이 있다. 문학주의는 양자 사이의 좁은 틈에서 문학이 선택하지 않을 수 없던 고육지계라 해도 과언이 아니다. 그러나 그 개념의 애매성과 포괄성으로 하여 그것은 그 시대를 풍미할 수 있었다. 문학성이라는 말은 방향을 잃은 다수 문학인들에게는 피난처를, 역사의 압력을 부담스러워하는 일군에게는 논리를 제공했다. 그러나 지금 역설적으로 그 문학주의 문학이 문학성의 결핍을 노정하고 있으며 그 정도는 더욱 심화되고 있다는 구전(口傳)을 접하기란 그리 어려운 일이 아니다.(99쪽)

사실 문학성이란 역사적 담론에 불과하다. 그럼에도 마치 그것이 하나의 실체인 것처럼 운위되는 데는 모든 문제를 그로 환원하려는 편향이 있다. 특히 문화산업이 질적으로 비약하는 오늘의 현실에서 문학성은 문화산업의 논리를 은폐하는 효과를 창출하기도 한다. 이러한 점에서 90년대의 문학성이 80년대 이념으로부터 복권된 것이라는 주장은 문제가 많다. 어느 시대를 막론하고 문학성이 문제가 아니며 문학성을 구성하는 담론이 문제인 것이기 때문이다. 따라서 90년대의 문학주의도 그만큼 이념적인 것이라 할 수 있다.

문학성이라는 협애한 문제의식을 넘어 비평이 "역사를 거시적 안목으로 통찰하는 힘을 회복해야 한다"(102쪽)고 주장하는 방민호의 입장은 야심차고 패기만만하다. 그러나 그렇다고 그가 주의주장만을 반복하고 있는 것은 아니다. 이번 평론집에서 보이듯 많은 작가들에 대한 폭넓고 성실한 성찰은 그의 주장을 뒷받침하기에 충분하다. 따라서 문학주의 비판과 더불어 90년대 문학의 종언을 선언하고 새로운 리얼리즘으로 새로운 시대의 문학을 열어가고자 하는 데 동의할 수 있다. 그런데 그의 이러한 태도는 단절론적 입장과 다르다. 그는 무엇보다 "부정의식의 성숙성"(500쪽)을 강조한다. 이것은 자신의 과거를 충분히 의식하고, "과거의 축적물 위에서 새로움을 모색"하는 것이다. 그는 "80년대를 통해 단절되었던 70년대 문학의 전통을 새롭게 의식하는 것"을 통하여 새로운 리얼리즘 논의의 배후를 모색한다. 그렇다고 이 것이 80년대를 전적으로 괄호 치려는 입장을 나타내는 것은 아니다. 그는 이렇게 말하고 있다: "새로운 문학의 길은 70년대 문학으로의 복귀나 80년대 주류 문학 전체의 부정을 통해서만 획득되지 못한다. 90년대의 주류 문학에 대한 온전한 긍정과 마찬가지로 80년대의 주류 문학에 대한 완전한 부정도 새로운 출발점이 될 수는 없다."(505~506쪽) 이러한 과정을 통해 그는 "리얼리즘은 무엇보다 기존의 담론이 이러저러한 방식으로 해명해 놓은 현실을 문학으로 말하거나 보여주는 것이 아니라, 그러한 담론의 불안정한 기초 위에서 그것을 수정하고 때로는 부정하면서 우리가 미처 도달하지 못한 현실의 비의를 향해 모험적인 항해를 시도하는 것"(509쪽)이라는 입장을 세우게 된다. 그리고 리얼리즘을 "미정형의 세계로 인간의 인식적 지평, 인간적 삶의 가능성을 넓혀 가는 중요한 방법"(509쪽)으로 규정한다. 80년대의 편협한 리얼리즘 개념에서 벗어나되 리얼리즘과 모더니즘의 이항대립적 논리도 뛰어넘고자 하는 방민호의 시도는 많은 논점을 안고 있지만, 이미 그 자체로서 의미심장하다. 무엇보다 그가 "희망의 논리"(515쪽)를 견지하고 있기 때문이다.

모더니티는 모더니즘만의 것이 아니라 리얼리즘에서 특히 절실히 요구되는 요소이다. 모더니티를 자구대로 옮기면 현대성(근대성)이 되겠지만 나는 여기서 버만이 『현대성의 경험』에서 지적했던 현대성, 즉 자본주의를 해부하고자 했던 사람이 예전에 "단단한 모든 것은 대기 속으로 녹아 버린다"라 했을 때의 그런 현대성, 다시 말해 인간의 삶을 부단히 변전시켜 가는 과학 기술적 현대성에 대한 리얼리즘의 적응력을 요구하고 싶다. 그것이 우리의 삶, 우리를 둘러싼 환경이라면 이것을 따라잡지 못하는 리얼리즘이 과연 무엇을 말할 수 있을 것인가. 이것은 과학 기술적 모더니티와의 무한의 속도경쟁을 의미하는 것은 아니다. 무엇이 새롭게 출현하고 형성되고 발전하는 현상인지 포착할 수 있는 눈, 그것을 해석할 수 있는 사유를 말하고 싶은 것이다.(532쪽)

근대극복만을 말하던 리얼리즘의 기획이 좌절된 이후 근대적응으로 많은 이들의 관심이 돌려진 것이 사실이다. 그렇지만 근대가 극복되어야 할 모순과 혼돈을 포함하고 있으므로 새로운 희망과 질서에 대한 열망은 상존하는 것이다. 이에 근대적응과 근대극복의 동시 수행이라는 테제가 방민호의 새로운 리얼리즘 노선과 다르지 않음을 알게 한다. 리얼리즘이 혁명적 단절을 의미하는 형이상학적 담론이 되지 않기 위해 현실 적응력 혹은 구체성을 얻어야 함은 지난 연대의 교훈을 통해 각인된 사항이므로 새삼 강조할 필요는 없을 것이다. 모더니즘이 과학 기술적 모더니티와의 부정적 관계에 의한 평행선을 형성하고 있는 현실에서 모더니즘과 기술적 근대를 가로지르는 횡단면을 새로운 리얼리즘으로 그어 가는 일은 아무리 강조해도 지나치지 않을 것이다. 그렇다면 여기서 새로운 리얼리즘에 대한 구체적인 문학적 증거가 무엇인가의 문제가 제기된다. 이것이 방민호 비평의 중요한 과제가 되었다.

시의 사회적 존재론
— 홍용희와 이혜원의 비평

　용어가 지닌 개념에 동의하든 동의하지 않든 '미래파' 논의로부터 자유로울 수 없는 것이 현재의 평단이다. 그만큼 이것이 던진 파장이 크다. 미래파 논의의 본질은 '변화'에 있다. 사회적 변화에 따른 시적 변화를 어떻게 받아들일 것인가는 것이다. 일군의 젊은 시인들이 보인 시적 변화를 당연할 뿐만 아니라 미래지향적인 것으로 평가할 때 '미래파'라는 비평적 개념이 의의를 얻는다. 하지만 미래파로 분류되는 일군의 시인들의 시적 성과가 일시적이거나 미래지향적이라 할 만한 가치들을 담보하지 못한다면 이는 문학의 장(場)에서 전개되는 전략적 개념으로 축소된다. 기존의 주류적인 흐름을 세대와 가치를 통해 바꾸려는 의도와 무관할 수 없는 것이다. 말할 것도 없이 '미래파' 논의에서 문예사조사를 들추는 것은 20세기 초반의 그것과 유추 관계를 제외하고 직접적인 연관성이 없다는 점에서 그리 큰 의미가 없다. 따라서 새로운 시인군의 등장을 시의 전면적인 전환으로 볼 것인가, 아니면 일부의 현상으로 받아들일 것인가, 라는 문제가 남는다.

　미래파 논의는 달리 시의 사회적 존재론으로 받아들일 수 있다. '미래파' 옹호론자들은 시를 변화하는 사회에 대한 감각적 대응으로 받아들이면서 새로운 감각들을 가치평가의 전면에 내세운다. 이와 달리 '미래파' 비판론자들은 새로운 감각들이라는 것이 한시적일 뿐만 아니라 영속적인 것이 되지 못하므로 진정한 의미에서의 새로움을 담보하지 못한다고 지적한다. 역사적 아방가르드의 운명에서 보듯이 새로움의 순환논리는 궁극적인 자기부정에 이르고 만다는 것이다. 이러한 점에서 이들은 사회적 변화에 응전하면서 사회를 초월하는 시적 지평을 열어가는 시의 사회적 존재론에 주목하는 것이다.

홍용희와 이혜원은 소위 '미래파'에 비판적이라는 점에서 유사한 계보에 속하는 비평가들이다. 그런데 평단을 '미래파' 옹호론자와 '미래파' 비판론자로 나누어보는 것은 '미래파' 옹호론자들을 커 보이게 하는 그릇된 효과를 만든다는 점에서 일정한 오류를 파생시킨다. 실제 '미래파' 옹호론자들은 소수파에 속하며 이들은 "이단의 전략"으로 주류적인 흐름을 전복하고자 한다. 어찌 보면 이들이 전개한 반동일화 전략이 성공한 측면이 없지 않다. 그러나 이러한 성공이 지속될 것이라 보장할 수는 없는 일이다. '미래파'로 명명된 시인들조차 비평가들이 쳐놓은 '미래파'라는 범주에 갇히는 것을 거부할 것이기 때문이다. 시인들은 외적으로 규정된 그 어떤 유파에 속하기보다 자기만의 시적 계속성을 유지하기를 원하고 있다. 여기서 우리는 민중시와 해체시 이후의 서정 회귀를 상기할 수 있을 것이다. 물론 이것이 통일된 과정인 것은 아니다. 하지만 개별 인간의 생애사가 말하듯이 시인의 감각 또한 개인사와 더불어 깊어지거나 넓어지게 마련인 것이다. 홍용희와 이혜원의 비평이 가지는 강점은 바로 이와 같이 삶과 시적 과정이 보이는 연관성에 착목하는 데서 나타난다. 홍용희는 이러한 과정을 "도(道)"에 비기고 이혜원은 세계에 대한 전체적인 "통찰"과 결부시킨다.

그렇다면 시인들의 생애를 사로잡은 '끝이 없는 뜻'의 세계란 구체적으로 무엇일까? 그것은 시간과 공간을 초월한 자유자재의 근원의 세계 '도'가 아닐까? (홍용희, 82쪽)

시의 큰 힘은 현실을 성찰하고 비판하는 개인 주체의 내면에서 발생한다. 시에는 주체의 내면에 투사된 세계를 전체적으로 통찰하는 특별한 능력이 있다. (이혜원, 163쪽)

홍용희는 "낯선 새로움"과 "낯익은 오래된 새로움"이라는 범주를 통하여 시적 경향을 진단한다. 마땅히 "낯선 새로움"을 추구하는 시인들의 소통 불능의 나르시시즘이 비판된다. 그들이 "내국망명정부의 성채"를 건설하고 있다는 것이다. 그는 "시를 쓰는 행위는 상반되는 힘들의 얽힘, 즉 나의 목소리와 타자의 목소리가 합쳐져 하나가 되는 과정", 나아가 "초월적인 '타자의 의지'가 습합되는 소통의 장"이라 생각한다. 이러한 입장이기에 시를 형식미학으로 인식하는 신감각파와의 대결은 피할 수 없는 일이다. 그런데 홍용희의 비평에 있어 감성의 주관성에 사로잡힌 신감각파 비판은 지엽적인 사건에 불과하다. 그의 비평에서 가장 주된 관심사는 주체와 타자의 교섭과정이 보이는 진폭이다. 이것은 생활세계로부터 자연과 우주로 확장된다. 따라서 도, 선, 우주적 자아, 경물사상, 보편생명 등의 개념들이 그의 시학을 떠받친다.

이혜원 또한 감각의 탐닉에 빠진 일단의 경향들을 비판하면서 감각의 "통합적 능력"을 강조한다. "삶을 지각하고 반영하는 방식"으로서의 감각은 주체 중심의 감성이 아니라 주체와 타자가 만나는 감수성의 영역이다. 이혜원의 비평이 주목하는 것은 나르시시즘적 주체를 넘어서는 과정이다. 그리고 이러한 과정은 일상에서 시작된다. 물신화와 기계화 그리고 압도적인 일상에 놓인 자기 자신과의 치열한 대결이야말로 시인이 처한 가장 구체적인 현실이라는 것이다. 그녀는 이러한 현실에 대처하는 시적 모험을 추적한다. 따라서 시적 과정의 성실성에 대한 관심이 크다. "나는 목청 높여 울분을 토로하거나 재빠르게 새로운 담론을 창출하는 강렬한 시들보다 묵묵히 자신의 세계를 형성해가는 시들이 좋다"라는 진술이 말하듯이 그녀는 주체의 태도를 중요한 비평적 준거로 삼는다.

시가 과정이라는 두 비평가의 관점은 새로운 감성의 언어에 특권적 가치를 부여하는 상품미학적 경향이 힘을 얻고 있는 시점에서 더욱 의미가 크다. 실제 새로움의 미학이 상품의 논리와 공모할 가능성은 크다. 소통 불능의 시들은 내국망명의 측면과 함께 내국편입의 측면을 공유한다. 내국망명자의 자아도취는 많은 이들의 자아도취로 감염될 수 있다. 고통이 매개되지 않기 때문이다. 이러한 점에서 과정의 시학, 도의 시학이 가지는 의의가 거듭 강조되어야 할 것이다. 문제는 고통과 인식이다. 고통과 인식이 빠질 때 나르시시즘과 향수는 동전의 양면과 같을 수 있다. 주체에 매몰되는 것과 대상에 몰입하는 것은 고통과 인식의 결락이라는 차원에서 동일한 의식의 지평 위에 있다. 과정의 시학, 도의 시학이 견지해야 하는 것은 이러한 고통과 인식에 대한 관심이다.

과정의 시학을 추구한다는 점에서 홍용희와 이혜원이 동일한 비평적 준거를 지니고 있다는 것은 아니다. 미리 말하자면 홍용희의 시학에는 일정한 본질주의적 경사가 있다. 이와 달리 이혜원은 현실주의적이다.

고도 정보사회의 운용원리가 인류의 삶과 영혼을 압도하는 오늘날의 상황에서, 시적 상상을 통해 원초적인 자연의 운행원리를 표상하는 '대지의 문법'을 노래하고 이를 생활 속에 내면화하는 것은 생명가치의 구현을 위한 신생의 출구 찾기와 직접 연관된다. 다시 말해서, 오늘날 '대지의 문법'을 추구하는 시적 상상력은 그 자체로 반생명적인 문명질서를 초극하는 21세기형 문화혁명의 원형으로서의 미적 가능성을 지닌다고 할 것이다. (홍용희, 6~7쪽)

이 시대의 시가 직면하고 있는 부정의 대상은 전 시대처럼 명료하지 않다. 물신화나 기계화, 그리고 지리멸렬한 일상과의 싸움은 누구도 벗어날 수 없는 자기 자신과의 대결일 수밖에 없다. 그 속에 이미 갇혀 있다는 현실이 이 싸움을 어렵게 한다. 자신을 버리지 않고서는 결코 이길 수 없다. 한없이 미약해 보이는 시가 이 싸움에서 의외의 저력을 보이는 것은 물신화의 유혹에서 비교적 자유롭기 때문일 것이다. 시는 물신의 권역에 놓인 적이 없기 때문에 마음껏 그것을 비판할 수 있고 기계화가 불가능한 정교한 미학이기 때문에 그것으로 대체할 수 없다. 권태와 절망이라는 일상의 괴물은 시와는 오래전부터 친숙했던 정서이다. 오랫동안 우리 문화의 최전선에 위치했던 과거에 비하면 많이 위축되었지만 여전히 시는 시대의 변화에 대응할 수 있는 독자적인 영역을 지니고 있다. (이혜원, 6쪽)

이처럼 홍용희는 '대지의 문법'을 생활 속에 내면화하는 길을 모색하고 있다. 달리 말해서 현대의 반생명적인 문명질서와 반립(反立)하면서 이에 대한 시적 초극을 찾고 있다. 이러한 그의 시관이 모더니즘에 포위된 또 다른 모더니즘으로서의 자연을 지향하는 것이 아니라 모더니즘을 전면적으로 넘어서는 역사철학을 담고 있다는 점에서 주목에 값하는 바 있다. 마땅히 그는 생태시학에 있어서도 그 대상이 아니라 대상에 대한 인식의 방법론을 문제 삼는다. 세계관의 전환이 무엇보다 우선이라는 것이다. 사실 많은 생태시들이 패션이 되어 시단 내부의 문제가 되어버렸다는 점에서 생명적 세계관으로의 일대 전환이라는 과제가 전면에 부상하고 있음에 틀림이 없다. 하지만 그럼에도 가령 서정주의 「해일」과 같이 고통을 소거하는 신화적 상상력을 신생의 지평으로 끌고 올 수는 없을 것이다. 도의 시학이 "문화혁명"과 결합하는 방식은 주체와 타자의 고통을 함께 인식하는 과정이 되어야 한다. 홍용희의 비평에서 이러한 고통들을 세심하게 따져드는 일이 보충되어야 하는 것은 아닐까?

홍용희와 달리 이혜원은 시가 역사철학적 테제를 지닌다고 말하지 않는다. 그녀는 시가 지닌 독자적인 영역에 신뢰를 보내면서 이를 통해 시는 여전하게 현실에 대응할 수 있다고 말한다. 달리 말해서 그녀의 관심은 현실에 대한 시적 대응능력이다. 따라서 어떠한 현실이냐의 문제는 그리 중요하지 않다. 그녀는 특정의 현실을 배제해야 한다는 시적 원칙을 내세우지 않는다. 디지털 세계든, 물신화된 시장이든, 아니면 남성중심 사회든 이러한 현실에 응전하는 시인의 태도에 주목한다. 이러한 가운데 그녀는 "균형감각"을 시인이 지녀야 할 중요한 덕목으로 생각한다. 그래서 "지리멸렬한 세상에 매몰되지도 않고 그것을 외면하지도 않은 채 균형감각을 유지"하는 시인들에게 찬사를 보내는 것이다. 말할 것도 없이 이러한 균형감각이 마냥 아름답지만은 않을 것이다. 부정되어야 할 현실이 있다면 그것은 고통스럽게 거부되어야 하기 때문이다. 시가 지니는 독자적인 영역을 근본적으로 허무는 현실이 있다면 이러한 현실과 균형감각을 유지하려는 시인에 대한 비판은 반드시 뒤따라야 한다. 가령 "디지털 시대의 문자시"가 보이는 "동요"가 그렇다. 이러한 "동요"를 수용할 때 시에 개입하는 기술 이데올로기 또한 용인되는 것이 아닐까?

홍용희와 이혜원 모두 시의 사회적 존재론을 말하고 있다. 그만큼 시적인 것이 가지는 가치가 중요하거나 위기라는 뜻이다. 그래서 이들은 각기 시계(詩界) "혁명"을 말하고 "적막의 모험"을 이야기한다. 하지만 그 과정은 일치한다. 주체와 타자의 간단없는 교섭. 오늘날 우리시가 여전히 주체의 덫에서 놓여나고 있지 못하다는 점에서 홍용희가 말하는 "대지의 문법"을 내면화하는 과정이 필요하고 이러한 과정이 매우 구체적이라는 점에서 이혜원의 탐문 방식이 유용하다. 시는 주체만의 영역도 아니고 그렇다고 언어적 욕망에 한정되는 것도 아니다. 그것은 주체로부터 타자와의 진정한 소통을 이루는 과정이다. 따라서 과거에 대한 무차별적인 향수나 현재에 대한 자기부정적 도취는 반드시 극복되어야 한다. 무엇보다 오늘날 시와 시인 그리고 인간과 자연이 처한 고통을 함께 나누고 이해할 때 진정한 시적 인식의 지평은 열릴 것이라 믿는다. 홍용희와 이혜원의 시학에서 내가 만난 것도 이러한 시적 지평이 열릴 것이라는 믿음이다.

위기의 시대, 비평의 길

문학의 위기, 비평의 위기

다시 문학의 위기를 말한다는 것은 성가시다. 문학하는 이 스스로 자기가 하고 있는 일의 위기를 거듭 말하는 것이 즐겁지 않을 뿐만 아니라, 진부하리만큼 문학 위기론이 널리 퍼져 있기 때문이다. 위기의 요인은 크게 이념의 부재와 매체의 변동이라는 두 가닥으로 나누어진다. 어떤 점에서 둘 다 외적인 것이어서 어쩔 수 없이 수용해야만 되는 것으로 보인다. 이념적 지형의 변화가 전망 부재의 혼돈을 만들었기에 문학적으로 뚜렷한 방향이 찾아지지 않는 데다 설상가상으로 전자영상매체가 문화적 헤게모니를 장악함으로써 문학을 향한 욕구들을 앗아가고 있다. 지금 문학은 토론과 모색의 과도기에 처해 있다.

문학의 위기가 비평의 위기로 직결되는 것은 아니다. 만약 비평이 문학의 시녀로만 존재한다면 문학의 위기는 비평의 위기가 될 것이다. 주인이 위기에 처한 마당에 몸종의 처지가 오죽하겠는가. 초라와 남루만이 존재를 증명할 따름이다. 그런데 비평은 문학이라는 숙주에 기생하는 기생물이 아니다. 비평은 오히려 문학을 자신의 한 영양원으로 여길 뿐이다. 문학의 삶과 비평의 삶은 전혀 다르다. 그러나 그럼에도, 문학의 위기가 비평의 위기로 나타나고 있다면 이러한 현상은 독자적인 비평적 삶의 부재를 말하는 것이 된다. 그동안 비평이 독자적인 삶을 영위하지 못했던 원인의 첫째는 비평 자신에게 있었다. 스스로 개성적인 삶을 추구하려는 노력을 기울이지 않고 문학 현상을 좇아 그 흐름에 몸을 맡기는 안이함을 보였기에 비평은 겨우 인기 작가의 곁에서 덤으로 약간의 영화를 누리거나 작품의 뒤꽁무니에 붙어 구차하게 생존을 유지해 왔을 뿐이다. 간혹 비평이 문학의 기둥서방 역할을 하는 기특한 경우도 없지 않아, 다수의 시인 작가들을 비평적 동아리 속에 두고 그들을 통해 자기 증식을 도모하기도 했다. 그러나 이 또한 독자적인 비평적 삶과 거리가 있다고 하겠다. 비평이 자기만의 삶을 가지는 데 있어서 또 다른 장애는 강단비평에서 비롯된다. 강단비평은 항상 텍스트와 작가를 비평의 중심에 둔다. 이러한 강단비평에서 우리는 근원에 귀의하여 자기동일성을 얻는, 몰개성과 몰주체와 만난다. 강단비평에서 비평의 대상과 방법은 작품론과 작가론에 한정된다. 그뿐인가. 강단이라는 제도 밖의 비평을 멸시함으로써 비평의 독자적인 삶을 원천봉쇄한다. 강단비평은 논문이라는 제도로 많은 우둔한 머리들의 판에 박힌 글들이 끊임없이 단순 재생산되게 한다. 이처럼 강단비평은 한편으로 비평을 텍스트와 작가의 종속물로 만들고 다른 한편으로 글쓰기를 제도적으로 제약함으로써 비평의 독자성을 억압한다. 아직도 대학에서는 비평적 글쓰기를 연구물로 인정하지 않는다. 그러나 아무런 독창적인 내용이 없음에도 주(註)를 주렁주렁 단 논문은 대부분 승인된다. 사정이 이러하다 보니 비평은 논문의 권력에 질식하고 논문의 공해에 찌들린다.

 시인/작가로부터 당신은 우리가 아니면 먹고 살기가 힘든 것이 아닌가라는 말을 듣는다. 아마 비평하는 이라면 누구나 경험했을 법한 얘

기다. 또한 선배들로부터 모모는 논문은 쓰지 않고 비평만 하는데 학자가 그렇게 가벼워 되겠느냐는 힐난을 듣게도 된다. 이럴 때마다 과연 비평적 삶의 독자성은 없는가 고민하게 되고 스스로 비평적 글쓰기에 대한 반성을 행하게 된다. 과연 나는, 비평이 주는 얄팍한 권력의 매력에서 놓여난 적이 있는가. 시인/작가들이 나에게 던지는 이중적 시각에서 비롯한 갈등을 훌훌 떨쳐 버리고 왜 나만의 길을 걷지 못하는 것일까. 아울러 비평적 삶을 억압하는 학문제도에 당당하게 맞서 그것을 고쳐보려고 노력을 했는가. 어쩔 수 없이 비평적 글쓰기와 논문적 글쓰기를 병행하거나 이 둘의 교묘한 절충을 꾀하지는 않았는가. 그렇다. 나 역시 비평적 삶을 살지 못했던 것이다. 늘 동원되었고 글빚에 시달렸으며, 그래서 진정 내 것으로서의 비평적 글쓰기는 아직도 가지고 있지 못하다. 그래서 나에게 비평의 위기는 내 속에 상존하는 존재의 위기이다.

모순에 차 있는 문학의 장

문학과 비평의 위기에 제도의 규정력이 크게 작용하고 있다면 좀 더 자세하게 문학과 비평이 이루어지고 있는 제도의 현장을 살펴볼 필요가 있을 것이다. 이러한 일에는 먼저 하나의 전제가 있어야 하는데, 그것은 문학의 생산과 소비가 이루어지는 장(場)이 시장경제의 원리를 벗어나지 못하고 있다는 것이다. 자본의 논리는 우리가 숨쉬는 공기와 같아서 모든 수준의 삶에 함께하는 것이 사실이며, 문학 영역이라고 해서 이로부터 특별히 자유로울 수는 없는 것이다. 우리는 끊임없이 자본의 간섭을 받으면서 자본에 훼손되지 않으려는 궁극적인 욕망과 함께 글쓰기의 모험을 도모한다. 그러나 우리의 행위는 늘 실패하고 만다.

우리를 실패하게 하는 것은 자본이 운용하는 제도의 힘이다. 이것이 오늘날 비평의 위기를 만들고 인문학의 위기를 만든다.

문학의 장은 문학 생산과 소비를 둘러싸고 형성되는 여러 입장들이 구조화된 공간이다. 이곳에서 서로 다른 힘을 지닌 행위자들과 기관들이 특수한 이윤을 차지하기 위해 이 공간을 구성하는 제도의 규칙에 따라 투쟁한다. 문학의 장을 지배하고 있는 사람들은 자신들에게 이익이 되도록 그 장을 작동시킬 수단들을 가지고 있으며 자신들의 권력을 영속시키려는 노력을 계속한다. 이처럼 합법적인 권위의 독점을 위한 노력은 복잡한 양상으로 치열하게 전개된다. 그래서 힘 있는 그룹에 편입된다는 것은 일단 문학적 장래가 보장된다는 것을 의미한다. 그런데 종종 기존의 문학적 장의 질서를 해체하려는 움직임들이 나타난다. 정통성과 이단성을 둘러싼 시비들은 대체로 기존의 질서를 보존하거나 파괴하려는 전략과 결부된다. 가령 1980년대의 상황에서 민족문학론의 정통성은 기성의 장을 해체하기에 족했고 아울러 이념 지향적인 문학의 생산과 소비를 확대시켰던 것이 사실이다. 1990년대 초 포스트모더니즘은 이단의 전략을 통하여 문학적 장을 재편성한다. 중심의 부정이라는 논리로써 그것은 새로운 중심을 만들고자 했다. 기존의 문학적 장을 해체하려는 움직임의 또 다른 예로 인정투쟁을 들 수 있다. 정치와 학문 등 모든 장에서 그러하지만 문학적 장에서도 입회권의 빗장을 부수려고 애쓰는 신참자와 독점을 옹호하고 경쟁을 배제시키려는 지배자 사이의 투쟁이 있다. 이러한 예로 우리는 1990년대 들어 벌어진 신세대문학 논쟁을 들 수 있을 것이다. 1980년대 비평가와 1990년대 신세대 비평가들 사이에 벌어진 이 논쟁은 결국 신세대 비평가들이 새로운 제도적 권력을 획득하는 것으로 일단락된다. 또한 최근에는 이들과도 차별화하려는 신(新)신세대의 등장을 목격하게 되며 이들이 사이버문학론이라는 새로운 패러다임을 제시하면서 급진적인 인정투쟁을 전개하고 있음을 알 수 있다.

　문학적 장을 움직이는 것은 시인과 작가 그리고 비평가만이 아니다. 그보다 많은 이들이 이것을 작동하고 운영한다. 그들은 문학생산자, 출판자, 비평가, 독자, 문예학자 들이다. 문학작품은 일종의 밀폐된 공간에서 쓰이고 나중에 출판자와 수용자를 찾는다는 전통적인 생각은 잘못된 것이다. 작가는 이미 글쓰기 과정 중에 자신의 원고 평가인, 출판자, 비평가, 소비자 들을 고려하게 되며, 경우에 따라서는 이들이 자신의 글에 어떠한 반응을 내보일까를 꿰뚫어 보고 있다. 이것을 부르디외는 작가 자신의 공간 감각이라고 한다. 출판자와 원고 평가인은 한 작품을 받아들일 것인가 아니면 거부할 것인가에 의해서 텍스트에 일종의 검열의 스탬프를 찍게 되며, 어떤 글이 문학적 여론의 영역에 기여하며 그 글이 어떤 자리에 자리잡게 되는가를 결정한다. 여기서 상징적 자산의 효력이 발생한다. 상징적 자산을 발생시키는 데에 출판자의 고려 상대는 비평가와 독자 그리고 다른 작가들이 된다. 경우에 따라서는 출판정보회사를 동원하여 여론을 조사할 수도 있을 것이다. 이러한 과정에서 비평가는 칭찬과 비난을 함께 받게 되나, 두 경우 모두 상징적 자산을 만드는 일에 기여하게 된다.

　문학의 장에서 모든 상호행위는 정당한 문학을 정의하려는 힘의 투쟁이며 동시에 삶에 유용한 문학을 규정하려는 투쟁이다. 출판자와 비평가들은 성공을 거둔 작가들을 기꺼이 받아들이며 그에게 자유스러운 공간을 제공한다. 왜냐하면 그들은 작가에게 부여된 상징적 자산이 이익과 이익의 이익을 가져다준다는 것을 잘 알고 있기 때문이다. 문학의 장에서 이익을 창출하는 방법으로 동원되고 있는 것 가운데 하나가 문학상이다. 물론 많은 문학상이 운영상의 문제로 빛바랜 것이 사실이다. 상의 배경이 되는 작가의 문학적 성취와 무관하게 상금의 배분에 급급한 경우가 허다하다. 그런데 문학상이 상징적 자산으로 활용되는 경우가 있다. 이때 문학상은 작가의 명성을 해당 상과 그 조직에 투사하여 자신의 확대재생산을 도모하는 것이다. 문학적 장에서 일어나는 상호행위는 장을 형성하는 세력들을 재편하는바, 이는 흔히 상업주의 논쟁으로 발전하기도 한다. 고급문학/저급문학, 제한된 생산/거대한 생산의 분립은 출판자의 사업전략과 맞물리면서 형성된다. 고급문학 영역에 관여하는 사람은 직접적으로 전환될 수 없는 상징적 자산에 주된 관심을 갖고 있다. 즉 상업적인 성공 여부를 천시하는 반면, 저급문학 영역에서는 상업적인 성공을 추구한다. 그래서 광고는 오늘날 문학적 장에서 대단히 중요한 역할을 하고 있다. 비평의 역할을 광고가 박탈하고 있다고 할 만큼 파괴적일 뿐만 아니라 심지어 한 출판사의 성공과 실패를 동시에 가져다주기도 한다.

문학적 장과 관련하여 문학제도의 역할과 기능을 언급하지 않을 수 없다. 장의 형성과 운용에 있어서 제도의 규정력이 대단히 크기 때문이다. 문학제도는 문학이 관리되는 산업이며 제도적 과정이라는 데서 개념화된다. 국가가 이데올로기적 국가기구를 동원하여 문학적 이데올로기들을 규제하고 그것에 간섭하는 것은 늘 문제가 된다. 법률적인 규제뿐만 아니라 정부기관인 문화부 그리고 그 산하의 문예진흥원, 문학인 단체로서의 문인협회 그리고 교육과 언론제도 등을 통하여 특정의 문학개념을 유포하고 그것을 확산시키는 것이다. 특히 문학교육은 문학의 표준화와 낙인화에 결정적인 역할을 한다. 학교와 그 밖의 교양기관에서는 어떤 책을 성공적인 고전으로 삼을지 혹은 염가의 대중판으로 삼을지에 대한 권위 있는 지평선을 제시하며 어떤 책이 특정 부류의 서가에 꽂혀야 하는가를 말해준다. 이처럼 문학제도는 여러 가지 다양한 사회적 결정을 수용하고, 동화하고, 해석하는 성향과 기능을 보인다. 그러나 문학 영역은 정태적인 기구보다 유동적인 장으로 나타나기 때문에 제도의 기반은 반제도적 욕구에 의해 끊임없이 도전받게 된다. 정전에 대한 전복이나 신역사주의적 해체가 가능한 것이다. 이러한 제도 속에서 새로운 작가들은 변별적 특성을 부각시키고 문학적 인정이나 상징적 권력을 확보하기 위하여 기존의 제도적 틀 속에서 여러 가지 전략을 세우지 않으면 안 된다. 등단제도는 역시 우리 문학의 장에서 상당한 규정력을 지니고 있다. 우리 사회에서 등단 매체의 동일성이 문인들을 선후배 관계로 묶는 경우는 자주 목격된다. 그래서 문인이 되고자 하는 신참자는 자신의 등장 시기와 방법을 고려하지 않을 수 없다. 즉 그는 상징적 권력에의 접근이나 인정 등과 관련한 경력상의 여러 단계와 그때마다 전개되는 전략들에 고심하지 않을 수 없다. 이러한 고민들은 등단과 함께 그룹이나 동인에의 참가여부를 결정해야 하는 일과 나아가서 어떤 사람들과 인간적 친분관계를 맺어가야 하는가의 문제로 이어진다. 특히 자신의 문학적 생산을 뒷받침하고 지원할 여러 사람과 매체와의 관계 설정도 필요하다. 자주 우리는 유능한 대인관계에 의하여 특정 시인과 작가의 문학성이 과대평가되는 경우를 보게 된다. 그러나 이 반대의 경우도 상정할 수 있을 것이다. 자신의 재주만을 믿는 외톨이가 문학적 성공을 거두는 경우는 매우 드물다고 하겠다. 문학 활동 중에 자신이 선택한 장르의 위치에 대한 고민은 자주 제기될 수 있다. 최근 시에서 소설로 이동하거나 시나리오 등으로 이동한 경우의 예를 볼 수 있는바, 이는 위치와 상징적 자산과의 관련성에서 설명될 수 있을 것이다. 문학제도 속에서 작가의 위상은 결코 고정된 것이 아니다. 그의 위상은 여러 가지 제도적 요인에 의하여 항상 유동적이다. 작가의 생산방식과 현대적 출판방식의 모순도 유동성의 한 원인이 될 수 있을 것이다. 작가는 항상 상징적 자산을 둘러싼 대립관계 속에서 자신의 공간을 찾아 가야만 한다. 비평 또한 문학적 장의 역학관계를 크게 벗어나지 못한다. 그러나 진정한 비평은 이러한 역장(力場)에서 벗어나 독자적 글쓰기의 자유를 누려야 할 것이다.

비평의 모색

문학의 위기가 비평의 위기가 될 수 없는 것은 서로 층위가 다르고 삶이 다르기 때문이다. 앞에서 말했듯이 문학의 위기가 비평의 위기가 되는 것은 텍스트의 권력에 비평이 종속되는 경우이다. 그러나 비평은 문학의 위기 그 자체를 대상으로 하므로 위기의 자식인 비평이 할 일은 더 많아진 셈이다. 문학 위기라는 틈새를 비집고 비평은 문학적 장을 넘어 문화적 장으로 나아가고, 문학뿐만 아니라 문학의 위기를 만드는 모든 문화적 상황 전체를 대상으로 삼게 된다. 그런데 비평의 위기는 먼저 기존의 비평적 글쓰기가 내포한 한계에서 찾아져야 한다. 텍스트에의 종속, 문학적 장에서의 충실한 제도적 역할, 그리고 지나친 이론주의 등이 기존의 비평적 글쓰기가 보인 한계들이라 할 수 있을 것이다. 강단비평이 만든 텍스트 중심주의와 비평을 발문 수준에 머무르게 하는 문학적 장의 질서는 비평을 텍스트의 권력에 의존하게 만든다. 여기에다 지나친 이론주의는 문학과 삶의 지형과 무관한 관념과 추상을 남발하게 한다. 이론적 실천이라는 이름으로 자행되는 비평의 횡포는 조야한 권력주의를 방불케 한다. 지난 연대의 치열했던 이론 투쟁이 구체적 삶과 생활세계와 어떠한 연관성을 지니는가. 연관성이 아니라 철저한 이반(離反)을 만들었던 것은 아닌가. 그리고 이와 함께 이론적 주류의 퇴조를 틈타 밀려드는 새로운 이론들의 홍수에서 새것 콤플렉스만이 아니라 비평적 식민주의를 보게 되는 것도 서글픈 현상이다. 그만큼 이론주의의 폐해는 심대하다. 이러한 사실들과 관련되면서 비평의 위기를 만드는 또 다른 요인은 가벼움 속으로 달아나버린 문화 현실이다. 문학의 위기를 부른 전자영상매체의 범람은 비평에게 있어서 치명적인 것이 된다. 전자 매체 시대를 2차적인 구어 문화 시대라고 하듯이 전자 매체는 문자 매체와 다르게 접근의 용이성과 편리함을 지니고 있다. 따라서 문화적 헤게모니가 쉽고 가벼운 전자 매체로 이동하는 것은 자연스러우며 문자 매체 가운데 가장 무거운 비평이 관심으로부터 멀어지는 것은 당연한 일이다. 이처럼 비평은 내우외환의 위기를 맞고 있다.

그러나 비평은 위기를 자신의 존재증명의 계기로 삼는다. 비평의 계기는 비평 담론의 특수성에서 찾아진다. 비평에 있어서 문학은 그 재료인 1차적 담론에 해당한다. 비평은 항상 이차적 담론이며, 그래서 메타성이 특징이다. 그런데 비평의 메타성은 1차적 담론을 대상으로 했다는 사실에 그치는 것이 아니다. 이것은 그 대상은 물론이고 글쓰는 이의 행위 자체도 포함한다. 그래서 메타성은 자의식성과 통한다. 비평적 글쓰기의 독자성은 이러한 자의식성에서 비롯한다. 만약에 비평이 문학의 위기를 자신의 위기로 생각한다면, 응당 문학비평은 문화비평으로 자신을 확장하지 않으면 안 된다. 문학의 위기를 문학이 지녔던 문화적 헤게모니의 이동에 따른 권력의 상실로 받아들이는 많은 문학주의자들은 전자영상매체의 폐해를 지적하기에 급급하다. 그러나 이러한 자기보존의 전략이 현실 속에서 먹혀들 리 만무하다. 급격한 문화 변동은 문학 외적인 문제가 아니라 문학 내부의 문제이기도 한 것이다. 전자 영상 문화로 인하여 달라진 생활세계와 삶의 지형이 문학 안으로 수용되어야 하기 때문이다. 실제로 신세대 시인 작가들의 경우, 문학 내부로의 전자 영상 문화 수용이 활발하다. 신경숙과 윤대녕이 보이는 이미지 위주의 서술이나 다소 문제가 있지만 장정일이 보이는 포르노그라피적 글쓰기가 그 예가 될 것이다. 비평의 대상이 이러하다면 비평의 변화 또한 당연한 이치이다. 이제 문학비평과 문화비평은 구분될 수 없다. 대상에 따른 비평 장르의 구분은 무의미하며 비평이라는 하나의 범주만이 유의미한 것이다.

그러나 이러한 주장은 아직 제도 내로 수용되지 못한다. 우리가 겪고 있는 감수성의 분열은 대부분 현실과 유리된 제도에 기인하는바 비평에 있어서도 제도적 분할은 뚜렷하다. 제도가 만드는 감수성 분열의 처음은 교실에서의 가르침과 교실 밖의 생활세계가 유리되는 데서 비롯된다. 청소년 시절 교실 밖에서 우리가 향유하는 것은 대중가요이고 만화이다. 그러나 교실 안에서 이에 대한 가르침이 없다. 따라서 교실 안에서 배운 것이 살아 있는 감수성이 되지 못한다. 문화의 시대가 되었고 고급문화와 대중문화의 구분이 무의미해진 상황에서도 제도권에서 대중문화에 대한 교육이 이루어지지 않는다. 이것은 제도 밖에서의 문화에 관한 담론의 과잉 현상과 매우 심한 대조를 이룬다. 이러한 현상은 최근 불고 있는 인문학적 열망과 무관하게 대학이 반인문학적인 방향으로 재편성되고 있는 데서도 찾을 수 있다. 물론 기존의 학제 속에서 인문학이 제대로 역할을 하고 있는가 하는 문제는 충분히 토론되어야 할 것이라고 본다. 칸트와 헤겔 연구로 철학을 대신하고 셰익스피어나 괴테에 대한 반복된 해석을 일생의 과제로 삼으며 향가나 고려가요 나아가서는 고전 소설에 대한 새로운 해석의 덧붙임으로 국문학 연구에 임하는 우리 인문학자들은 진정한 의미에서 인문학자들이 아니다. 인문학이 인간의 삶에 대한 이해의 폭을 넓혀 궁극적으로 삶과 인간 이해의 수준을 높이는 것이라면, 현금의 대학에서의 인문학과는 재편되어야 할 것이다. 삶과의 아무런 교섭이 없는 인문학은 이미 인문학이 아니다. 그것은 학문을 위한 학문에 지나지 않는다. 이러한 까닭에 인문학의 중심에 비평이 있어야 함은 지당하다. 비평 없는 인문학을 상상할 수 있을까. 모든 해석 뒤에 반드시 비판이 뒤따라야 하는 것이 아닐까. 그러나 제도의 장벽은 완강하다. 살아 있는 비평을 내치는 죽은 학문의 제도적 권력은 여전하다.

그러나 비평의 위기를 극복하고 인문학 내에 비평을 활성화하려는 노력이 활발하다. 이러한 노력들은 크게 비평적 관심의 확장과 새로운 글쓰기의 모색이라는 형태로 나타나고 있다. 먼저 비평적 관심의 확장은 비평이 문화의 제 영역을 함께 아우르는 시각을 가져야 한다는 대상의 문제와 함께 새로운 대안적 삶의 모색이라는 기획과 관련된다. 비평이 문화의 여러 장르들을 넘나들면서 진실에 접근해야 한다는 것은 문화 장르 간의 섞임과 겹침을 수용함과 함께 삶의 복잡성과 중층성을 끌어안자는 뜻이 담겨 있다. 비평이 진정한, 삶의 비평이 되려면 변화하는 삶의 지형을 따라잡기 위한 지난한 노력을 계속하지 않으면 안 될 것이다. 문학비평이 위기가 되는 것은 그것이 문학만을 문제 삼을 때이다. 나비의 날갯짓이 폭풍으로 화할 수 있다는 생각으로 비평은 미시와 거시의 눈을 동시에 지녀야 한다. 대안적 삶의 문제 또한 마찬가지. 오늘날 초미의 관심사가 되고 있는 근대성 넘어서기라는 큰 흐름은 여러 갈래의 작은 흐름들이 합쳐진 것이라 할 수 있기 때문이다. 물론 근대성 넘어서기를 어떻게 할 것인가라는 문제에는 많은 토론의 여지가 있다. 경우에 따라서는 우리가 한 번이라도 근대성을 획득한 적이 있느냐라고 질문받을 수도 있을 것이다. 그러나 이러한 질문은 결코 현명한 것이 되지 못한다. 이러한 질문 자체에 내재한 서구중심주의 혹은 식민주의를 간과할 수 없기 때문이다. 우리의 경우, 따라서 근대를 통한 근대 비판-근대 넘어서기를 할 것인가, 아니면 새로운 대안으로 탈근대를 도모할 것인가가 문제이다. 그러나 여기서 이러한 문제에 대하여 상론하고자 하지 않으며 앞으로의 토론 과제로 남겨 두고자 한다. 이보다 비평적 관심을 좇아 나는, 지금 제기되고 있는 대안들을 통하여 비평의 계기를 찾아보고자 한다.

먼저 근대성이 공적 영역을 대상으로 했다는 점에서 근대성의 극복

문제가 이에 억압된 사적 영역의 복원과 유관함을 알 수 있다. 당연히 살아 있는 의식과 삶의 구체로 짜인 생활세계에 관한 문제의식이 커져야 한다. 비평이 낱낱의 삶의 문제에 섬세하게 접근해 들어가야 하는 까닭이 여기에 있다. 이는 이론적 실천 위주의 지난 연대의 비평과 다르게 오늘날의 비평이 삶의 구체에 접근하여 그 삶의 복잡과 오묘를 밝히며 마침내 삶에 생기를 불어넣고 통풍할 수 있어야 한다는 것이다. 의식과 신체의 현상학이 부각되는 것도 이 때문이다. 생활세계에 대한 재인식은 타자에 대한 재인식이다. 근대가 문명, 진보, 과학 등의 공적 세계를 형성해 나가면서 문명의 위기, 진보의 한계, 과학의 위험 등을 노정하였다면, 이들의 이면에 가려졌던 타자들의 이야기를 통하여 새로운 대안적 삶이 모색되어야 하는 것이다. 생활세계라는 사적 영역과 함께 근대의 타자였던 여성과 자연이 관심의 대상이 되는 것은 마땅하다. 여성성을 탐구하고 그것을 복원하는 일은 근대의 타자를 새롭게 불러오는 일이고 당연히 근대적 주체를 해체하는 일과 관련된다. 김정란 등이 보이듯 여성성에 관한 글쓰기는 남성중심의 세계에 대한 재편만을 뜻하기보다 근대적 삶 전체에 대한 새로운 대안 제시라는 전략을 함축하고 있다. 이러한 까닭에 여성성의 문제와 자연 혹은 생태학적 문제는 연결된다. 에코페미니즘이 있듯이 자연과 여성은 같은 문맥에서 근대의 타자였기 때문이다. 삶에 대한 생태학적 대안 제시는 근대의 기계론적 세계관을 극복하고 자연과 인간이 함께하는 유기적 세계관을 복원하자는 것이다. 근대의 세계관은 부분과 부분이 외적으로 연관되어 하나의 전체를 구성하는 환유적 사유형태이다. 이러한 사유는 부분의 개별성은 비록 인정한다고 하더라도 서로 간의 생명적인 연속성을 간과한다. 그러나 유기적 세계관은 부분과 전체가 내적인 연관에 의해 연속성과 전체성 그리고 역동성을 얻는 제유적 사유형태이다. 이것은 근대의 기계론적 관계를 벗어나 자연과 인간, 인간과 인간, 인간과 사물에 대한 새로운 관계를 형성하게 한다. 이러한 관계에는 이마미치 도모노부의 생권윤리학에서처럼 생명적인 연대와 사랑이 함께한다. 유기적 세계관이라는 대안 제시에서도 그러하듯이 동아시아적 사유방법은 근대 넘어서기와 관련하여 비평적 관심의 대상이 되고 있다. 이것은 오리엔탈리즘의 극복이야말로 서구중심주의의 극복이며 근대 극복이라는 발상과 연관된다. 물론 동아시아적 상상력이라는 것이 특수성으로 규정되는 한 오리엔탈리즘의 역설적 승인을 벗어날 수는 없을 것이다. 또한 여전히 중화주의가 상존한다는 사실과 김상중의 『오리엔탈리즘을 넘어서』가 말하고 있듯이 일본이 일찍부터 오리엔탈리즘을 자기의 것으로 만들었다는 것은 동아시아적 상상력의 문제가 쉽게 풀리지 않을 것임을 예고하고 있기는 하다. 가령 롤랑 바르트가 일본문화를 다룬 『기호의 제국』을 통하여 궁극적으로 자신의 해체주의를 증명하고 있는 데서 볼 수 있듯이, 오리엔탈리즘의 영향력은 크고도 넓다. 바르트는 일본을 통하여 오리엔탈리즘을 극복하고자 한 것이 아니라 그를 통하여 실현하고 있는 셈이다.

나는 내가 재직하고 있는 학교에서 동아시아학과를 만들어 이 학과 소속이 되었다. 나로서는 모험을 감행한 셈이다. 일개 국문학도로서 한중일을 아우르는 연구를 시도한다는 일 자체가 모험이 아닐 수 없기 때문이다. 그럼에도 나는 몇 가지 배경을 갖고 나름의 학문적 실천을 한 셈인데, 먼저 기존의 인문학과에 대한 회의를 들 수 있다. 앞에서도 말했듯이 기존의 인문학과들이 삶의 구체와 이반되었을 뿐만 아니라 학문적 과정 자체에 아무런 자의식을 지니고 있지 않다는 것이다. 그렇다고 내가 무슨 실용주의를 표방한 것은 절대 아니다. 정부에서 권장하고 있는 지역학이라는 것이 경제논리를 가장 우선시함을 안다. 그러나 내가 생각한 동아시아학과는 경제 논리에 기반을 두고 있지 않다. 무엇보다 동아시아의 인문학을 연구함으로써 새로운 세계관을 만들 수 있을 것이라는 생각이 전제되었던 것이다. 그리고 경제논리를 부차적인 것으로 생각한바, 동아시아학과는 다른 인문학과 달리 현실에 써먹힐 수 있다고 생각한 것이다. 그러나 나의 시도가 과연 옳은 것일까라는 의문이 나를 떠나지 않고 있다. 그만큼 기존의 제도가 주는 편안함을 벗어날 때 오는 불안이 큰 것이다. 얼마 전 일본 답사를 다녀오면서, 동아시아라는 막연한 테두리가 깨어지는 느낌을 받으면서 일본의 이질성이 어디에 근거하고 있는 것일까 궁금해하던바, 지금에서야 그것이 오리엔탈리즘이 아닐까 생각하게 되었고, 새로운 시도에 따른 불안은 더 커졌다. 나는 이러한 사실 앞에서 그만큼 나에게 던져진 비평적 과제가 많아진 것이라고 자위한다. 그러나 여전히 수많은 과제의 더미 속에서 나의 동아시아학은 암중모색하고 있다. 당연하게도 아직 내가 한국도 잘 모르는 판에 어찌 일본과 중국을 함께 말할 수 있겠는가. 그러나 그럼에도 나는 나의 모험이 실패할 것이라고 보지 않는다. 우리의 인문학과 비평이 나아가야 할 길이 그러하듯이 미시적인 눈과 거시적인 시각의 결합이야말로 절실하며 동시에 우리의 앎이 삶 속에 써먹힐 수 있어야 한다는 것이 지상의 명제이기 때문이다.

　김영민의 『탈식민성과 우리 인문학의 글쓰기』는 비록 그가 오리엔탈리즘을 비판하고 있는 것은 아니라 하더라도 오늘날 우리 비평에 던지는 시사가 매우 크다고 할 수 있다. 우리의 비평적 글쓰기 혹은 인문학적 글쓰기가 식민성을 벗어나지 못하고 있다는 그의 지적은 궁극적으로 삶의 무한한 복잡성이라는 터에 우리의 사유와 언어가 뿌리를 내려야 할 것임을 말한다. 그래서 그가 말하는 탈식민성은 역사적 억압과 다르게 삶과 앎, 교실 안과 교실 밖, 제도와 제도 밖이 서로 교통하지 못하는 소외의 현실을 의미한다. 그는 새로운 글쓰기의 모색이 인문학의 위기, 비평의 위기를 극복하는 일과 연결될 수 있음을 말하고 있는 것이다. 앎으로부터 삶을 건져내는 일, 이 일이야말로 앎으로부터 삶이 소외된 인문학적 질곡을 타개하는 길이 아니겠는가. 새로운 글쓰기로써 비평적 대안을 삼고 있는 또 다른 예를 우리는 임우기의 『그늘에 대하여』를 통하여 만날 수 있다. 그는 근대의 이성중심주의적 문법이 우리의 말과 글을 지배하고 있을 뿐만 아니라 우리의 삶을 옥죄고 있다고 생각한다. 그래서 그는 이의 타자인 자성(自性)과 자생의 논법을 발굴하고자 한다. 그의 태도는 마치 고고학자와 같아서 근대의 이성중심적인 문체의 지층에 가려진 그늘, 작품 속에 숨어 살아 숨 쉬는 생활력, 삶의 고통을 자기화함으로써 문득 다다르는 지극한 경지인 무위의 존재를 발굴하고자 한다. 저마다의 삶의 소리를 찾아내고자 하는 그의 비평적 글쓰기는, 김영민이 논문과 원전 그리고 제도의 권위에 가려진 인문학적 진실을 되살려 내고자 하는 의도와 일맥이 상통한다. 우리는 김영민이나 임우기를 통해서 인문학과 비평의 과제가 단순한 이론의 문제만이 아니라 구체적인 글쓰기의 문제임을 크게 자각할 수 있을 것이다.

이처럼 비평의 모색은 삶의 새로운 대안 찾기와 새로운 글쓰기의 양상으로 전개되고 있다. 그런데 이 두 양상은 김영민과 임우기에서 볼 수 있듯이 결코 분리되지 않는다. 따라서 비평의 독자적인 삶은, 근대에 가려진 타자의 복원이 근대적 형태의 글쓰기를 해체하는 일과 맞물릴 때 가능하다고 할 수 있겠다.

제도를 넘어서

나는 비평이 제구실을 할 수 있게 하는 전제조건으로 제도의 개혁을 들고자 한다. 물론 모순된 제도 그 자체도 비평의 대상임에 틀림이 없다. 그러나 비평적 자유를 보장하지 않는 제도하에서 비평은 항상 주변으로 밀려날 수밖에 없는 것이 사실이다. 많은 사이비 인문학자들이 제도의 권력에 의존하여 자기를 지키고 있는 현실에서 비판적 재능이 자랄 수 없기 때문이다. 자주 젊은 인문학도들이 대학원을 다니면서 겪는 인격의 분열에 대해서 말한다. 인위적으로 분할된 학문의 영역을 마치 영토를 수호하듯 하면서 오로지 학문적 답습과 계승만을 강요하는 풍토에서 어떻게 건강한 정신이 자랄 수 있겠는가. 가령 국어국문학과의 경우 대부분의 대학에서 어학전공자들과 문학전공자들이 상호교류하는 경우는 흔치 않다. 문학의 경우에 있어서도 고전문학과 현대문학이 나누어지고 다시 시와 소설 등으로 분할된다. 이럴진대 어떻게 국어국문학이 한국인의 삶에 총체적인 빛을 던질 수 있겠는가. 국어국문학에서처럼 우리 인문학은 제도와 이것의 권력에 의존하는 사람들의 장막에 가려 삶에 아무런 기여를 하지 못하고 있다. 비평 또한 마찬가지여서 문학적 장의 논리에 따라 동원되거나 징발되고 있다. 삶의 구체적 진실에 다다르기보다 담론의 질서에 편승하고 있는 것이 대부분이다. 비평적 담론이 만드는 권력관계에 따라 여러 유형의 무리 짓기가 이루어지고 이들에 의한 공모(共謀)가 지속되고 있다. 확실히 삶을 위한 비평은 제도를 넘어서야만 가능할 것이다. 그러나 이러한 노력이 흔치 않다.

   이러한 점에서 김영민과 임우기 등이 보인 글쓰기의 혁신이 하나의 시작(始作)이 될 것이라 생각한다. 이들을 통해 처음으로 한국의 인문학과 비평의 허구성이 드러나게 되었다. 그러나 이들의 노력이 하나의 시도에 그치거나 이들만의 개성으로 남아서는 안 된다. 그보다 지속적인 흐름이 되어 새로운 인문학과 비평의 댐을 건설하는 계기가 되어야 한다. 나는 제도의 빗장을 부수고 나온 이들의 살아 있는 글쓰기에서 중요한 교훈을 얻고 있다. 그것은 생의 형식이야말로 위기의 시대에 가장 중요한 대안이 될 것이라는 생각이다.

변화하는 대학사회와 문학비평의 위상

학자-비평가의 딜레마

시인-비평가의 한계를 지적한 이는 르네 웰렉이다. 시인 자신이 견지한 시관의 개입으로 비평이 지녀야 할 공정성을 획득하기 힘들다는 것이다. 웰렉의 이러한 지적은 일견 타당하기도 하지만 주관성을 앞세워 시인들의 수준 높은 해석능력을 간과해버릴 소지도 없지 않다. 잘된 해석과 비평이 글쓴이의 신원이 시인이라는 이유로 폄하될 이유는 없다. 엘리엇의 지적처럼 좋은 시인일수록 자기만의 시론을 가질 터인데 따라서 수준 높은 감식안도 갖게 마련이다. 굳이 예를 들지 않더라도 우리 주위에서 일급의 시인-시론가, 시인-비평가를 찾기 어렵지 않을 것이다.

따지고 보면 그 처지나 위상에 문제가 많은 쪽은 시인-비평가가 아니라 학자-비평가들이 아닌가 한다. 전업 비평가가 많지 않은 우리의 현실에서 대다수의 비평가들은 전공학문을 겸업하고 있다. 한국문학을 전공한 이들은 대학에서 한국문학을 가르치고 연구하면서 비평을 하고 외국문학을 전공한 이들은 대학에서 해당 외국문학을 가르치고 연구하면서 한국문학을 비평한다. 후자의 경우 비평은 한국인으로서의 자의식과 한국사회에 대한 지식인의 책무와 결부된다. 이들 가운데서 대가급 비평가들이 많이 나왔다는 사실은 우리 문학사에서 주목되어야 한다. 한국문학이 근대성을 획득하는 일에 이들이 깊이 관여할 수 있었던 것이다. 외국문학연구와 한국문학비평이라는 자기 내 분업을 수행했던 이들과 달리 전자의 경우 직업과 활동의 일치에도 불구하고 처음부터 연구와 비평의 애매한 경계로 인한 고통에 시달린다. 모든 것이 논문으로 평가되는 학문사회의 제도 때문이다. 대다수가 학자-비평가인 한국의 비평가들은 논문쓰기와 평론쓰기의 이중적 글쓰기에 시달리고 있다. 말할 것도 없이 이러한 이중적 글쓰기를 보기 좋게 수행하는 능력 있는 평론가들도 많다. 이들은 문학에 관한 학문적 탐구 결과를 현장비평으로 이끌어내는 수완을 보이고 있다. 하지만 많은 경우 한쪽으로 기울어지는 모습을 보이고 만다. 변화하는 문학현실을 따라잡을 수 없는 한계에 직면하거나 산적한 학문적 과제 앞에서 비평 활동을 중단하게 되는 것이다. 이러한 가운데 학자-비평가들은 여기(餘技) 수준에서 비평에 관여하는 유형과 학문적 과제 수행을 내세워 일시적 휴업을 선택한 유형 그리고 아예 폐업을 한 유형 등으로 나뉜다. 모두 본업인 학문 활동으로 복귀하고 있는 셈이다.

처음부터 끝까지 문학비평가로 살겠다는, 존경받을 만한 삶을 선택한 이가 있을까? 아마 찾기 힘들 것이다. 현대 한국사회에서 문학비평가는 대개 박사학위과정 등 학문을 수행하는 과정에서 탄생한다. 소위 학문후속세대 가운데 신진비평가들이 대거 등장하고 있는 현상이 이를 잘 말한다. 학자-비평가는 우리 사회에서 거의 일반화된 현상이라 할 수 있다. 이들에게 비평은 학문적 능력에 부가되는 능력이다. 이러한 점에서 논문쓰기와 평론쓰기의 이중적 글쓰기는 이들에게 모순이 아니라 마땅히 성취되어야 할 성공의 조건이 된다. 그러나 논문 중심의 평가제도하에서 이러한 이중적 글쓰기의 한계는 자명하다. 평론을 논문에 미달하는 글쓰기로 인식하는 부정적 현상이 나타나기 마련이다. 이러한 현상은 현행의 평가제도가 유지되고 강화되는 한 되풀이될 것이다. 개인적 경험이지만 학술지 투고 논문을 심사하는 과정에서 논문으로 개작된 평론을 접할 경우 논문 형식을 갖추었으나 내용이 없는 글을 만날 때와 마찬가지로 당혹스럽다. 두 경우 모두 논문중심주의가 파생시킨 결과이다. 그렇다면 창의적이고 수준 높은 평론과 내용 없는 논문이 함께 평가시스템에 놓일 때 어떤 현상이 일어날까? 말할 것도 없이 전자가 먼저 배제된다. 평론은 벌써 그 형식요건에서 논문 미달 판정을 받게 되어 있기 때문이다. 이처럼 형식논리에 치우친 논문중심주의는 학자-비평가를 피할 수 없는 조건으로 활동하고 있는 우리 사회의 비평가들을 괴롭힌다.

확실히 논문중심주의는 학자-비평가에게 딜레마이다. 이 때문인지 비평가로서의 전문성에 대하여 회의하고 마침내 비평을 포기하는 이들도 적지 않다. 비평이 보다 활발하게 매개될 때 우리 문학이 더욱 풍요롭게 융성할 것이라는 점에서 매우 안타까운 현상이 아닐 수 없다. 최근 문학의 위기를 타개하는 방책으로 국가적 차원에서 중단기적 부양책을 쓰고 있는 것은 두루 아는 사실이다. 한국문화예술위원회의 문학지원 프로그램이 그것인바, 여기서도 비평 부양책은 제외되어 있다. 먼저 빈사상태에 빠져들고 있는 시와 소설을 구하는 것이 급하다는 것이다. 그 선후를 따질 때 비평이 양보할 수밖에 없다고 본다. 그렇다면 여기서 방향을 돌려 수준 높은 평론을 논문과 동등하게 대우하는 평가시스템의 혁신을 새로운 비평 부양책으로 제시할 수는 없을까? 논문중심의 평가관행에 젖어 있는 학문공동체가 이를 쉽게 받아들일 것이라 보진 않는다. 하지만 비평 위주의 매체를 인정하고 논문이 아닌 비평과 저술 활동을 장려하는 방안 등을 국가 학술 진흥 시스템에 도입하는 방안을 강구할 수 있을 것이다. 이럴 때 창의적인 글쓰기가 활성화되고 연구와 비평, 논문과 평론이 상생하는 형국이 도래하는 것이 아닌가 한다.

변화하는 세계 속의 문학비평

학자-비평가를 위협하는 것은 논문중심주의만 아니다. 무엇보다 변화하는 현실을 생각하지 않을 수 없다. 움베르토 에코는 변화하는 세계의 실상에 눈먼 인문학자들을 "묵시록 행상가"라고 비꼰 바 있다. 인문적 가치의 쇠퇴를 종말론적 위기로 설파하기 때문이다. 많은 이들의 지적처럼 인문학은 그동안 학문의 중심적 지위라는 기득권의 성채에 안주해 왔다. 세상의 변화에 대처하기보다 기존의 지위를 묵수하려 한 면이 없지 않다. 그래서인지 인문학의 위기를 부른 데 내부성 요인도 많았다는 자성의 목소리가 커지고 있다. 문학 또한 마찬가지여서 인문학에서의 최고의 지위, 문화에서의 최고의 지위에서 밀려나면서 상실감과 박탈감에 시달리고 있는 것이 현실이다.

대중문화 시대, 세계화, 지식기반사회론 등은 우리 시대의 성격을 규정하는 주요 개념들이다. 대중(the popular)의 성장과 함께 대중문화의 시대가 전개되는 상황은 문화의 민주화라는 관점에서 환영할 일이다. 문제는 문화민주주의를 저해하는 상업주의와 독점적 문화산업 자본의 등장이다. 하지만 이러한 문제들을 극복하면서 문화사회로 나아가야 하는 것은 우리시대의 정신이라 할 수 있다. 대중문화 시대는 그동안 교양과 정신을 대변하던 문학의 문화적 지위 조정을 요구한다. 문학주의를 고수할 것인가? 대중문화에 편승할 것인가? 아니면 문학에서 문화로 전향할 것인가? 대체로 세 가지 선택지를 놓고 고민하고 있는 것이 문학영역의 현실이다. 두루 알다시피 대중문화 시대를 둘러싸고 문학에 관한 가장 과격한 주장들이 양극단에서 제기되고 있다. 그 하나는 문학의 죽음이고 다른 하나는 새로운 러다이트 운동에 비유되는 반기술주의 선언이다. 전자의 경우 인쇄기술에서 디지털 기술로의 전환이 문학시대의 종언을 가져왔다고 판단하고 문학의 죽음을 선언한다. 가령 맥루한의 교지에 충실한 앨빈 커넌의 "문학의 죽음"이라는 테제는 이를 대표한다. 그는 오늘날 테크놀로지가 문화적 변화에 더 많은 에너지와 방향을 제공하고 있다는 관점에서 현대의 문화가 인쇄기술에 바탕을 둔 활자 문화에서 전자기술에 근거한 전자 문화로 급격하게 전환되고 있다고 진단한다. 오랜 구술-서술 사회가 18세기에 이르러 완전히 활자 문화로 탈바꿈하였듯이 20세기 후반에 와서 또 한 번의 문화 전환이 이루어지고 있다는 것이다. 실제로 전자기술의 발달과 더불어 텔레비전과 컴퓨터 등 멀티미디어는 책에 대한 사람들의 관심과 욕구를 가져가고 있다. 책을 읽는 사람들의 수치는 굳이 통계를 들지 않더라도 나날이 줄어들고 있는 것이 사실이다. 문학은 인쇄문화를 대표하는 영역으로 앨빈 커넌의 지적처럼 "아주 사소한 면에서까지도 훨씬 더 활자 문화의 소산이라고 할 수 있다." 작가의 탄생과 스타일의 발전은 안정된 활자 텍스트가 있었기 때문에 가능한 일이다. "문학은 인쇄된 책과 읽기 행위 속에 내재되어 있는 인식론적인 상황을 예술로 구체화"한 것이라고 볼 수 있는 측면이 있다. 전자기술과 디지털기술에 토대를 둔 뉴 미디어 대중문화의 부상으로 문학의 위기가 고조되고 있는 바, 무엇보다 심각한 것은 문학예술이 요구하고 있는 읽고 쓰기의 능력이 퇴조하는 현상이다. 읽고 쓰는 능력은 인식론적인 문제와 연관된 것으로 선조적인 텍스트를 따라가는 정신의 집중을 요구한다. 이러한 정신집중은 정신분산으로서의 오락과 대비된다. 대다수 문학 텍스트는 마음을 가다듬고 집중할 때 해석의 지평이 열리게 되는데, 비평은 이러한 텍스트의 최종적인 앎을 위해 진력한다. 정신 집중을 요구하는 예술과 문학과 달리 영화나 텔레비전 등 새로운 매체들은 정신분산적 오락 속에서 해석을 가능하게 한다. 대중을 강력하게 흡인하는 후자에 의해 문화적 지형이 바뀌는 한편 문학적 장의 심각한 변동이 일어나고 있는 것이다. 문학영역에서 '문학의 죽음'을 필연적인 역사로 받아들이는 이들은 문학에서 문화로 이동하고 있다. 이러한 전업 열풍은 계속될 것이다.

대중문화 시대에 있어 문학에 관한 또 다른 극단의 주장은 반기술주의에 입각한 근본주의이다. 이러한 주장에 의하면 인간의 삶의 근본 토대는 자연이므로 기술의 변화에 따라 삶을 규정하는 것은 기술결정론에 불과하다는 것이다. 인쇄문화의 총아인 문학의 문화적 지위가 낮아진 것은 사실이나 오랫동안 의식주처럼 패턴을 형성해온 책 문화가 전혀 이질적인 전자기술에 의해 종말을 고할 것이라 주장하는 것은 지나치다고 본다. 책 현상을 인간됨의 끊임없는 흐름을 따라가며 패턴화됨으로써 자신의 생명을 보존하고 승계하는 것으로 볼 수 있다면, 그것 또한 의식주나 성 행위 등 일정한 변화에도 불구하고 패턴화되면서 인간됨의 조건과 한계를 형성한 여러 인간현상 가운데 하나인 것이다. 이러한 관점에서 인쇄기술에 바탕한 책은 그 형질의 일정한 변화에도 불구하고 인간현상으로 계속 남을 것이라 예견할 수 있다. 반기술주의에 입각한 문학적 주장은 대체로 생태주의 경향을 띠게 마련이다. 이에 의하면 문학은 죽어야 하는, 이미 오래된 수공업 시대의 향수물이 아니며, 더더구나 디지털 시대의 문화를 형식과 내용으로 하는 형질 변경을 시도하거나 디지털 기술에 더부살이할 수밖에 없는 것이 아니라는 것이다. 오히려 현대의 과학과 기술에 내재한 폭력성이라는 본질적인 물음을 던지면서 과학과 기술의 무조건적인 진보라는 미래파적 전망에 회의를 보낸다. 이는 무엇보다 문학이 삶의 근본적인 터전인 대지에 대한 관심을 놓치지 않아야 한다고 본다. 이러한 입장에서 기술주의에 바탕한 전지구적 자본주의 세계화에 저항하는 것은 당연하다. 하지만 문학의 근본주의적 흐름은 다수파적 경향은 아니다. 우리 사회의 귀농운동이 그렇듯이 원시반본을 통해 진정한 가치를 추구하는 소수파의 문학 경향이 되고 있다.

변화하는 세계 속에서 문학과 문학비평의 하락은 피할 수 없는 일이 되었다. 작가들이 산업으로서의 문학출판에 종속되는 현상이 많아지고 있다. 아울러 기술이데올로기에 편승하는 미래파적 시 경향도 대두하고 있다. 이러한 가운데 많은 문학비평가들이 문화연구와 문화콘텐츠학으로 자신의 입지를 바꾸고 있는 것이 현실이다. 문학과 텔레비전 그리고 여타 매체를 통합하는 리터러시를 모색하는 비평적 흐름 또한 뚜렷하다. 뉴미디어 시대, 디지털 시대의 문학연구는 결국 다른 매체들과의 관계 속에서 진행될 수밖에 없으며 이러한 점에서 문화의 분할적 운영에 안주하지 않고 자신의 폐쇄성을 극복하도록 통합적인 문화연구로 나아가야 할 필요가 있다는 것이다. 강내희는 문자해독력literacy를 매체해독력media-literacy으로 전환시켜야 한다는 일각의 견해가 문자와 매체가 서로 다른 층위임을 몰각하고 있다고 지적하면서 문자 개념을 확장한 문형 개념을 통하여 인쇄매체로서의 문자를 넘어서 다른 매체들에 들어 있는 '문자'의 층위를 상정하는 문자능력, 문형능력 또는 문해력(文解力)으로서의 리터러시를 상정한다. 그의 이러한 문제설정은 문학과 문자 개념의 확장을 통하여 뉴미디어 시대, 디지털 시대에서 문학을 살려내려는 자구책으로 보인다. 하지만 그가 문해력으로서의 리터러시를 매체 질료와 최종문화적 산물인 작품 또는 텍스트의 중간항을 주조하고, 변형시키고, 이해하는 능력이라고 할 때 텍스트 결정론적 한계를 벗어나고 있지 못함을 알 수 있다. 문자와 매체의 층위가 다른 만큼 문자 개념의 확장뿐만 아니라 매체가 놓인 맥락 또한 중요한 문화적 요인이다. 따라서 이러한 매체의 맥락은 문해력 못지않은 분석의 대상이 된다. 또 다른 통합적 리터러시는 스토리텔링 개념이다. 최혜실은 서사를 단순히 문학에 국한시키지 말고 스토리텔링이란 원질을 모든 서사 형식의 원질로 상정할 때 보다 창조적인 이야기 개념이 상정될 수 있다고 보고 이를 디지털 매체에 적용한다. 다시 말해서 그녀는 이야기는 문학, 만화, 에니메이션, 영화, 하이퍼텍스트 문학, 컴퓨터 게임, 광고, 디자인, 홈쇼핑 테마파크, 스포츠, 구술적 이야기 등 다양한 매체를 통해서 표현되며 이는 스토리텔링 개념에 의해 통합 연구될 수 있다고 말한다. 이 또한 문학 중심의 서사학을 지양한다는 점에서 강내희의 문형학과 궤를 같이 하는 방법적 모색이라 할 수 있다.

지식기반사회론과 문학예술

지식기반사회론은 21세기 사회를 규정하는 틀로 널리 유포되고 있고 국가의 인문학과 예술 정책의 이론적 배경이 되고 있다. 가령 학술진흥재단의 지원정책의 근간을 이루는 이념은 "21세기 지식기반사회"를 대비하는 것이다. 고등인력양성사업(Brain Korea 21)이 "지식기반사회를 주도할 창조적 고급인력을 양성하기 위한 것"이라면 지방대학 혁신역량강화사업(NURI)은 "지역 발전과 연계된 특성화 분야를 집중 지원하여 지방대학의 특성화와 경쟁력을 강화하며, 지역산업이 요구하는 우수인력을 양성 공급하여 지역발전을 촉진하고 대학을 중심으로 지역정부와 산업체와 연구소 등이 상호협력 체제를 구축하여 지역혁신체계의 토대를 만드는 것"을 목표로 하고 있다. 지역균형발전이라는 정치적 목표를 가진 후자는 단연 지역산업과 대학의 연계를 가장 우선하는 정책적 목표로 내세우고 있으니 이것이 인문학과 관련될 가능성은 매우 낮다. 전자의 경우도 미래에 지속적인 성장이 예견되는 정보기술, 유전공학, 환경공학 등에 집중될 공산이 크며, 인문학의 영역에 있어서 지식의 기능변화를 추수하는 문화산업 분야에 치중될 수밖에 없을 것이다. 가령 델파이 조사에 의하면 인문사회과학 분야에서 역동적인 주제 영역은 정보기술과 매체의 영향력 행사, 국제경제와 일의 세계, 사회적 변화와 지식관리 등 세 가지인데, 문학예술의 경우 세 번째의 하위영역인 예술과 매체에 해당하며 예술의 현대적 형태, 경험적 사실의 새로운 전달 방법을 위한 예술적 수단, 문학작품의 창작과 제시의 새로운 방법 등이 거론되고 있다. 모두 새로운 매체에 적응하거나 정보화 기술을 내부 혁신의 계기로 삼아 문화자본으로 거듭날 것을 주문하고 있는 셈이다. 사정이 이러하다면 국가의 학술진흥정책에서 전통적인 인문학이 설 자리는 협애할 수밖에 없다. 실제 "정부의 연구개발 지원예산(2003년 기준) 중 인문학 분야의 비율은 1.7%에 불과한데 그나마 정부출연기관의 정책연구 예산을 제외하면 순수 인문학 연구 지원금의 비율은 0.9% 미만"(동아일보 3월 28일자 보도)으로 알려진 바 있다. 또한 지난 수년간 진행된 한국학술진흥재단의 기초인문학에 대한 지원이 2005년에 이르러 대폭 축소되는 양상을 보이기도 한다. 그야말로 단기 부양책으로 그친 셈이다. 이러한 사정을 반영한 듯 최근 "국가발전전략으로서의 인문학"이라는 보고서가 조성택 학술진흥재단 인문학단장에 의해 발표된 바 있다. 그는 이 발표를 통해 "인문학이 미래 한국의 문화자본이며 지식정보산업의 정신적 인프라"라고 강조한다. 그 또한 지식기반사회론을 수용하면서 인문학의 재편성을 주장하고 있다.

그렇다면 이러한 지식기반사회론이 문학과 문학비평에 복음이 될 것인가? 아니면 학자-비평가에게 또 다른 딜레마 요인이 될 것인가? 이러한 관점에서 지식기반사회론을 살펴보아야 할 것이다. 지식기반사회란 노동과 자원과 자본이 생산요소인 산업사회와 달리 정보와 지식이 가치창출의 원천이 되는 사회를 의미한다. 말할 것도 없이 지식기반사회가 모든 지식을 선호하는 것은 아니다. 지식기반사회가 선호하는 지식은 실용적이며 부가가치를 생산할 수 있는 것이다. 이는 쓸모없는 지식의 해체와 쓸모 있는 지식의 확대재생산이라는 이데올로기를 지닌다. 이러한 지식기반사회에서 인문학은 어떻게 변화할 것인가? 쉽게 예단할 수 없으나 반성적이고 비판적인 기능보다 의미 생산과 유통이라는 기능적 측면이 강조될 것이다. 따라서 정보화 기술에 대한 의존도가 커질 수밖에 없다. 실제 지식기반사회의 토대는 뉴미디어와 디지털 기술이라 해도 과언이 아니다. 이러한 기술이 하드웨어라면 인문학적 지식은 소프트웨어에 해당한다. 그런데 모든 인문학적 지식이 소프트웨어 구실을 하는 것은 아니다. 하드웨어의 소통 회로에 적합한 지식들이 선호될 것이기 때문이다. 다시 말해서 정보로 변환되고 번역될 수 있는 지식의 확대가 필연적이다. 사정이 이러하다면 삶과 죽음, 고통과 운명, 소외와 고독, 존재와 무 등 정보로 쉽게 변환될 수 없는 인문학적 지식들은 어떻게 될까? 인문학이 하드웨어를 통어하는 이념과 가치를 지속적으로 유지할 수 있을까? 수용자 대중에게 팔리지 않을 고차원적 지식이 생산되고 유통되는 방식은 무엇일까? 이에 대하여 즐거운 지식 개념을 내세우고 수용자를 유혹하는 글쓰기나 수사학 문제를 제기할 수도 있을 것이다. 하지만 지식기반사회론에서 인문학의 위상은 그리 중요하게 취급되고 있지 않다.

　문화관광부가 제시한 '창의한국'과 '새 예술정책'의 기조도 지식기반사회론이다. 창의성이 지식기반사회를 향한 국가의 정책적 화두가 되고 있는 것이다. '창의한국'이 말하듯 21세기 국가의 미래가 문화를 통한 지속가능한 발전에 달려 있다는 발상은 대단히 중요한 의제라 할 수 있다. 이러한 의제에 따라서 지식기반사회가 요청하는 성장 엔진인

창의성을 기르는 문화예술을 발전시킨다는 정책은 매우 의미 있게 받아들여진다. 지식기반사회론에 입각한 정책들이 과학 기술 편향으로 나타날 가능성이 높다는 점에서 문화 예술을 통한 균형발전을 제기한 의의가 큰 것이다. 지식기반사회론의 맹점은 바로 이처럼 균형을 잃을 때 나타난다. 또한 이러한 균형상실의 위험은 매우 크다. 실천적인 지혜나 형이상적인 인식을 팽개치고 실용적인 지식만으로 경도될 가능성이 있기 때문이다. '새 예술정책'도 지식정보사회의 도래를 정책 배경으로 내세우고 있다. 정보와 커뮤니케이션 기술, 인터넷 발달로 문화와 삶의 방식을 포함한 사회시스템 전반이 변화하는 한편 지식과 정보, 문화 창조력 등 무형적 요소들이 국가발전의 핵심요소로 등장하였다는 것이다. 이러한 환경변화에 따라 순수예술이 다변화되거나 매체융합과 장르 융합현상이 나타나고 디지털 기술을 적극 수용하여 일반문화와 연계하는 산업화가 부각되는 현상 등에 주목하고 있는 것이다. 사실 지식기반사회론과 문화예술의 관련양상에 대한 심도 있는 논의가 필요하다. 우리 사회에서 지식기반사회론은 기업의 자본논리와 국가경쟁력 강화라는 국가주의 이데올로기와 결합하고 있는 것이 현실이기 때문이다. 실제 과학적 지식과 기술적 지식의 창출에 국가의 관심과 투자가 집중되고 있음을 짐작하기 어렵지 않다. 기술과 예술의 균형은 이미 깨어지고 모든 부문에 기술이데올로기가 개입하고 있다. 기술적 도구들이 과대평가되는 가운데 문학과 예술의 내용이 공허해질 수 있는 것이다. 루이스 멈포드는 "예술이란 인간이 자신의 삶을 부단한 유동 속에서 그대로 포착하려고 노력하면서 자신의 체험을 재정리하고 반성하고 재현함으로써, 인간 체험 그 자체를 미적 대상 속에 그 궁극적인 완성과 충족 속에 분리시킬 수 있는 방법들 중의 하나"라고 한 바 있다. 그의 이러한 정의가 우리 시대에 적용되기에 이미 낡은 것일까? 새 예술정책이 지식기반사회론에 경사되기보다 기술과 예술의 균형이라는 장기적인 목표를 포함하는 것이 바람직할 것이다.

변화하는 대학사회와 문학비평

학술진흥재단의 인문학 부양정책 필요성 제기에도 불구하고 실제 2005년 지원계획에서 인문학 영역은 축소되어 있다. 인문사회 분야 기초연구과제 지원 사업의 목적과 지원방향에서 지식기반사회 이데올로기가 강력하게 작동하고 있음을 알 수 있다. 먼저 사업목적을 보면 "인문사회분야의 창의적인 연구 과제를 비롯한 토대연구를 지원하여 창조적 지식생산기반을 구축하고, 이를 통하여 국가경제·사회발전에 기여함. 학술연구의 세계적 보편성을 추구하며, 학술과 대학사회의 연구경쟁력을 강화함"으로 되어 있다. 이러한 목적 아래 창의주제연구, 토대연구, 해외지역연구, 특화주제연구 등 네 가지 지원유형을 대상으로 한다. 자료학에 기초한 토대연구를 제외한 나머지 유형들은 모두 학문 간 연계를 요구하고 있다. 해외지역연구가 학제적이어야 한다는 것은 말할 것도 없고 창의주제연구의 경우에도 "학제적 연구 신청시 우대"라는 단서를 달고 있다. 특화주제연구로 제시된 다섯 가지 주제 목록들(한국사회에서의 소수자 문제, 세계화 조류 속의 (탈)민족주의와 문화적 정체성, 현대한국사회의 욕망구조, 개별 분과학문에 대한 근대 학술사 연구-한국적 학문의 정체성을 위한 기초연구, 지식기반사회를 위한 한국사회의 시스템 혁신) 또한 대다수 학문 간 연계를 요구하고 있거나 세계화와 지식기반사회라는 문제의식에서 제시된 것들이다. 특히 마지막 주제인 '지식기반사회를 위한 한국사회의 시스템 혁신'과 같은 과제는 어찌 보면 정책과제 유형에 속하는 것으로 '기초연구과제'라는 큰 범주에 들기에 적합하지 않은 듯하다. 이러한 사례에서 보듯 국가의 학술지원정책이 지식기반사회라는 이데올로기를 연구자들에 강제하고 있음을 알 수 있다. 사실 따지고 보면 기초인문학연구에 대한 부양정책은 더욱 강화되어야 하는 것이 현실이다. 특히 토대연구는 보다 체계적이고 종합적인 형태로 지속되어야 한다. 한국학에 국한하여 말한다면 자료에 대한 빈곤은 연구자가 상시적으로 부딪치고 있는 문제이다. 이러한 현실에서 국가의 학술진흥정책이 기초인문학육성을 방기하고 성급하게 지식기반사회 조성사업으로 이월하고 있는 것처럼 보인다.

문학과 역사와 철학 등 기초인문학이 지식기반사회의 기저를 형성하는 인프라라고 한다면 이에 대한 국가 차원의 부양책은 중단되어서는 안 된다. 기초인문학의 기반을 다지는 일을 그만두고 지식기반사회가 요구하는 학문 간의 연계나 프로그램적 지식만을 강조한다면 부실공사를 피할 수 없을 것이다. 이럴 때 지식기반사회 기획은 지식위험사회로 가는 길이 될 수도 있다. 예술과 기술의 역전관계를 바로 잡아야 하듯이 기초인문학 기반 구축과 지식기반사회 지식형성에 균형이 필요하다. 말할 것도 없이 학문 간의 연계나 지식 간의 창의적 조합이 가지는 의의를 부정하는 것은 아니다. 이러한 지식활동이야말로 인문학의 오랜 전통이라 할 수 있다. 문학과 역사와 철학 가운데 학문적 종합을 지향하지 않는 것이 있었던가. 그러므로 지나치게 파편화된 근대 인문학의 학제를 개혁하는 일과 지식기반사회론을 등치시켜서는 안 될 것이다. 현금의 지식기반사회론은 지식의 경제적 원칙에 의해 좌우되고 있다.

지식기반사회론을 이데올로기로 내세운 국가의 학술정책에 상응하여 한국사회의 대학 또한 몸살을 앓고 있다. 변화하는 대학사회에서 인문학의 반성적이고 비판적인 역할은 그리 주목을 끌지 못한다. 이보다 세계화에 적응하는 언어적 능력, 문화적 능력과 같은 실용적 지식들이 강조된다. 말할 것도 없이 이러한 능력들이 중요하지 않다는 것은 아니다. 문제는 이러한 능력을 형성하는 과정이다. 감성교육과 감수성 훈련 없이 지식과 정보의 연계와 조합만으로 문화적 능력이 형성될 수는 없는 것이다. 그렇다면 이러한 상황에서 문학과 문학비평을 전공하는 이들이 해야 할 일이 무엇일까? 그것은 지식기반사회론의 허실을 적실하게 비판하면서 문학을 매개로 문화적 능력을 획득하는 과정을 개발하는 일일 것이다. 앞서 말한 리터러시의 확대도 하나의 방안일 수 있고 문화론적 문학비평도 하나의 방향이 될 수 있다. 문학은 다시 종합적인 학문으로 복귀해야 한다. 이러한 일을 하는 선두에 비평이 있어야 함은 당연하다. 기술이데올로기를 극복하면서 지속가능한 문화사회를 구성하는 데 필요한 문학이론을 비평이 만들어가야 하는 것이다. 처음부터 비평은 위기의 자식이지만 지식기반사회론이 전개되는 현금의 사회만큼 비평이 위기에 직면한 적은 없었다. 이러한 상황에서 비평의 자기갱신은 예술과 기술의 균형, 인간과 자연의 조화를 이루는 사회를 만들어가는 생성적 서사의 일부가 되지 않으면 안 된다. 그렇다고 지식기반사회론을 비평이 배격해야 한다는 것은 아니다. 우리 시대의 비평은 지식기반사회론의 맥락 비판을 포함하는, 창의적인 문화담론으로 거듭나야 한다.

찾아보기

가

가라타니 고진 293, 306, 340
가상세계 227
가토 슈이치 13
감성교육 407
강내희 400
강단비평 379
강대홍 202-203
강상중 14-15, 300, 334, 337, 365
거제포로수용소 100, 104-108
게리 스나이더 30
결절점 333, 340
경계영역 71, 297
고르바초프 145-152
고영민 165-175
고전주의 356
고통 37-38, 111
고통시학 46-47, 49
고통의 유형 46
고통인식 44-45
고트프리트 벤 61
고형렬 31-32
공간 313
공동체 275-276
과정의 시학 374
괴테 19-20, 387

구로사와 아키라 13
국가 158, 196
국가주의 334
국가폭력 210
국민-국가 208
국민보도연맹 95, 203
국책극 201
군부독재 53
권선희 71, 85
권위주의 52-53
근대 13
근대 초극 22
근대성 15-17, 364, 388
근대성의 경험 364-366
글로컬 문화 308
기독교 소설 234
기술결정론 295, 304, 399
기술사회 361
기술이데올로기 362, 400
기술주의 307, 398-400
기초인문학 402, 406
긴장 344
김경린 95, 107
김경희 94
김곰치 294

김남천 99, 198
김동리 309, 315
김동산 205
김두용 198
김명인 105-106
김병욱 94-96, 99
김사량 99
김성칠 97, 100, 108
김소연 186-192
김소월 315
김수영 26-27, 91-109
김신용 49
김양헌 342-352
김영민 391
김오성 99
김용직 96
김용호 100
김우창 363
김원일 319, 321, 360
김유정 315
김윤식 338
김재용 95
김정한 195-210, 308, 309, 315, 319, 321
김종철 295, 353, 360-363
김주연 353, 357-360
김지하 27-29, 35, 57, 59
김진석 66
김철 15
김춘복 319
김춘수 39-40, 44
김하기 216-222

김현경 99, 105

나

나르시시즘 41-47, 50
남성지배 258
낭만적 사랑 229, 253-254, 260
낭만주의 23, 66, 230, 276
내성 115
내재적 발전론 14-16, 337
노백용 203-205
논문적 글쓰기 380
논문중심주의 396
니체 236, 357, 359

다

다비 308, 318
다시 쓰기 311
다케우치 요시미 338
대동아공영권 66
대항폭력 207
대화주의 339
델파이 조사 402
도 21
도강파 97
도덕적 전도 254
도르테 죌레 49, 152
도종환 33, 143-153
동성애 261
동아시아 331
동아시아 파시즘 54

동아시아문학론 337-341
동아시아적 시각 331-337
동아시아학 390-391
동아신질서 200
동양주의 67, 335-336
동일성 47
동지사 198
동화정책 219-220
두껍게 쓰기 311
디아스포라 300, 312
디아스포라의 시선 40
디이터 람핑 42, 110
땅 208

라

로버트 O. 팩스턴 51
롤랑 바르트 390
루쉰 19, 315, 340
루이 알튀세르 331
루이스 멈포드 404
뤼시앙 골드만 252
르네 웰렉 394
리얼리즘 21, 199, 369-370
리터러시 400-401, 407
릴케 60, 63

마

마루야마 마사오 53, 57-59
마르크스 205, 301
마르틴 부버 33, 124, 191, 243

마리네티 64-65
마셜 맥루한 293
마셜 버먼 365
매체해독력 400
맥도날드화 72
맥루한 르네상스 304
모더니즘 359
모리오카 마사히로 47-49
모성신화 269
무교회주의 242
무산자사 198
무의미시 39
무장소성 318
무통시학 46, 49
문사적 전통 197, 278
문인수 351
문자해독력 400
문제적 주인공 252
문제틀 316, 331-332, 340
문학가동맹 94, 97, 99
문학공동체 276
문학의 죽음 304-306, 398-399
문학적 장 381-382
문학적 진실 213
문학주의 304
문화 다양성 303
문화관광부 403
문화권력 287
문화비평 386
문화사회 397, 407
문화연구 400
문화의 세계화 308

문화자본 282-283, 286-287
문화적 능력 278, 406
문화적 헤게모니 295
문화정치학 313, 316, 320-321
문화콘텐츠 70, 314, 322
문화콘텐츠학 400
문화패턴 305
미 21-22
미래파 65, 70, 371-372, 400
미적 근대성 16-17
미즈시나 연극연구소 92
미첼 폴라니 63
미하일 함부르거 60
민두기 13
민족문학론 381
민중 155, 199, 208, 305

바

바슐라르 269
바흐친 41
박경리 311, 319, 321
박계주 100
박규리 71, 83-85
박명호 234-243
박목월 41, 315
박상진 94
박석정 198
박영준 100
박완서 311
박인환 94-96, 107
박정희 216

반공메카시즘 204
반도시주의 346
반동적 모더니즘 63-67
반주변부 296, 298, 335, 340
반체제 340
반폭력 207
발터 벤야민 64-65
방민호 353, 367-370
배한봉 71, 82
백낙청 17-21
백무산 34
백석 315
베네딕트 앤더슨 308
분단체제 296, 331, 333
분리주의 미학 291
비교문학론 337
비교연구 337
비극적 세계관 159, 251, 344-345
비정규직 노동자 160, 305, 307
비판적 지역주의 18, 281, 320
비평적 글쓰기 354, 379-380, 385-386, 392

사

사르뜨르 236, 241
사빠띠스따 303, 305
상상력 360
상징권력 282-283, 286-287, 290, 292, 321, 323
상징폭력 282, 287
새도-매저키즘 264

찾아보기 411

생권 윤리학 76, 390
생명 다양성 303
생명권 정치학 76, 118
생명시 35
생태시 35
생태주의 25, 66, 348, 399
생태학적 전체성 21, 281
생활세계 389
서구중심주의 15, 18, 20, 388
서사학 401
서술능력 244, 271
서술전략 233, 257, 261, 266
서영인 342
서정 38-43
서정적 자아 42
서정주 67
서정춘 45
선 21-22
선전극 92
섭리론 237
성적 지배 258
세계공화국 302
세계단위 296
세계도시 310
세계문학 20
세계체제 15, 330, 340
세계화 160, 300, 302-303
세태극 201
섹트 285
섹트주의 288
소수자 154, 208, 300, 305
소집단 279

송재학 351
수동적 동일시 239
수용미학 49
스토리텔링 401
시인-비평가 394, 350
시적 근대성 47
시적 인간 363
시적 지평 231, 377
시행발화 42, 110
식민성 391
식민주의 155, 200, 218, 385, 388
신감각파 35, 373
신경숙 386
신고송 198, 201-203
신동엽 23-26
신비주의 242
신비평 343
신사참배 218
신생 37, 49, 347, 352
신생시학 25
신세대문학 301, 304, 381
신시론 동인 94-95
신역사주의 356, 384
심상지리 14, 19
심층생태주의 128

아

아나키즘 239, 242
아드리안 미첼 110
아룬다티 로이 294, 306
아리스토텔레스 152

아버지 찾기 225
아비튀스 167, 251, 287
아시아 민중연대 210
아이러니 344
안막 198
안영일 92, 94
안회남 99
애매성 344
앤서니 기든스 102
앨빈 커넌 398
약소자 154, 160, 162
양문규 71, 78, 80
양병식 94
양진오 342
언어적 능력 406
엄원태 179-182
에드워드 렐프 318
에드워드 사이드 298
에른스트 블로흐 80, 133
에즈라 파운드 62
에코파시즘 62
에코페미니즘 389
여성성 85, 389
역사소설 215
역사적 진실 213
역설 344
염상섭 315
영구 혁명 292, 300
영성 357
영성의 비평 360
예정론 237
오규원 44

오르한 파묵 321
오리엔탈리즘 14, 219-220, 323, 337, 339, 365, 391
오생근 358
오영수 318
오오누키 에미코 68
오오야마 이쿠오 198
옥시덴탈리즘 339
옥태권 244-256
완전주의 63, 66
요시미 슌야 300
울리히 벡 299
움베르트 에코 397
원시주의 66
월트 스코트 318
위험 사회 300
유기론 345
유기적 공동체 276
유기적 세계관 167, 389
유년의 지각양식 42
유병근 134-142
유승도 71, 80
유아주의 40
유종호 353-356
유현종 211-215
유홍준 183-186
윤대녕 386
윤동주 40, 115, 315
윤리적 서술 위치 250
은유 345
의용군 97, 100-105
이론주의 385

찾아보기 413

이론 투쟁 385
이마미치 도모노부 21, 76
이미저리 344-345
이미지즘 62
이병주 311, 319, 321
이봉래 107
이북만 198
이상 340
이선관 110-133
이순신 329
이승우 360
이시영 30
이식론 15
이신론 237
이종률 204
이종영 42
이주 노동자 160, 162, 307
이중기 71-74, 342
이중시점 259
이중언어 92
이중적 글쓰기 395
이찬 198
이태준 99
이-푸 투안 318
이하석 342, 351
이혜원 371-377
인간중심주의 362
인문주의 356
인문학의 위기 381, 391, 397
인정제도 277, 283-285, 288-289
인정투쟁 284, 321, 381
일국단위 296

일국주의 337
일본주의 218, 220, 331
일본체제 331
일상적 파시즘 56
임우기 392
임호권 94
임화 15, 94, 99, 102, 198

자

자기인식 42
자기표현 41
자민족중심주의 331
자연시 148
자연의 글쓰기 36
자연의 정치 36
자연주의 66
자유 108
자전소설 217
잔류파 97
장르융합 404
장소 300, 313
장소감 317
장소경험 317
장소상실 318
장소예찬 317
장소의 혼 317
장옥관 351
저항의 변증법 19, 338
전경인 24
전쟁미학 64
전지구적 자본주의 72, 109, 301, 331,

334, 400
전체주의 51, 53, 63
전통 17-20
정영선 257-271
정인화 154-164
정일근 76
정전 356, 384
정찬 360
정체공능 22
정치의 심미화 62
정태규 223-233
제국 154, 196
제레미 리프킨 76
제유적 사유 389
제인 오스틴 318
조갑상 201-202
조정래 311
조정신학 237
조지훈 41
종교소설 234
주변부 17, 20
주변부적 시각 69, 87
주변의 관점 337
중심부 17, 20
중심주의 315
중화주의 331, 336
중화체제 330
지구적 시각 23, 32
지구촌 305
지방 296, 320
지방주의 280, 296, 309
지속가능한 사회 292

지식기반사회론 401, 406-407
지역 296, 313, 320
지역문학 208, 210, 296, 309, 313-314
지역문화 297
지역소설 318
지역주의 20, 320
지역중심주의 296
지역학 390
지역화 303
진 21-22

차

창씨개명 219
창조적 비평 343
채만식 315
초국적 자본 160
총체성 318
최성각 294
최소한의 시 30
최원식 13, 19-20, 206, 329-341
최하림 92, 100-106, 176-179
최혜실 401
출판자본 286
카프 198
카프 동경지부 198
키르케고르 224

타

타자 259, 389
타자의 고통 38, 78

탈아와 입아의 진자운동 334
탈정치화 301, 304-305
태평양전쟁 220
텍스트의 권력 356, 385
텍스트주의 356
토마스 하디 308, 318, 320
트라우마 262

파

파스칼 243
파시즘 51-59
파울 클레 87
패턴 399
펄 벅 340
페리 앤더슨 332
포스터모더니티 17
폴 먹가 148
풍경 317
프란시스 후쿠야마 332
프랙털 모형 298

하

하버마스 17
하시디즘 238
하위주체 208, 305
하이데거 62, 243
하정일 201
하종오 74
학술진흥재단 401-402, 405
학자-비평가 394

한국문인협회 279
한국문화예술위원회 396
한국전쟁 97
해석공동체 281-282
해석독점 282, 285-286
해양국가 329
해양서사 244-246, 255
해양소설 244-246, 252
해양체험 255
향수 43
현기영 321
현실(현존) 사회주의 147, 304, 332
협동적 평등 292
혼종성 309
홍용희 371-377
환원주의 362
환유적 사유 389
황대권 83
황종연 353, 364-367
회의주의 40, 63
회통주의 339
후반기 동인 107
희망의 원리 133
히틀러 62